예수님의 모든 질문

예수님의 모든 질문

예수님의 질문은 어떻게 우리를 가르치고 변화시키는가?

스탠 거쓰리 지음 | **유정희** 옮김

ALL

THAT

JESUS

ASKS

규장

복음서의 예수님을 우리의 심문자로 소개하며, 그분이 가르쳐주신 제자도의 실체를 깊이 파헤치는 거쓰리의 책은 획기적이다. 이 책을 사서 여러 번 읽을 것을 권한다.

J. I. 패커 리젠트칼리지 신학 교수

무신론자들은 하나님의 권위와 선하심에 의문을 제기함으로써 그리스도인들을 공격하려 한다. 즉 그들은 하나님의 존재에 의문을 제기한다. 그러나 이 책은 예수님이 질문하시게 함으로 형세를 역전시킨다. 《예수님의 모든 질문》은 당신의 머리와 마음을 감동시킬 것이다. 이 책을 강력히 추천한다.

디네시 디수자 크리스천 작가

우리는 모두 예수님에게, 또 예수님에 대해 질문할 것들을 가지고 있다. 마치 우리가 손짓하며 부르면 일어서서 우리의 질문에 대답해주시는 것이 그분의 일인 것 같다. 그런데 스탠 거쓰리는 우리에게 완전히 다른 곳에서 시작할 것을 권한다. 즉 예수님이 우리에게 하시는 질문들에 대해 생각해보라는 것이다! 그러한 접근법은 거쓰리의 은혜롭고 사려 깊은 글과 더불어 많은 독자들이 예수님을 새롭게 만나도록 도와줄 것이다.

마크 갤리 〈크리스처니티 투데이〉 선임편집장, 《터프가이 예수》 저자 우리가 감상적인 그림을 좋아하는 이유는 그것이 우리에게 아무것도 요구하지 않기 때문이다. 그것은 우리에게 어떤 깨달음이나 헌신도 요구하지 않는다. 그리고 거기엔 진리가 결핍되어 있기 때문에 능력이 없다. 스탠 거쓰리는 이 책에서 그런 그림을 바꾸려 한다. 스탠은 예수님이 실제로 그의 주변 사람들에게 하신 질문들을 사용해서 우리가 그리스도의 인간성과 권위와 사명을 더 깊이 들여다볼 수 있도록 인도한다. 이 책에서 당신은 그리스도에 관한 견고한 진리가 무엇인지, 그리고 그 진리가 당신에게 요구하는 것이 무엇인지를 알게 될 것이다.

조니 에릭슨 타다 조니와 친구들 국제 장애인 센터창립자

스탠 거쓰리는 내가 아는 예리한 작가들 중 한 사람이다. 나는 언제나 그의 생각을 통해 정보를 얻고 도전을 받는다.

제리 B. 젠킨스 소설가, 기독교 작가협회 회장

스탠의 책은 놀랍다. 지혜와 통찰이 풍부하다. … 이 책은 예수님과의 진정한 관계를 추구하는 다른 이들에게 큰 도움이 될 것이다.

메리 쉘러 큐 플레이스 회장

이 책은 매우 독특하다. 왜냐하면 그것은 예수님이 하신 모든 질문을 다루는 유일한 책이기 때문이다. 거의 300개에 달하는 질문들이다! … 또한 각 장 끝에는 세심하게 만들어진 토론 질문들이 첨부되어 있는데, 이는 분명 그룹 토론과 공부를 생동감 있게 만들어줄 것이다. 또한 예수님의 모든 질문을 주제에 따라 나열해놓은 질문 색인은 교사들과 설교자들에게도 특별한 자산이 될 것이다. 스탠 거쓰리의 훌륭한 생각과 그의 삶을 바친 작품으로 인해 하나님께 감사드린다.

R. 켄트 휴즈 휘튼칼리지교회 원로 목사

노련한 저널리스트의 눈을 통해, 당신이 한 번도 경험한 적 없는 예수님을 만날 수 있을 것이다. 이 특별한 책에서는 옛 이야기가 주님이 던지신 300여 개의 질문들에 의해 새롭게 구성된다. 여기서 당신은 딱딱한 학문이 매력적으로 제시되고 풍성하게 묘사되는 것을 발견할 것이다.

J. 로버트슨 맥퀼킨 컬럼비아국제대학교 명예총장

이 책은 문화와 역사의 안개를 관통해 우리를 불편하지만 영광스러운 자리로 데려가준다. 바로 예수님의 발 앞이다. 거기서 예수님은 그분을 따르거나 혹은 그분에게 도전하는 자들을 대면하고 가르치신다. 당신이 의자에 앉아 예배를 드리든 강단 뒤에 서 있든 간에, 《예수님의 모든 질문》을 진정으로 깨달을 때, 그 질문이 영적으로 감동을 주는 동시에 동요를 일으킨다는 것을 알게 될 것이다.

척 콜슨 감옥 선교회, 기독교 세계관을 위한 콜슨 센터 창립자

감사의 글

한 권의 책에서 누구보다 큰 유익을 얻는 사람은 그 책을 쓴 사람이다. 나도 그랬다. 예수님과 함께 걸으며 그분에게서 질문을 받았던 경험은 내게 가장 신나는 영적 여행이었다. 하지만 나는 그 길을 혼자 걷지 않았다.

'형언할 수 없을 만큼 아름다운' 내 아내, 크리스틴. 나는 내 첫 책은 그녀에게 바쳤다. 그녀는 탐험 기간 내내 늘 내 곁에 있어주었고, 내가 다양한 삶의 도전들 속에서도 엄격한 저작 스케줄을 고수하려고 애쓸 때 가정과 살림을 책임지며 나에게 융통성을 보였고, 격려와 조언을 아끼지 않았다.

우리 아이들-로라, 피터, 에반-도 내가 매우 긴 이 책을 쓰는 동안 변함없이 나를 지지해주었다. 작가인 나는 어디서나 이야기들을 찾아내려 했기에, 이 책 속에서 그들의 이야기도 보게 될 것이다. 크리스틴과 나는 눈부시게 빛나는 이 세 아이들로 인해 상상 이상으로 깨달음을 얻었고, 마음이 따뜻해지는 경험을 갖게 되었다. 아이들은 정말 나에게 과분할 만큼 많은 것들을 주었다.

또 베이커 출판사의 밥 호색(Bob Hosack)에게 진심으로 감사를 전한다. 그는 이 프로젝트의 가능성을 보았고, 늘 조언과 격려를 아끼지 않았다. 또 어느 날 아침 나와 함께 식사를 하며 내가 1세기의 환경 속에서 예수님을 더 잘 이해하도록 도와주고 계속 작업을 진행하도록 격려해준 J. I. 패커에게도 감사드린다.

그들은 아마 몰랐겠지만, 로버트 맥퀼킨과 켄트 휴즈는 나의 롤모델이 되어주었다. 그리고 몇 십 년 동안 훌륭한 본보기가 되어준 나의 부모님, 모리스와 아이린 거쓰리에게 나는 여전히 빚이 있다. 또 원고 앞부분을 읽고 귀중한 피드백을 준 게리 체이스에게도 감사드린다.

물론 이러한 노력에 위험이 따르는 것은 부인할 수 없는 사실이다. 가령 예수님이 하신 질문들에 과도한 가중치를 부여하거나 그것을 문맥 밖에서 해석할 위험 등이 있다. 학자가 아닌 나는 이런 해석학적인 지뢰밭을 피하려고 주의를 기울였다. 하지만 이 정도 규모의 복잡한 작업에서 오류는 피하기가 쉽지 않았다. 이에 대해서는 나는 모든 책임을 받아들이려 한다.

나의 첫 책인 《21세기 선교》(Missions in the Third Millennium)를 썼을 때 함께 일하던 사람들과의 시간이 끝나가고 새 시대가 다가오고 있었다. 이 책의 경우도 마찬가지였다. 이것은 나에게 또 다른 진로의 전환을 나타낸다. 삶의 단계 단계마다 내게 주어진 기간과 한계들을 명확하게 알 수는 없겠지만, 때로 내가 육신적으로 비틀거릴 때에도 영적으로 넘어지지 않게 지켜주신 하나님이 나를 항상 그분의 길로 인도하시며, 그 과정에서 나의 질문들에 답해주실 것이라 믿는다.

스탠 거쓰리

어찌하여 무서워하느냐
믿음이 작은 자들아

2007년 1월 12일 오전 7시 51분, 한 사람이 워싱턴 D. C.의 지하철역에서 바이올린을 들었다. 그 후 45분 동안 그는 청바지에 긴팔 티셔츠 차림으로 클래식 6곡을 연주했다. 특정한 누군가를 향해 연주한 것은 아니었다. 그가 연주할 때 그곳을 지나던 천 명이 넘는 사람들은 그 음악을 의식하지 못했다. 아마도 출근하는 사람들의 후한 인심을 바라고 연주하는 거리의 악사쯤으로 여겼을 것이다. 몇몇 사람은 걸음을 멈추었지만, 대부분의 사람들은 서둘러 일터로 향했고 자신들의 문제에 몰두해 있었다. 45분 뒤, 그 사람 앞에 모인 동전은 32달러가 조금 넘었다.

하지만 이 음악가는 평범한 바이올린 연주자가 아니었고, 그의 악기는 흔히 볼 수 있는 바이올린이 아니었다. 그는 세계적으로 유명한 조슈아 벨(Joshua Bell)로, 당대의 훌륭한 음악가 중 한 사람으로 인정받는 사람이었다. 3일 전에 보스턴 심포니홀에서 열린 그의 연주회는 전석 매진을 기록했는데, 일반 좌석 티켓 값이 100달러였다. 그러나 이날 아침에 그는 무료로 자신의 예술적 기교를 보여주었고, 그가 연주한 악기는 1713년에 안토니오 스트라디바리(Antonio Stradivari)가 직접 손으로 만든 매우 귀한 악기였다.

주택도시개발청에서 컴퓨터 전문가로 근무하는 J. T. 틸먼은 벨에게 1, 2달러 정도를 줄 생각이었지만 복권을 사는 데 현금을 모두 써버리는 바람에 그냥 지나갔다. 후에 자신이 세계적으로 유명한 음악가에게 아무런 값도 치르지 않았다는 사실을 알게 된 틸먼은 이렇게 말했다.

"저는 아무 생각이 없었어요. 그저 2, 3달러를 벌려는 사람인 줄 알았죠."

그 다음에 틸먼은 이렇게 물었다.

"그가 이 근처에서 연주할 일이 또 있을까요?"

그에게 들려온 답변은 이것이었다.

"그럼요. 하지만 그의 음악을 들으려면 많은 돈을 지불해야 할 겁니다."[1]

그리스도에 대한 열정

사람들은 예수님에게 매료된다. 〈패션 오브 크라이스트〉(The Passion of the Christ)와 〈다빈치 코드〉(The Da Vinci Code)를 본 많은 사람들이 이 지속적인 관심을 증명해준다. 또 가족적이고 신앙에 우호적인 영화들, 〈에반 올마이티〉(Evan Almighty)에서부터 〈사자, 마녀, 그리고 옷장〉(The Lion, the Witch and the Wardrobe)까지 모든 영화들이 붐을 일으켰다. 미국의회도서관에는 예수님에 관한 책이 만 7천 권이 넘으며, 더 많은 책들(지금 당신이 손에 들고 있는 책을 포함해서)이 매주 나오고 있다고 한다.

그러나 어느 평범한 겨울 아침에 워싱턴 D. C. 지하철역을 지나갔던 수많은 행인들처럼, 우리는 바쁜 일상 속에서 예수님의 경탄할 만한 아름다움을 못보고 지나칠 위험이 있다. 갈릴리 출신의 그분에 관한 수많은 책들이 쓰여졌음에도 불구하고, 우리는 때로 제자들만큼이나 예수님이 누구신지를 이해하지 못하는 것 같다. 2천 년 전, 갑자기 잠잠해진 바다를 보고 충격과 공포를 느꼈던 그 제자들처럼 말이다(마 8:23-27).

고대 중동 지방 출신의 이 선생은 여전히 존경을 받고 있음에도 서구 문화에서는 아직 불가사의한 인물이다. 거의 모든 사람이 그가 누구인지에 대한 나름의 이론을 갖고 있다. 우리의 믿음이나 회의론의 정도가 어떠하든 간에, 누구나 이런 질문을 하고 있는 자신을 발견할 수 있을 것이다.

"이 사람은 누구인가?"

- 대부분의 현대 유대인들은 그분을 메시아로 인정하지 않지만, 그럼에도 불구하고 때로는 그분이 토라를 지키는 유대인 개혁가로서 문제를 일으켰고 정치적 마녀사냥의 불행한 희생자였다고 여긴다.
- 바트 어만(Bart Ehrman)과 마커스 보그(Marcus Borg)와 같이 정통 기독교의 메시지를 의심하는 자들은 예수님이 사람들의 숭배를 받을 의도가 전혀 없었던 훌륭한(비록 오해를 받았지만) 인간 스승이었다고 여긴다.
- 정치적인 또는 종교적인 혁명가들은 예수님을 자신들과 비슷한 생각을 가진 동지, 즉 가난한 자들을 불의에서 해방시키려고 힘썼던 자로 여긴다.
- 스티븐 프로테로(Stephen Prothero)라는 학자에 의하면, "불교도들은 그를 보살로서 존경하고, 힌두교도들은 하나님의 화신으로서 그를 존경한다".2
- 영지주의적 유다 복음서를 쓴 무명의 저자는 예수님을 본질적으로 타락한 이 세상에서 벗어나기를 열망했던 영적인 존재로 나타낸다.
- 소설가 댄 브라운(Dan Brown)은 예수님을 막달라 마리아의 남편,

오해받는 페미니스트로 나타낸다.

- 무슬림들은 예수님을 '다시 오실 위대한 선지자'로 여긴다(그러나 하나님의 아들로 인정하지는 않는다).
- 그리스도인들은 예수님을 '임마누엘', 즉 '우리와 함께하시는 하나님'으로 여긴다. 이런 맥락에서 4세기의 니케아신조는 그분을 "하나님의 독생자, 모든 세상보다 먼저 아버지에게서 태어난 자, 신 중의 신, 빛 중의 빛, 참 신 중의 참 신"이라고 부른다.

이런 이론들을 아무리 진심으로(혹은 격렬하게) 지지한다 할지라도, 그것이 모두 옳을 수는 없다. 조슈아 벨의 경우처럼 많은 사람들이 예수님을 알고 있지만, 아래를 내려다볼 뿐인 우리 눈에는 보이지 않을 때가 있다.

그렇다면, 우리는 예수님이 누구셨고 그분에게 가장 중요한 것이 무엇이었는지를 어떻게 알 수 있는가? 그것은 오늘 우리의 삶 속에 어떤 변화를 일으키는가? 우리는 어떻게 이것을 알 수 있는가?

아는 것과 행하는 것

《예수님이 세상에 요구하시는 것》(What Jesus Demands from the World)의 저자인 존 파이퍼(John Piper) 목사는 예수님이 우리에게 자신이 누구이신지, 또한 무엇을 중요하게 여기시는지를 이미 말씀해주셨기 때문에 우리가 이 질문들에 답할 수 있다고 말한다. 하지만 아는 것과 행하는 것은 별개다.

예를 들어, 우리는 예수님이 그분을 따르는 자들로서 우리가 어떻게 살기 원하시는지를 알고 있다. 하지만 우리는 나를 때린 사람에게 다른 쪽 뺨을 돌려대고, 구하는 자에게 주며, 십리를 동행하는 일에 여전히 실패한다.

《터프가이 예수》(Jesus Mean and Wild)에서 마크 갤리(Mark Galli)는

우리가 '예수님의 아류'에 대한 이미지를 가지고 있고, 듣고 싶은 것만 들으며, "사랑의 교향곡에서 더 풍부한 부분을 듣지 못하게 된 것"이 문제라고 말한다. 갤리는 우리가 통제할 수 없는 복음서의 그리스도에게서는 시선을 돌리고, 양을 안고 있는 감상적인 분으로 예수님을 묘사하는 주일학교 전시물들만 좋아한다고 말한다.

"우리는 현악기로 연주하는 멜로디를 듣지만 금관악기와 관악기, 특히 타악기로 연주하는 부분은 무시한다. 강한 화음과 대위법, 안어울림화음을 알아채지 못한다."[3]

더 가까이 다가가기

물론 이런 관점들도 옳은 것이며 도움을 주기도 한다. 하지만 우리는 그보다 더 가까이 다가가야 한다. 그렇지 않으면 조슈아 벨의 음악을 듣고도 걸음을 멈춰 듣지 않았던 사람들과 같은 오류를 범하게 될지도 모른다.

당신이 예수님과 그분의 제자들과 함께 먼지투성이 길을 걷고 있거나, 이런저런 선원들과 함께 불안할 정도로 작은 어선에 타고 있다고 상상해 보라. 당신은 예수님에게 질문할 기회들을 충분히 가질 수 있을 것이다(그러나 놀랍게도 그 시대로부터 전해 내려온 문서들은 그들이 "그분에게 더 이상 질문을 하지 않았다"거나 어떤 문제에 대해 "그분에게 묻기를 두려워했다"라고 기록한다).

더 나아가 당신은 아름다운 윤리적 가르침, 세상에서 가장 고귀한 가르침을 들을 수 있다. 그분과 함께 산 위에 앉아 있을 때 그분은 당신에게 "박해를 받아도 기뻐하라"라고 명하시며, "하늘에 보물을 쌓아두고, 원수를 사랑하라"라고 가르치신다. 그럼에도 세상 끝 날까지 우리에겐 이 질문이 남게 될 것이다.

"이 사람은 누구인가?"

이 질문의 정답에 더 가까이 다가가기 위해 우리는 나사렛 예수의 삶과 사역에 관해 근본적이지만 별로 주목받지 못했던 사실을 완전히 이해해야 한다. 그분은 자신과 대화를 나누는 사람의 마음을 사로잡으셨다. 그가 친구이든 적이든 말이다. 예수님은 단순히 가르치시기만 하지 않으셨다. 단순히 명령하시기만 한 것이 아니다. 그분은 질문하셨다! 그것도 아주 많이.

마태, 마가, 누가, 요한의 사복음서와 사도행전은 예수님의 입에서 나온 거의 300개의 질문들을 재현한다. 예수님이 배 안에서 겁에 질린 제자들에게 물으셨던 질문도 거기에 포함된다.[4]

많은 사람들이 신약성경에 기록된 예수님의 명령과 행위들을 분석했지만, 그분이 짧은 지상사역 기간 동안 던지셨던 질문들을 깊이 탐구한 사람은 거의 없다. 예수 학자들은 그분의 가르침의 사역을 여러 방법으로 분석한다. 예를 들면 마커스 보그는 비유와 격언들을 중요한 것으로 구분하고(더 긴 몇 가지 담론들에 대해서는 그 역사성을 의심한다), 예수님의 질문들을 그분의 나머지 가르침들과 섞어버린다.[5] 그러나 예수님의 질문 중 많은 것들이 오늘날 우리 삶에 중요하게 적용될 수 있는 것들이다. 우리는 이 점에 세심한 주의를 기울일 필요가 있다.

큐 플레이스(Q Place, 전 Neighborhood Bible Studies)의 메리 쉘러(Mary Schaller)는 예수님의 질문들이 서구 세속주의에 점점 더 취해가는 교회에 대해 현대적인 적용점들을 제시한다는 사실에 주목한다. 그녀는 예수님의 대화식 접근법과 우리가 독백을 선호하는 것을 서로 대조시킨다. 그녀는 이렇게 말했다.

"질문은 우리를 생각하게 만든다."

"교회의 한 문화로서 우리는 사람들에게 말하기 원하지만 실제로 그것은 효과적이지 않다. 좋은 질문은 예수님의 질문들처럼 대화를 이끌어낸다."[6]

주님의 명령은 순종과 두려움을 가져온다. 그분의 죽음과 부활 같은 행위들은 경외심과 감사를 불러일으킨다. 하지만 그분의 질문들은 우리의 참여와 점검, 반성을 유도한다. 그분의 질문은 우리를 하나님의 뜻 가운데로 이끌며, 우리가 그분과 동행하면서 자라가도록 격려한다. 예수님의 질문들을 붙잡고 씨름하다 보면 우리가 진정으로 믿는 것과 그렇지 않은 것이 무엇인지를 알게 된다.

순종은 예수님의 명령에 대한 올바른 반응이지만, 예수님은 우리가 아무 생각 없이 그 명령을 받고 시행하는 것을 기대하지 않으신다. 그분은 하나님의 형상으로 지음 받은 귀한 피조물로서 우리를 존중해주신다. 우리는 우리의 구원에 참여할 수 있고, 또 참여해야만 한다. 이것이 바로 이 책이 말하고자 하는 것이다.

역사의 위대한 스승이신 예수님은 그분에게 다가오는 모든 이들에게 진실을 위한 질문을 던지셨다. 친구와 원수, 회의론자와 추종자, 구도자와 배신자 모두에게 말이다.

그분은 오늘날에도 여전히 질문을 던지신다. 예수님은 단지 추상적이거나 신학적인 사실들만 말씀하지 않으셨다. 그분은 매우 개인적으로, 우리 앞에서 이야기하신다. 그분은 주변 사람들의 생각을 자주 뒤집으셨고, 질문들을 통해 삶과 죽음, 사랑과 증오, 천국과 지옥의 문제들을 직시하게 하셨다.

이러한 질문들은 신앙을 고백하는 모든 그리스도인들과 영적 구도자들로 하여금 그리스도의 정체성과 사명, 우리의 믿음과 우선순위에 관한 궁극적인 문제들을 직시하게 한다. 그것들은 또한 인간의 본성과 지적인 능력, 성경의 우선순위, 그 외의 주제들에 대한 그리스도의 관점을 들여다보는 데 중요한 통찰을 준다. 나아가 우리는 그리스도의 훌륭한 교수법이 끼치는 영향들을 알게 될 것이다.

예수님의 질문 따라가기

예수님의 질문들을 분석함에 있어서, 우리는 주로 복음서와 사도행전에서 그분이 실제로 하신 말씀에 초점을 둘 것이다. 여기서 그 질문들을 발견하고 참으로 예수님을 만나게 되기 때문이다.

학자들은 훌륭한 학식과 통찰을 가지고 그리스도의 생애를 집중적으로 살펴볼 수 있지만-우리는 때때로 참고하기 위해 그 자료들을 볼 것이다-원 문서 자체와 씨름하는 것을 대체할 수 있는 것은 없다.[7] 존 파이퍼가 말하듯이, "사복음서에 나타나 있지 않은 내용들로 재구성한 예수님의 모습 중 믿을 만하거나 영속적인 것은 없다. 이것이 달라질 거라고 생각할 어떠한 이유도 없다".[8]

하지만 우리가 그 질문들을 살펴보기 전에, 이 책이 어디로 가고 있는지를 먼저 살펴보자.

1부에서 우리는 "예수님은 누구신가?"라는 중요한 질문에 대한 답을 찾아볼 것이다. 예수님은 사람들이 그분을 어떻게 생각하는지를 매우 궁금해하셨다. 그 이유는 우리와 그분의 관계가 우리의 영원한 운명을 결정하기 때문이다. 복음서는 이러한 관심을 나타내는 질문들을 여러 차례 기록하고 있다. 우리는 그분이 누구셨는지, 또 누구신지를 이해하지 않고서는 그분의 질문들을 이해할 수 없다.

2부 "당신은 어떻게 그분을 따르는가?"에서는 우리가 그분을 따를 때 치르게 될 대가를 신중히 생각해보게 하는 예수님의 질문들을 살펴볼 것이다. 불교에는 8가지 '길'이 있다. 이슬람교에는 5가지 '기둥'이 있다. 힌두교에는 '업'이 있다. 유대교에는 '율법'이 있다. 모든 종교는 우리가 어떤

'길'을 따르길 원한다. 그런데 오직 기독교만은 우리에게 한 '사람'을 따르도록 권유한다.

3부 "당신의 생각은 어디에 있는가?"에서는 그리스도인들이 "가난하고, 무식하고, 말을 잘 듣는다"[9]라는 오래된 유언비어가 거짓임을 밝힌다. 세 부류의 질문들은 우리가 온 마음으로 주님을 사랑하는 것, 그리고 그것이 일으켜야 하는 변화에 초점을 둔다.

4부 "왜 성품이 그렇게 중요한가?"에서는 예수님이 우리의 마음과 삶 속에서 나타나길 기대하시는 특성들을 다룬다.

5부 "중요한 교리들은 무엇인가?"에서는 예수님의 질문들이 시사하는, 삶을 변화시키는 믿음의 영역들을 탐색하게 해준다.

한정된 지면 안에서 모든 질문을 자세하게 다룰 수는 없기에 포괄적으로만 살펴볼 것이다. 각 장에서는 그분의 질문들이 시사하는 각기 다른 주제를 다룰 것이다. 이를테면 그분의 인간성, 권위, 또는 사명 같은 것들이다. 우리는 각 주제들에 대해 예수님이 질문하신 것을 잘 듣고, 그 질문이 무엇을 의미하는지 생각해보며, 그것이 오늘날 우리의 삶에 어떻게 적용되는지 알아볼 것이다.

우리를 사로잡으시는 분

내가 이 책을 집필하면서 주로 참고한 ESV 성경에 따르면, 마태는 예수님이 질문하시는 것을 85회, 마가는 64회, 누가는 91회, 요한은 52회, 사도행전은 3회 기록하고 있다.

20년 넘게 전문 저널리스트로 일해 온 나는 올바른 정보를 끌어내기 위해서는 올바른 질문을 던지는 것이 매우 중요하다는 것을 안다. 날카로운 질문이 없으면, 인터뷰어들은 매우 노련하게 중요한 문제들을 피해가거나 위협적이지 않은 샛길로 대화를 유도해가기 때문이다. 그렇게 되면 인터뷰는 아무 유익 없이 단지 논란거리들을 전달하는 것으로 마무리될 뿐이다.

저널리스트들이 사용하는 묘책들 중에는 '같은 질문을 다른 방식으로 하기', '곤란한 질문을 하기 전에 인터뷰 상대와 친분 쌓기', '질문 뒤의 침묵을 자신에게 유리하게 만들기' 등이 있다. 〈크리스처니티 투데이〉(Christianity Today)의 편집자들은 종종 중요한 인터뷰를 하기 전에 서로 의논해서 질문을 뽑아낸다. 이것은 진실을 알아낼 최고의 기회를 얻기 위함이다.

더러운 죄인인 나는 거의 저널리스트 같은 예수 그리스도의 접근법을 감사하게 생각한다. 노련한 저널리스트처럼, 그분은 진실을 알아내기 위해 질문하는 법과 주변 사람들이 진실을 직시하도록 부드럽게 압박하는 법을 아셨다. 예수님은 사람들이 워싱턴 D. C. 지하철역의 바쁜 행인들처럼 그냥 지나가게 하지 않으시며, 반드시 그들의 마음과 생각을 사로잡으신다. 질문은 사람들이 멈추고, 생각하고, 삶을 변화시키게 하는 그분의 중요한 도구 중 하나였다. 이 책이 당신에게 그와 같은 역할을 하길 바란다.

PART 1

예수님은
누구신가?

Who is Jesus?

ALL THAT JESUS ASKS

앞서 보냄을
받은 사람

> ❝ 너희가 무엇을 보려고 광야에 나갔더냐? ❞

어떤 사람이 좋아하는 것과 싫어하는 것, 그리고 그 사람의 성격을 간파하고자 할 때 인터뷰 진행자들이 흔히 하는 질문이 있다.

"역사적인 인물 중 저녁식사에 초대하고 싶은 사람이 있다면, 누구입니까?"

답변에는 고전적인 인물들(알렉산더 대왕, 줄리어스 시저, 클레오파트라, 프랭클린 루스벨트)부터 현대인들(톰 행크스, 비욘세, 존 스튜어트)까지 다양한 인물이 등장한다. 대개 이런 선택들은 우리가 실제로 식사를 같이 하고 싶은 사람들을 보여주는 것이 아니다. 그 선택은 다른 사람들이 우리를 어떻게 바라봐주기 원하는지를 반영한다.

물론, 종교적인 인물들도 저녁식사를 같이 하고 싶은 사람으로 자주 거론된다. 예수, 달라이 라마, 또는 제일 좋아하는 구루(guru, 힌두교, 시크교 등의 종교에서 일컫는 스승)가 초대를 받을 수도 있다. 니체 같은 회의론자들이 "신은 죽었다"라고 말하거나 권위적인 무신론자 크리스토퍼 히친스

(Christopher Hitchens)가 "신은 위대하지 않다"라고 말하지만, 사실은 그 안에도 영성이 있다. 풍수부터 요가, 가스펠 음악에 이르기까지, 사람들은 자신의 믿음을 드러내며 자신의 영적 발견을 함께 나누는 자리에 친구들과 이웃, 심지어 낯선 이들까지 초대한다. 현대의 다원론적인 분위기에서는 자신의 신앙체계가 유일한 길이라는 주장이 더 이상 멋지게 보이지 않겠지만, 형이상학에 대한 당신의 이해를 자랑하는 것은-비록 논리적으로 타당하지 않더라고- 여전히 받아들여질 수 있다.

그러나 자신의 저녁식사에 신약성경에 나오는 한 신비로운 인물을 초대하고 싶다는 이야기를 들어보지는 못했다. 그는 《종교 교양》(Religious Literacy)이라는 책에 언급되지 않는다. 이것은 이상한 일이다. 만약 고대 이스라엘에 록 스타가 있었다면 그가 바로 그런 사람이었을 텐데 말이다.

2천 년 전부터 전해 내려온 문서들은 그를 반문화적 인습타파주의자로, 또는 평범한 사람들과 지식인들로 구성된 큰 무리를 이끈 자로 지명한다.[1] 이 탁월한 인물을 보는 것은 마치 전성기의 마이클 조던을 보기 위해 유나이티드센터로 순례 여행을 가는 것과 비슷했다. 그는 누구일까?

광야에서 외치는 자의 소리

이 대단한 사람은 흔히 '세례 요한'으로 알려진 요한이다. 마태복음에 나오는 목격자의 증언을 들어보자.

그때에 세례 요한이 이르러 유대 광야에서 전파하여 말하되 회개하라 천국이 가까이 왔느니라 하였으니 그는 선지자 이사야를 통하여 말씀하신 자라 일렀으되 광야에 외치는 자의 소리가 있어 이르되 너희는 주의 길을 준비하라 그가 오실 길을 곧게 하라 하였느니라 이 요한은 낙타털 옷을 입고 허리에 가죽 띠를 띠고 음식은 메뚜기와 석청이었더라 마 3:1-4

만약 우리가 요한을 저녁식사에 초대한다면 무엇을 대접할 것인가? 요즘 사람들은 슈퍼스타들이 일반인들과 다르다는 것을 감안한다. 그 다른 점이 말이든, 옷에 대한 취향이든, 라이프 스타일이든 말이다. 요한의 경우, 다른 점은 모두 세 가지였다. 요한이 너무 훌륭했기에, 한때는 사람들이 예수님을 보고 죽은 요한이 돌아왔다고 생각했다(막 8:28).

사실 예수님과 요한의 삶은 훨씬 이전부터 밀접하게 연관되어 있었다. F. F. 브루스 같은 학자들은 의사였던 누가를 정확한 기록을 남긴 고대 사학자로 여겼다. 누가는 경건한 부부였던 스가랴와 엘리사벳이 아이를 갖기에 너무 많은 나이였음에도 가브리엘이라는 천사의 방문과 예고 후에 요한을 임신한 이야기를 전한다.

예수님의 탄생도 이와 비슷했다. 즉 몇 달 후에 가브리엘이 동정녀인 마리아에게 찾아가 그녀가 기적적으로 아들, 예수를 갖게 될 거라고 말한다. 누가는 임신한 마리아가 자신보다 좀 더 일찍 임신한 친척 엘리사벳을 찾아갔을 때 일어난 일을 중요한 복선으로 포함시킨다(눅 1:41, 43-44).

복음서는 요한이 성인으로 자라는 과정에 대해 아무것도 알려주지 않는다. 그러나 우리는 그분이 태어날 당시 스가랴와 엘리사벳의 나이가 많았던 것을 볼 때, 그분이 많은 기간을 고아로 지냈을 거라고 추측할 수 있다. 또한 약 30년 후 성인이 된 요한의 거친 복장과 생활양식은 고대 나실인의 서약을 생각나게 한다. 2

나실인은 타락한 외부 세상과의 단절과 이스라엘의 하나님에 대한 전적인 헌신을 강조한 유대인 수도회의 일원이다. 이는 쿰란의 에세네 공동체의 헌신과 비슷하다. 그들은 포도주를 마시지 않을 뿐 아니라 부정한 것은 무엇이든 먹지 않겠다는 서약으로 자신을 표현했다. 오늘날의 무자비한 관찰자들은 이러한 요한의 헌신을 두고 '광신'이라고 말할지 모르지만, 당시에는 곧 그의 추종자들이 생겨났다.

그러나 요한은 개인적인 사이비 집단을 세우는 교주가 아니었다. 물론 그에겐 제자들이 있었고, 그들은 그와 동행하며 사역을 성장시키는 일을 도왔다. 하지만 그는 사람들에게 새 마음을 가지고 그들의 삶으로 돌아가 이스라엘의 구원자를 기대하며 기다리라고 가르쳤다.

요한은 불안해하는 군중에게 "옷 두 벌 있는 자는 옷 없는 자에게 나누어줄 것이요 먹을 것이 있는 자도 그렇게 할 것이니라"라고 말했다. 또한 사람들을 착취해서 편안한 삶을 누리던 부패한 세리들에게는 "부과된 것 외에는 거두지 말라"라고 했다. 그리고 오늘날 가난한 나라의 많은 경찰관들처럼 뇌물 수수와 강탈로 자신들의 월급을 '보충했던' 로마 군인들에게는 이렇게 말했다.

"사람에게서 강탈하지 말며 거짓으로 고발하지 말고 받는 급료를 족한 줄로 알라"(눅 3:11-14).

깃털을 곤두세우다

그러나 모든 이스라엘인들이 이 신비로운 유명 인사를 매력적으로 느낀 것은 아니었다. 바리새인들(성경과 더불어 정교한 규칙들을 세운 사람들)과 사두개인들(내세를 믿지 않은 사람들)에게 요한은 매우 엄격했고, 심지어 "독사의 자식들아!"라고 조롱하기도 했다. 그는 그들에게 호통을 쳤다.

"누가 너희를 가르쳐 임박한 진노를 피하라 하더냐 그러므로 회개에 합당한 열매를 맺으라"(마 3:7,8).

그는 예루살렘의 종교적 기득권층을 자극하기 위해 화를 냈다. 그러면 그들이 제사장들과 레위인들을 보내 이 잠재적 강탈자에 대해 더 많이 알아내려 할 것이기 때문이다. 그들은 "당신은 누구요?"라고 물었다. 우리는 격분이 담긴 그들의 신경질적인 목소리를 상상할 수 있다. 그들의 질문에 요한은 이렇게 말할 수도 있었다.

"나는 요한이며, 새롭고 정결하게 된 이스라엘의 지도자다. 나를 따르라. 그렇지 않으면 다 전멸할 것이다!"

그러나 그는 그 대신 자기가 '그리스도'가 아님을 밝혔다. '그리스도'(히브리어로는 '메시아')는 오래 전 구약성경에 약속된 자로, 자신의 왕국을 세우고, 이스라엘의 원수들을 멸하며, 백성을 하나님께 돌아오게 할 자였다. 요한은 로마의 감시 아래에서 통치하고 있는 종교 지도자들이 그 점에서 그를 두려워할 필요가 없음을 말하고 있었다.

질문은 계속된다.

"그러면 누구냐? 네가 엘리야냐?"

"나는 아니라."

"네가 그 선지자냐?"

"아니라."

"그럼 누구냐? 우리를 보낸 이들에게 대답하게 하라. 너는 네게 대하여 무엇이라 하느냐?"

"나는 선지자 이사야의 말과 같이 주의 길을 곧게 하라고 광야에서 외치는 자의 소리로라."

너무나 겸손해서 직접적으로 그렇다고 말하지는 않았지만, 요한은 (이후 예수님의 말씀에 의하면) 구약의 선지자 엘리야의 영과 능력으로 와서 그 백성을 도덕적 벼랑에서 끌어내고 앞으로 오실 분을 위해 그들을 준비시키려는 자였다. 그는 충격에 빠진 무리에게 확신 있게 예언했다.

나는 너희로 회개하게 하기 위하여 물로 세례를 베풀거니와 내 뒤에 오시는 이는 나보다 능력이 많으시니 나는 그의 신을 들기도 감당하지 못하겠노라 그는 성령과 불로 너희에게 세례를 베푸실 것이요 손에 키를 들고 자기의 타작마당을 정하게 하사 알곡은 모아 곳간에 들이고 쭉정이는 꺼지지 않는 불에 태우시리라 마 3:11-12

고대의 농사법에 익숙지 않은 우리도 요한이 전한 말의 의미를 충분히 알 수 있다. 그의 말은 우리를 두렵게 한다. 이런 확신을 가지고 있던 요한도 전혀 예상치 못했던 예수님의 방문에 깜짝 놀란다. 그런데 그것이 다가 아니었다. 마태는 이렇게 기록한다.

이때에 예수께서 갈릴리로부터 요단 강에 이르러 요한에게 세례를 받으려 하시니 요한이 말려 이르되 내가 당신에게서 세례를 받아야 할 터인데 당신이 내게로 오시나이까 마 3:13,14

예수님은 그가 기대했던 모습과 달랐다. 요한은 개인적인 경험이나 영적인 통찰로 인해 예수님이 더 크고 강하며 거룩하시다는 걸 알고 있었다. 자신의 사역은 다른 사람들에게 메시아의 오심을 대비하게 하며, 자신도 준비하기 위한 것임을 알고 있었다. 이는 그가 다른 곳에서 제자들에게 한 말에도 잘 나타나 있다.

"그는 흥하여야 하겠고 나는 쇠하여야 하리라"(요 3:30).

한때 의심하다

참으로 성숙하고 겸손한 모습이다. 그러나 우리는 요한이 적어도 초기에는 예수님과 그분의 큰 겸손과 싸웠던 것을 볼 수 있다. 분명 요한이 기대했던 모습은 세상 죄를 지고 가는 하나님의 어린양만이 아니었다. 그는 보복하는 심판자를 기대했다. 그런데 어떤 심판자가 몸을 굽혀 물속에 들어간단 말인가?

예수님은 늘 그렇듯이 의심하는 그의 믿음을 온화하게 만져주셨다. 그분은 강가에서 요한에게 말씀하셨다.

"이제 허락하라 우리가 이와 같이 하여 모든 의를 이루는 것이 합당하니라"(마 3:15).

요한은 쇠했고, 추종자들을 예수님에게 뺏겼으며, 결국은 헤롯의 감옥에서 생을 마쳤다. 이스라엘의 기구한 역사가 가르쳐주듯이, 선지자의 생은 대개 비극적으로 끝났다. 요한은 부패한 통치자가 형제의 아내를 취한 사건을 공개적으로 비난했고, 헤롯은 그 선지자의 입을 막기 위해 감옥에 가두기로 결정했다. 겉보기엔 거의 잊힌 스타였던 요한은 남은 몇몇 제자들을 그의 눈과 귀로 사용해 멀리서나마 예수님의 사역 소식을 들으려 했다.

그러나 예수님의 모습은 여전히 요한이 상상하는 정복자 메시아의 모습과 같지 않았다. 로마인의 통치는 여전히 확고했고, 그때까지 예수님의 사역은 주로 가르침과 치유로 이루어져 있었다.

'약속된 하나님의 나라는 어디 있는 것일까? 예수님은 언제 그 나라를 이루실 것인가?'

마태는 이러한 요한의 의심에 신선할 만큼 솔직하게 말씀하시는 예수님을 전한다. 예수님은 다시 한 번 의심하는 요한의 믿음을 부드럽게 만져주시며, 요한이 잘 아는 이사야서의 메시아에 관한 예언을 언급하신다.

예수께서 대답하여 이르시되 너희가 가서 듣고 보는 것을 요한에게 알리되 맹인이 보며 못 걷는 사람이 걸으며 나병환자가 깨끗함을 받으며 못 듣는 자가 들으며 죽은 자가 살아나며 가난한 자에게 복음이 전파된다 하라 마 11:4,5

그리고 이어서 최대한 부드럽게 책망을 덧붙이신다. 우리는 그분이 이 말씀을 하실 때 살짝 윙크하시는 모습을 상상해볼 수 있을 정도다.

누구든지 나로 말미암아 실족하지 아니하는 자는 복이 있도다 마 11:6

선지자보다 더 나은 자

요한의 제자들이 돌아가자 예수님은 그 모든 대화를 들었을 무리에게 요한에 관해 질문하기 시작하신다. 이것은 실제로 선구자에 관한 6가지 질문들로 구성되어 있는데, 한 질문 위에 다른 질문을 쌓아가다가 청중을 깜짝 놀라게 할 만큼 자세한 답을 주신다. 먼저 그 질문들을 자세히 살펴보자.

> 너희가 무엇을 보려고 광야에 나갔더냐 바람에 흔들리는 갈대냐 그러면 너희가 무엇을 보려고 나갔더냐 부드러운 옷 입은 사람이냐 부드러운 옷을 입은 사람들은 왕궁에 있느니라 그러면 너희가 어찌하여 나갔더냐 선지자를 보기 위함이었더냐 옳다 내가 너희에게 이르노니 선지자보다 더 나은 자니라
>
> 마 11:7-9

예수님은 자신이 누구인지 아셨으나, 군중에게 자신이 메시아이심을 더 설명하기에는 적절한 때가 아니라고 생각하셨다. 요한이 그분의 정체에 대해 혼란을 느꼈다면, 그들도 그럴 것이 분명했기 때문이다. 그들이 이해할 수 있는 주제는 예수님이 아니라 요한이었다. 예수님은 그 직접적인 지식을 사용하셨다. 이 질문들을 통해 그들이 세례 요한을 보러 나간 이유를 떠올리게 하신 것이다.

예수님은 그들의 가장 높은 동기들에 호소하며, 그들이 찾는 사람이 영적으로 약한 사람, 모든 교리의 바람과 파도에 흔들리는 사람, 그들과 그들의 필요를 이해하기엔 너무나 동떨어져 있고 방자하며 나약한 사람이 아니라고 말씀하셨다. 요한은 사람들에게 관심이 거의 없는 공적인 종교 지도자들을 당당하게 꾸짖었다. 동시에 그는 사람들에게 가장 필요한 것, 즉 회개의 허락과 삶을 다시 세우기 위한 지침들을 주었다. 참 선지자로서 그는 강물 속에 그들과 함께 서서 그의 거친 손으로 회복시키는 물을 부어주었다.

요한의 이야기로 사람들의 관심을 사로잡으신 예수님은 그 자신의 질문들에 답해주신다.

> 옳다 내가 너희에게 이르노니 선지자보다 더 나은 자니라 기록된 바 보라 내

가 내 사자를 네 앞에 보내노니 그가 네 길을 네 앞에 준비하리라 하신 것이 이 사람에 대한 말씀이니라 마 11:9b,10

훗날 다른 순회설교자와 함께 로마의 많은 소도시들을 여행한 이방인 의사, 누가는 사람들의 반응을 이렇게 기록한다.

"모든 백성과 세리들은 이미 요한의 세례를 받은지라 이 말씀을 듣고 하나님을 의롭다 하되 바리새인과 율법교사들은 그의 세례를 받지 아니함으로 그들 자신을 위한 하나님의 뜻을 저버리니라"(눅 7:29,30).

다시 말해서, 예수님은 요한이 정말 선지자였고, 선지자보다 더 나은 사람이었다는 사람들의 확신을 확증해주신 것이다. 물론 예수님은 요한이 예수님과 그분의 사명과 씨름했기 때문에 선지자보다 못한 존재일 거라는 생각을 바로잡아주셨다. 훌륭한 청교도 목사인 매튜 헨리(Matthew Henry)는 이렇게 말한다.

"예수님의 제자들 중 일부는 요한이 보낸 질문들을 근거로 그를 연약하고 흔들리며 일관성이 없는 사람으로 치부하려 했을 것이다."[3]

사실 요한은 그렇지 않았다. 의심은 그리스도의 모든 참된 제자들, 사람들을 참된 길로 돌아오도록 부드럽게 인도하는 제자들의 걸음에 늘 따라다닌다.

그러나 여기에서 볼 수 있는 것처럼, 세례 요한이 사람들에게 선택을 요구하지만 모든 사람이 회개하며 고개를 숙이지는 않을 것이고, 또 모든 사람이 하나님의 은혜로운 부르심을 받아들이지도 않을 것이다. 훗날 예수님이 예루살렘에서 사역의 정점에 이르셨을 때, 대제사장들과 장로들은 요한에게 했던 것과 마찬가지로 그분에게 분노하며 맞서 이렇게 질문했다.

"네가 무슨 권위로 이런 일을 하느냐? 또 누가 이 권위를 주었느냐?"

예수님은 그들의 질문에 이렇게 대답하셨다.

"나도 한 말을 너희에게 물으리니 너희가 대답하면 나도 무슨 권위로 이런 일을 하는지 이르리라 요한의 세례가 어디로부터 왔느냐 하늘로부터냐 사람으로부터냐"(마 21:24,25a).

예수님과 요한의 삶과 사역은 서로 연관되어 있었다. 그것은 서로 엮여 있었고, 지금도 그렇다. 많은 사람들이 예수님을 위대한 해방자, 또는 그들을 위로하려는 친절한 사람, 마술사, 스승, 신화 속 인물로 여긴다. 그러나 예수님은 어떠한 틀에 가둘 수 있는 분이 아니시다. 요한은 그런 예수님을 누구보다 먼저 이해한다.

또한 요한은 우리의 진심을 시험한다. 장로들과 대제사장들이 요한의 권위가 어디로부터 왔는지 말하기를 거부하자, 예수님도 그들의 질문에 답하지 않으셨다. 신앙은 게임이 아니다. 정직하게 추구하든지, 아니면 전혀 추구하지 않는 것이다. 진심으로 다가가는 자들은 문이 열리는 것을 발견할 것이다. 하지만 그렇지 않은 자들은 자신의 목소리가 만들어내는 울림만 들을 뿐이다.

따라서 우리는 예수님을 받아들이기 전에 먼저 요한과 씨름해야 한다. 이 이상한 옷차림에 이상한 음식을 먹는 사람을 심문하는 대신, 강으로 내려가 천사가 공표한 이 사자의 말을 들어야 한다. 그 메시지는 누구나 이해할 만큼 단순하다. 요한은 우리에게 이렇게 말한다.

"너희는 죄인이다. 너희는 하나님의 거룩한 법을 어겼다. 회개하라. 즉 하나님께 돌이키고 그분의 말씀대로 행하라. 서둘러라. 심판이 곧 다가올 것이기 때문이다."

예수님은 오늘날 우리에게 물으시는 것처럼 그의 말을 듣는 자들에게 물으셨다.

"너희는 요한을 믿느냐?"

양다리 걸치기

나는 왜소한 뉴질랜드인 복음전도자 레이 컴포트(Ray Comfort)와 그의 조수 커크 캐머런(Kirk Cameron)을 좋아한다. 배트맨과 로빈처럼, 그들은 정기적으로 거리에 나가 평범한 죄인들과 대면한다. 레이와 커크는 보통 노골적으로 말한다. 그럴 수밖에 없다. 사람들과 만나는 시간은 매우 짧고, 또 사람들은 급히 가 버리기 때문에 요점만 언급해야 한다.

레이는 십계명을 통해-필요하다면 산상수훈에 나오는 예수님의 설명과 함께- 사람들이 하나님의 율법을 어겼고 하나님의 심판 아래 놓여 있음을 재빨리 인식시킨다. 그들이 만나는 사람들 중 일부는 비웃거나 심지어 레이와 커크에게 침을 뱉기도 하지만, 어떤 이들은 놀라울 정도로 정직하게 자신의 죄들을 고백하기도 한다. 그 죄는 정욕에서부터 절도, 거짓 신들을 숭배한 것까지 온갖 것들이다. 또 이들 중 일부는 다음 단계로 넘어가 하나님의 해결책에 대해 들을 준비가 되어 있기도 하다.

우리가 사람들에게 그리스도에 대해 효율적으로 전할 수 있으려면 먼저 그들에게 요한을 소개해주어야 한다. 대부분의 경우에 나쁜 소식이 좋은 소식보다 먼저 와야 한다. 나쁜 소식을 직시하지 않으면 좋은 소식이 이해되지 않을 것이다. 요한처럼, 우리는 사람들에게 엄연한 차이를 설명해주어야 한다. 해결책을 제시하기 전에 먼저 문제를 지적해야 한다. 예수님의 사역에서 첫 말씀은 "회개하라 천국이 가까이 왔느니라"였다(마 4:17). 논리적으로 말해서, 우리가 죄인이라는 것을 알지 못하면 우리는 죄를 회개할 수 없다. [4]

오늘날 교회는 이런 설교를 충분히 전하지 않는다. 우리가 너무 근본적인 사람들로 인식되면 사람들이 떠나갈 거라고 생각한다. 하지만 요한은 우리에게 정반대로 말한다. 사람들은 자신이 병들었다는 것을 마음 깊이 알고 있다. 달갑지 않지만, 환자를 구하려면 철저한 수술이 필요하다. 어쩌면 우리가 이렇게 말하기를 꺼리기 때문에 실제로 우리의 성전에 들어오는 비기독교인들이 극소수인지도 모른다. 그들은 우리와 세상 사이에서 다른 점을 거의 찾지 못한다.

또 어쩌면 우리 교회 안에서도 우리의 죄성에 관한 분명한 설명이 부족할

수 있다. 사회학자들은 많은 십대 그리스도인들이 무의식적으로 자신들의
신앙을 '도덕적 치료주의'(moralistic therapeutic deism)-그들에게 성공적이
고 만족스러운 삶을 가져다줄 것으로 여겨지는 법칙들을 따르는 동안 자신
에 대해 좋은 느낌을 갖게 되는 것-로 여긴다는 것을 발견했다. [5]

그러나 여기에는 능력이 없다. 《금단의 열매》(Forbidden Fruit)라는 책에
서 지적하듯이, 복음주의자로 분류되는 대부분의 십대들도 또래와 다를 바
없는 성생활을 한다. 어떤 경우에는 그들이 성적인 행위에 더 가담하기 쉽
다. 즉 "복음주의 십대들은 단지 평균 정도의 성적 행위의 패턴을 나타내는
것이 아니라 평균 이상의 행위를 드러낸다."[6] 이것은 놀랄 일이 아니다. 복
음주의 신앙을 고백하는 그들의 부모가 부부간의 서약을 지키는 데 있어서
완전한 이교도들보다 나을 것이 없어 보이기 때문이다. 작가이자 활동가인
론 사이더(Ron Sider)에 의하면, 거의 3명의 복음주의자들 중 1명이 혼전 성
관계를 용인하며 6명 중 1명이 간음을 용납한다고 한다. [7]

이런 점을 강조하며, 예수님은 믿지 않는 핑계거리를 찾는 청중들에게 또
다른 질문으로 대응하신다.

이 세대를 무엇으로 비유할까 비유하건대 아이들이 장터에 앉아 제 동무를 불
러 이르되 우리가 너희를 향하여 피리를 불어도 너희가 춤추지 않고 우리가 슬
피 울어도 너희가 가슴을 치지 아니하였다 함과 같도다 요한이 와서 먹지도
않고 마시지도 아니하매 그들이 말하기를 귀신이 들렸다 하더니 인자는 와서
먹고 마시매 말하기를 보라 먹기를 탐하고 포도주를 즐기는 사람이요 세리와
죄인의 친구로다 하니 지혜는 그 행한 일로 인하여 옳다 함을 얻느니라

마 11:16-19

다시 말해서, 예수님은 양다리를 걸치기 원하는 그 세대의 대다수 사람들
을 부르고 계신다. 그들이 요한을 거절하는 이유는 너무 금욕적이기 때문

이고, 그들이 예수를 피하는 이유는 너무 세속적이라고 생각했기 때문이다. 즉 진짜 문제는 요한이나 예수님이 아니라, 바로 그들이다.

물론 지금 그리스도인들은 개종을 하면 매우 극단적이 되고 그들이 설득시키려는 사람들을 오히려 소외시키는 것으로 알려져 왔다. 식습관, 옷차림, 친구관계, 믿지 않는 가족을 대하는 태도에 있어 이들의 갑작스러운 변화는 때로 건강하지 못하고 심지어 광신적인 것이 될 수 있으며, 당연히 사랑하는 사람들이 염려하게 만든다. 예수님을 새롭게 따르면서 급진적인 변화와 거만한 강의로 가족과 친구들을 혼란에 빠뜨린 자들은 많은 관계에 균열을 일으킨다. 이런 지나친 모습들은 대개 믿음이 성숙하면서 억제되지만, 처음에 입힌 손상은 실제로 오래 지속될 수 있다. 선교학자들과 교회 성장 전문가들은 종종 새 신자들이 그들의 사회적 그룹에서 멀어지려는 충동을 억제하고 대신 최대한 오랫동안 온화하고 매력적인 방법으로 그 믿음을 퍼뜨리는 것이 가장 좋다고 조언한다.

새 신자가 그리스도께 충성하면서 일어나는 변화를 믿지 않는 친구와 지인들이 좋아하지 않는 경우가 있는 것이 사실이다. 그 변화가 어떤 모습으로 나타나든 상관없이 말이다. 예수님은 이러한 사실을 인정하셨고, 우리도 그래야만 한다.

다양한 방법들이 있다

그러나 우리는 또한 예수님의 질문에 다른 점이 내포되어 있는 것을 볼 수 있다. 즉 그분을 섬기는 '최선의 방법'이란 없다는 것이다. 어떤 사람들은 요한처럼, 우리의 영적인 멱살을 잡기 위해 금욕적인 삶을 살도록 부름 받을 것이다. 다른 이들은 세상을 구원하기 위한 노력의 일환으로, 세상과 친하게 지내도록 부름 받을 것이다. 두 경우 모두, 목적은 사람들과 멀어지는 것이 아니라 관계를 맺는 것이다.

많은 그리스도인들, 어쩌면 대부분의 그리스도인들은 다른 방식으로 문화에 관여하기 위해 낙타털옷과 메뚜기와 석청을 한쪽으로 제쳐두도록 부름 받을 것이다. 그들은 옷이나 식단이 아니라 행위로 인해 눈에 띌 것이다. 윌리엄 윌버포스(William Wilberforce)가 그런 사람이었다.

18세기에 특권과 부를 가진 집안에 태어난 윌버포스는 훗날 하원의원이 되었다가 그리스도께 이끌렸다. 그는 몰래 존 뉴턴(John Newton)을 찾아갔다. 예전에 노예선의 선장이었는데 그는 이제 기독교 목사가 되어 있었다. 두 사람이 대화를 나누던 중, 윌버포스는 의회를 떠나 성직자가 될지 고민 중이라고 말했다. 그러나 뉴턴은 윌버포스에게 '이럴 때일수록' 그가 정계에 남아서 그의 은사를 사용해 비도덕적인 노예무역을 중단하도록 도우라고 했다. 그 일은 윌버포스가 20년 넘게 일한 후에야 이루어졌다.

뉴턴이 조언을 해주었던 또 다른 그리스도의 제자는 작가인 해너 모어(Hannah More)였다. "윌버포스와 극작가이자 시인인 해너 모어는 둘 다 유명 인사일 때 극적인 회심을 경험했다"라고 찰스 콜슨(Charles Colson)이 말했다. 그는 워터게이트 사건 이후에 비슷한 경험을 했다. "회심 이후, 둘 다 영적인 삶에 온전히 몰입하기 위해 공직에서 물러나야 한다고 생각했다. … 앞으로 당할 경멸을 생각할 때 조용히 살고 싶은 마음이 들었을 것이다."[8]

그러나 그들은 그렇지 않았고, 대신 노예제도와의 전쟁에 뛰어들었다. 그들이 자신의 자리를 지키며 온전히 그 일에 힘써준 덕에 영국 사회와 노예무역의 희생자들의 형편이 더 나아질 수 있었다. 노예무역은 1807년에 폐지되었다.

반면에 세례 요한의 모습에 좀 더 가까운 다른 부류의 그리스도인으로는 허드슨 테일러(J. Hudson Taylor)가 있다. 그는 우리가 그의 부를 누릴 수 있도록 우리의 누더기를 자신이 입었다.

오늘날의 기준으로 볼 때 허드슨 테일러는 극단주의자였다. 예상되는 중국 선교의 어려움들에 대비하기 위해 이 19세기의 영국인은 매일 빵 한 조각과 1파운드의 사과로 근근이 살아갔고, 자신의 약한 몸을 심각하게 훼손시켰다. 중국에 도착한 그의 마음은 중국의 내륙지역에 끌렸다. 그곳은 고난이 많고 그리스도인들이 거의 없는 곳이었다. 서양의 문화적 장애물들을 없애기 위해 테일러는 중국의상을 입고, 옅은 갈색 머리를 검은색으로 염색했으며, 중국식 땋은 머리를 했다. 그것은 다른 선교사들로부터 비난과 비웃음을 샀다. 그러나 테일러가 세운 중국내륙선교회는 한때 중국에서 1300명 넘는 선교사를 두었고, 모두 6천 명의 선교사를 세움으로써 오늘날 폭발적인 교회 성장의 기초를 마련했다.[9]

우리는 그러한 세례 요한들이 19세기보다 더 가까이 다가오는 것을 발견할 수 있다. 새로운 복음주의 운동은 가난한 자들과 철저히 동일시함으로써 가난한 자들을 섬기려 한다. 고대 가톨릭 수도회들처럼, 새로운 수도승들은 도심지역에서 가난하게 살며 범죄나 노숙과 같은 사회 병리학에 창의적으로 접근하려 한다. IVF(InterVarsity Christian Fellowship)의 스코트 베세네커(Scott Bessenecker)는 그들을 '새로운 수사들'이라고 부른다. 〈크리스처니티 투데이〉의 랍 몰(Rob Mall)에 따르면, "이런 공동체들은 사회의 물질주의와 교회가 그것에 안주하는 것에 대한 해답이 공동체의 삶에 있다고 보는 복음주의자들의 최근 추세이다. 이 교외의 복음주의자들은 중산층 생활의 혜택들을 누리기보다 가난한 자들과 함께 사는 것을 선택한다".[10]

세례 요한 같은 또 다른 인물은 캘커타의 고(故) 마더 테레사(Mother Teresa)이다. 1920년에 스코페의 알바니아인 마을에서 태어난 아그네스 곤자(Agnes Gonxha)는 그녀가 섬기던 인도의 로레타 수녀회와 함께 가난과 순결과 순종에 대한 서약을 한다. 그리고 1931년, 교황 비오 11세가 선교의 수호성인으로 선포한 리지외의 테레사(Therese of Lisieux)를 기리며 자신의 이름을 테레사로 바꾸었다. 1946년에 테레사는 더 많은 것을 포기했다.

"다르질링으로 가는 길에 … 나는 모든 것을 버리고, 빈민가에서 예수님을 따르며, 가장 가난한 자들 속에서 그를 섬기라는 초청을 받아들였다.

나는 그것이 주의 뜻이라는 걸 알았고 그를 따라야만 했다. 그 메시지는 매우 분명했다."[11]

마더 테레사는 캘커타의 병든 자들과 죽어가는 자들 속에서 사역한 것으로 가장 잘 알려져 있다. 그녀의 신학, 특히 그녀가 그리스도와 결혼했다는 말에 동의하지 않는 사람들 중에도 그 사역을 비판하는 사람은 별로 없다. 게짐 알피온은 그녀에 대한 비판적인 전기에서 이렇게 말한다.

"마더 테레사의 그리스도에 대한 애착은 참으로 '기이한' 또는 '논란의 여지가 많은' 것이었다. 그녀의 몇 가지 진술이 그것을 보여주는 듯하다. 하지만 그녀에 관한 한, 그녀가 예수님에 대해 느끼는 감정에는 기이하거나 논란이 될 만한 것이 없었다. 그녀는 예수님에게 깊이 빠져 있었기 때문에 그를 섬기기 위해서라면 어떠한 도전에도 직면할 준비가 되어 있었다."[12]

그러나 그녀의 노골적인 낙태 반대는 많은 사람들의 심기를 불편하게 했다. 1994년 국가조찬기도회에서 마더 테레사는 대개 초대 연설자들이 준수하는 의례적인 부분들을 무시했다. 세례 요한처럼, 임신중절 합법화에 찬성하는 대통령과 부통령 앞에서 선포된 그녀의 메시지는 충격적인 회개의 부름이었다.

저는 오늘날 가장 큰 평화의 파괴자가 낙태라고 생각합니다. 왜냐하면 그것은 어린아이에 대한 전쟁이요, 무고한 어린아이를 직접적으로 죽이는 것이며, 어머니 자신에 의한 살인이기 때문입니다. 어머니가 자기 자식을 죽일 수 있다는 것을 우리가 받아들인다면, 어떻게 다른 사람들에게 서로 살인하지 말라고 말할 수 있겠습니까? … 낙태를 용인하는 나라는 사람들에게 사랑하라고 가르치는 것이 아니라, 원하는 것을 얻기 위해 폭력을 사용하도록 가르치는 것입니다.[13]

세례 요한이 당황하게 만들었던 엘리트들처럼, 빌 클린턴 대통령과 그의 측근들은 기립박수에 동참하지 않았다. 물론 세례 요한처럼, 때로는 진실을 있는 그대로 말함으로써 훨씬 더 혹독한 대가를 치르기도 한다. 형제의 아내, 헤로디아를 자기 아내로 삼은 헤롯에 대한 반대의사를 분명히 밝힘으로 감옥에 갇힌 요한은 격분한 헤로디아의 지시로 참수형에 처해졌다.[14]

당신이 요한이 된다면 많은 사람에게 저녁식사 초대를 받지는 못할 것이다. 그것은 당신을 의심과 낙심, 심지어 죽음으로부터 보호해주지 않을 것이다. 사실 그것은 분쟁이 일어날 가능성을 더 크게 만들 것이다. 하지만 그것은 또한 예수님의 영원한 칭찬을 받게 할 것이다. 그는 자신보다 먼저 온 자에 대해 이렇게 말씀하셨다.

"내가 진실로 너희에게 말하노니 여자가 낳은 자 중에 세례 요한보다 큰 이가 일어남이 없도다"(마 11:11).

토론 질문

1. 사람들과 어울리는 일이 당신에게는 얼마나 중요한가?

2. 당신에게 세례 요한은 인습타파주의자로 보이는가, 괴짜로 보이는가? 혹은 둘 다인가? 그 이유는 무엇인가?

3. 요한의 가장 큰 강점과 약점은 무엇이었나?

4. 다른 사람의 경력이나 명성을 당신 자신의 것보다 더 우선시했던 경험이 있다면 이야기해보라.

5. "회개하라"라는 단어를 보면 어떤 이미지들이 떠오르는가?

6. 하나님이 당신을 어떤 삶으로 부르셨다고 생각하는가? 금욕의 삶인가, 세상에 몰입하는 삶인가? 그 이유는 무엇인가?

새롭고 놀라운
가르침

❝ 맹인이 맹인을 인도할 수 있느냐? ❞

1980년대에 공산주의가 폴란드에 미친 영향은 잔인할 만큼 확실해 보였다. 레흐 바웬사(Lech Walesa)와 자유노조 노동운동은 걸림돌이었다. 로널드 레이건(Ronald Reagan)과 요한 바오로 2세는 계속해서 자유와 종교적 자유, 인간의 존엄성을 주장했다. 크렘린의 지도자인 미하일 고르바초프(Mihail Gorbachev)도 시험적으로 페레스트로이카(perestroika, 경제적, 정치적 개혁)를 시행하고 있었다. 하지만 유럽의 교차로에 있는 이 거만한 땅에 대한 공산주의의 통치는 암울할 정도로 불가피해 보였다. 마치 고대 도시 크라쿠프(Krakow)를 덮고 있던 검은 스모그 같았다.

1988년, 아내와 나는 무슨 일이 생길지 전혀 모른 채, 한 교회 단체의 일원으로 폴란드를 여행했다. 천 년의 역사를 가진 그 나라는 강한 가톨릭 국가였다. 그러나 러시아 선전가들은 폴란드 사람들이 확장중인 소비에트 제국, 즉 무신론적 제국에 속한 것을 경축했다고 주장했다. 폴란드 공산당 지도자들에 의해 세워진 조각상은 건장한 남자를 묘사하고 있는데, 이는 소비에트 연방을 상징하는 것이다. 그 조각상은 팔로 더 작은 남자를 감싸고 있는데 그것이 곧 폴란드를 의미한다. 폴란드 문장에서 독수리의 머리에 씌워진 왕관은 조용히 사라졌다.

폴란드 항공(Lot)을 이용한 비행은 몇 가지 점에서 진기한 경험이었다. 우리는 신선한 빵과 버터를 제공받았다(폴란드는 긴 농업 역사를 가지고 있다). 승무원들은 친절했고, 독재국가의 통제 하에 엄청나게 많은 사람들을 살육하거나 추방했던 제트기의 흔적은 찾아볼 수 없었다.

그러나 우리가 그 제트기에서 내렸을 때, 모든 의심은 곧 사라졌다. 우리는 특별한 버스를 타고 터미널로 이동했다. 이 버스에는 해외 여행객들만 탄 것이 아니었다. 군복 차림에 기관단총을 소지한 어두운 표정의 경호병들도 있었다. 말할 것도 없이, 우리는 그곳이 어디인지를 실감할 수 있었다.

독재 하에서

2천 년이라는 간격이 있었지만, 그럼에도 1980년대의 폴란드는 예수님 시대의 세계와 많은 공통점을 가지고 있었다. 소비에트 연방이 붕괴하기 전의 폴란드처럼, 이스라엘은 잔인한 군부독재, 로마제국의 손아귀에 있었다. 한때 다윗 왕의 통치를 받았던 이스라엘은 이제 가이사를 따라야만 했다. 소비에트 연방처럼, 로마는 그들의 지배 아래 있는 사람들에게 눈가림용으로 가장된 '자치'를 제한적으로 허용했다. 이스라엘에 살던 유대인들에게 그것은 산헤드린(랍비, 바리새인, 서기관들로 구성된 통치 의회)이 종교적인 모든 문제를 결정할 수 있다는 걸 의미했다.

역사가들이 반어법을 쓰지 않고 '대왕'이라고 묘사했던 잔인한 헤롯 왕은 로마의 감시 하에 통치했고, 장엄한 두 번째 유대 성전을 짓기도 했다. 이스라엘에 새 왕이 나타났다는 보고를 듣고 베들레헴의 아기 예수를 죽이려고 시도했으나 다른 무고한 아기들만 죽이고 만 자가 바로 헤롯이었다. [1]

지역 회당들은 회원들이 혁명을 일으키지 않는 한 모임을 유지할 수 있었다. 가끔 반역자들이 일어나도 예루살렘에 주둔해 있던 로마 군대나 다른 시골 지역에 있는 집단들에 의해 진압될 뿐이었다. 무기를 들고 로마 군대에 맞서는 이스라엘인들은 소수에 불과했지만-그것은 자살 행위와 같았다-모든 유대인들이 이교도인 로마인들을 미워했다.

헤롯이 죽자 그의 세 아들-아켈라오, 빌립, 헤롯 안디바-이 왕국을 분할 통치했다. 티베리우스는 이 위험한 시대에 황제였다. 학자 N. T. 라이트(N. T. Wright)는 이렇게 말한다.

> 모든 다중형태성을 가진 1세기의 유대교에는 어떤 원동력이 흐르고 있었다. 특히 잠재적, 혹은 실제적인 혁명의 암류가 흐르고 있었다. 이것은 가장 낮은 사회 계층들에게 국한되지 않았고, 적어도 몇몇 바리새인들의 지원을 받았으며 결국은 일부 귀족들에게도 지지를 받았다. … 그 시기에 혁명적인 운동들이 들끓었고 때로 정부당국에 명백히 대립하는 일들이 나타났다는 증거가 많이 있다. … 때로는 처음부터 폭력적인 의도가 있기도 했다. 어떤 때는 새로운 지도자를 따르던 자들이 그들의 신이 그들 대신 개입할 거라고 생각하는 것 같았다. 여호수아와 그의 무리 앞에서 여리고 성벽이 무너졌던 때처럼 말이다. 하지만 적어도 우리는 이것만은 확신할 수 있다. 이스라엘 신의 통치에 대해 이야기하다가 발각되는 사람은 이스라엘의 오랜 희망의 성취에 대해 말하는 것으로 추정되었을 것이다. 언약의 신은 그의 백성을 다시 세우고, 그들의 망명을 끝내며, 그들의 죄를 용서하기 위해 행동할 것이다. 그런 일이 일어나면 이스라엘은 더 이상 이교도들의 지배를 받지 않을 것이다. 이스라엘은 자유로워질 것이다. 해방의 수단은 틀림없이 논쟁거리가 되었을 것이다. 목적이 아니라 수단이 말이다.[2]

예수님 당시에 분명히 드러났던 갈등들은 결국 이스라엘을 분열시켰다. 유대인의 반란을 평정하기 위해 A. D. 70년에 로마인들은 성전을 무너뜨렸고, 고대의 제사 관련 규정을 없앴으며, 예루살렘을 황폐화시켰다. 그런 맥락에서 하나님의 심판에 대한 예언들은 완전히 이해가 되었다. 세례 요한이 예수님의 불가사의한 사역 앞에서 의심과 혼란을 표출한 것은 당연한 일이었다! 따라서 우리는 역사적 맥락을 떠나 예수님의 가르침이나 그의 질문들을 조사할 수 없다. 그것이 바로 이 장에서 말하는 것이다.

유대인으로 나신 분

예일대학교 출신의 신약성경학자인 야로슬라브 펠리칸(Jaroslav Pelikan)은 이렇게 말했다.

"예수가 유대인이었다는 것은 명백한 사실이지만, 이후 역사의 비극들로 판단하면 전혀 명백하지 않다."[3]

몇 세기 동안 기독교 교회의 상당 부분은 예수가 유대인이었다는 명백한 사실을 경시해왔다. 또 유대인들의 경우, 여러 세기 동안 두 신앙 간에 있었던 힘든 상호작용 때문에 그 사실을 크게 강조하고 싶어 하지 않았다.

그러나 이제는 그렇지 않다. 사실 많은 현대 유대인들은 예수를 그들의 구세주로는 인정하지 않더라도 탁월한 유대인으로 인정함으로써 예수를 무고하게 받아들이기로 결정했다. "사실 유대교는 예수에 대한 저항을 버릴 이유가 충분하다"라고 〈새터데이 리뷰〉(Saturday Review)의 전 편집자 노먼 커즌스(Norman Cousins)가 말했다. 그는 다음과 같이 덧붙였다.

그 자신의 탁월한 영적 존재는 유대교를 거부하는 것이 아니라 유대교를 투영한다. 예수님의 이름으로 말한 자들의 기독교인답지 못한 생각과 행동 때문에 예수님에게 부담을 지워서는 안 된다. 예수님은 유대교를 거부하지 않으셨다. 그분은 유대인인 것을 자랑스러워하셨으나 자신을 유대교 안에 가두지는 않으셨다. … 다른 어떤 인물도-영적, 철학적, 정치적, 혹은 지적으로- 인류 역사에 그보다 더 큰 영향을 미친 적이 없다. 예수님을 낳은 민족에 속해 있다는 것

은 정말 특별한 관점과 의미를 공유하는 것이다. [4]

그리스도인들은 '역사적인 예수'를 단순히 1세기 유대교에 매립된 것으로 여기는 현대 관찰자들의 의견에 동의하지 않지만, 또한 단지 예수님이 영원한 도덕적 진리를 가르치기 위해 하늘에서 뚝 떨어졌다고 주장할 수도 없다. 라이트가 말하듯이 "예수님은 그의 유대적 배경과 분리될 수 없으나, 또한 동시대인들의 날카로운 비판도 받지 않고 그 안에 파묻혀 있을 수도 없다". [5]

예수님의 작은 고향

예수님의 배경은 그분에게 구체적으로 영향을 끼쳤으며, 우리가 그분의 말씀을 관찰하고 그 의미를 해석하며 21세기를 살고 있는 우리의 삶에 적용하도록 도와주는 열쇠다. 나는 이 책에서도 그 방법을 사용할 것이다. 예수님은 실로 그분의 동시대인들만을 위해서가 아니라 우리를 위해서도 질문하셨기 때문이다. 그는 "천지는 없어질지언정 내 말은 없어지지 아니하리라"라고 말씀하셨다(마 24:35).

예수님은 갈릴리에서 많은 사역을 하셨다. 그는 이 지역에서 성장하셨는데, 이곳은 이스라엘 북부 변두리 지역으로, 농민들의 거주지로서는 좋은 편이 아니었다. 짐 크로스(Jim Croce)의 말을 빌리면, 갈릴리는 "시카고의 남쪽, 그 도시에서 가장 안 좋은 지역"이었다. [6] 새로운 제자 빌립이 나다나엘에게 '예수님이 갈릴리의 나사렛이라는 마을 출신'이라고 말했을 때 나다나엘이 "나사렛에서 무슨 선한 것이 날 수 있느냐?"(요 1:46)라고 대답하며 입을 비쭉거리는 모습을 상상해볼 수 있다. 예수님이 공적인 사역을 마치고 체포되신 후, 제자 베드로도 "이는 갈릴리 사람이니 참으로 그와 함께 있었느니라"(눅 22:59)라는 비난을 들으며 거의 구속될 뻔했다.

또한 예수님은 일반적으로 가장 눈에 띄지 않는 이 지역에서도 가장 보잘것없는 마을들에서 시간을 보내셨다. 맨체스터대학교 히브리어 성경 전임

강사인 에이드리언 커티스(Adrian Curtis)는 이렇게 말한다.

"예루살렘을 제외하고, 복음서에서 예수님과 관련된 장소들은 더 넓은 시대적 맥락에서 특별히 중요한 곳들이 아니었다. 반면에, 갈릴리에서 가장 중요한 마을이자 나사렛에서 멀지 않았던 셉포리스처럼 중요한 도시들은 복음서에 언급도 되지 않았다."[7]

그 시대의 종교적인 그룹들

배경을 이해하는 또 다른 열쇠는 이스라엘의 다양한 종교적 집단들이었다. 그중 일부는 서로 협력했고, 일부는 서로 싸웠다. 독재정부 하에서 살아남기 위해 몸부림치는 소수집단들 사이에서 종종 일어나는 일이다. 예수님과 상호작용을 가졌던 중요한 그룹들을 잠시 살펴보자. 그 상호작용이 항상 부드러웠던 건 아니다. 라이트는 그 시대의 '다중형태성'에 대해 잘 말하고 있다!

*랍비들: 예수님 자신도 여러 번 '랍비' 혹은 '랍오니'라고 불리셨다. 그 용어는 '선생' 또는 '훌륭한 분'을 뜻한다. 고대 히브리 성경에서는 명확하게 언급되지 않았던 이 지위는 B. C. 500년에서야 나타나기 시작했다. 이 지위는 점점 더 성장하며 능력을 중시하는 유대교 민주화의 증거가 되었다. 랍비 아서 블레처(Arthur Blecher)는 랍비를 "혈통에 대한 지성의 승리"라고 부른다.[8] 랍비들은 더 이상 황무지에 있지 않은 유대교를 위해 모세 율법을 해석하는 능력으로 높이 존경 받았다. 블레처는 군주제와 제사장직은 유전에 근거한 것이었으나 랍비직은 공부에 근거한 것이었다고 말한다. 군주제는 사실상 B. C. 586년에 예루살렘이 바벨론에 점령당했을 때 무너졌고, 헤롯 성전이 로마에 의해 파괴될 때까지 제사 제도를 운영할 권위를 부여받았던 제사장직도 종료되었다. 그러나 랍비는 오늘날까지도 계속되고 있다. 랍비들은 단순히 떠돌아다

니는 현자 또는 구루들이 아니라, 당당히 랍비가 될 제자들을 키워내야 하는 사람들이었다. 물론, 그 용어가 처음 사용되었던 1세기의 유대교 안에는 가말리엘 장로를 비롯해 산헤드린에 앉아 있던 랍비들이 많았다.

* 바리새인들: 위에서 라이트가 언급한 바리새인들은 유대교 내에서 정결 운동을 시작한 랍비들이었다. 그들은 '성문법'과 사람들이 성문법을 지키도록 돕기 위해 만든 '구전법'을 모두 진심으로 지켰기 때문에 크게 존경을 받았다. 바리새인들에 관한 문헌의 대부분은 긍정적이다. 그러나 예수님은 그와 대화를 나누던 바리새인들을 자주 '맹인을 인도하는 맹인'이라고 부르셨다. 이는 그들이 모세의 율법보다 그들의 전통을 더 우위에 두었기 때문이다. 예수님은 그들의 어리석은 우선순위를 비난하셨다.

"너희는 어찌하여 너희의 전통으로 하나님의 계명을 범하느냐 하나님이 이르셨으되 네 부모를 공경하라 하시고 또 아버지나 어머니를 비방하는 자는 반드시 죽임을 당하리라 하셨거늘 너희는 이르되 누구든지 아버지에게나 어머니에게 말하기를 내가 드려 유익하게 할 것이 하나님께 드림이 되었다고 하기만 하면 그 부모를 공경할 것이 없다 하여 너희의 전통으로 하나님의 말씀을 폐하는도다 외식하는 자들아"(마 15:3-7a).

* 서기관들: 예수님의 또 다른 분노의 대상이었던 서기관들은 율법을 가르치고, 옮겨 적고, 또 사람들이 잘 이해할 수 있도록 해석했다. 그들의 말은 회당과 성전에서 권위 있는 것으로 여겨졌다. 그러나 복음서에서 서기관들은 예수님을 몹시 싫어했는데, 그 이유는 적절한 안식일 준수에 대한 그들의 해석, 정결예식의 필요성, 그들의 금식법을 예수님이 무시하셨기 때문이다.[9]

* 사두개인들: 세례 요한이 '독사의 자식들'이라고 말한 이 마지막 그룹은 바리새인들의 자세한 가르침들에 반대했고, 아마도 모세오경만을 권위

있는 것으로 받아들였으며(나머지 히브리 성경은 받아들이지 않았다), (바리새인들이 지지하는) 육체적 부활에 대한 일반적인 유대인의 이해와 (바리새인들과 쿰란 에세네파들이 믿었던) 압도적인 하나님의 섭리를 믿지 않았다. 이 초기 유대교 회의론자들은 "영혼은 육체와 함께 죽는다"라고 말했다. 사두개인들은 또한 "다른 유대교 종파들보다 이방인들의 방식과 타협하는 경향이 더 컸다".[10] 이 마지막 요점은 당연한 것이다.

폴란드에서 러시아, 중국에 이르는 공산주의 지배자들은 열성적인 신자들을 늘 감시해왔다. 이 세상을 초월한 소망을 가진 자들은 지상의 독재자들을 거의 두려워하지 않는다는 걸 알고 있었기 때문이다. 예수님도 "몸은 죽여도 영혼은 능히 죽이지 못하는 자들을 두려워하지 말고 오직 몸과 영혼을 능히 지옥에 멸하실 수 있는 이를 두려워하라"(마 10:28)라고 말씀하셨다. 그런 두려움이 있으면 이 세상에서 자유롭다. 그러나 사두개인들은 그런 두려움이 없었고, 그래서 이스라엘의 하나님께 거의 관심이 없는 자들의 손 안에서 고분고분한 도구가 되었다.

패러다임을 파괴하시다

그렇다면 우리는 나사렛 예수를 어떻게 바라보아야 하는가? 그분의 삶과 사역은 이 그룹 중 몇몇 이들의 우선순위와 비슷했다. 하지만 패러다임을 깨는 예외들이 있었다.[11]

* 사람들이 하나님의 율법을 지키도록 돕는 것에 관심이 있었다는 점에서, 예수님은 '바리새인'과 같았다. 하지만 예수님은 율법의 목적인 '의'에 관심이 있었고, 외적인 행위보다 '마음'을 변화시키셨다. 그분은 바리새인들의 구전 전통들을 하나님이 주신 성문법만큼 중요한 것으로 여기지 않으셨다. 예수님이 사람들에게 "내가 너희에게 이르노니 너희 의

가 서기관과 바리새인보다 더 낫지 못하면 결코 천국에 들어가지 못하리라"(마 5:20)라고 경고하신 것을 보면 알 수 있다.

* 하나님의 말씀을 중시하는 면에서, 예수님은 '서기관'과 비슷하셨다. 그분은 "그러나 율법의 한 획이 떨어짐보다 천지가 없어짐이 쉬우리라"(눅 16:17)라고 말씀하셨다. 그러나 동시에 그분 자신의 말도 그와 동일한 권위를 가진다고 주장하셨다. 산상설교를 마쳤을 때 사람들은 그 메시지를 이해했다. "예수께서 이 말씀을 마치시매 무리들이 그의 가르치심에 놀라니 이는 그 가르치시는 것이 권위 있는 자와 같고 그들의 서기관들과 같지 아니함일러라"(마 7:28,29).

* 율법을 해석하고 제자들을 키워 그의 일을 행하게 하는 데 관심이 있었던 점에서, 예수님은 '랍비'와 비슷하셨다. 그러나 그분은 새로운 랍비들을 훈련시켜 자신의 추종자들을 형성하려는 것이 아니라(마 23:8) 그분의 가르침을 세상에 신실하게 전할 제자들을 키우려 하셨다는 점에서 달랐다(마 28:20). 이런 의미에서 예수님은 마지막 랍비라고 할 수 있다.

그분의 제자들은 누구인가

우리가 예수님이 가르치신 사람들에 대해 깊이 생각해보지 않고서는 그분의 가르침을 온전히 이해할 수 없다. 소크라테스에겐 플라톤이 있었지만, 예수님에게는 그리 촉망되는 제자가 없는 듯했다. 예수님의 제자들은 대개 단순한 갈릴리의 어부들이었고, 세상의 영향력 있는 사람들에게 거의 관심을 받지 못했다. 그들은 오늘날 같으면 사람들이 웃으며 '이해가 더딘 사람들'이라고 할 만한 자들이었다.

복음서는 일률적이진 않더라도 예수님의 측근들을 의심 많고, 자만하고, 감정을 잘 절제하지 못하며, 질투심 많고, 겁 많은 자들로 일관되게 묘사하고 있다. 그들은 예수님이 적어도 다음 주에는 메시아 왕국을 세우고 가증스러운 로마인들을 짓밟으실 거라고 기대했다. 19세기의 훌륭한 목회자 A. B. 브루스(A. B. Bruce)는 "그들은 부름 받을 당시 대단히 무식하고, 편협하며, 미신적이고, 유대인의 편견과 오해, 반감이 가득한 자들이었다"라고 했다.[12] 그러면서 어떤 의미에서 예수님에겐 선택의 여지가 거의 없었다고 말한다.

사실 예수님은 어부와 세리, 그리고 … 열심당원들을 제자로 삼는 데 만족하셔야만 했다. 그들이 예수님에게는 최선이었다. 자신을 더 낮게 여기는 자들은 너무 교만해 제자가 될 수 없었고, 그로써 그들은 온 세상이 그 왕국의 선택받은 왕자가 되는 큰 영광으로 여기는 것으로부터 배제되었다.[13]

그러나 그들에게는 배우려는 열망이 있었고, 예수님과 함께 일할 수 있었으며, 그분의 영향력 아래서 성장할 수 있었다. 또 예수님이 하신 일은 단순히 그분의 교훈을 제자들의 머릿속에 주입시키는 것이 아니라, 사람들을 대상으로 그분의 사역을 계속 이어갈 수 있는 사도들로 키워가는 것이었다. 예수님은 그들이 확실히 이해할 수 있는 비유로 새 제자들에게 말씀하셨다.

"이제 후로는 네가 사람을 취하리라"(눅 5:10).

좋은 제자로서 그들의 주된 임무 중 하나는 그저 그분과 함께 있으면서 관찰과 참여를 통해 배우는 것이었다. 마가복음의 기록을 보면 "또 산에 오르사 자기가 원하는 자들을 부르시니 나아온지라 이에 열둘을 세우셨으니 이는 자기와 함께 있게 하시고 또 보내사 전도도 하며 귀신을 내쫓는 권능도 가지게 하려 하심이러라"(막 3:13-15)라고 되어 있다. 제자가 되는 것-더 나아가 사도가 되는 것-에는 단순히 그분의 교훈이나 직업적 기술을 배우는 것 이상의 의미가 있었다. 제자의 삶에서 중요한 임무는 주인과 '함께 있는' 것이었다. 어떤 사람은 심지어 그것이 첫 번째 임무라고 말할 것이다.[14]

로버트 콜먼(Robert Coleman)은 예수님이 그분에게 몰려드는 대중을 무시하신 것은 아니지만 그분의 주된 초점은 사도들에게 있었다고 지적한다.

예수님은 자신이 떠난 후에도 그들이 사역을 계속할 수 있도록 이 단순한 사람들을 훈련시키셨다. "조화를 이루지 못하고 갈팡질팡하는 수많은 영혼들은 잠재적으로 그분을 따를 준비가 되어 있었지만, 예수님은 개별적으로 그들에게 필요한 개인적 관심을 주실 수가 없었다"라고 콜먼은 말한다. "예수님의 유일한 소망은 그의 생명으로 충만해진 사람들이 그를 위해 그 일을 하게 하는 것이었다. 따라서 예수님은 이 리더십의 시작이 될 사람들에게 집중하셨다."[15]

예수님이 하신 거의 모든 일은 때때로 이해가 느린 제자들과 군중들에게 배움의 순간을 제공해주었다. 콜먼은 예수님이 제자들을 가르칠 때 사용하신 다음 지도 원리들을 찾아낸다. 그중에서 실제로 우리가 현대의 학교 환경에서 인지할 만한 가르침을 내포하는 것은 몇 가지밖에 안 된다. 그것은 선택, 연합, 성별, 능력 부여, 시범 설명, 위임, 감독, 재생산이다.

콜먼은 예수님이 그분의 제자들의 삶에 투자하신 일들 중에 우연히 된 일은 없었다고 지적한다.

"그의 삶은 그의 목적에 따라 움직였다. 그분이 하신 모든 일들과 모든 말씀은 전체 패턴의 일부였다. 그것은 하나님을 위해 세상을 구속하는 그의 삶의 궁극적인 목적에 기여했기 때문에 의미가 있었다."[16]

질문과 맥락

그러나 이 책의 초점인 '질문'은 '예수님의 교육'이라는 화살통 안에 든 하나의 화살에 불과했다. 그 외에도 긴 설교나 담론(산상설교 같은, 마 5-7장), 탕자의 비유(눅 15:11-32)같이 일상의 인물들을 사용해 영적 교훈을 전달한 비유(예, "나중 된 자로서 먼저 되고 먼저 된 자로서 나중되리라"[마 20:16]), 함축적인 격언들이 있었고, 이는 사람들이 그분의 요점들을 기억하도록 도와주었다.

예수 학자인 마커스 보그는 예수님의 비유들이 (그분의 질문들과 마찬가지로) "청중이 판단을 내리도록 유도"하고 "상호적인 가르침의 형태로서 … 마음을 자극해 적극적으로 생각하게 하고 '어떻게 생각하는가?'라는 질문으로 청자의 주의를 끈다. … 그것들은 청자들 사이에, 또 청자들과 예수님 간에 상호작용을 일으켰다"[17]라고 말한다. 또 당시의 많은 선생들과 달리, 예수님은 "너희는 ~하라" 또는 "너희는 ~하지 말라"라는 말이나 "주께서 이와 같이 말씀하신다"와 같은 예언적인 말로 강의를 시작하지 않으셨다.[18] 대신 산상설교처럼, "나는 너희에게 이르노니"라고 말씀하셨다.[19]

예수님은 또한 기적을 행하심으로 자연을 다스리는 능력과 초자연적인 힘을 보여주셨고, 배고픈 자들을 먹이셨다. 보그는 "사실 병자를 고치고 귀신을 쫓아내신 예수님의 명성 덕분에 그분의 가르침을 듣는 청중이 생겨났다"[20]라고 했다.

요약하면, 우리는 예수님의 질문들을 그분의 모든 말씀 및 행위와 분리해서 볼 수 없다. 그것들은 전체의 한 부분이며, 다른 부분을 해석하는 동시에 다른 부분들에 의해 해석되는 것이다. 우리가 성경의 여러 부분을 이해하는 데 도움이 되는 '지도 원리'가 있다. 즉 로버트슨 멕퀼킨(J. Robertson McQuilkin)의 말처럼 "문맥이 가장 중요하다"라는 것이다. 우리는 한 구절에서 직접적으로 질문을 뽑아내고 마치 예수님이 우리에게 직접 말씀하고 계신 것처럼 행동하기 원하지만, 제대로 해석하지 않은 채 바로 본문을 영적으로 이해하려는 일을 위험하다.[21]

우스운 예를 들자면, 한 어머니가 가족의 저녁식사로 뭘 준비해야 할지 모른다고 하자. 그래서 그녀는 성경을 펴서 요한복음 6장 5절을 본다. 거기서 예수님은 "우리가 어디서 떡을 사서 이 사람들을 먹이겠느냐?"라고 물으신다. 그 여자는 이 질문을 마법 주문 같은 것으로 여기며, 남편과 아이들에게 저녁식사로 떡 한 덩이를 주라는 뜻으로 받아들인다.

그러나 그녀가 성경 해석에 대해 좀 알았다면, 먼저 예수님의 질문의 문학적, 역사적인 맥락을 이해하기 위해 앞뒤 구절들을 읽었을 것이다. 이 경우에 그것은 큰 차이를 가져온다. 사실 이 질문은 예수님이 병자들을 고쳐주시는 것을 보고 큰 무리가 예수님을 따르고 있는 상황에서 나온 것이다. 그 질문은 제자인 빌립에게 직접 하신 것이며, 이 글을 기록한 사람은 또 다른 제자인 요한이다. 요한은 우리에게 예수님이 그 질문을 하신 이유를 알려준다.

"이렇게 말씀하심은 친히 어떻게 하실지를 아시고 빌립을 시험하고자 하심이라"(요 6:6).

기적적인 방법으로 무리를 먹일 계획이셨던 예수님은 여기서 그분의 능력에 대한 빌립의 믿음을 시험하고 계신 것이다. 학자들은 예수님이 5천 명을 먹이신 것이, 광야에서 모세가 이스라엘 백성을 먹인 것처럼 그분이 궁극적인 생명의 떡이심을 증명하신 거라고 했다. 그 질문은 21세기에 저녁 메뉴를 계획하는 것과 전혀 관계가 없으며, 달리 생각하는 것은 상식에 어긋날 뿐만 아니라 성경을 오용하는 것이다.

전체를 보기 위해, 우리는 예수님의 '모든' 말씀과 행위를 연구해야 한다. 이 책은 '예수님의 사역'이라는 다이아몬드의 한 면을 조사하는 것이다. 그 면이 매우 아름답긴 하지만, 그것에만 집중하느라 전체의 더 큰 아름다움을 보지 못하는 일은 없어야 한다. 우리는 20장에서 이 중요한 주제로 다시 돌아올 것이다.

라이트는 예수님의 말씀과 행위가 동전의 양면과 같다고 한다. 그는 예수님이 회개와 그 자신에 대한 철저한 헌신의 메시지를 전하실 때의 그 에너지와 다급함을 포착했다.

현대 서양문화에는 예수님이 하신 것 같은 일들에 대한 확실한 모델이 많지 않다. 어쩌면 그래서 다행일 것이다. 그렇지 않았다면 우리는 시대착오적인 관습임에도 불구하고 그것들을 끼워 맞추고 싶은 유혹을 느꼈을 것이다. 그러나 예수님이 바이올린 선생님보다 작곡자/지휘자에 더 가까웠고, 배우보다 선동적인 극작가에 더 가까웠다고 말한다면, 우리는 꼭 필요한 어떤 느낌을 포착한 것일

지도 모른다. 그는 더 기다릴 수 없는 다급한 메시지를 전하는 사람이었다. 그 메시지는 학문적 논쟁의 대상이 될 수 없었다. 그는 마치 확성기를 들고 온 동네를 운전하며 다니는 사람처럼, 공적인 발표를 하고 계셨다. 그는 임박한 철도 사고를 막기 위해 붉은 기를 든 사람처럼 공적인 경고를 알리고 있었다. [22]

살아 있는 말씀이신 예수님

예수님의 질문들은 단순히 우주왕복선처럼 진공 속으로 발사되는 영원한 도덕적 진리들이 아니었다. 그것들은 구체적인 상황들 속에서 특정한 사람들을 향한 것이었다. 또한 저마다 저자와 교육 목표들이 있는 독특한 복음서 이야기들의 한 부분이었다. 바트 어만 같은 학구적인 비평가들이 지적한 것처럼, 두 개 이상의 복음서에서 다룬 이야기들이 서로 다르게 표현된 것은 부인할 수 없는 사실이며, 그것들을 서로 조화시키는 것이 항상 쉽지는 않다.

이에 대한 몇 가지 설명이 있다. 때로는 저자들이 비슷하지만 별개인 사건들을 말하고 있기 때문에 차이가 있다. 또 어떤 때는 그들이 같은 사건의 다루지만 상호보완적인 면들을 강조하기도 한다. 그리고 어떤 때는 예수의 생애와 관련된 더 큰 교훈을 제시하기 위해 개별적인 역사적 사건들을 하나로 결합시키기도 한다. 이것은 그것들이 정확하지 않다는 의미가 아니라, 우리가 복음서의 장르를 연구해 그것이 역사에 관해 어떤 것을 주장하고 또 어떤 것을 주장하지 않는지를 파악해야 한다는 뜻이다.

우리는 1세기에 오늘날과 같은 언론과 전기문이 없었다는 것을 기억해야 한다. 하지만 그렇다고 해서 복음서가 사실이 아닌 것은 아니다. 저자들의 목적은 단순히 녹음기를 켜서 재생시키듯이 '객관적인' 작품을 만들어내는 것이 아니었다. 그들은 그들의 삶을 사로잡은 예수에 관해 사람들을 설득하고 가르치고자 했다. 그러나 우리가 진리를 말하는 한, 설득에는 아무 문제가 없다.

물론 신약성경은 또한 역사에 확고히 뿌리를 두고 있다. 예수님은 아구스도와 헤롯 대왕이 통치하는 동안 베들레헴의 보잘것없는 마을에서 태어나셨다. 빌라도와 가말리엘 같은 인물들은 고대의 이야기들에 두루 등장한다. 우리는 다른 고대의 자료들을 대조 검토해 이들이 실제 인물들이었는지 알아볼 수 있다. 하지만 복음서는 아무리 자세히 묘사되어 있더라도 역사 교과서가 아니라 믿음을 불러일으키기 위해 쓰인 것임을 잊지 말아야 한다. 23

그러나 그 질문들은 이 이야기들 안에 갇혀 있지 않다. 진기한 역사적 유물이나 어디에서 나왔는지 알 수 없는 발언들이 아니다. 그 질문들은 여전히 우리를 탐색한다. 살아 있는 말씀으로서, 그것은 1세기의 바리새인, 사두개인, 제자들에게 했던 것처럼 우리에게도 말하고 있다. 물론 그것은 역사적인 순간 속에서, 특정한 문헌 속에서, 특정한 사람들에게 주어졌지만, 오늘날에도 계속 적용된다.

아내와 나는 우리 아이들에게 훌륭한 문학을 사랑하는 마음을 심어주려고 노력해왔다. 하지만 《걸리버 여행기》(Gulliver's Travels)와 《80일간의 세계일주》(Around the World in Eighty Days) 같이 몇 세기밖에 안 지난 고전 작품들도 지금은 부자연스럽고 구식인 것처럼 들린다. 똑똑한 아이들이라도-나는 내 아이들이 '평균 이상'의 범주에 속한다고 믿는다 - 익숙지 않은 문장 형식과 표현들을 이해하기 힘들어할 수 있다.

그런데 예수님의 말씀은 그렇지 않다. 그것은 2천 년 전과 똑같이 마음속을 꿰뚫는 힘이 있어, 우리의 그물을 내려놓고, 모든 것을 버리고, 그분을 따를 수밖에 없게 만든다. 따라서 예수님이 1세기의 유대교 안에 계실 때에도 그분은 거기에 갇혀 있지 않으셨다. 그분은 1세기 때만큼 21세기에도 편안하게 존재하신다. 그분의 말씀은 여전히 아침마다 새롭게 들린다. 그분의 질문은 양날의 검처럼 우리의 가식과 평계들을 꿰뚫는다.

나폴레옹의 말을 들으면 그가 제대로 이해하고 있었다는 걸 알게 된다. "피상적인 마음은 그리스도와 제국의 설립자들, 그리고 다른 종교의 신들

간의 닮은 점을 본다. 닮은 점은 존재하지 않는다. 기독교와 다른 종교들 사이에는 무한한 간격이 있다."[24]

질문은 스스로 생각하게 만든다

물론 예수님은 질문을 사용한 최초의 훌륭한 교사는 아니었다. 그리스 철학자 소크라테스는 질문을 사용해서 사람들이 "스스로 무엇이 참되고, 진실하고, 선한지를 인식하게 했으며 … 그것은 새롭고, 따라서 다소 의심스러운 교육법이었다. 그는 대화 상대들을 혼란스럽게 하고, 화나게 하고, 충격을 줌으로써 그들 자신의 무지를 깨닫는 불쾌한 경험을 하게 하는 것으로 알려졌다. 때로는 그 상태가 진정한 지적 호기심으로 대체되기도 했다."[25]

1973년에 〈하버드대학의 공부벌레들〉(The Paper Chase)이라는 영화에서 하버드대학의 법학 교수 킹스필드(Kingsfield)는 소크라테스의 방식-질문하고 답하고, 또 다른 질문을 하는 방식-을 사용해 학생들이 단지 사실을 배우는 것이 아니라 스스로 배우게 만든다. "나의 작은 질문들은 여러분의 머리를 회전시킵니다"라고 킹스필드는 계약법 수업 시간에 낮은 목소리로 말한다. "여러분은 여러분 자신에게 법을 가르치며, 저는 여러분의 정신을 훈련시킵니다. 여러분이 여기에 올 때는 머릿속에 옥수수죽이 가득하죠. 그러나 나갈 때는 변호사처럼 생각하게 됩니다."[26]

예수님은 소크라테스의 방법을 사용하진 않으셨지만, 질문들을 통해 사람들이 그들의 교육뿐만 아니라 그들의 영혼에도 꼭 필요한 문제들을 충분히 생각하게 만드신다. 내가 세어 보니, 복음서와 사도행전에 기록된 그분의 질문은 거의 300개가 된다. 때로 그 질문들은 무리를 지어 나타난다. 질문 뒤에 바로 질문이 이어지고, 서로를 기반으로 하며, 다양한 각도에서 한 주제를 살피고 조사한다. 많은 경우에 그 질문들은 청자들이 방금 배운 내용을 얼마나 이해하고 있는지를 알아낸다. 어떤 경우에는 처음부터 청자들의 관심을 끌기도 한다. 예수님의 질문에 사람들이 항상 소리내어 대답하는 건 아니지만, 그래도 항상 내면의 대답을 이끌어내려 하신다.

예를 들면, 누가복음 14장에서 예수님은 그분을 따르는 수많은 무리에게 그분의 제자가 되기 위해 치러야 할 희생에 대해 말씀하신 후 '모든 소유를 버리는 자들'만이 참으로 그분을 따를 수 있다고 경고하신다(실제로 예수님은 무리의 칭송보다 더 많은 것을 생각하고 계셨다). 그리고 이렇게 물으신다.

"소금이 좋은 것이나 소금도 만일 그 맛을 잃으면 무엇으로 짜게 하리요?"(눅 14:34).

그분의 말씀을 듣던 자들은 그분을 따르기 위해 모든 것을 희생해야 한다는 메시지를 들은 그들이 실로 모든 것을 버렸는지 자문해볼 수밖에 없었을 것이다. 그리고 예수님은 말씀의 의미를 명백하게 보여주신다.

"땅에도, 거름에도 쓸데없어 내버리느니라 들을 귀가 있는 자는 들을지어다 하시니라"(눅 14:35).

제자도에 관한 예수님의 가르침 끝에 등장하는 그 질문은 청자들이 직접 참여해 그 메시지를 개인에게 적용하도록 도와준다. 킹스필드 교수가 말했던 것처럼, 그것은 그들의 머리를 회전시킨다. 우리에게도 마찬가지다.

질문은 청자의 관심을 끈다

이 책의 골자인 주제별로 정리한 질문들로 들어가기 전에, 예수님이 청자들의 관심을 끌기 위해 그의 질문들을 어떻게 사용하시는지 살펴보자. 예수님은 담론, 비유, 행위에 있어서 그 어느 것도, 심지어 청자들의 관심도 당연시하지 않으신다. 훌륭한 교사는 중요한 순간에 수업의 시동을 걸기 위해 질문을 사용하기도 한다. 예수님은 1세기 팔레스타인 문화에 대한 깊은 지식과 통렬한 유머감각, 그리고 인간의 마음에 대한 이해로, 데이비드 레터맨 (David Letterman)이나 제이 레노(Jay Leno)보다 더 독백을 잘하실 수 있었다. 그러나 그분은 자주 대화를 하려고 하셨다.

누가복음 13장에서 예수님은 무리에게 하나의 질문을 두 가지 방식으로 하신다.

"하나님의 나라가 무엇과 같을까? 내가 무엇으로 비교할까?"(눅 13:18).

이때 흥분한 사람들이 그 나라의 옛 권력과 영광을 되찾는 것을 강조하는 답변들을 큰소리로 외치며 연달아 대답을 쏟아내는 것을 상상해볼 수 있다. 그때 예수님은 자신의 질문에 직접 답을 주신다.

"마치 사람이 자기 채소밭에 갖다 심은 겨자씨 한 알 같으니 자라 나무가 되어 공중의 새들이 그 가지에 깃들였느니라"(눅 13:19).

약속된 나라는 사실 그들 가운데 있었으나, 그 나라의 주된 속성은 권력이 아니라 약함이었다. 그 이야기는 나중에 좀 더 하겠다.

때로 예수님은 해학적인 의미가 담긴 질문들을 사용하신다. 그분은 이런 질문을 하셨다.

"맹인이 맹인을 인도할 수 있느냐? 둘이 다 구덩이에 빠지지 아니하겠느냐?"(눅 6:39).

청자들의 관심을 끌고, 아마도 한 번 빙그레 웃으신 예수님은 본격적인 주장을 펼칠 준비를 하신다. 예수님은 또한 제자들에게 (우리가 본 대로) 떡이 어디 있냐고 물으시거나, 그들이 예루살렘에서 익명의 집주인에게 예수님 대신 "내가 내 제자들과 함께 유월절 음식을 먹을 나의 객실이 어디 있느냐?"(막 14:14)라는 질문을 하게 하심으로써 그들의 관심을 사로잡으셨다.

예루살렘에 있는 헤롯의 큰 성전 근처에서 제자들이 인상적인 건축물에 주목하자, 예수님은 그 건물에 대해 이렇게 말씀하신다.

"너희가 이 모든 것을 보지 못하느냐?"

당연히 그들은 본다. 예수님은 어떤 주장을 하고 계셨던 걸까? 그분의 제자들이 온전히 집중해 골똘히 성전 자체를 응시하고 있을 때 예수님은 매우 충격적인 말씀을 하신다.

"내가 진실로 너희에게 이르노니 돌 하나도 돌 위에 남지 않고 다 무너뜨려지리라"(마 24:2).

심판이 다가오고 있었다.

예수님은 끝없는 허공을 향해 질문을 던지지 않으셨다. 예수님 당시의 상황과 사람들이 그분의 말과 행동에 영향을 미쳤다. 또한 잔혹한 압제, 금품 매수, 참된 자유에 대한 열망이 가득했던 그 시대는 우리 시대와 매우 비슷하다. 오늘날도 그분의 질문들이 우리의 관심을 사로잡고, 필요하면 우리를 충격에 빠뜨리고, 우리가 진리를 붙잡고 씨름하게 만들어야 하지 않겠는가? 예수님은 여전히 긴급한 사명을 띠고 계신다. 심판이 우리에게도 다가오고 있기 때문이다. 우리에게는 들을 귀가 있는가?

토론 질문

1. 예수님이 사시던 세상에 대한 정확한 이해가 그분을 이해하는 데 어떤 도움을 주는가?

2. 1세기의 팔레스타인은 어떤 면에서 지금 우리의 세상과 비슷한가, 또 어떤 면에서 비슷하지 않은가?

3. 예수님은 어떤 면에서 그분의 상황에 순응하시는가? 또 어떤 면에서 상황을 초월하시는가?

4. 당신은 성경을 어떻게 읽는가?

5. 당신이 만났던 탁월한 교사를 묘사해보라. 그분의 어떤 점이 훌륭했는가?

6. 질문은 어떠한 기능들을 하는가?

7. 무엇이 예수님의 질문들에 대한 당신의 흥미를 불러일으키는가?

비할 데 없는
권위

> 66 사람이 먼저 강한 자를 결박하지 않고서야 어떻게
> 그 강한 자의 집에 들어가 그 세간을 강탈하겠느냐? 99

미국인에게 '퇴마사'라는 단어를 말하면 대부분 1973년 공포 영화에 나오는 충격적인 이미지들을 떠올리기 쉽다. 그러나 미국 그리스도인에게 그 단어를 말하면 뭔가 아는 듯한 표정을 짓거나 이야기를 할 가능성이 훨씬 더 크다.

탄자니아 출신의 젊은 여성, 에스더는 몇 년 동안 신학교에 다니고 싶었으나 그럴 수가 없었다. 가난이나 학문적 재능의 부족 때문이 아니었다. 〈아프리카 신학 저널〉(Africa Theological Journal)의 한 기사에 따르면, 그녀가 귀신에 사로잡혀 있었기 때문이었다. 어느 날, 기독교 지도자들은 에스더에게서 귀신을 쫓아낼 때가 되었다고 결론을 내렸다. 그때가 1982년이었다. 의식을 행할 시간이 다가오자, 그들은 찬송가 몇 곡을 부르고 귀신 쫓는 것을 묘사하는 종교적인 글들을 읽었다. 그때, 모여 있던 사람들은 그들이 귀신 목소리로 확인한 소리가 에스더의 입에서 나오는 것을 들었다.

그녀는 이렇게 소리쳤다.

"우리가 불타고 있다! 우리가 불타고 있다!"

그 다음엔 이렇게 말했다.

"우리가 나가고 있다!"

에스더는 귀신에게서 해방되었다고 공표되었고, 더 이상 도움을 필요로 하지 않았다. 그녀의 사례를 보고한 어느 작가는 이렇게 말했다.

"귀신을 쫓는 일은 개인과 사회에 영적, 육체적, 또는 물질적 축복을 가져다준다. 그런 축복들 때문에 교회는 필요할 때마다 귀신 쫓는 일이 행해지도록 해야 한다."[1]

우리는 23장과 24장에서 두 왕국의 충돌을 좀 더 자세히 살펴볼 것이나, 여기서는 먼저 중요한 최전선에 초점을 두려 한다. 그것은 마귀들에 대한 예수님의 권위와 그것이 오늘날의 세계에서 어떤 의미를 갖는가 하는 것이다. 특히 그분의 권위를 문자 그대로 받아들이는 아시아, 아프리카, 라틴 아메리카에서 말이다. 역사학자인 필립 젠킨스(Philip Jenkins)는 이렇게 말한다.

"북아메리카에서 … 악령 쫓기와 축사의 개념은 외부인들이나 세속적인 관찰자들에겐 좀 기이하거나 광신적인 것으로 보인다. 반면에 북아메리카 밖의 더 새로운 많은 교회에서는 그것들이 전통적인 가설들에 논리적으로 잘 들어맞는다."[2]

세속적인 서양에서 우리가 어떤 생각을 하든 간에, 아프리카-그리고 실제로 젠킨스가 지구의 남반구라고 부르는 커다란 지역-에서는 구마(驅魔)가 필요한 상황이 자주 발생한다. 젠킨스에 의하면, "압도적으로, 지구 남반구의 교회들은 악의 존재와 마귀의 실체에 대한 확고한 믿음을 가르친다".[3]

물론 그런 사상들이 예수님 시대에는 당연하게 받아들여졌다.

예수님이 사셨던 1세기의 세상에는 여러 종교가 섞여 있었다. 가이사에게 공적으로 높은 지위가 부여되었던 로마 제국에선 수백 개 이교도의 신들을 숭배했다. 물론 유대인들은 엄격한 일신교도로서 야훼를 따랐다. 그는 2천 년 전에 족장 아브라함에게, 모세와 다윗에게, 그리고 그분의 말씀을 선포한 여러 선지자들에게 자신을 계시해주셨다. 이교도들과 달리, 유대인들은 하나님이 가장 높으신 분임을 확고히 믿었다(그들의 역사 속에서 여러 번 그랬듯이 우상숭배에 빠지지 않았을 때).

그러나 일신론을 가르치는 히브리 성경에 따르면, 이 하나님에겐 대적이 있고 우리도 마찬가지다. 그의 이름은 사탄, 또는 루시퍼이며, 어떤 이들은 이 타락한 천사를 마귀라고 부른다(사실 마귀[devil]라는 단어는 대적[adversary]을 의미한다). 우리가 믿든 안 믿든, 이 대적은 하나님의 통치를 훼손시키고 궁극적으로 타도하려는 한 왕국을 이끈다. 그러나 우리가 의심한다면, 예수님에게 반박하고 있는 우리 자신을 발견하게 될 것이다.

회의적인 학자 마커스 보그는 이렇게 말한다.

"그러나 현대적 설명이 어떠하든, 심리적 또는 사회적 요인들이 얼마나 많이 관여되어 있든 간에, 우리는 예수님과 그분의 동시대인들(그리고 일반적으로 근대 이전의 문화에 속한 사람들)이 어떤 영이나 다른 세계에서 온 영들에게 사로잡힐 수 있다고 생각했다는 것을 알아야 한다. 그들의 세계관은 그러한 영들의 존재를 당연시했다."[4]

훌륭한 선생, 선지자, 인류를 사랑하는 분으로서 예수님을 연구하려는 우리는 그분이 이러한 세계관을 갖고 계셨다는 사실을 직시해야 한다. 사실 예수님의 사역은 하나님나라와 사탄의 나라 간의 갈등을 밝히 드러냈다. 신약학 교수인 클린턴 아놀드(Clinton Arnold)는 이렇게 말한다.

"공적 사역을 시작할 때부터 예수님은 서로 대립하는 나라 간 갈등의 본질에 대해 말씀도 하시고 증명해 보이셨다. 그는 가버나움 회당에서 하나님나라를 선포하기 시작하신 순간 그 싸움에 말려드셨다."[5]

실로 예수님은 선생이자, 그 이상의 존재였다. 그는 해방자였으며, 단지 오늘날 우리가 익숙한 일차원적, 세속적 의미에서만 그런 존재가 아니었다. 예수님은 사역을 시작하실 때 옛 선지자 이사야의 말을 풀어서 "포로 된 자에게 자유를, 눈 먼 자에게 다시 보게 함을 전파하며 눌린 자를 자유롭게 하고 주의 은혜의 해를 전파하"러 왔다고 선언하셨다(눅 4:18,19). 하지만 오직 육체적 필요만 채워주는 사역과는 거리가 멀었다. 영적인 부분과 육적인 부분이 함께 어우러졌다. 그리고 사람들은 그것을 알았다.

"예수께서 온 갈릴리에 두루 다니사 그들의 회당에서 가르치시며 천국 복음을 전파하시며 백성 중의 모든 병과 모든 약한 것을 고치시니 그의 소문이 온 수리아에 퍼진지라 사람들이 모든 앓는 자 곧 각종 병에 걸려서 고통 당하는 자, 귀신 들린 자, 간질하는 자, 중풍병자들을 데려오니 그들을 고치시더라"(마 4:23,24).

물론 예수님은 육적인 필요들에 관심이 있으셨지만, 영적인 고통들과도 싸우셨고 그 둘을 혼동하지 않으셨다.[6] 그것은 일괄타결이었다.

이 점에서 우리는 예수님이 월마트에서 파는 종교적인 영웅 피규어들과 달리, 무한한 융통성을 가지고 우리가 부여하는 어떤 포스트모던적인 입장이라도 취할 수 있는 분이 아니라는 걸 알 수 있다. 그분은 경건하고, 비현실적이며, 종교적 예술성을 가진, 약간 여성적인 구세주가 아니다. 그분의 손은 늘 분투하느라 거칠고 갈라지기까지 했다. 그분은 악과 고난을 직시하셨고, 그들의 목덜미를 붙잡으셨으며, 그것에 대해 말씀하셨다. 그분의 사역을 지켜본 사람들은 이렇게 소리쳤다.

"이는 어찜이냐 권위 있는 새 교훈이로다 더러운 귀신들에게 명한즉 순종하는도다"(막 1:27).

신약성경에 나와 있듯이, 당시 귀신을 쫓아낸 유대인은 예수님만이 아니었다. 그러나 그분의 권위는 단연 뛰어났다.[7] 물론 예수님의 종교적인 적들은 같은 강력한 역사를 보고도 다른 설명을 했고, 그것을 '바알'이라는 고대 단어와 연관해 바알세불 탓으로 돌렸다. 그것은 당시 사탄을 지칭하는 대중적인 이름이었다. 그들은 예수님이 "귀신의 왕을 의지하여 귀신을 쫓아낸다"(마 9:34)라고 했다. 그렇다면 개인을 파멸시키거나 상대를 악마로 취급하는 정치에 대해 이야기해보자.

분쟁하는 집의 결말

예수님은 그것을 용인하지 않으셨고, 그와 같은 완고한 불신에 맞서 몇 가지 질문을 던지셨다. 마태복음과 누가복음은 그분의 반응을 약간 다르지만 상호보완적인 두 각도에서 보여준다. 먼저, 마태의 기록을 보자.

그때에 귀신 들려 눈이 멀고 말을 못하는 사람을 데리고 왔거늘 예수께서 고쳐 주시매 그 말 못하는 사람이 말하며 보게 된지라 무리가 다 놀라 이르되 이는 다윗의 자손이 아니냐 하니 바리새인들은 듣고 이르되 이가 귀신의 왕 바알세불을 힘입지 않고는 귀신을 쫓아내지 못하느니라 하거늘 예수께서 그들의 생각을 아시고 이르시되 스스로 분쟁하는 나라마다 황폐하여질 것이요 스스로 분쟁하는 동네나 집마다 서지 못하리라 만일 사탄이 사탄을 쫓아내면 스스로 분쟁하는 것이니 그리하고야 어떻게 그의 나라가 서겠느냐 또 내가 바알세불을 힘입어 귀신을 쫓아내면 너희의 아들들은 누구를 힘입어 쫓아내느냐 그러므로 그들이 너희의 재판관이 되리라 그러나 내가 하나님의 성령을 힘입어 귀신을 쫓아내는 것이면 하나님의 나라가 이미 너희에게 임하였느니라 사람이 먼저 강한 자를 결박하지 않고서야 어떻게 그 강한 자의 집에 들어가 그 세간을 강탈하겠느냐 결박한 후에야 그 집을 강탈하리라 나와 함께 아니하는 자는 나를 반대하는 자요 나와 함께 모으지 아니하는 자는 헤치는 자니라

마 12:22-30

언뜻 보기에는 예수님이 바알세불과 함께 일하고 있다는 바리새인들의 비난에 외적인 타당성이 있어 보인다. 아무 의심 없고 무지한 군중들의 관심을 끄는 데 있어 거짓 기적을 행하는 것보다 더 좋은 방법이 있겠는가? 유대인들은 늘 메시지의 타당성을 입증해줄 표적들을 찾고 있었으니, 그들에게 표적을 보여주지 않을 이유가 있었겠는가? 그리고 그들이 걸려들면, 거짓말로 그들을 속일 수 있다. 어쩌면 기존 종교 지도자들이 제시한 참된 길에서 사람들이 돌아서게 만들기 위해 예수님이 마귀들과 힘을 합쳐 일하고 있었던 걸까?

물론 그러한 분석은 사탄과 예수님을 둘 다 잘못 판단하는 것이다. 예수님이 사탄의 왕국을 물리치기 위해 하신 일들(오늘날 우리는 그것을 기적이라 부를 것이다)은 하나님나라가 움직이고 있다는 증거였다. 오직 증오와 인간에 대한 경멸로 가득한 사탄은 절대 자발적으로 자신의 소유물을 양보하지 않는다. 모든 독재국가들이 그렇듯이, 사탄의 왕국은 스스로 무언가를 창조하기보다 오직 다른 사람들을 통제하고 착취함으로써 발전한다. 척박하지만 공격적인 사탄의 제국은 오직 그들에게 종속된 사람들의 삶을 먹고 살 수 있다. 예수님 안에서, 하나님은 강제로 그들을 다시 데려오셨다. 1858년에 에이브러햄 링컨은 이 진리를 이해했고, 예수님의 말씀을 빌려 노예제도와 자유는 공존할 수 없다고 주장했다.

"스스로 분쟁하는 집은 서지 못한다."[8]

성령의 능력

예수님은 "또 내가 바알세불을 힘입어 귀신을 쫓아내면 너희의 아들들은 누구를 힘입어 쫓아내느냐?"(마 12:27)라고 물으신다. 다시 말하면 "예수님의 대적들이 그분이 사탄의 힘으로 귀신들을 쫓아낸다고 주장한다면, 논리적으로 볼 때 그들의 동료들이 귀신을 쫓아내는 것도 사탄의 힘으로 하는 것이 된다"라는 말이다.[9] 이 대적들은 순전한 악의로 예수님을 비방할 수 있지만, 그들의 동료들, 이스라엘의 참된 '아들들'도 하는 일을 비난함으로써 그렇게 할 수는 없다.

예수님이 다른 사람들도 마귀의 요새를 무너뜨릴 수 있다고 인정하신 것은 성령의 능력이 예수님만 사용할 수 있는 것이 아님을 보여준다. 예수님은 그분이 하셨던 일들을 제자들도 똑같이 할 것을 요구하셨다. 여기에는 어둠의 세력들과 맞서는 것도 포함된다.

한번은 예수님이 그분의 측근인 사도들만 아니라 72명의 추종자들에게도 사역을 맡기셨다(눅 10:1). 그들이 사역 보고를 위해 함께 모였을 때 72명은 "기뻐하며 돌아와 이르되 주여 주의 이름이면 귀신들도 우리에게 항복하더이다"라고 했다. 이때 예수님은 거의 놀라지 않고 말씀하셨다.

"사탄이 하늘로부터 번개같이 떨어지는 것을 내가 보았노라 내가 너희에게 뱀과 전갈을 밟으며 원수의 모든 능력을 제어할 권능을 주었으니 너희를 해칠 자가 결코 없으리라"(눅 10:18,19).

예수의 이름으로 활성화되는 성령의 능력은 마귀와 그의 부하들이 도저히 감당할 수 없는 것이었다. 그것은 지금도 그렇다.

능력 대결

예수님의 그다음 질문은 이랬다.

"사람이 먼저 강한 자를 결박하지 않고서야 어떻게 그 강한 자의 집에 들어가 그 세간을 강탈하겠느냐"(마 12:29).

이는 그분의 우월한 능력과 권위에 대한 원초적인 주장이다. 그렇다. 사탄은 인간의 마음속에 두려움을 심어주는 강한 자이다. 그러나 예수님이 훨씬 더 강하시며, 마귀를 결박하고 그의 집을 마음대로 강탈하실 수 있다. 다수의 권력들과 "서로 상충하는 믿음의 주장들"[10]에 맞서야 하는 지구 남반구, 제3세계에서 치유와 축사 사역이 많은 교회가 중심에 자리 잡은 것은 놀라운 일이 아니다.

그러나 사탄과 그의 무리는 인간이 당하는 고난의 유일한 원인이 아니며, 주된 원인도 아니다. 성경의 첫 책에서 언급하듯이, 가시덤불과 엉겅퀴, 땀, 그리고 죽음은 지금 우리가 사는 세상의 정상적인 부분들이다. 이런 자연적인 악들은 하나님이 직접 허용하시는 것이며, 반드시 사탄의 직접적인 사역이라고 할 수 없다.[11] 따라서 모든 고통과 문제의 원인을 악한 세력들에게로 돌리는 것은 말이 되지 않는다. 물론 성경에서 그것들이 어떤 고난의 원인이 될 수 있다는 걸 인정했지만 말이다. 이를테면 18년 동안 귀신 들려 몸을 펴지 못했던 신실한 유대인 여자의 경우가 그랬다(눅 13:10-17).

그러나 모든 덤불 뒤에서 유명한 마귀를 찾는 것은 건전하지 않다. 때로는 어떤 재앙-미네아폴리스에서 붕괴된 다리, 예수님 당시 실로암 망대가 무너져 18명이 사망한 사건, 예배드리던 갈릴리인들이 로마인들에게 살해당한 일 등 - 으로부터 우리가 알 수 있는 것이 궁극적인 원인이 아니라 우리의 반응뿐인 경우도 있다.

예수님은 무리에게 이렇게 물으셨다.

"감추인 것이 드러나지 않을 것이 없고 숨긴 것이 알려지지 않을 것이 없나니 이러므로 너희가 어두운 데서 말한 모든 것이 광명한 데서 들리고 너희가 골방에서 귀에 대고 말한 것이 지붕 위에서 전파되리라 내가 내 친구 너희에게 말하노니 몸을 죽이고 그 후에는 능히 더 못하는 자들을 두려워하지 말라 마땅히 두려워할 자를 내가 너희에게 보이리니 곧 죽인 후에 또한 지옥에 던져 넣는 권세 있는 그를 두려워하라 내가 참으로 너희에게 이르노니 그를 두려워하라"(눅 12:2-5).

고난은 우리로 하여금 신중하게 처신하게 한다. 그리고 완전히 무임승차할 수 있는 사람은 아무도 없다. 나는 개인적으로 고통스러운 경험을 통해 이것을 알게 되었다.

고난 가운데서의 권위

1961년 8월, 두 달 빠른 나의 출생은 순탄하지 않았다. 1.7킬로그램밖에 안 되는 나는 역경을 이기고 살아남았다. 하지만 남은 생애 동안 뇌성마비라는 짐을 안고 살게 되었다. 오랜 세월 동안 나는 종종 왜냐고 물었고 억울한 마음을 떨쳐내기가 힘들었다. 나는 대부분 열등감과 소외감을 느꼈고 거절당하는 것이 두려웠다. 때로는 거절을 당하기도 했다. 나는 "왜"에 대한 답을 듣지 못했고, 대체로 나를 감정적으로 매우 혼란스럽게 했다.

그러나 바울의 말을 빌려 말하자면,[12] 이 육체의 가시는 나의 거대한 자아를 적어도 부분적으로나마 억제했고, 내가 결코 온전히 이해하지 못할 하나님을 찾도록 이끌어주었다. 또한 나는 장애를 가진 사람들이 사회의 날카로운 부분들을 부드럽게 하고, 우리에게 인내와 겸손을 가르쳐주며, 위를 바라보게 하고, 우리를 늘 따라다니는 자기도취로부터 일시적으로나마 멀어지게 해준다고 생각하고 싶다.[13]

실제로 예수님은 사람들을 마귀와 죽음과 질병에서 해방시킬 권위가 있으시지만, 때로는 합당한 이유로 그렇게 하지 않으신다. 그리고 때로는 그러한 이유들로 우리를 그 안에 들어가게 하신다. 전 백악관 대변인이었던 토니 스노우(Tony Snow)는 재발되는 암과 싸우다가 결국 사망했다. 그러나 그는 그 병을 '뜻밖의 축복'이라고 불렀다.

사망의 음침한 골짜기로 들어가는 순간, 상황이 달라진다. 당신은 기독교가 물렁하고, 수동적이며, 경건하고, 부드러운 것이 아니라는 걸 알게 된다. 믿음은 바라는 것들의 실상이요 보지 못하는 것들의 증거이다. 하지만 그것은 또한 당신을 무서운 경고문이 사라진 세상으로 끌어들인다. 믿음의 삶은 스릴과 담대함, 위험, 충격, 반전, 승리, 직관들로 가득하다.[14]

어느 날 예수님의 제자들이 물었다.

"랍비여 이 사람이 맹인으로 난 것이 누구의 죄로 인함이니이까 자기니이까 그의 부모니이까"(요 9:2).

예수님은 그 사람이 맹인인 것은 '그에게서 하나님이 하시는 일을 나타낼' 거룩한 기회를 주는 것이라고 말씀하셨다.[15] 그렇게 힘들게 얻은 복들은 이 세상이 새롭게 회복될 때까지 우리 모두를 위해 지속될 것이다.

"모든 눈물을 그 눈에서 닦아 주시니 다시는 사망이 없고 애통하는 것이나 곡하는 것이나 아픈 것이 다시 있지 아니하리니 처음 것들이 다 지나갔음이러라"(계 21:4).

갈릴리에서 온 치유자를 따르는 사람들이나 그들을 반대하는 사람들이나 치유와 축사를 뜻밖의 일로 여겨서는 안 되는 것이었다.

지구 남반구의 현실

한편, 지구 남반구와 다른 곳의 그리스도인들은 이 어두운 세상에 그리스도 왕국의 빛을 가져오기 위해 그들이 할 수 있는 일들을 하고 있다. 예수님이 절름발이를 고쳐주시고, 눈먼 자를 보게 하시며, 귀신을 쫓아내시고, 가난한 자들에게 복음을 전파하신 것처럼. 예수님은 갑작스럽게 등장한 그분 나라의 빛으로 삶의 추한 그림자들을 물리치며 그 길을 보여주셨고, 이제 많은 이들이 그 길을 따르고 있다.

젠킨스는 악한 세력들과의 싸움이 종종 치유사역을 동반하며, 지구 남반구의 그리스도인들은 "그 두 가지를 다 축사의 형태로 본다"라고 지적한다.[16] 실제로 나머지 세계의 많은 이들은 마귀와 질병에 대한 예수님의 권위를 함께 묶는 것에 거의 문제가 없다고 보며, 그 권위는 지금까지도 계속되고 있다고 본다.

젠킨스는 치유를 강조하는 것이 아시아, 아프리카, 라틴아메리카 지역에서 교회의 성장과 확산에 꼭 필요하다고 말한다.

"지구 남반구 전역에서, 치유 사역은 로마제국 붕괴 이후 서부유럽이 회심할 때와 마찬가지로 현대 기독교의 확장에도 중요한 역할을 했다. 그리고 지금도 몸이나 마음의 치유와 영적인 축사를 분리하는 것은 거의 불가능하다."

그는 계속해서 이렇게 말한다.

치유는 회심과 구원의 이야기에서 꼭 필요한 부분이며, 아프리카와 아시아의 그리스도인들 사이에서 치유의 이야기들은 문학과 간증의 상당 부분을 차지한다. 예를 들면, 필리핀의 한 부족 공동체에서 어느 복음 전도자가 한 회심자의 경험을 이야기한다. "곧 한 이웃이 조용히 그에게 묻기를 이 새로운 하나님은 자신의 죽어 가는 아이를 낫게 해주실 수 있냐고 했다. 바돌(Badol)은 움직임이 없는 아기에게 안수하며 그 아기에게 생명을 주신 예수님의 이름으로 기도했다. 그 다음 주일에, 이제 회복된 그 아기와 함께 온 가족이 교회에 나왔다. … 마을 사람들은 정기적으로 그에게 아픈 사람을 위해 기도해 달라고 했고, 그들 대부분은 기적적으로 치유를 받았다. 약 15년 후, 빠빠속(Papasok)의 모든 사람들이 병자를 낫게 해주실 수 있는 이 새 하나님을 섬기고 있다."[17]

지금 우리는 정확하고 과학적인 계몽주의 세계관을 가지고 이에 대해 많은 질문과 이의를 제기할 수 있다. 어쩌면 그 아이는 어차피 병이 나을 아이였을 것이다. 어쩌면 이것은 연상의 힘이나 변종된 플라시보 효과가 나타난 사례일지도 모른다(물론 아기가 어떻게 그런 영향을 받을 수 있는지는 알기 어렵지만). 어쩌면 그 복음전도자가 자기 사역의 위상과 재정 지원을 향상시키기 위해 거짓말을 하거나 과장을 하고 있을지도 모른다.

그 모든 것과 별개로, 나처럼 그런 보고를 잘 믿는 사람들도 하나님이 우리 자신의 경험 속에서는 이런 치유를 거의 행하시지 않는 것 같은 상황에서 하나님께 의존하는 것이 불안하게 느껴진다.[18] 게다가 예수님의 초자연적인 권위에 대한 과도한 의존은 사람들이 현대 과학과 의학, 위생시설의 발전을 받아들이는 데 방해가 되지 않을까? 예를 들어, 아주 작아서 보이지 않는 바이러스가 성교나 더러운 주사바늘을 통해 전염되어 실제로 AIDS에 걸리게 한다는 것을 모두가 알고 있는 이때에 마녀의 저주의 힘을 믿는 것은 위험하지 않겠는가?

이에 대해 젠킨스는 첫째, 개인적인 악과 그것을 다스리는 예수님의 권위에 대한 그리스도인의 믿음이 실제로 공동체의 건강을 촉진시킨다고 말한다. 왜냐하면 그것은 "더 오래된 영적인 악의 개념들을 진지하게" 다루며, 그것을 밖으로 끄집어내어 공개적으로 다루기 때문이다. [19] 선교사들과 다른 외부인들은 때로 지구 남반구의 사람들이 입으로는 그들의 문제에 대한 우리의 과학적 진단을 이야기하지만 그들의 물활론적 세계관은 대개 그대로 남아 있다고 말한다. 그들은 우리가 그들을 존중한다고 믿지 않으면 우리에게 마음을 열지 않거나 우리의 치료법을 받아들이지 않을 것이다. 보그는 많은 문화들이 귀신들림과 귀신 쫓는 것을 믿고 있다고 말한다. [20] 이 사실을 부인한다고 해서 그것이 사라지지는 않을 것이다.

젠킨스에 의하면, "예수님이 전통적인 치료자들보다 뛰어나시므로, 교회들은 이교도나 원시 종교들과 계속 싸우기 위한 무기를 더 가지게 되었다. 일부 그리스도인들은 위기의 순간에 그것을 의지한다". [21]

서양인들과 비서양인들간의 건강한 관계를 위한 기틀을 마련하는 것 외에도, 젠킨스는 지구 남반구 사람들의 영적 세계관을 존중해줌으로써 얻는 다른 유익들을 이야기한다. 그것은 자신들의 서비스에 과도한 비용을 청구하는 이교도 영적 전문가들의 신임을 떨어뜨리는 것, 마술의 거짓 주장들을 약화시키는 것, 인도의 불가촉천민 같은 사람들을 "역사와 혈통, 축적된 죄들의 무게"에서 해방시키는 것, 저주와 금기들로부터 벗어나는 것, 개인의 책임에 대한 성경의 원리를 받아들이는 것이다. [22]

하지만 과학의 가시적인 유익들은 어떠한가? 기적에 대한 믿음은 실험실의 과학적 방법을 훼손시키지 않는가? 그리스도인들이 실제 사는 모습을 보면 그렇지 않다.

젠킨스는 지구 남반구에서 예수님을 따르는 사람들이 대부분 "사기성 주장과 위조된 기적들을 진압하려고 애쓰고 있으며, 기적의 치유자라고 주장하는 자들을 의심의 눈으로 바라본다. … 마찬가지로 대부분의 교회들은 그들이 서양식 약을 찾는 것을 막지 않는다. 그 약을 구할 수 있고 살 돈이 있을 경우에 말이다. 그런데 두 조건이 모두 충족되는 경우는 매우 드물다. … 또한 대부분의 사람들에게 치유는 특정 질병의 치료보다 전체론적이고 포괄적인 병을 다루는 것으로 이해되고 있다"라고 말한다.

그는 라틴아메리카에 있는 오순절파 교회의 한 목격자의 말을 인용한다.

"이 선택(치유)은 실제로 예수님에 의해 구체화된다. 그는 병든 자를 만져 주시고 치유해 주시며 구원해주시고, 따라서 그들이 육체적 건강을 회복하고 그들의 사회에 다시 통합되게 해주며 영적인 삶과 가정생활을 향상시킬 기회를 주신다. 그들의 건강을 회복시켜주시면서, 또한 그들의 존엄성을 되찾게 해주시는 것이다."[23]

물론 우리는 궁핍한 대중들의 무지와 절박함을 이용해 부정한 방법으로 부를 얻으려는 종교적 사기꾼들의 존재를 무시할 수 없다. 예를 들어, 가나에서 온 한 목사가 "예배 시간 동안 아무것도 모르는 예배자들에게 전류를 보내기 위해" 사용하는 '기적의 기계'를 밀반입하려다가 우간다에서 체포되었다고 들었다.[24] 작가인 마이클 쿠네오(Michael Cuneo)는 수상한 구석이 있는 번영 설교자들과 소위 미국에서 기적을 일으킨다고 하는 자들을 무서운 시선으로 바라본다.[25]

우리는 이렇게 질문해야 한다.

"사기꾼들이 존재한다는 사실이 축사 사역의 전체적인 신빙성을 떨어뜨리는가?"

만일 그렇다면 우리는 사기꾼들이 존재하는 인간 생활의 다른 모든 영역들도 다 버려야 할 것이다. 투자 산업, 신용카드 회사, 심리 상담, 성직자 등이 그렇다.

서양인의 경계심

그렇다면 회의적인 성향이 있는 서양인은 이 모든 것과 무슨 관련이 있는가? 그는 질병을 다스리시는 예수님의 권위를 보여주는 수많은 성경의 이야기들과 마귀의 존재, 전세계적으로 점점 더 많아지고 있는 거룩한 능력의 발생에 관한 보고들을 단지 낡은 미신으로 여겨야 하는가? 그렇게 할 경우 우리에게는 미신적인 겉모습을 벗은 새로운 예수가 남는 것이 아니라, 아에 예수가 남지 못할 거라고 믿는다.

우리는 그것들 없이는 그분을 이해할 수 없다. 보그의 말처럼, 공관복음서에 나오는 갈릴리의 예수님 이야기에는 기적과 관련된 부분이 "매우 높은 비율"을 차지하고 있다.[26] 또한 그 기적들은 사람들에게 예수님의 가르침들을 입증해주었다는 것도 기억하자. 기적 없이는 가르침도 없다. 어떤 영역에서 예수님의 권위를 빼앗는 것은 모든 영역에서 그분의 권위를 빼앗는 것이다.

따라서 우리가 예수님을 사기꾼으로 치부할 각오가 되어 있지 않은 한, 그분의 초자연적인 권위를 받아들이는 법을 배워야 할 것이다. 문제는 어떻게 할 것인가 하는 것이다.

초자연적인 삶

우리가 당당하게 과학적 발전을 자랑스러워하는 동안-많은 뛰어난 과학자들이 그리스도인이었다는 것을 기억하면서[27]- 아마도 세속적인 우리의 사고방식이 우리의 눈을 가려 하나님이 그분의 능력을 나타내고 그분의 통치를 증진시키기 위해 역사하시는 더 넓은 세계를 보지 못했을 것이다. 철학자 J. P. 모어랜드(J. P. Moreland)가 인정하듯이, "우리 복음주의자들은 종종 치유와 귀신 쫓는 일, 기적, 지식과 지혜가 담긴 예언적 말씀을 너무 빨리 묵살해버린다. 다행히 복음주의 신약 학자들 사이에서, 어떤 성경적 주제들은 성령의 기적적인 능력에 권한을 부여하므로 그러한 묵살은 불필요하고 비성경적이라는 의견이 확산되어 왔다".[28]

실제로 개신교 복음주의 공동체는 '기적'이라는 주제에 대해 전혀 획일적인 견해를 갖고 있지 않다. 신약 학자 웨인 그루뎀(Wayne Grudem)의 말을 인용해, 모어랜드는 기독교 공동체 안에 있는 네 가지 흐름을 설명한다.

1. 은사중단론자: 기적을 일으키는 은사들이 사도들에게서 끝났다고 믿는다.
2. 개방적이나 신중한 이들: 복음전도와 제자도에서 기적은 중요하지 않다고 생각한다.
3. 제3의 물결: 그리스도인들은 기적이 교회 생활에 중요하다고 믿는다.
4. 오순절파/은사주의 운동: 기적적인 은사들을 받아들이되 방언을 강조한다.[29]

나의 생각은 이렇다.
* 예수님이 병자들을 고쳐주시고 귀신들을 쫓아내셨다면,
* 예수님이 제자들에게 그 이름의 권세를 사용해 병을 고치고 귀신을 쫓아내라고 하셨다면,
* 예수님이 제자들에게 명하신 모든 것에 순종하도록 우리를 가르치라고 하셨다면,[30]
* 예수님의 제자들이 그보다 '더 큰 일들'을 할 거라고 말씀하셨다면,[31]
* 교회가 기적을 일으키는 예수님의 권세를 사용함으로써 성장하고 있으며 지금까지도 늘 성장해 왔다면,
이 주제가 비록 이해하기 어렵거나 거기에 함축된 의미들이 충격적일지라

도, 우리는 최소한 하나님이 언제나 최종결정권자이심을 알고, 기적적인 일들이 흔하진 않더라도 그리스도인 삶의 정상적인 한 부분임을 인정해야 한다. 물론 예수님의 초자연적인 권세를 믿는다고 해서 우리가 원하는 대로 모든 일들이 이루어지진 않는다. 바울은 그의 몸에 있는 가시가 없어지게 해달라고 세 번 기도했으나 거절당했고, 그후 하나님의 능력이 약한 데서 온전해진다고 고백했다.[32]

그러나 우리는 하나님이 그분을 따르는 자들을 사용해 굶주린 자들을 먹이시고, 병자를 고치시며, 귀신을 쫓아내시고, 죽은 자를 살리시며, 그분의 뜻을 이루기 위해 기적을 행하기 원하시고 또 행하실 수 있다는 것을 기대할 수 있고 또 기대해야만 한다.

나는 이런 유의 믿음이 종종 내 이해의 영역을 넘어선다는 것을 고백한다. 나는 성경이 가르치는 바와 지구 남반구에서 초자연적으로 이루어지는 교회의 성장에 지적으로 동의할 수 있다. 하지만, 믿음으로 나아가 예수님의 초자연적인 권위가 실제 존재하는 것처럼 사는 것은 또 다른 문제다. 은사중단론자에서 제3의 물결 복음주의자가 된 모어랜드는 그렇게 되려면 이 영역에 관한 좋은 책들을 읽고(이 장에 대한 권장도서를 참고하라), 이런 종류의 사역에 참여하고 있는 믿을 만한 사람들에게서 배우며, 당신의 그룹 안에서 사람들이 그들의 경험을 나누게 하고, 기적에 관해 배우는 것이 당신의 선교 프로그램의 의도적인 한 부분이 되게 하라고 조언한다.[33]

나는 여기에 두 가지만 더 추가하려고 한다. 첫째, 당신의 영적 근육을 단련할 필요가 있는 자리에 있으라. 시험이 없으면 믿음은 결코 성장하지 않는다. 둘째, 마귀가 아니라 예수님에게 늘 초점을 맞추라. 영적 전쟁을 단지 당신의 제자도의 한 면으로 여기고, 어둠의 왕국을 무시하지도 말고 그것이 당신의 믿음을 지배하게 하지도 말라. 예수님의 권세가 사탄의 권세보다 훨씬 더 크다는 것을 기억하라. C. S. 루이스(C. S. Lewis)가 그것을 잘 말해 주었다.

마귀에 관해 인간이 빠질 수 있는 두 가지 동등하면서 정반대인 오류가 있다. 하나는 그들의 존재를 믿지 않는 것이고, 다른 하나는 그들을 믿으면서 그들에 대해 과도하고 건강하지 못한 관심을 갖는 것이다.[34]

토론 질문

1. 예수님의 초자연적인 권세에 관한 복음서의 이야기들이 그분의 사역 기간 동안 실제로 일어난 일이라고 여기는 이유는 무엇인가?

2. 예수님 시대에 하나님나라와 사탄의 나라 간의 충돌이 그렇게 확연하게 나타난 이유는 무엇인가?

3. 마귀와 질병, 죽음에 대한 예수님의 권세는 어디서 나왔는가? 그것이 오늘날까지 지속되는 이유는 무엇일까?

4. 하나님의 치유와 하나님이 귀신을 쫓아내시는 것 중 어느 것이 더 믿기 쉬운가? 그 이유는 무엇인가?

5. 서양 사람들이 초자연적인 존재를 그렇게 빨리 묵살해버리는 반면, 아시아와 라틴 아메리카, 아프리카 사람들은 그것에 대해 열려 있는 이유가 무엇이라고 생각하는가?

6. 마귀의 존재를 믿을 때 따르는 위험들은 무엇인가?

7. 우리는 어떻게 이런 문제들에 대해 더 잘 알 수 있을까?

인간으로 오신
예수님

> ❝ 너희에게 떡 몇 개나 있느냐? ❞

'클래식 카 나이트'(Classic Car Night)는 내가 사는 시카고 교외에서 금요일 여름밤에 열리는 경기다. 우리 가족은 우리 도시의 독특한 시내에서 수많은 사람들과 섞여, 고전적인 로큰롤 음악에 장단을 맞추며 긴 테일 핀(tailfin)을 가진 파란색 벨 에어(Bel-Air) 세단, 빨간색 오픈카 머스탱(Mustang), 온갖 종류의 조립 차들에 시선을 빼앗긴다. 스트레스로 가득했던 한 주간에서 빠져나와 깊은 숨을 내쉬며, 어쩌면 노점상에서 파는 솜사탕이나 구리 천장에 페인트를 칠한 동네 아이스크림 가게에서 파는 몬스터 콘을 들고 있을 시간이다. 기억해야 할 시간이자 잊어버려야 할 시간이다.

그러나 때로는 여기서도 우리를 힘들게 하는 일들이 일어날 수 있다. 몇 년 전 어느 날 저녁, 나는 아내와 아이들과 함께 수많은 인파 속에서 큰 길을 건넜는데, 그때 내 발이 울퉁불퉁한 포장도로에 걸리는 바람에 쿵 소리를 내며 넘어졌다. 내 손에서 미끄러져 나간 지팡이는 요란한 소리를 내며 떨어졌다. 나는 화가 나서 주변에 있던 건강한 사람들의 도움을 모두 거절했고, 몸을 일으켜 최대한 빨리 인도로 갔다. 하지만 나의 우툴두툴한 무릎에서는 피가 흘렀고 손은 흙투성이였다.

나는 모멸감을 느끼며 주차장으로 돌아가 우리 차에 올라탔다. 그 당혹스러운 상황과 나 자신을 욕하면서. 우리 가족이 나 없이 볼일을 마치고 올 때까지 기다리는 동안, 나는 하나님의 모든 축복과 친절은 잊어버린 채 내게 뇌성마비를 허락하신 하나님을 향한 평소의 분노를 다시 끄집어냈다. 나는 하나님께 여러 가지 원망을 쏟아냈다. 그렇게 많은 사람들 앞에서 발이 걸려 넘어지는 것이 얼마나 굴욕스러운지 하나님은 모르실 거라는 말도 했다.

그런데 그때 한 가지 진리를 깨달았다. 예수님은 그것이 어떤 느낌인지 '정확히' 알고 계신다는 사실이었다. 예수님은 십자가를 향해 가시던 그 길에서 발이 걸려 넘어지셨을 가능성이 크다. 적어도 예수님이 십자가에 못 박히시던 날 학대받아 쇠약해진 그분은 자신의 십자가를 지고 갈 힘조차 없으셨을 것이다. 다른 사람들을 치유해주었던 손과 물 위를 걸었던 다리가 이제 세상 사람들 눈에 아무 쓸모가 없어 보였다. 한 행인이 사람들의 강요로 골고다까지 그분의 십자가를 지고 갔다.[1] 실로 예수님은 나의 치열한 싸움에 대해 다 알고 계셨다. 고행, 곧 죽음은 그분에게 생소한 개념이 아니었다.

계속되는 논쟁

예수 그리스도는 역사상 가장 뜨거운 논란의 대상이다. 우리가 보았듯이, 그분이 세상에 계시는 동안 곳곳에서 의견이 분분했다. 어떤 이들은 그분을 마귀의 도구라고 불렀다. 다른 이들은 그분을 선지자, 혹은 엘리야, 또는 단순히 선한 사람이라고 했다. 로마 군인들은 조롱하듯 그분을 '유대인의 왕'이라 불렀다.[2] 또 다른 이들은 한 번도 접한 적이 없는 그 위엄 앞에서, 이 유대인 랍비를 '세상 밖에서 온 자'라고 불렀다.

그 논란은 몇 세기 동안 식지 않았다. 기독교 교회가 세워진 후 처음 두 세기 동안 영지주의자들이라는 한 그룹이 '예수가 실제 인간이었는가?'라는 의문을 제기했다. 영지주의는 "육신 안에 있는 것은 축하할 만한 일이 아니며, 육신은 불편한 장애물로서 언젠가 몸이 무덤에 묻히면 꼼짝 못하게 될 것이다"[3]라고 주장하는 플라톤 철학의 직계후손이었다. 물질은 악이라고, 또는 최소한 영만큼 중요하지는 않다고 믿으면서 영지주의를 고수하던 자들은 예수가 단지 인간으로 '보였을' 뿐이라고 주장했다. 여기서 나온 것이 가현설(Docetism, '나타나다'라는 뜻의 헬라어 단어에서 왔다)이다.

물론 지금도 영지주의를 지지하는 자들이 있다. 카렌 킹(Karen King) 같은 학자들은 지금 우리가 가지고 있는 정경에 속한 사복음서-마태복음, 마가복음, 누가복음, 요한복음-가 단지 다른 책들, 즉 그리스도의 생애에 대한 동일한 가치를 지닌 기록들과의 주도권 싸움에서 살아남은 것들에 불구하다고 주장한다. 이 문서들 중 일부, 즉 《다빈치 코드》 같은 선정적인 책들에 의해 대중에게 알려진 것들에는 도마복음, 마가의 비밀복음, 마리아복음, 베드로복음이 포함되는데, 이들은 신약성경에 묘사된 예수와 완전히 다른 예수를 전한다. 이 문서들 속에 나타난 예수는 우리와 완전히 달라 보이며, 세상은 물론 주변 사람들과도 동떨어져 있고, 물질 세계를 버리고 하늘나라로 돌아가기를 열망한다.

나보다 더 훌륭한 저자들이 이런 주장들에 능숙하게 반박했으므로(대럴 복의 《다빈치 코드 깨기》[Breaking the Da Vinci Code]와 리 스트로벨의 《예수 그리스도》[The Case for the Real Jesus]), 나는 여기서 그에 대해 더 이야기하지는 않을 것이다. 대신, 출처가 불분명한 이런 복음서들의 주장은 사실상 근거가 빈약하다는 것만 말해두겠다. 신약성경학자인 게리 버지(Gary Burge)는 세 가지 주요 문제점을 제시한다.[4]

1. 그것들의 명칭 부여에 오해의 소지가 있다.
2. 날짜 기입이 추측에 근거한 것이다.
3. 신학적인 체계가 완전히 이질적이다.

이상하게도 《다빈치 코드》에서 댄 브라운은 가짜 복음서들을 소설의 핵심 기둥처럼 의존하는데, 거기에 나타난 영지주의적이고 영적인 예수는 그가 사실로 받아들이는 인간 예수와 완전히 다르다. 사실 최근 예수에 관한 많은 선정적인 주장들-《예수 왕조》(The Jesus Dynasty)와 《예수의 잃어버린 무덤》(The Jesus Family Tomb)를 포함해-은 정경으로 인정되지 않은 복음서들의 지지를 거의 받지 못한다. 이들은 정통 기독교와 동등한 가치를 가진 것으로 추정하는 대안적인 '기독교 신앙들'을 제시한다. 물론 그 불편한 사실이 초대교회에 대한 지식에 다가가는 것보다 돈을 버는 데 더 관심이 있는 출판업자들을 위축시키지는 못했다.

영지주의가 시들해지기 시작하자, 성장하는 교회는 새로운 도전에 대처해야만 했다. 이것은 그리스도와 우리의 닮은 점이 아니라 다른 점에 의문을 제기했다. 예수님의 정체성에 대해서는 6장에서 좀 더 깊이 생각해볼 것이지만, 예수님의 인성을 부각시키는 그분의 질문들을 살펴보기 위한 맥락을 제공하기 위해 여기서 이런 역사적인 과정들을 언급하는 것이다. 아시다시피 몇 세기 전에 일어난 신학적 싸움들은 사실 절대로 끝날 수가 없다. 단지 새로운 모습으로 다시 나타날 뿐이다.

동등하면서도 정반대인 오류들

C. S. 루이스는 사탄에 대해 생각할 때 "두 개의 동등하면서 정반대인 오류들"이 있다고 지적했다. 즉 믿지 않거나 사로잡히는 것이다. 이처럼 우리는 예수 그리스도에 관해 "두 가지 동등하고 정반대인 오류들"에 빠지기 쉽다. 이것은 그분이 단지 우리와 같은 인간이라고 믿으며 초자연적인 속성들

을 완전히 배제하거나, 우리와 전혀 다른 영적 존재라고 믿으며 자연적이고 인간적인 특성들을 배제하는 것이다. 《다빈치 코드》(예수님은 단지 인간에 불과하다)와 '영지주의 복음'(예수님은 인간이 아니다)에 의해 새로운 모습으로 등장한 그 도전들에 대해, 우리는 성경 본문이 말하는 것에서 벗어나지 않도록 주의해야 한다. 그 본문의 일부인 예수님의 질문들은 우리에게 올바른 방향을 보여줄 것이다.

지난 몇 세기 동안의 많은 성경적 학문은 '역사적인 예수'를 발견하기 위한 '탐색'이었다.[5] 다시 말해서 우리와 동일한 일상의 경험을 가진 그분은 불가사의한 종교 지도자이지만 그 이상은 아닌 예수다. 그분의 질문들은 1세기 안에 안전하게 갇혀 있어 21세기를 사는 우리에게 도전하지 못한다. 그리스도는, 좋은 일이든 나쁜 일이든, 거의 아무것도 할 수 없는 존재이다. 그런 그는 오늘날 사람들이 광범위하게 믿는 대상이다.

불행히도 우리는 현재의 사고방식에 대응하고 그리스도의 명성을 지키기 위한 열정에, 너무 자주 또 다른 극단에 치우친다. 즉 그분의 인간성을 경시하는 것이다. 우리는 성탄절에 〈그 어린 주 예수〉라는 찬양을 부른다. 한 소절이 매우 흥미로운 사실을 보여준다.

"저 육축 소리에 아기 잠 깨나 그 순하신 예수 우시지 않네."

이 소절은 마치 예수님이 배가 고프거나 기저귀를 갈아달라고 우는 다른 아기들과 달랐던 것처럼 말하고 있다. 하지만 기독교는 새로운 형태의 영지주의가 아니다. 즉 예수님은 단지 육신 안에 참 정체성이 숨겨져 있는 인간처럼 나타나신 것이 아니었다.

내가 본 인기 있는 그리스도의 묘사들은 육적인 예수보다 영적인 그리스도를 강조한 것들이다. 그것들은 절반으로 나누어진 틀에 박힌(그리고 정확하지 않을 가능성이 큰) 금발 머리, 깔끔하게 정돈된 턱수염과 손톱, 티 하나 없는 흰 옷, 평온하고 거의 종교적인 얼굴의 미소, 지난주에 신발 축제에서 산 것처럼 깔끔한 가죽 샌들을 보여준다. 만약 이런 예수들이 거친 목재를 가지고 일을 하고 1세기 팔레스타인의 모래 길을 걸어 다녔다면, 그것은 본모습이 아니다. 〈나사렛 예수〉(Jesus of Nazareth)라는 영화의 주인공은 우아하고 고고하며 감정을 드러내지 않는, 한마디로 영지주의자 같아 보인다.

일부 유명한 가짜 복음서들은 성경의 기록에서 빈틈을 채우려 한다. 성경은 예수님의 어린 시절과 성인 초기에 대해 대부분 침묵한다. 그런데 그것들은 원수들을 저주하고, 새들이 다시 살아나게 하며, 대체로 사소하거나 이기적인 목적을 위해 자신의 능력을 사용하는 젊은 영웅을 묘사한다.

소설가 앤 라이스(Anne Rice)의 경탄할 만한 작품, 《주 그리스도: 이집트 탈출》(Christ the Lord: Out of Egypt)에서 예수는 기적을 일으키는 사람이다. 첫 장면에서 예수의 목소리는 그가 어떻게 못되고 폭력적인 이웃 소년을 저주했고 그 후에 다시 살아나게 했는지를 이야기한다.

"살로메가 앞으로 뛰어와 내 귀에 속삭였다. '예수, 새들이 살아나게 했던 것처럼 그도 살리면 돼!'"[6]

그는 그대로 한다. 이런 작품들은 실제 가정의 한 남자아이를 보여주는 것이 아니라 마법사의 기술을 배우는 어린 해리 포터를 보여준다.

가현설, 즉 예수 그리스도가 단지 인간처럼 나타나셨다는 고대의 이단에 관해, 학자 스티븐 J. 니콜스(Stephen J. Nichols)는 이렇게 말한다.

"오늘날에도 예수를 마치 땅에서 6인치 정도 떨어져서 걸어다니는 사람처럼 여기며 온화한 표현을 찾으려고 애쓴다."[7]

젊은 그리스도인이었던 시절에 나는 예수님의 삶이 좀 더 편했을 거라고 생각했다. 무례하게 말할 의도는 아니었으나, 그분의 초자연적인 특성들이 그분의 인간성을 능가했을 거라고 추측했다. 간단히 말해서, 마음속에서-비록 절대 인정하진 않았지만- 예수님은 어려운 일이 생길 때마다 그분의 초자연적인 능력들을 사용하셨고, 본질적으로 그분의 인간성은 가짜였다고 믿었다. 만일 내가 그의 입장이었다면 아마 나도 그랬을 것이다. 아니, 나만 그런 것은 아니었을 것이다. 그 훌륭한 C. S. 루이스도 그의 플라톤학파적 관점이 그의 그리스도론에 영향을 끼치게 했다. 그리스도의 자기희생적인 죽음의 의미를 논하면서, 루이스는 계시적으로 이렇게 말한다.

어떤 사람들이 불평하는 것을 들었다. … "틀림없이 그에게는 아주 쉬웠을 거야." 다른 사람들은 (아주 당연하게) 이런 반론의 배은망덕함과 무례함을 꾸짖을 것이다. 나를 놀라게 하는 것은 그것이 드러내는 오해다. 물론 어떤 의미에서는 그렇게 말하는 사람들이 옳다. 그들은 심지어 자신들의 상황을 실제보다 축소해서 말했다. … 만일 내가 유속 빠른 강물에 빠지고 있다면, 아직한 발을 강둑에 올려두고 있는 사람이 손을 내밀어 나를 구해줄 수 있을 것이다. 그 와중에 내가 (숨을 헐떡거리면서) 이렇게 소리쳐야 하겠는가? "아냐, 이건 불공평해! 당신이 유리하잖아! 당신은 계속 한 발을 강둑 위에 올려두고 있다고!" 그 이점-당신이 원한다면 그것을 '불공평'이라고 해도 좋다-이 바로 그가 나에게 도움을 줄 수 있는 유일한 이유인 것이다. [8]

루이스에게는 미안하지만, 나는 예수님이 "한 발을 둑 위에 두고 계셨다"라고 믿지 않는다. 아니, 예수님의 두 발은 다 강물 속에 들어가 있었다. 그분에게 삶은 쉽지 않았다. 예수님은 눈물을 흘리셨고, 놀라움을 표현하셨으며, 두려움이 그분을 사로잡고 기쁨이 그분을 압도하는 것을 느끼셨고, 유혹을 받으셨으며, 순종을 배우셨고, 인간들과 똑같이 극심한 슬픔과 황량함을 경험하셨다. 이사야 선지자가 예언한 것처럼, 그분은 '질고를 아는자'였다(사 53:3). [9] 니콜스는 이렇게 말한다.

"성경은 배고프고, 목마르고, 피곤한 그리스도의 모습을 보여준다. 그의 온전한 인간성을 드러내는 궁극적인 증거로서, 성경은 십자가에서 죽어가는 그의 모습을 보여준다." [10]

관계의 위험

성경은 또한 예수님이 우리처럼 주변 사람들에 대한 불완전한 지식을 가지고 사시는 모습을 보여준다. 세상에서 그분은 항상 특정한 사람들의 영적 온도를 살피셨다. 왜인가? 그분이 항상 알지는 못하셨기 때문이다. 사실 신약성경은 예수님이 때로 초자연적인 존재만 알 수 있는 방식으로 친구들과 지인들의 마음을 알고 계시는 것을 보여준다.[11] 하지만 이것은 불변의 법칙이 아니다. 예수님과 다른 사람들의 상호작용을 주의 깊게 살펴보면 불편한 진실이 드러난다. 즉 그분이 다른 사람들의 믿음이나 영적 분별력이 결핍된 것을 보고 놀라시는 장면이 자주 보인다는 것이다.

인간성의 전형적인 특징 중 하나는 다른 사람들과 관계를 맺는 것이다. 우리는 단지 우리 자신의 것만이 아니라 우리의 가족, 나라, 종교, 우리 하나님께 속한 존재다. 우리는 관계를 위해, 서로 주고받기 위해 창조되었다. 예수님도 실제 관계에 연루되셨다. 그저 연기만 하신 것이 아니었다.

예수님이 열두 살 때 일이다. 유대인의 절기를 보낸 후, 예수님은 예루살렘에 남아 있는데 그분의 가족은 그것도 모르고 갈릴리로 돌아가고 있었다. 〈나 홀로 집에〉(Home Alone)라는 영화처럼, 요셉과 마리아는 3일을 정신없이 찾아다닌 끝에 성전에서 아들이 율법 선생들과 대화하고 있는 것을 발견한다. 그의 어머니는 이렇게 말한다(당신은 그녀의 목소리에 담긴 분노와 안도감을 상상해볼 수 있을 것이다).

"아이야 어찌하여 우리에게 이렇게 하였느냐? 보라, 네 아버지와 내가 근심하여 너를 찾았노라."

그때 예수님은 진심으로 깜짝 놀라신 듯했다.

"어찌하여 나를 찾으셨나이까? 내가 내 아버지 집에 있어야 될 줄을 알지 못하셨나이까?"(눅 2:49).

이것은 그들의 근심을 그들 탓으로 돌리려는 잘난 체, 혹은 방어적인 질문이 아니다. 소년 예수는 자신이 마땅히 있어야 할 곳에 있다는 걸 왜 그들이 알지 못했는지 진정으로 이해하지 못했다. 우리의 인간적인 경험과 마찬가지로, 예수님의 주변 사람들은 그분에게 기쁨과 좌절을 가져다주었다. 왜일까? 그분도 결과를 미리 알지 못하셨기 때문이다.

어느 날 밤에 그분이 니고데모에게 큰소리로 이렇게 말씀하셨다.

"너는 이스라엘의 선생으로서 이러한 것들을 알지 못하느냐 … 내가 땅의 일을 말하여도 너희가 믿지 아니하거든 하물며 하늘의 일을 말하면 어떻게 믿겠느냐"(요 3:10,12).

귀신들려 경련을 일으킨 아이의 아버지에게 예수님은 이렇게 물으신다.

"언제부터 이렇게 되었느냐"(막 9:21).

삶에서 가장 황홀했던 일을 생각해보라. 나의 경우엔 몇 차례 연애에 실패하고 나서 한 여인이 거리낌 없이 나를 사랑하기로 선택했다는 걸 알았을 때였다. 그녀는 나를 사랑할 이유가 없었고, 나는 그녀의 마음에 대한 확신이 없었다. 하나님은 내가 그 만한 자격이 없다는 걸 아신다. 내가 경험했던, 또 계속해서 느끼는 그 기쁨의 일부는 그 모든 일에 대한 순전한 놀라움에서 비롯된다. 내가 마음에 두고 있던 여성이 나를 받아줄 것이고, 우리는 결혼할 것이며, 여러 해 동안 결혼생활을 하게 될 것이고, 세 자녀를 낳을 것이며, 어떤 주제들에 대해 논쟁하기도 하고, 우리만의 도전에 직면할 것이며, 그 외에 사소한 것들까지 하나님이 내게 상세하게 말씀해주셨다고 상상해보라.

내가 그런 것들을 미리 알았더라면 우리의 관계에서 재미와 흥분이 다소 없어졌을 거라고 생각하는가? 당연히 그렇다. 다음에 무슨 일이 일어날지 모르는 것이 인생이다. 크리스마스 트리 아래 무엇이 있는지 이미 다 안다면 선물 포장을 빨리 뜯고 싶은 마음이 들겠는가?

한번은 예수님이 길을 걸으시다가 바디매오라는 사람이 큰소리로 외치는 것을 들으셨다.

"다윗의 자손 예수여, 나를 불쌍히 여기소서!"

무리 속에 있던 많은 사람들이 바디매오에게 조용히 하라고 했지만, 예수님은 발걸음을 멈추고 "네게 무엇을 하여 주기를 원하느냐"라고 물으셨다. 예수님은 그분에게 은혜를 구하며 나아왔던 야고보와 요한에게도 같은 질문을 하신다.[12] 또 한 번은 열띤 논쟁 중인 제자들을 보고 "너희가 무엇을 그들과 변론하느냐"라고 물으셨다(막 9:16).

예수님은 단지 후세의 사람들이 자신의 말을 인용하도록 하기 위해 연기를 하신 것이 아니었다. 이것은 실제 사람에게 하신 실제 질문이었고, 실제 관계의 시작이었다. 모른다는 것은 그분의 인간 본성이 진짜였음을 보여주는 것이다.

실망도 마찬가지다. 나는 많은 경험을 했지만, 내게 가장 큰 상처를 준 일은 비교적 사소한 일이었다. 그것은 동료 신자이자 성경공부 리더로부터 왔다. 그는 나에게 옹졸하게 행동했고, 내가 그분의 기대를 저버렸음을 인정했는데도 용서하는 모습을 거의 보여주지 않았다. 그의 반응은 나에게 충격적인 놀라움으로 다가왔다. 그 일로 인해 나는 약속을 잘 지켜야 한다는 걸 배웠고, 리더들이 항상 잘 인도하는 건 아니라는 걸 알게 됐다. 하지만 그의 반응이 어떠할지 미리 알았더라면, 나는 틀림없이 그 일을 막기 위해 다르게 행동했을 것이다. 그리고 우리 중 누구도 성장할 기회를 갖지 못했을 것이다.

예수님이 본디오 빌라도 앞에 서 계시고, 선동죄에 대한 로마의 사형집행이 확실해 보일 때 총독이 그분에게 묻는다.

"네가 유대인의 왕이냐?"

예수님은 자신의 생명을 지키는 것에는 관심이 없으셨지만, 이 잔혹한 로마의 총독이 영적인 구도자가 될지, 그 안에서 믿음의 씨앗이 자라날 가능성이 있는지를 파악하신다. 그리고 물으신다.

"이는 네가 스스로 하는 말이냐 다른 사람들이 나에 대하여 네게 한 말이냐"(요 18:34).

예수님은 진심으로 대답을 듣기 원하신다. 왜냐하면 그분이 정말로 모르시기 때문이다.

하나님의 비장의 카드는 없다

신약성경은 예수님이 "자기를 비워 종의 형체를 가지사 사람들과 같이 되셨고 사람의 모양으로 나타나셨다"라고 말한다(빌 2:7,8). 내가 그리스도인이 된 지 얼마 되지 않았을 때는 예수님을 실제 인간이 아니라 단지 인간의 형체로만 보는 경향이 있었다. 즉 실제 '종'이 아니라 '종의 형체'로만 보았던 것이다. 거의 그분이 이렇게 말씀하시는 것 같았다.

"내가 마치 한 인간인 것처럼 보인다는 걸 안다. 실제로 나는 그렇다. 하지만 궁지에 빠지면 언제든지 나의 초자연적인 능력을 사용할 수 있고, 그러면 모든 게 잘될 것이다."

이런 관점에는 적어도 두 가지 문제점이 있다. 첫째는 그것이 성경 본문을 제대로 다루지 않는다는 것이다. 저자인 바울은 '형체'와 '모양'이라는 단어를 사용함으로써 예수님에게 인간이 될 책임을 면제해주는 것이 아니다. 바울은 그분의 인간성을 강조하고 있는 것이다. 예수님은 우리와 같은 형체를 가지셨다. 그분은 우리와 같으시다.

예수님이 원하실 때마다 그분의 초자연적인 비장의 카드를 꺼내실 수 있다고 믿는 것의 두 번째 문제는, 바로 그렇게 하는 것이 광야에서 사탄이 던진 첫 번째 유혹이었다는 데 있다. 예수님이 사십 일 동안 금식해 쇠약해지셨을 때 마귀가 조롱하듯이 "이 돌들에게 명하여 떡이 되게 하라"라고 말한다(눅 4:3,4). 다시 말해서, 인간이 지닌 모든 고통과 한계를 가지고 인간처럼 행동하기를 그만두라는 것이다. 네가 말하는 특별한 존재답게 행동하고, 네 자신을 먼저 챙기며, 그들처럼 되지 말라는 것이다. 쉬운 길을 택하라는 것이다. 하지만 예수님은 거절하신다. 그분은 매일 자신의 말이 아니라 하나님의 말씀으로 사신다. 예수님은 비장의 카드를 쓰지 않으신다. 바울이 나중에 말한 것처럼, 그분은 "하나님과 동등됨을 취할 것으로 여기지 아니하셨다"(빌 2:6).

나중에 예수님은 의심하는 자들에게 자신이 하늘 아버지로부터 명령을 받으며 매일 그분의 뜻대로 행한다는 것을 강조하신다.

"아들이 아버지께서 하시는 일을 보지 않고는 아무것도 스스로 할 수 없나니 … 아버지께서 내게 주사 이루게 하시는 역사 곧 내가 하는 그 역사가 아버지께서 나를 보내신 것을 나를 위하여 증언하는 것이요 … 내 교훈은 내 것이 아니요 나를 보내신 이의 것이니라 … 내가 그에게 들은 그것을 세상에 말하노라"(요 5:19, 36; 7:16; 8:26).

예수님은 매일 하나님의 뜻에 따라 사셨다. 이것은 결코 안전한 길이 아니었다. 예수님이 밤새 기도하신 후에 장차 그분을 배신할 유다를 제자로 선택하신 사실을 생각해보라. [13] 이것이 그분의 기도에 대한 응답이었을까? 요한복음 6장 64절에 의하면, 예수님은 유다가 자신을 배신하리라는 것을 '처음부터' 아셨다. 그렇다. 예수님이 무슨 일이 일어날지 아실 때도 있었다. 이를테면 자신이 장차 십자가에 달려 죽으실 것을 아셨다. [14] 하지만 어떤 때는 예수님이 상황이 바뀔 때 깜짝 놀라기도 하시고, 재미있어 하기도 하시며, 화를 내기도 하신다.

그리고 우리가 3장에서 분명히 보았듯이, 예수님은 전능한 마법사가 아니셨다. 그분은 성령의 능력으로 그의 일을 행하셨다. 사탄의 유혹을 받으신 이야기에서도, 그리스도는 성령의 영향력 아래서 아버지의 뜻을 따르셨다. [15]

* 예수님은 "성령에게 이끌리어 마귀에게 시험을 받으러 광야로 가셨다"(마 4:1).
* "성령이 곧 예수를 광야로 몰아내신지라"(막 1:12).
* "예수께서 성령의 충만함을 입어 … 광야에서 사십 일 동안 성령에게 이

끌리시며 마귀에게 시험을 받으시더라"(눅 4:1,2).

다시 말하지만, 예수님은 세상에 사시는 동안 하나님의 뜻대로 행하시며 결과와 상관없이 매일 섬기며 사셨다.

중간 시간

예수님은 인간으로서 험난한 삶을 사셨다. 우리는 그분이 때로 주변 사람들의 영적인 상태를 모르고 계셨을 뿐만 아니라, 때로는 그분 삶의 세세한 부분들에 대해 확실히 모르셨다는 것을 알 수 있다. 그분의 질문들이 그것을 보여준다. 갈릴리 바닷가에서 귀신 들린 사람을 구원해주신 후, 그분은 오랫동안 질병을 가지고 살아온 여자를 만나신다. 수많은 인파 속에서, 그녀는 병이 낫기를 기대하며 믿음과 절박함으로 예수님의 옷깃을 만지고, 실제로 병이 낫는 기적을 경험하게 된다.

예수께서 그 능력이 자기에게서 나간 줄을 곧 스스로 아시고 무리 가운데서 돌이켜 말씀하시되 누가 내 옷에 손을 대었느냐 하시니 제자들이 여짜오되 무리가 에워싸 미는 것을 보시며 누가 내게 손을 대었느냐 물으시나이까 하되

막 5:30,31

예수님은 초자연적인 능력과 인간의 한계를 둘 다 가지고 계셨다. 요한복음 11장에서 나사로가 죽었을 때 우리는 그리스도의 인간성에 관한 성경의 많은 역설 중 하나를 보게 된다. 한편으로는 나사로의 누이들의 절박한 간청에도 불구하고 예수님은 그의 친구가 숨을 거두게 하신다. 마르다는 거의 비난하듯이 그분에게 말한다.

"주께서 여기 계셨더라면 내 오라버니가 죽지 아니하였겠나이다."

그러나 예수님은 또한 결국 나사로를 다시 살리시리라는 것을 미리 아시

고 마르다에게 이렇게 말씀하신다.

"네 오라비가 다시 살아나리라."

하지만 그 중간에 예수님은 마리아와 마르다가 오라버니를 어디다 묻었는지도 몰라 "그를 어디 두었느냐?"라고 물으신다. 하나님은 아셨지만 예수님은 모르셨다.

우리는 4천 명과 5천 명을 기적적으로 먹이신 사건에서도 비슷한 역설을 볼 수 있다.[16] 2장에서 보았듯이, 사도는 예수님이 빌립에게 어디서 떡을 사서 이 사람들을 먹이겠느냐고 물으신 것이 "그 자신이 무엇을 하시려는지 아셨기 때문에 그를 시험하려는" 것이었다고 기록한다. 그러나 마가는 예수님이 또한 "너희에게 떡 몇 개나 있느냐?"(막 8:5)라고 물으셨다고 기록한다.

다시 말하지만, 예수님은 최종 결과는 알고 계시나 중간의 모든 과정들을 다 아시는 건 아니었다. 한 예로 예수님은 고쳐주려 하셨던 맹인에게 "무엇이 보이느냐?"라고 물으신다(막 8:23). 결과는 명백하지만, 거기까지 가는 길은 가려져 있다. 그분은 지금과 아직 오지 않은 시간 사이에서 살아가는 인간들과 같이 되신 것이다!

예수님처럼, 우리는 하나님의 공표된 계획을 믿기로 선택한다. 그 계획은 사람들을 하나님 자신에게로 부르시고, 항상 우리와 함께하시며, 모든 것이 합력해 우리의 선을 이루게 하시고, 우리를 안전하게 그분의 나라로 인도하시는 것이다.[17] 이 모든 약속들은 확실히 그리스도인들을 위한 것이지만, 우리의 삶 중간에서 그날 그날 일어나는 자세한 일들에 대해서는 장담할 수가 없다.

예수님의 인성의 깊이를 보여주는 질문이 하나 더 있다. 십자가에 달려 피 흘리며 죽어가시던 예수님은 버림받은 가운데 이렇게 외치신다.

"나의 하나님, 나의 하나님, 어찌하여 나를 버리셨나이까"(막 15:34).

나는 이 외침이 의식적으로 시편 22편 1절을 인용한 것이라고 여겼다. 마치 예수님이 "지금 나는 십자가 위에서 천 년 전 다윗 왕의 예언을 성취하고 있다. 이것은 내가 참으로 이스라엘의 메시아라는 반박할 수 없는 증거다"
라고 말씀하신 것처럼 말이다.

나는 예수님이 그 예언을 알고 계셨다고 믿지만, 그분이 주일학교 학생들
처럼 성경 지식을 자랑하기 위해 성경 말씀을 인용하신 것은 아니었다고 생
각한다. 대신 그분이 인간의 괴로움과 의심, 하나님으로부터 분리된 고통
을 함께 느끼시는 것을 본다. 그 질문을 하신 예수님은 신학적인 논쟁을 하
고 계셨던 것이 아니라, 고통을 겪고 계셨던 것이다.

그리스도의 제자들은 오랫동안 그와 동일한 영적 고통을 겪어 왔다. 마
더 테레사도 "이 끔찍한 상실감(말할 수 없는 어두움), 이 외로움(하나님을 향
한 이 끊임없는 열망)은 내 마음속 깊은 곳에 고통을 가져다준다(나의 마음으
로나 이성으로나 실제로 볼 수 없 는 어두움이다). 나의 영혼 속에 하나님의 자
리가 비어 있다"[18]라고 말했다.

예수님은 직접적인 경험을 통해 우리의 인간성을 이해하신다. 우리가 직
면하는 모든 유혹과 시련, 고통, 심지어 장애까지도 그분이 직면하셨던 것
이다. 그 결과는 이와 같다.

우리에게 있는 대제사장은 우리의 연약함을 동정하지 못하실 이가 아니요 모
든 일에 우리와 똑같이 시험을 받으신 이로되 죄는 없으시니라 히 4:15

1. 당신은 예수님의 인성에 관한 성경의 가르침을 어떻게 이해하는가?

2. 그리스도의 영적 정체성에 대한 공격과 그분의 인간적 본성에 대한 공격 중 어떤 것이 그리스도인의 신앙에 더 큰 도전이 될 거라고 생각하는가?

3. 그 두 가지를 이해하는 것이 건강한 그리스도인의 삶을 위해 꼭 필요한 이유는 무엇인가?

4. 모든 결과를 미리 알지 못하는 것이 당신의 삶에 어떤 도움을 주는가?

5. 예수님이 성부와 성령께 의존하신 것이 당신의 삶에 어떻게 적용되는가?

6. 당신의 인간적인 한계들이 당신에게 주는 가장 큰 도전은 무엇인가?

예수님의
사명

❝어찌 이 시대는 분간하지 못하느냐?**❞**

브라이언 맥라렌(Brian McLaren)은 유명한 학자와 함께 버지니아주 타이슨 백화점의 한 중식당에서 점심을 먹고 있었다. 맥라렌이 산라탕을 먹고 있을 때 그 학자가 이렇게 말했다.

"아시다시피, 대부분의 복음주의자들은 복음이 무엇인지에 대해 흐릿한 개념을 갖고 있지 않습니다."

스스로 복음주의자라고 생각하는 맥라렌이 머뭇거리자, 그 학자가 마치 예수님처럼 질문을 던졌다.

"당신은 복음이 무엇이라고 말하겠습니까, 브라이언?"

맥라렌은 복음주의자들이 복음을 정의하는 상투적인 표현을 사용해 대답했다. 즉 신약성경에서 '좋은 소식'을 뜻하는 헬라어 단어를 말하며, 그리스도가 우리의 죄를 위해 십자가에서 대신 죽으셨으며 우리가 믿음으로 이 선물을 받는 것이라고 했다. 그러자 그 학자는 이렇게 말했다(나는 그의 목소리에 의기양양해 하는 기색이 있었다고 추측할 수 있을 뿐이다).

"대부분의 복음주의자들이 그렇게 말하죠."

음식을 한 입 먹고, 그 다음에 이어진 불안한 침묵을 깨기 위해 맥라렌이 대답했다.

"그게 아니라면, 당신은 복음이 뭐라고 말씀하실 겁니까?"

그 학자는 힘을 주어 말했다.

"하나님나라가 가까이 왔다. 그것이 예수님의 메시지였습니다. 복음이 무엇인지에 대해 예수님이 우리에게 말씀해주시도록 해야 한다고 생각하지 않으세요?"[1]

그 간단한 대화를 계기로 맥라렌은 '탐구'를 시작했고, 그것을 계기로 하나님나라가 '죽음 이후의 천국'에 관한 것이라는 그의 옛 믿음을 버리게 되었다고 한다. 대신 예수님의 말씀을 더 쉽게 풀어서 말한다.

"하나님나라는 지금 여기에 있으며, 누구나 경험할 수 있다! 이것이 가장 중요한 사실이다. 이 복음을 믿고 나를 따르라."[2]

우리는 24장에서 하나님나라를, 25장에서는 사후세계를 논할 것이다. 그러나 지금은 맥라렌이 오늘날 많은 교회에서 여전히 영적인 예수만 가르치는 것에 거의 확실히 반대하며, 이 세상적인 예수님에 대한 그의 '은밀한' 이해를 널리 전파하고 있다는 것만 말해두겠다.

주일학교에 다닐 때는 이 혁명적인 예수님의 이미지가 떠오르지 않았다. 그때 예수님은 부드럽고 온화하셨으며, 아이들이 무릎에 앉기를 좋아하는 다소 연약한 사람의 모습이었다. 또는 이상한 가운을 입고서 한쪽 팔에는 작은 양을 안고 있고 다른 팔은 항상 택시를 부르는 것처럼 들어 올리고 있는 모습이었다. 어른이 되어서도 예수님의 혁명적인 이미지는 내게 떠오르지 않았다. 예수님의 주된 일은 내가 죄 사함을 받고 천국에 갈 수 있도록 죽으시는 것이었고(물론 그것은 작은 일이 아니다!), '내 마음속'과 이 세상과 역사 밖에서는 매우 귀중한 분이셨으나, 현재 상황이나 실세들과 관련된 대중적, 역사적, 현재적 요소로서는 그리 중요한 분이 아니셨다. [3]

그렇다면 오늘날 많은 사람들처럼 맥라렌이 죄와 천국과 지옥의 문제를 경시하는 것은 옳은 것인가? 하나님나라의 복음은 주로 이 세상에서 일을 바로잡는 것과 관련된 것인가? 그리스도의 사명의 핵심은 그분의 죽음보다 그분의 삶 속에서 더 많이 발견되는가? 예수님의 질문들-그분의 가르침을 받은 자들의 통찰이 더해져서4- 우리가 그것을 발견하도록 도와줄 것이다.

물러나라

앞 장에서 우리는 예수님이 한 인간으로서 자기 자신을 위해 이기적으로 기적을 행하지 않으셨고, 또 항상 다음에 일어날 일을 알고 계시지 않았다는 것을 이야기했다. 예수님이 자신을 따를 제자들을 선택하신 직후에 '갈릴리 가나'라는 작은 도시에서 있었던 한 사건 속에서 우리는 그분의 인간성이 지닌 두 가지 한계를 볼 수 있다.

그곳에서는 혼인잔치가 열리고 있었고, 예수님과 그분의 제자들과 그분의 어머니, 마리아가 잔치에 초대를 받았다. 그 잔치는 며칠 동안 계속되었다. 우리는 이것에 놀라지 말아야 한다. 혼인예식은 지역사회의 일이었다. 우리는 때로 예수님과 마리아와 제자들을 단순한(그러나 경탄할 만한) 종교적 아이콘들로 취급한다. 즉 우리 같은 평범한 사람들이 겪는 고난과 기쁨으로부터 동떨어진 고상한 존재로만 보는 것이다. 이 사건을 보면서 우리는 그런 생각에서 깨어나야 한다. 이 일은 예수님이 제자들을 택하신 후에 일어났으나, 그분이 공적인 사역을 시작하시기 전의 일이었다.

어쩌면 개인이 참석하는 가장 중요한 행사였던 혼인잔치에서는 하나님의 축복과 풍성함의 상징인 포도주가 넘쳐났다. 각자 먹을 술을 가져오는 파티가 아니었고, 그 당시 연회장에는 돈을 받고 술을 파는 곳도 없었다. 주인들은 포도주를 공급할 책임이 있었고, 손님들은 충분히 먹고 마시는 것이 당연시되었다. 따라서 술이나 음식이 떨어진다는 것은 모두가 서로 알고 지내는 동네에서 몹시 굴욕스러운 실례였을 것이다.

마리아는 그 잔치를 주최한 가족과 특별한 유대관계가 있었던 것 같다. 우리가 이렇게 짐작할 수 있는 이유는 상상할 수도 없는 일-준비가 미흡했거나, 일부 사람들이 과음을 했거나, 인색했기 때문이거나-이 일어났고, 마리아가 그 즉시 사람들 속에서 예수님을 찾았기 때문이다. 아마도 애처로운 목소리와 애원하는 표정으로 마리아는 이렇게 말했을 것이다.

"저들에게 포도주가 없단다."

그에 비해 예수님이 어머니에게 하신 대답은 통명스럽고 간결했다.

"여자여, 나와 무슨 상관이 있나이까? 내 때가 아직 이르지 아니하였나이다."

한 주석자는 그의 질문을 이와 같이 풀어 말한다.

"이 일이 어떻게 나와 관련이 있을 수 있습니까?"[5]

예수님은 그녀의 암묵적인 요청에 깜짝 놀라신 듯하다. 그분은 인간관계에서 발생하는 모든 문제를 바로잡기 위해 세상에 오신 것이 아니다. 사람들이 아무리 많은 스트레스를 겪더라도 말이다. 그분은 더 크고 중요한 사명을 갖고 계셨는데, 그 사명은 아직 공식적으로 시작되지 않았다. 마치 예수님이 공손하게 "어머니, 물러나세요"라고 말씀하시는 것처럼 들린다.[6]

열린 문들을 그냥 지나치는 것

이 부드럽고 온화한 사람은 본능적인 반응으로 어머니의 요청을 거절하지만, 나는 그분이 어떤 마음이었는지 조금은 알 것 같다. 나 자신의 삶을 보면, 나는 여러 직장에 지원서를 냈는데 감사하게도 대부분 합격하지 못했다. 때로 내가 직장에 지원했던 동기는 현재 하는 일에 싫증이 났거나 단순히 출세해서 돈을 더 많이 벌고 싶은 열망 때문이었다.

내가 고등학생일 때, 전화로 신문 구독 신청을 받는 일을 할 기회가 생겼다. 그 일은 꽤 괜찮아 보였다. 왜냐하면 나는 신문을 좋아하고, 그 일은 밖으로 돌아다닐 필요 없이 사무실 안에서 하는 일이었고, 유선 판매가 쉽게 돈을 벌 수 있는 방법처럼 보였기 때문이다. 그러나 나는 일주일 만에 분개하며 일을 그만두었다.

나는 사람들이 집에 있을 때 나의 구매 권유로 방해받는 것을 정말로 좋아하지 않는다는 걸 알게 됐다. 더 나쁜 것은 내가 각 사람의 화난 반응과 거절을 개인적으로 받아들였다는 것이다. 이런 일을 잘하는 사람들도 있었지만, 나는 전화를 끊을 때마다 배를 걷어차인 기분이었다. 결국 나는 기껏해야 평범한 세일즈맨이었다. 일을 그만둔 후 나는 신문사에 얼마 안 되는 급료도 요구하지 않았다. 아예 돈을 번 적이 없다고 생각했다.

하지만 나는 훨씬 더 귀중한 것을 얻었다. 오늘날에도 항상 적용되는 것은 아니지만, 내게 어떤 일을 할 기회가 주어졌다고 해서 꼭 그 일을 해야 하는 것은 아니라는 깨달음이었다. 당신이 해야 할 일을 발견하는 것은 단지 모든 열린 문을 통과하는 것 이상의 의미가 있다. 생각해보아야 할 다른 요인들 중에는 당신의 기본 기질과 재능, 흥미를 파악하는 것도 포함된다. 잘 맞지 않는 듯한 기회들은 지나치고 나에게 맞는 기회를 찾아야 한다. 확실히 반대되는 증거가 없다면, 당신의 재능과 기회들이 서로 맞을 거라고 가정하고, 하나님의 영광을 위해 그 재능들을 발전시키기 위해 노력하라.

물론 다른 요인들도 있다. 원초적인 필요도 분명히 존재한다. 때로는 재능이 있든 없든 간에 어떤 일을 그냥 해야 하고, 그 일을 할 다른 사람이 아무도 없을 때도 있다. 모세는 그러한 리더십의 공백을 채웠다. 하나님이 히브리인들을 애굽의 노예 생활에서 벗어나게 하시려고 그를 부르셨을 때 그는 저항했다.

"나는 입이 뻣뻣하고 혀가 둔한 자니이다"(출 4:10).

다시 말해서, 그에게는 바로 왕과 맞설 만한 재능이 없었다. 하지만 그 백성에게 자유가 필요한 것은 부인할 수 없는 사실이었고, 모세는 하나님의 사람이었다.

그것은 또 다른 요인을 끄집어낸다. 바로 한 사람의 삶에 대한 하나님의 특별한 부르심, 또는 소명이다. 은사와 필요는 별개다. 인생의 특정한 때에 당신이 받는 소명은 당신의 은사와 일치할 수도 있고 그렇지 않을 수도 있다. 하지만 하나님께서 어떤 일을 하도록 당신을 부르신다면 믿음으로 그 일을 해야 한다. 당신 자신에 대한 믿음이 아니라, 당신을 부르시는 분에 대한 믿음으로.

선택에 대해 고민할 때 우리는 절대로 자신의 소명을 잊어서는 안 된다. 알버트 아인슈타인은 물리학에서 자신의 소명을 발견하기 전까지 무명의 특허사무소 직원이었다. 에이브러햄 링컨은 일리노이주 스프링필드에서 잘 나가는 변호사였다. 그는 계속 공직에 출마하다가 결국 미국 역사상 가장 특이한(그리고 훌륭한) 대통령이 되었다. 하나님은 이스라엘 백성을 애굽에서 이끌어내기 위해 모세를 부르셨고, 모세는 자기가 그 일에 특별한 재능이 없다며 핑계를 대려고 했다. 하지만 하나님은 그 핑계들을 무시하고 이렇게 물으셨다.

"누가 사람의 입을 지었느냐 누가 말 못 하는 자나 못 듣는 자나 눈 밝은 자나 맹인이 되게 하였느냐 나 여호와가 아니냐 이제 가라 내가 … 할 말을 가르치리라"(출 4:11,12).

중요한 것은 은사가 아니라 소명이다. 당신의 소명을 발견하라.

타이밍에 대한 감각

예수님은 어머니의 요청을 거절하며 사실상 "이것은 내 일이 아닙니다"라고 말씀하실 때 이런 소명 의식을 염두에 두고 계셨다. 그분이 그러한 위업을 이루실 때(헬라어로 hora, 다른 곳에서는 '시간'이나 '순간'으로 번역되었다)가 아직 이르지 않았다. 그분은 시간이 아니라 타이밍에 대해 말씀하고 계셨다. 월터 엘웰(Walter Elwell)이라는 학자가 그것을 잘 설명해준다.

"성경은 … 시간을 하나님의 구속 계획이 실현되는, 창조된 영역으로 간주한다."[7]

그때는 기적을 일으키는 사역을 시작하기에 적합한 때가 아니었다. 어쩌면 예수님은 아직 제자들과 일대일로 더 많은 시간을 갖기 원하셨기 때문에 많은 사람들의 주목을 받을 준비가 되지 않으셨을 것이다. 혹은 다른 사건들이 먼저 일어나야 했을 수도 있다. 이유가 어찌되었든 간에, 그분은 지금 공적인 사역을 시작하길 원치 않으셨다. 매튜 헨리는 그것을 이런 식으로 말한다.

"그리스도가 하신 모든 일과 그분에게 일어난 모든 일들에는 그분의 시간, 즉 정해진 시간이자 가장 적합한 시간이 있었고, 그것은 정확하게 지켜졌다."[8]

예수님은 닥치는 대로 행하지 않으셨다. 그분에겐 사명이 있었다.

그러나 이 사건의 끝부분에서 우리는 예수님이 마음을 바꾸시고 조용히 많은 양의 물을 필요한 포도주로 만들어주시는 것을 본다. 잔치를 축복하시고, 그분이 메시아이심을 증거하는 유명하지만 미묘한 표적을 주셨으며,[9] 이를 통해 아직 군중까지는 아니지만 제자들이 그분을 믿게 하셨다.

표적의 해석

예수님은 오랫동안 자신의 사명을 숨기지는 않으셨다. 훗날 예수님은 세례 요한처럼 군중들에게 심판이 가까이 왔음을 깨달으라고 도전하셨다. 하지만 이상한 옷을 입고 있던 그 사람과 달리, 예수님은 직접 그 심판을 실행할 분이셨다.

내가 불을 땅에 던지러 왔노니 이 불이 이미 붙었으면 내가 무엇을 원하리요 나는 받을 세례가 있으니 그것이 이루어지기까지 나의 답답함이 어떠하겠느냐 내가 세상에 화평을 주려고 온 줄로 아느냐 내가 너희에게 이르노니 아니라 도리어 분쟁하게 하려 함이로라 이후부터 한 집에 다섯 사람이 있어 분쟁하되 셋이 둘과, 둘이 셋과 하리니 아버지가 아들과, 아들이 아버지와, 어머니가 딸과, 딸이 어머니와, 시어머니가 며느리와, 며느리가 시어머니와 분쟁하리라 하시니라 또 무리에게 이르시되 너희가 구름이 서쪽에서 이는 것을 보면 곧 말하기를 소나기가 오리라 하나니 과연 그러하고 남풍이 부는 것을 보면 말하기를 심히 더우리라 하나니 과연 그러하니라 외식하는 자여 너희가 천지의 기상은 분간할 줄 알면서 어찌 이 시대는 분간하지 못하느냐 눅 12:49-56

또다시 '시대'라는 단어가 등장한다. 그것은 빨리 닫히는 기회의 문으로서, 예수님의 질문들처럼 지금 대답을 요구한다. 지금은 편안한 의자에 앉아 쉬고 있을 때가 아니다. 설렁설렁 움직이거나 중립을 취할 때가 아니다. 우리는 결단을 해야 한다.

우리는 감성적으로 예수님을 '평화의 왕'이라고 부른다. 이것은 확실히 옳고 좋은 일이다. 성경도 그와 같이 말하기 때문이다.[10] 그러나 그것은 그저 모든 평화를 말하는 것이 아니고, 어떤 대가를 치르더라도 이루어야 하는 평화도, 혹은 정의 같은 다른 미덕들을 배제하는 평화도, 제한 없는 평화도 아니다. 우리의 타락한 세상에서는 그렇지 않다. 분명 예수님은 "화평하게 하는 자는 복이 있나니"라고 하셨지만(마 5:9), 때로는 인간의 평화가 불가능하다는 사실을 부인하지 않으셨다.

위의 예에서, 예수님은 자신을 따르는 것이 우리 가정에 추악한 분열을 가져올 수 있다고 말씀하신다. 보통은 사랑과 상호 지원, 보호, 성장할 공간을 제공해주어야 할 가정에 말이다. 확실히 평화의 왕을 따르기로 결심하는 많은 이들이 그들의 관계 속에서 혼란을 겪는다. 예를 들면, 많은 무슬림들이 그리스도를 '주'와 '구주'로 부른다는 이유로 가족에 의해 조롱과 외면, 심지어 죽음에 직면해야 했다. 또 위험성은 더 낮지만 여전히 고통스러운 다른 경우들도 있다. 세속적인 가정에서 자란 청년이 그리스도인이 되어 부모에게 하나님의 심판에 대한 경고를 해야 한다는 의무감을 느낀다고 하자. 그의 간절한 호소에 돌아오는 반응은 찌푸린 눈살과 냉랭한 침묵이다. 그가 광신도라고 할 수 있는가?

다른 관계들도 우리가 최선을 다함에도 불구하고 방치될 수 있다. 더 이상 자신이 술자리와 혼전 성관계에 가담하지 말아야 한다고 믿는 십대 소녀가 예전 친구들에게 내숭쟁이로 찍힌다고 생각해보라. 오늘날의 다원적인 분위기에서 프랭클린 그레이엄(Franklin Graham) 같은 목회자들과 지도자들이 예수님의 이름이 아니라 (포괄적인) 하나님의 이름으로 기도해야 하는 공식 행사에서 겪는 압박감을 생각해보라.

예수님을 따르지 않는 사람들로부터 받는 모든 찬사에도 불구하고, 예수님은 분열을 초래하는 인물이다. 그분의 이름으로 말하는 자들은 맹비난을 받는다. 2000년에 선거운동 중이던 조지 부시가 가장 좋아하는 철학자로 예수를 꼽은 후에 받은 모든 공개적인 조롱들을 생각해보라. 마틴 루터 킹과 간디는 죽은 후에 보편적으로 환영을 받았지만, 부활하신 그리스도는 여전히 분열을 일으킨다. 흥미로운 것은 그들이 그분으로부터 많은 영감을 얻었다는 것이다. 어쩌면 예수님은 다른 종류의 평화를 마음에 품고 계셨을 것이다.

이 구절에서 예수님은 말씀을 듣는 자들에게 그들이 사는 특별한 시대를 주목하라고 경고하신다. 여기서 '시대'로 번역된 헬라어는 '카이로스'(kairos)다. 그것은 '특별히 주어진 일에 적합한 정확한 시점'을 나타낸다. 카이로스는 단순히 종교적인 개념이 아니다. 연합국이 유럽에서 나치 독재를 물리치기로 결정했을 때, 그들은 마치 아무 날이라도 상관없는 것처럼 아무 때나 택해서 노르망디에 상륙하지 않았다. 심혈을 기울여 병력과 보급품을 배치해야만 했다. 히틀러의 장군들이 공격 장소와 시기에 대해 오해하게 만들어야만 했다. 결전의 날에는 특별한 카이로스가 있었다. 마찬가지로 우리의 죄와 사탄이 다스리던 세상에 그리스도가 들어오실 때도 그 나름의 카이로스가 있었다. 그것은 '영원한 것이 공개되는 결정적인 순간'이었다.[11]

따라서 예수님을 위한 '때'는 무한한 미래로 들어가는 연속적인 초, 분, 시간들이 아니다. 그것은 특별하며, 목적을 가지고 있다. 예수님의 질문을 보면, 마치 군중들에게(그리고 당신과 나에게) 이렇게 말씀하시는 것 같다.

"모르겠느냐? 이 순간은 결코 다시 오지 않을 것이다. 그것은 너희의 영원한 운명을 바꿀 것이다. 그것을 놓치지 마라! 이생의 일상적인 표적들을 신중하고 정확하게 따라갈 수 있다면 왜 지금 너희 가운데서 일어나고 있는 중대한 일을 인식하지 못하느냐? 그것은 너희가 원치 않기 때문이냐?"

마지막에 맞춰진 초점

사복음서는 연대순으로 잘 정리된 예수님의 생애 이야기를 들려주지 않는다. 그 복음서들은 갈릴리 출신의 그분에 관해 확실한 목격자의 증언을 담고 있지만, 모든 것을 다루기 위해 애쓰지 않는다. 대신 줌 렌즈로 보듯이 특정한 면들에 초점을 맞춘다. 반면에 우리가 흥미롭다고 생각할 만한 많은 내용들을 겨우 언급만 하거나 아예 생략하기도 한다.

마태복음과 누가복음은 세례 요한과 예수님의 탄생을 다루는 데 많은 공간은 할애한다. 그런데 누가복음을 제외한 모든 복음서들은 예수님의 성장기를 아예 빼버렸다. (기억하겠지만, 누가는 예수님이 유대교 성전에서 율법 선생들을 만난 것과 부모님과 함께 집으로 돌아간 이야기만 전한다.) 이 네 개의 짧은 책들은 약 3년으로 추정되는 그리스도의 공적인 사역을 빠짐없이 자세하게 다루고 있지 않다. 요한은 그의 책 거의 끝부분에서 "예수께서 제자들 앞에서 이 책에 기록되지 아니한 다른 표적도 많이 행하셨으나 오직 이것을 기록함은 너희로 … 믿게 하려 함이요"라고 시인한다(요 20:30,31).

아니, 그들은 마지막, 즉 예루살렘에서의 마지막 주간과 그 결과에 초점을 두고 있다. 마태복음은 예수님이 당국에 맞서신 것과 제자들을 향한 그분의 마지막 가르침, 그분의 체포와 재판, 십자가에 처형당하신 일, 그분의 부활에 관한 기록에 총 28장 중 여덟 장을 할애한다. 마가복음은 16장 중 여섯 장에서 그와 같은 사건들을 다룬다. 누가복음은 24장 중 여섯 장에서, 요한복음은 21장 중 열 장에서 그렇게 하고 있다. 성경은 부활하신 그리스도가 40일 동안 제자들에게 나타나셨다고 말한다. 따라서 다 더하면, 복음서 저자들이 총 47일간의 일들에 특별히 초점을 맞추었던 것이다. 이 압축된 기간은 예수님이 이 세상에 계셨던 약 12,000일의 0.004퍼센트에 불과하지만, 제자들에게는 무엇보다 중요했다. 그때가 바로 하나님의 때였다.

어떤 의미에서 예수님의 사명은 다양한 면들을 가지고 있었다. 그분은 죄인들을 부르기 위해, 율법과 예언을 완성하기 위해, 분열시키기 위해, 심판하기 위해, 잃어버린 자들을 구원하기 위해, 진리를 증거하기 위해 오셨다고 했다.[12] 그러나 우리는 예수님과 제자들이 위험한 영역으로 들어가는 장면에 주된 초점이 맞춰져 있는 것을 본다.

유대 당국에서 겨우 빠져나오신 예수님은 예루살렘으로 돌아가 반대에 부딪히기로 결심하신다.[13] 그 장면은 매튜 헨리가 사용한 옛날 성경 번역에서 아름답게 묘사되고 있다.

또 그들은 예루살렘으로 올라가고 있었다. 예수님이 그들 앞에 가셨고, 그들은 깜짝 놀랐다. 그들은 따라가면서도 두려웠다. 예수님이 열두 제자를 다시 데려가 그분에게 일어나야 할 일들을 말씀하기 시작하셨다. 그리고 "자, 예루살렘으로 올라가자!"라고 하셨다. 인자가 대제사장들과 서기관들에게 넘겨질 것이며, 그들은 그분을 정죄해 죽이고 이방인들에게 넘길 것이다. 또 그들은 그분을 조롱하고 괴롭히며 그분에게 침을 뱉을 것이고 결국 그분을 죽일 것이다. 그러나 그분은 3일 만에 다시 살아나실 것이다.

예수님은 이 운명을 피하는 대신 받아들이시며 이렇게 말씀하신다. "인자가 온 것은 섬김을 받으려 함이 아니라 도리어 섬기려 하고 자기 목숨을 많은 사람의 대속물로 주려 함이니라"(마 20:28). 예수님은 그분의 사명을 한 문장으

로 요약해서 자신이 다른 사람들을 위해 죽고자 오셨다고 말씀하신다.[14]

제한된 시간

예수님의 결심에 깜짝 놀란 제자들은 더듬거리며 말한다.

"랍비여 방금도 유대인들이 돌로 치려하였는데 또 그리로 가시려 하나이 까?"

예수님은 그분의 시간이 짧다는 걸 아시고, 그분만의 방식으로 그들의 질 문에 대답해주신다.

"낮이 열두 시간이 아니냐 사람이 낮에 다니면 이 세상의 빛을 보므로 실 족하지 아니하고 밤에 다니면 빛이 그 사람 안에 없는 고로 실족하느니 라"(요 11:9,10).

다른 곳에서 예수님은 자신을 세상의 빛이라고 하셨다(요 8:12). 하지만 그분은 질문을 통해 지상에서 보낼 그분의 시간이 제한되어 있음을 제자들 에게 상기시켜주신다. 즉 빛이 사라진다는 것이다. 예수님의 제자들은 예수 님과 함께 있는 이 기회를 최대한 활용해야만 한다. 왜냐하면 그 시간이 속 히 지나갈 것이기 때문이다. 다른 곳에서 예수님은 자신의 선구자적 정체에 관한 질문에 답해주시는데, 그 대답이 앞으로 올 고난을 분명히 보여준다.

"어찌 인자에 대하여 기록하기를 많은 고난을 받고 멸시를 당하리라 하 였느냐"(막 9:12).

예수님과 제자들이 예루살렘에 이르렀을 때 인간 예수님은 앞으로 해야 할 일의 심각성을 느끼신다.

"지금 내 마음이 괴로우니 무슨 말을 하리요 아버지여 나를 구원하여 이 때를 면하게 하여 주옵소서 그러나 내가 이를 위하여 이때에 왔나이다"(요 12:27).

그리고 그 때(hora)의 목적이 십자가에서 죽는 것임을 설명해주신다.

"이제 이 세상에 대한 심판이 이르렀으니 이 세상의 임금이 쫓겨나리라 내가 땅에서 들리면 모든 사람을 내게로 이끌겠노라 하시니"(요 12:31, 32).

예수님은 제자들에게 말씀하신 것처럼 군중에게도 말씀해주신다.

"아직 잠시 동안 빛이 너희 중에 있으니 빛이 있을 동안에 다녀 어둠에 붙잡히지 않게 하라 어둠에 다니는 자는 그 가는 곳을 알지 못하느니라 너희에게 아직 빛이 있을 동안에 빛을 믿으라 그리하면 빛의 아들이 되리라(요 12:35, 36).

그러나 이 모든 것에도 불구하고, 제자들은 여전히 그분의 사명을 이해하지 못한다. 예수님이 권력자들에게 넘겨지기 전 제자들과 마지막 식사를 나누실 때 이런 말씀을 하신다.

"조금 있으면 너희가 나를 보지 못하겠고 또 조금 있으면 나를 보리라."

그는 제자들이 혼란스러워하는 것을 보시고 부드럽게 질문을 던지신다.

"내 말이 조금 있으면 나를 보지 못하겠고 또 조금 있으면 나를 보리라 하므로 서로 문의하느냐?"

그 다음에 예수님은 자신이 죽으실 것이고 그 후에 다시 살아나실 것임을 제자들에게 분명히 말씀해주신다.

내가 진실로 진실로 너희에게 이르노니 너희는 곡하고 애통하겠으나 세상은 기뻐하리라 너희는 근심하겠으나 너희 근심이 도리어 기쁨이 되리라 여자가 해산하게 되면 그때가 이르렀으므로 근심하나 아기를 낳으면 세상에 사람 난 기쁨으로 말미암아 그 고통을 다시 기억하지 아니하느니라 지금은 너희가 근심하나 내가 다시 너희를 보리니 너희 마음이 기쁠 것이요 너희 기쁨을 빼앗을 자가 없으리라 요 16:20-22

성경 말씀의 성취

그런데도 제자들은 앞으로 일어날 일을 믿을 수 없다(혹은 믿으려 하지 않는다). 어떻게 그들의 지도자, 주님이시며 그들의 희망이자 친구이신 분이 그들을 떠날 수 있단 말인가? 하나님의 기름 부음을 받은 자는 죽을 수 없다. 아마도 그들은 이 세상 왕국이 세워져서 로마인들을 몰아내고 이스라엘을 정결케 할 거라는 꿈을 계속 붙잡고 있으며, 그들의 완강한 마음은 여전히 어두움 가운데 있을 것이다.

그날 밤 늦게 무리가 검과 막대기와 횃불을 휘두르며 다가온다. 예수님의 측근 중 한 명인 베드로는 절박함에 자신의 검을 빼어 대제사장의 종에게 휘두른다. 예수님은 사명을 잘못 이해하고 있는 베드로를 엄히 꾸짖으신다.

> 이에 예수께서 이르시되 네 칼을 도로 칼집에 꽂으라 칼을 가지는 자는 다 칼로 망하느니라 너는 내가 내 아버지께 구하여 지금 열두 군단 더 되는 천사를 보내시게 할 수 없는 줄로 아느냐 내가 만일 그렇게 하면 이런 일이 있으리라 한 성경이 어떻게 이루어지겠느냐 하시더라 마 26:52-54

우리는 다시 한 번 예수님이 성경 말씀을 이루는 것을 그분의 사명으로 이해하신 것을 볼 수 있다. [15] 그분의 죽음은 이상주의적인 종교개혁가에게 닥친 비극적인 사건이 아니다. 유망한 사역을 가로막은 것이 아니다. 예수님은 죽으셔야만 한다. 소위 왕국신학의 새로운 지지자들이 뭐라고 말하든 간에, 그분의 사명은 이 세상에 갇혀있을 수 없다. 그분이 이 세상에 갇혀있지 않으셨기 때문이다.

우리는 앞에서 세례 요한이 예수님을 위대한 선생, 치료자, 귀신 쫓는 사람, 또는 기적을 일으키는 자로 선포하지 않는 것을 보았다. 그분은 '세상 죄를 지고 가는 하나님의 어린 양'이시다. [16] 물론 히브리 성경에서 '어린 양'은 사람들이 하나님과 화목할 수 있도록 사람들의 죄를 짊어지는 무고한 대속물로 나온다. 예수님은 궁극적인 대속자, 궁극적인 어린 양이시다.

존 스토트(John Stott)는 "기독교는 구원 종교다"라고 말한다. "그것은 하나님이 예수 그리스도 안에서 주도적으로 우리를 죄에서 구원하셨다고 선언한다. 이것이 성경의 주요 주제다."[17]

사도 바울도 스토트의 말에 이의를 제기하지 않을 것이다. 그는 부활하신 그리스도를 만나 삶이 완전히 변화되어, 박해자에서 복음전도자가 된 사람이다.[18] 바울에게 복음의 의미는 분명했고, 그것은 히브리 성경을 성취하는 것이었다. 또 그것은 이 세상 왕국에 관한 것이 아니었다. 바울이 고린도의 새 교회에게 한 말을 들어보자.

> 형제들아 내가 너희에게 전한 복음을 너희에게 알게 하노니 이는 너희가 받은 것이요 또 그 가운데 선 것이라 너희가 만일 내가 전한 그 말을 굳게 지키고 헛되이 믿지 아니하였으면 그로 말미암아 구원을 받으리라 내가 받은 것을 먼저 너희에게 전하였노니 이는 성경대로 그리스도께서 우리 죄를 위하여 죽으시고 장사 지낸 바 되셨다가 성경대로 사흘 만에 다시 살아나사 게바에게 보이시고 후에 열두 제자에게와 그 후에 오백여 형제에게 일시에 보이셨나니 그중에 지금까지 대다수는 살아 있고 어떤 사람은 잠들었으며 그 후에 야고보에게 보이셨으며 그 후에 모든 사도에게와 맨 나중에 만삭되지 못하여 난 자 같은 내게도 보이셨느니라 고전 15:1-8

예수님의 죽음, 장사, 이후의 부활이 가장 중요한 것이다. 그렇다고 그분의 다른 말씀과 행위들이 중요하지 않다는 뜻은 아니다. 다만 하나님의 단일 계획 안에서 덜 중요하다는 것이다. 예수님의 사명엔 우선순위가 있었다. 어떤 것들이 다른 것들보다 더 중요했다. 우리에게도 그렇다. 우선순위가 없으면, 모든 것이 대충 동등한 것으로 여겨지고 더 중요한 것이 없어진다. 예수님에겐 우선순위가 있었고, 우리에게도 그래야 한다. 이것은 선택을 미루기 원하지만 시간이 얼마 없는 우리에게 받아들이기 힘든 진실이다. 우리는 선택을 해야만 한다.

예수님의 사명을 이런 식으로 생각해보라. 예수님의 기적, 가르침, 이 세상에 임재하심은 우리의 삶과 사고를 향상시키는 놀라운 것들이지만, 한 인간의 죄도 대속할 수 없었다. 그분의 십자가 죽음은 그 당시엔 끔찍하고 부당한 일이었지만 우리를 거룩하신 하나님과 화해시키는 데 꼭 필요한 일이었다. 만약 그분의 죽음이 없었다면, 그분의 완전한 삶은 오직 우리를 도덕적 실패자로 정죄했을 것이다. 그분의 삶의 유익들을 우리에게 전달해주는 것은 그분의 죽음이다.

부활하신 그리스도를 본 후에, 베드로는 마침내 그것을 이해하고 "그리스도께서도 단번에 죄를 위하여 죽으사 의인으로서 불의한 자를 대신하셨으니 이는 우리를 하나님 앞으로 인도하려 하심이라"(벧전 3:18)라고 주장했다. 믿는 자들 중 많은 이들에게 '예수님의 주된 일은 우리가 죄 사함을 받고 천국에 갈 수 있도록 죽으시는 것이었다'라는 말이 진부하고 단순하게 들릴 지도 모르겠다. 어쨌든 이것은 지혜를 구하는 자들에게 충분히 혁명적이지 않다.

그러나 혁명적인 예수님으로부터 은밀한 메시지를 찾아내려고 애쓰는 학자들은 하나님의 말씀에 포함된 혁명적이고 공공연한 비밀을 간과한다. 그것은 모두에게 공개되었으나 몇몇 미련한 자들만 받아들이는 비밀이다. 바울은 반어적으로 말한다.

십자가의 도가 멸망하는 자들에게는 미련한 것이요 구원을 받는 우리에게는 하나님의 능력이라 기록된 바 내가 지혜 있는 자들의 지혜를 멸하고 총명한 자들의 총명을 폐하리라 하였으니 … 하나님의 지혜에 있어서는 이 세상이 자기 지혜로 하나님을 알지 못하므로 하나님께서 전도의 미련한 것으로 믿는 자들을 구원하시기를 기뻐하셨도다 … 하나님의 어리석음이 사람보다 지혜롭고 하나님의 약하심이 사람보다 강하니라 고전 1:18-25

'지혜 있는 자들'인 유대인들에게 예수님은 "너희가 만일 내가 그인 줄 믿지 아니하면 너희 죄 가운데서 죽으리라"(요 8:24)라고 말씀하셨다. 예수님의 말씀에 따르면, 그분의 주된 일은 우리의 죄를 위해 '죽으시는' 것이었고, 우리의 일은 그것을 '믿는' 것이다. 사실 예수님이 그분의 사명에 대해 말씀하신 것이 사실이라면 우리의 영원한 운명은 아직 미결정 상태에 있다.

어떤 사람이 그런 요구를 할 수 있는가? 어떤 사람이 우리를 죄에서 구원할 수 있는가? 예수님의 정체성에 관한 이런 질문들에 답하기 위해 우리는 다음 장으로 넘어가려 한다.

토론 질문

1. 복음이란 무엇인가?

2. 복음이 이 세상에 적용되는 몇 가지 예는 무엇인가?

3. 왜 그렇게 많은 학자들이 복음을 전통적으로 해석하는 것에 주저하는가?

4. 예수님은 어떤 평화를 주러 오셨는가?

5. 때에 대한 예수님의 이해가 우리의 이해에 어떤 영향을 끼칠 수 있는가?

6. 소명에 대한 예수님의 인식이 우리의 인식에 어떤 영향을 끼칠 수 있는가?

7. 당신은 자신을 하나님의 구원이 필요한 죄인으로 여기는가?

예수님의
정체성

❝ 너희는 나를 누구라 하느냐? ❞

레이 티빙(Leigh Teabing)은 소피 느뵈(Sophie Neveu)와 함께 앉아 그녀가 주일학교에서 배운 적이 없는 예수 그리스도에 관한 '진실'을 말해준다. 그는 지금 우리가 갖고 있는 성경이 '수많은 번역과 추가와 수정을 거쳐 발전된 인간의 산물'이라고 주장한다. 그리스도의 신성에 대한 교회의 이해는 예수님이 돌아가신 후 300여 년이 지나 니케아 공의회 때에야 생겨났다. 티빙은 숨을 죽이고 있는 소피에게 이렇게 말한다.

"이 모임에서 기독교 신앙의 많은 면들이 논의되고 투표로 결정되었지요. … 예수의 신성을 포함해서 … 역사적인 그 순간에 이르기 전까지, 예수는 그의 추종자들에게 언젠가 죽을 선지자 … 한 인간으로 간주되었어요. … 예수가 '하나님의 아들'로 인정된 것은 니케아 공의회에서 공식적으로 제기되고 투표를 통해 된 것이었어요."

"잠깐,"

티빙의 말을 듣던 사람은 못 믿겠다는 듯이 대답한다.

"당신은 예수의 신성이 투표의 결과였다고 말하는 건가요?"

"그것도 비교적 우열을 가리기 힘든 투표였소."[1]

그러나 댄 브라운의 상상 속 시나리오에 기꺼이 투표할 현대의 학자는 거의 없다. 로버트 보먼(Robert M. Bowman)과 J. 에드 코모스제브스키(J. Ed. Komoszewski)가 말하듯이 《다빈치 코드》는 냉철한 역사적 분석보다 음모론에 더 가깝지만 그 메시지는 계속해서 현대 문화에 반향을 일으키고 있다는 것을 여러 학자들이 입증했다."[2]

그것은 사실이다. 댄 브라운의 책에 담긴 입증되지 않은 조잡한 역사와 신학은 영향력이 있었고, 성경학자가 아닌 많은 일반인들로 하여금 신약성경의 이야기들이 그리스도를 단지 한 인간이 아니라 그 이상의 존재로서 명백히 나타내고 있는가를 의심하게 만들었다.[3]

보먼과 코모스제브스키에 의하면, 사실은 매우 다르다. 그들의 예를 하나만 들어 보면, 예수님에게 신성을 부여하고 종교적, 영적으로 헌신하는 관습은 기독교가 생겨난 처음 20년 내에 나타난 기독교 운동의 확실한 특성이었다. 이것은 그리스도의 신성이 초기 교회의 확정된 교리였으며, 격렬하게 유일신을 주장하는 유대인들로 구성된 대규모의 대표단이 존재했다는 강력한 증거이다. 에든버러대학교의 신약학 교수인 래리 허타도(Larry Hurtado)는 예수님에 대한 신앙의 출현을 '진정한 빅뱅', 즉 기독교 운동 초기 단계에 있었던 폭발적이고 인상적이며 실질적인 발전으로 묘사한다.[4]

그렇다면 누가 옳은 것인가? 그 답이 중요하다는 것만은 확실하다.

"예수님의 신성에 대한 믿음, 즉 육신을 입으신 하나님으로서 그가 인간들 사이에서 갖는 독특한 위상에 대한 믿음은 사람들이 하나님과 올바른 관계를 갖기 위한 유일한 길이 바로 예수님임을 암시하는 것이다."[5]

그리고 예수님의 질문들은 우리가 너무도 중요한 답을 발견하도록 도와줄 수 있다.

예수님은 누구신가?

우리는 "예수님은 누구신가?"라는 질문에 답하기 위해 먼 길을 왔다. 먼저, 우리는 예수님이 그분의 제자들에게 기대하시는 것이 '그분에게 온전히 헌신하는 삶'이라는 것을 보았다(1장). 특정한 상황에서 하신 그분의 '질문'은 시간을 초월해 오늘날까지도 사람들이 그분을 따르도록 만드는 힘이 있다(2장). 그리고 예수님은 자연적, 초자연적인 세상에서 기적을 행하시는 분이다(3장). 그분은 큰 능력과 통찰력을 가지셨지만 우리가 이해할 수 없는 고고한 영이 아니라 한 인간이셨고, 우리처럼 삶의 여러 가지 불확실성에 직면하셨다(4장). 또한 예수님은 선을 행하고 삶을 변화시키는 진리들을 가르치셨지만, 그분이 오신 주된 목적은 우리에게 더 좋은 길을 보여주려는 것이 아니라(분명 그 일도 하셨지만) 우리의 죄를 위해 십자가에서 죽으시려는 것이었다(5장).

1부의 마지막 장인 이 장에서는 예수님의 질문들이 보여주는 예수님의 모습들을 마지막으로 살펴볼 것이다. 우리는 역사상 가장 불가사의하고 흥미로운 인물에 대해 깊이 생각하지 않을 수 없을 것이다. 그분은 모든 나라와 언어와 족속과 시대로부터 사람들을 불러내신다. 1세기의 유대인 역사가 요세푸스(Jesephus)는 이렇게 외쳤다.

"예수는 … 깜짝 놀랄 만한 행동들을 하셨고, 진리를 기쁨으로 받아들이는 자들의 선생이셨다. 그리고 많은 유대인들과 헬라인들이 그를 따랐다."[6]

이 장의 질문들은 우리에게 그 이유를 보여주기 위해 주어졌다.

자기중심적인가?

대개 온화하고 부드러운 분으로 묘사되는 인간 예수님은 다른 사람들이 자신을 어떻게 생각하는지를 몹시 궁금해하셨다. 공관복음서들은 모두 그분이 제자들에게 근본적으로 같은 질문을 하신 것을 기록하고 있다.

"사람들이 나를 누구라 하느냐?"

마태, 마가, 누가는 그 다음에 이어지는 중요한 질문을 기록한다.

"그러면 너희는 나를 누구라 하느냐?"[7]

예수님에게는 거짓된 겸손이 없었다. 예수님은 "그는 흥하여야 하겠고 나는 쇠하여야 하리라"(요 3:30)라는 세례 요한의 말에 분명히 동의하셨다. 하지만 예수님이 자신에 대한 다른 사람들의 생각에 그토록 관심을 가지신 것은 불안정한 자기중심주의 때문이 아니었다. 그보다는 깊은 이타심 때문이었다. 앞 장에서 그분이 "너희가 만일 내가 그인 줄 믿지 아니하면 너희 죄 가운데서 죽으리라"(요 8:24)라고 말씀하시는 것을 들었다.

여기서 말하는 '그', 즉 우리의 전적인 믿음을 요구하시고 우리의 영원한 운명을 다스리시는 예수님은 어떤 분인가? 물론 전통적인 그리스도인의 답은 '예수님이 하나님'이시라는 것이다. 또한 엄격한 유일신도였던 초대 그리스도인들은 이 사람이 확실히 자기중심적이라거나 그분을 숭배하는 것이 신성모독이라고 생각하지 않았다.

그러나 마커스 보그는 '예수님이 하나님'이라고 말하는 것은 고대 이단인 그리스도 가현설과 같은 것이라고 본다. 즉 예수님이 신적인 존재였다면 단지 인간의 모습으로 나타나셨던 것이 틀림없다고 가정하는 것이다. 보그에게 이것은 예수님이 "실제로 우리 중 한 사람이 아니었다"라는 뜻이었을 것이다.[8] 복음주의 신학자 밀러드 에릭슨(Millard Erickson)은 인간 예수 그리스도의 신성이 가장 논란이 많고 중요한 기독교 교리 중 하나임을 인정한다. 에릭슨은 "그것은 우리 신앙의 심장부에 있다"라고 말한다.

"우리의 믿음은 사실상 예수님이 정말 인간의 몸을 입으신 하나님이라는 사실에 기초하기 때문이다. 그분은 비록 세상에 살았던 가장 특별한 인물이시지만, 단지 특별한 사람만은 아니었다."[9]

예수님의 힌트

예수님의 질문들은 그분이 단지 특별한 인간이었는지 아니면 육신을 입은 하나님이셨는지를 우리가 분간하도록 도와줄 수 있다. 실내 게임을 하는 사람처럼, 예수님은 많은 힌트를 던져주셨다. 예루살렘에서 종교적 실세들의 완강한 반대에 부딪혔을 때, 예수님은 한 예화를 통해 그들에게 다가오는 파멸에 대해 경고하셨다. 그 다음에 시편 118편을 직접 인용해 그들이 익히 들었을 질문으로 말씀을 마치셨다.

> 예수께서 이르시되 너희가 성경에 건축자들이 버린 돌이 모퉁이의 머릿돌이 되었나니 이것은 주로 말미암아 된 것이요 우리 눈에 기이하도다 함을 읽어 본 일이 없느냐 마 21:42

고대 히브리 성경을 언급하심으로써 예수님은 그들의 반대에도 불구하고 그 나라의 종교 생활에 있어 그분의 근본적인(그리고 오래 기다려온) 역할을 보여주셨다. 여기 계신 분은 단순한 예언적 개혁가가 아니었다. 그분은 곧 그들을 가장 위에 올려놓은 모든 종교 체계를 뒤엎으실 분이었다.

또 한 번은 사람들이 예수님에게 묻기를 요한의 제자들과 바리새인들은 금식하는데 왜 예수님의 제자들은 하지 않느냐고 했다. 예수님은 그들의 질문에 직접 답해주셨고, 다시 한 번 유대교 안에서 그분의 특별한 위상을 지적하셨다.

"혼인집 손님들이 신랑과 함께 있을 때에 금식할 수 있느냐?"(막 2:19)

예수님은 새로운 것이 도래했으며, 이 새로운 것은 모두 예수님에 관한 것임을 말씀하고 계신다. 제자들은 손님들이고, 그분이 주요 인사였다. 하지만 그 행사는 언젠가 결국 끝날 것이다.

예수님을 어떻게 정의하든 비할 데 없는 인물이었지만, 다른 사람들에게 지지를 호소하는 것을 언짢아하지 않으셨다. 예를 들어, 그 갈릴리인은 자신을 변론하면서 천 년 전 황금기에 그 나라를 다스렸던 이스라엘의 가장 위대한 왕 다윗을 소개한다. 이것은 자연스러운 일이었다. 이스라엘의 메시아를 가리키는 이름 중 하나가 '다윗의 자손'이었기 때문이다. 그 나라의 왕들, 특히 다윗은 하나님과 특별한 관계에 있었고, 어떤 의미에서는 하나님의 아들들로 간주되었다. 이러한 역동성은 다윗이 쓴 시편 2편에서 발견할 수 있다. 거기서는 여호와의 '기름 부음 받은 자'에 대해 말하는데, 성경 학자들은 그 호칭을 세상의 왕과 오래 기다려온 메시아에게도 사용할 수 있다고 말한다. 즉 하나님의 통치의 완성을 알리러 오는 자를 가리킨다.

메시아의 예언에 대한 이런 이중적 이해는 히브리 성경의 나머지 부분들과 모두 비슷하다. 구약성경의 많은 예언들은 곧바로 적용되기도 하고 미래에 적용되기도 한다. 이 왕의 시편도 그런 경우다. 그것은 하나님을 대변해 "내가 나의 왕을 내 거룩한 산 시온에 세웠다"라고 말한다. 그리고 계속해서 이스라엘 왕이자 메시아의 말씀을 인용한다.

> 내가 여호와의 명령을 전하노라 여호와께서 내게 이르시되 너는 내 아들이라 오늘 내가 너를 낳았도다 내게 구하라 내가 이방 나라를 네 유업으로 주리니 네 소유가 땅 끝까지 이르리로다 시 2:7,8

참으로 다윗의 아들은 고귀한 자이며, 열방을 소유할 자격이 있다. 이 시편의 마지막에서 열방은 이런 경고를 듣는다.

"그의 아들에게 입맞추라 그렇지 아니하면 진노하심으로 너희가 길에서 망하리니 그의 진노가 급하심이라 여호와께 피하는 모든 사람은 다 복이 있도다"(시 2:12).

예수님은 다윗의 자손이라는 호칭에 대해 그것의 타당성을 말씀하시지만, 또한 그분의 말씀을 듣는 자들에게 질문하심으로써 그들이 그것에 대해 더 깊이 생각하게 하신다. 어느 날 그는 질문을 통해 그들이 시편 2편을 더 주의 깊게 생각하도록 이끄셨고, 그들이 더 편안하고 덜 도전적인 해석들에 의존하지 않게 하셨다.

> 바리새인들이 모였을 때에 예수께서 그들에게 물으시되 너희는 그리스도에 대하여 어떻게 생각하느냐 누구의 자손이냐 대답하되 다윗의 자손이니이다 이르시되 그러면 다윗이 성령에 감동되어 어찌 그리스도를 주라 칭하여 말하되 주께서 내 주께 이르시되 내가 네 원수를 네 발 아래에 둘 때까지 내 우편에 앉아 있으라 하셨도다 하였느냐 다윗이 그리스도를 주라 칭하였은즉 어찌 그의 자손이 되겠느냐 하시니 마 22:41-45

예수님은 시편 말씀이 궁극적으로 다윗에게 적용되는 것이 아니라 헤아릴 수 없을 만큼 더 크신 분, 즉 그 자신에게 적용되는 말씀임을 암시하셨다. 우리는 장 뒷부분에서 이 주제를 다시 살펴볼 것이다.

또 어떤 때는 몇몇 바리새인들이 안식일에 "일하지 말라"라는 율법을 어기고 이삭을 자르는 예수님의 제자들을 비난했다. 물론 안식일 법은 인류를 저주하기 위한 것이 아니라 돕기 위해 주어진 것이었는데, 예수님을 비난하는 자들은 분명 그것을 잊고 있었다. 고대 세계에선 매일 필요한 것을 얻는 것이 절박해, 일을 쉬는 법을 알지 못했다. 이스라엘 백성에게 안식일에 일하지 않음으로써 하나님께 순종하라는 명령은 사실상 여호와의 사랑의 돌보심을 믿으라는 권면이었다. 따라서 예수님은 그들의 잘못된 고소에 질문으로 답하셨고, 그 뒤에 하나님이 주신 유대교의 안식일을 그분이 주권적으로 해석하고 이행할 권한이 있음을 주장하셨다. 안식일은 여호와의 십계명 중 하나로 소중히 여겨야 할 율법이다.

> 예수께서 이르시되 다윗이 자기와 및 함께한 자들이 먹을 것이 없어 시장할 때에 한 일을 읽지 못하였느냐 그가 아비아달 대제사장 때에 하나님의 전에 들

어가서 제사장 외에는 먹어서는 안 되는 진설병을 먹고 함께한 자들에게도 주지 아니하였느냐 또 이르시되 안식일이 사람을 위하여 있는 것이요 사람이 안식일을 위하여 있는 것이 아니니 이러므로 인자는 안식일에도 주인이니라

막 2:25-28

예수님은 이스라엘의 위대한 시인이자 용사였던 왕보다 훨씬 더 크신 분이었을 뿐만 아니라, 안식일보다 더 중요한 분이셨다.

그분의 행위

예수님의 정체성에 관해 우리가 찾을 수 있는 다른 단서들은 무엇인가? 확실히 예수님이 하나님이시라면, 그분이 하나님처럼 행동하셔야 한다고 생각하는 것이 합리적일 것이다. 우리는 역사적으로 자신이 하나님이라고, 또는 하나님의 아들이라고 주장하는 이들을 많이 보았다. 짐 존스(Jim Jones)와 문선명을 비롯해서 말이다. 하지만 그들의 행위와 인격은 우리가 하나님에게서 기대하는 행위들에 훨씬 미치지 못한다.

우리는 예수님이 병자를 고치시고 귀신을 쫓으시는 등, 성령의 능력으로 강력한 기적들을 행하시는 것을 보았다. 하지만 기적은 누구에게도 믿음을 강요하지 않는다. 예수님의 대변인들도 스스로 신성을 주장하지 않으면서 그분의 이름으로 그런 기적을 행했다. 물론 그들이 그리스의 신들로 오해받은 적이 적어도 한번은 있었지만 말이다.[10] 사실 기적을 보여준다고 해서 사람들이 예수님과 그분의 제자들에 대해 올바른 결론을 내릴 거라고 보장할 수는 없었다. 따라서 몇몇 주요 시점에서 예수님은 기적을 행하신 후 잠시 멈추시고 사람들이 요점을 이해했는지 물으셨다.[11]

예수님의 가르침의 대상은 종종 그분의 제자들, 즉 예수님이 떠나신 후에도 그 사역을 계속 하도록 훈련시키고 계신 자들이었다. 신약성경은 예수님이 기적적으로 무리를 먹이신 두 사건을 기록한다.[12] 얼마 후 제자들은 작

은 무리가 먹을 것이 없다는 사실에 대해 의논하기 시작했다.

> 예수께서 아시고 이르시되 너희가 어찌 떡이 없음으로 수군거리느냐 아직도 알지 못하며 깨닫지 못하느냐 너희 마음이 둔하냐 너희가 눈이 있어도 보지 못하며 귀가 있어도 듣지 못하느냐 또 기억하지 못하느냐 내가 떡 다섯 개를 오천 명에게 떼어 줄 때에 조각 몇 바구니를 거두었더냐 이르되 열둘이니이다 또 일곱 개를 사천 명에게 떼어 줄 때에 조각 몇 광주리를 거두었더냐 이르되 일곱이니이다 이르시되 아직도 깨닫지 못하느냐 하시니라 막 8:17-21

1400년 전 출애굽 기간에 하나님이 만나를 내려주셨는데도 불평했던 이스라엘 백성처럼, 제자들도 하나님이 예수님 안에서 그들의 필요를 채워주시는 것을 의심했다. 그들은 그분이 누구신지 몰랐을까? 아직 이해하지 못했던 걸까?

예수님이 가버나움 집으로 돌아오시자 무리가 그분을 보려고 몰려왔다. 집에 사람들이 꽉 차서 겨우 서 있을 수 있을 정도였다. 그때 갑자기 네 사람이 중풍병 환자를 데리고 나타났지만 예수님에게 가까이 갈 수가 없었다. 하지만 뜻이 있는 곳에 길이 있다고, 그들은 바깥 계단을 통해 집 위로 올라가 평평한 초가지붕에 구멍을 내기 시작했다. 일단 충분한 크기의 구멍을 내고 그 불쌍한 친구를 집 안으로 내려보냈다. 그들의 믿음과 우정에 감동을 받으신 예수님은 중풍병자를 내려다보시며 육체적인 치유보다 더 큰 필요에 대해 말씀하셨다.

"작은 자야, 네 죄 사함을 받았느니라."

서기관들은 오직 하나님만이 죄를 사하실 수 있다고 알고 있기에, 깜짝 놀라 그것을 신성모독으로 여겼다. 예수님은 그들의 마음을 읽으시고(또는 단지 그들의 얼굴만 보시고) 곧 이렇게 물으셨다.

그들이 속으로 이렇게 생각하는 줄을 예수께서 곧 중심에 아시고 이르시되 어찌하여 이것을 마음에 생각하느냐 중풍병자에게 네 죄 사함을 받았느니라 하는 말과 일어나 네 상을 가지고 걸어가라 하는 말 중에서 어느 것이 쉽겠느냐 그러나 인자가 땅에서 죄를 사하는 권세가 있는 줄을 너희로 알게 하려 하노라 하시고 중풍병자에게 말씀하시되 내가 네게 이르노니 일어나 네 상을 가지고 집으로 가라 하시니 그가 일어나 곧 상을 가지고 모든 사람 앞에서 나가거늘 그들이 다 놀라 하나님께 영광을 돌리며 이르되 우리가 이런 일을 도무지 보지 못하였다 하더라 막 2:8-12

이 질문을 들은 자들은 예수님의 정체를 직시할 수밖에 없게 된다. 누구든지 자기가 다른 사람의 죄를 사하는 권세를 가지고 있다고 말할 수는 있겠지만, 그 주장이 맞는지 확인할 수는 없을 것이다. 하지만 확실하게 신적인 능력을 보여주면 실제로 그 메시지가 신뢰성을 갖게 된다. 예수님이 그랬다.

어떤 사람들은 그것을 훼손시키려 했지만, C. S. 루이스의 유명한 '삼자택일논법'(trilemma)은 예수님이 그와 동행하는 자들에게 메시지를 이해시킬 만큼 훌륭한 선생이었다고 믿는 우리 각 사람에게 대답을 요구한다.

그리스도는 그가 "겸손하고 온유하다"라고 말씀하시며, 우리는 그분을 믿는다. 만일 그분이 단지 인간이었다면, 그분의 일부 말씀은 결코 겸손하고 온유하다고 볼 수 없을 것이다.

간혹 사람들이 그분에 대해 정말 어리석은 말을 하려 할 때가 있다. 그럴 때 나는 그 말을 막으려 한다. 바로 "나는 예수님을 훌륭한 도덕적 스승으로 받아들일 준비가 되어 있지만, 그분이 하나님이라는 주장은 받아들이지 않는다"라는 말이다. 그것은 우리가 하지 말아야 할 말이다. 단지 한 인간으로서 예수님이 그런 말씀을 하셨다면, 그분은 훌륭한 도덕적 스승이 아닐 것이다. 그분은 자신이 삶은 달걀이라고 말하는 사람과 똑같은 수준의 정신병자거나 또는 지옥의 마귀일 것이다.

당신은 선택해야 한다. 이 사람은 하나님의 아들이었고 지금도 그러하거나, 아니면 미치광이거나 혹은 더 악한 존재일 것이다. 당신은 그분을 바보 취급할 수도 있고, 악마처럼 그분에게 침을 뱉고 죽일 수도 있으며, 혹은 그분의 발 앞에 엎드려 그분을 주님과 하나님으로 부를 수도 있다. 하지만 그분이 위대한 인류의 스승이라는 말도 안 되는 소리는 하지 말자. 그분은 우리에게 그렇게 생각할 여지를 남겨두지 않으셨다. 그분에게는 그럴 의도가 없었다.[13]

서문에서 우리는 폭풍우를 잠잠케 하시는 예수님을 만났다. 이제 그 갈릴리 사람이 다시 한 번 자연의 법칙을 다스리시는 비슷한 에피소드를 접하게 된다. 어느 날 밤에 예수님은 물 위를 걸으셨고 제자들은 몹시 두려워했다. 그들은 폭풍우 가운데서 배 안에 갇혀 있고, 초자연적인 능력이 나타나리라고는 전혀 예상하지 못하고 있었다. 그러나 늘 충동적인 베드로가 예수님에게 자기도 물 위를 걷게 해달라고 부탁한다. 그리고 그는 잠시나마 물 위를 걷는다.

바람을 보고 무서워 빠져 가는지라 소리 질러 이르되 주여 나를 구원하소서 하니 예수께서 즉시 손을 내밀어 그를 붙잡으시며 이르시되 믿음이 작은 자여 왜 의심하였느냐 하시고 배에 함께 오르매 바람이 그치는지라 배에 있는 사람들이 예수께 절하며 이르되 진실로 하나님의 아들이로소이다 하더라

마 14:30-33

제자들은 처음에 의심했지만 그 상황에서 유일하게 논리적으로 가능한 결론에 이르렀다. 즉 예수님은 하나님의 아들이시며, 예배를 받기에 합당하신 분이라는 것이다. 그리고 주목할 것은 예수님이 그들의 생각이 틀렸다고 말씀하지 않으신다는 것이다. 예수님은 하나님이시기에 하나님처럼 행동하

신다. 그분은 우리의 믿음과 예배를 받으시기에 합당하신 분이셨고 지금도 그러하시다.

예수님의 신성은 3세기 후 어떤 교회 공의회에서 결정된 것이 아니었다. 레이 티빙에게는 매우 미안하지만, 그것은 피할 수 없는 사실이었다. 보먼과 코모스제브스키는 신약성경 전체에서 예수님이 하나님께 합당한 영광과 하나님의 속성들과 하나님의 이름과 하나님의 행위들과 하나님의 보좌를 공유하신다는 것을 지적한다.[14]

그러나 행위에 합당하게 어울릴 만한 성품 없이 단지 행위만으로는 충분하지 않다.

그분의 성품

어느 날 예수님은 유대인들에게 그들이 하나님과 올바른 관계를 갖고 있지 않다고 말씀하셨다.[15]

"진실로 진실로 너희에게 이르노니 죄를 범하는 자마다 죄의 종이라."

이에 사람들은 이렇게 응수했다.

"우리 아버지는 아브라함-그 나라의 족장-이라 … 아버지는 한 분뿐이시니 곧 하나님이시로다."

예수님의 대답은 신랄하며 정치적으로 옳지 않다.

"너희는 너희 아비 마귀에게서 났으니 … 내가 진리를 말하므로 너희가 나를 믿지 아니하는도다."

자신의 진실을 입증하시기 위해, 예수님은 두 가지 질문으로 반격을 마무리하신다.

"너희 중에 누가 나를 죄로 책잡겠느냐 내가 진리를 말하는데도 어찌하여 나를 믿지 아니하느냐?"

오늘날 선거 후보자들이 경쟁 후보의 부정부패를 파헤치기 위해 정보를 조사하는 것은 흔한 일이다. 1980년대에 민주당 대통령 후보 지명을 받고

자 애쓰던 상원의원 개리 하트(Gary Hart)는 의혹을 가진 언론인들에게 자기가 불륜에 연루되었다는 것을 증명해보라고 도전했다. 그런데 '몽키 비즈니스'(Monkey Business)라고 불리는 배 위에서 찍힌 낯 뜨거운 사진들이 세상에 알려지자 대통령이 되려는 하트의 열망은 꺾이고 말았다.

여기서 얻게 되는 교훈은 무엇인가? 명백히 부도덕한 일에 관여한 사람들은 절대 자신의 사생활에 대한 철저한 조사를 자청해선 안 된다는 것이다. 하지만 이 경우에 예수님은 자신을 반대하는 자들에게 자신의 부정부패를 밝혀낼 수 있으면 해보라고 하시지만 별 소득이 없다. 예수님은 하나님처럼 죄를 지으신 적이 없기에 그들은 침묵한다.[16] 베드로가 나중에 증언했듯이 "그는 죄를 범하지 아니하셨다".[17] 따라서 그분은 믿을 수 있고 신뢰할 만한 지도자다.

다음에 우리는 예수님의 역설적인 질문을 듣게 된다. 마을에서 도덕적이고 매우 저명한 사람(한 본문에선 그를 '관리'라고 부른다)이 있었는데, 그는 자기가 이해하는 대로 양심적으로 계명을 지키려고 노력하는 사람이다. 그가 중요한 질문을 가지고 예수님을 찾아온다.[18]

"선한 선생님이여, 내가 무엇을 하여야 영생을 얻으리이까?"

그 질문에 답하기 전에, 예수님은 '선한'이라는 형용사에 초점을 두신다.

"네가 어찌하여 나를 선하다 일컫느냐 하나님 한 분 외에는 선한 이가 없느니라."

예수님은 이미 자신의 선하심을(사실상 죄가 없으신 것을) 당연히 여기시며 오직 하나님만 하실 수 있는 일을 하시는데, 여기서 그분의 말은 무엇을 의미하는가?

분명히 모든 증거와 일치하는 그럴 듯한 해석이 하나 있다. 즉 예수님은 사실상 자신의 힘으로 영생을 얻을 수 있다고 믿는 이 사람을 일깨우려 하신다는 것이다. 그 사람은 자기가 영생을 얻기 위해 무언가를 해야 한다는 잘못된 생각을 하고 있다. 마치 그것이 사야 할 물건인 것처럼 말이다. 하지만 여기서 예수님은 그가 그 일을 해낼 만큼 선해질 수 없을 거라고 경고 하신다. 오직 마음이 청결한 자만이 하나님을 볼 것이기 때문이다.[19] 그리 고 예수님은 그 사람이 자기가 생각하는 것만큼 거룩하지 않다는 것을 지 적하시는 것 같다.

그 다음에 인칭대명사를 주목해보자. "네가 어찌하여 나를 선하다 일컫 느냐?"라고 예수님은 물으신다. 예수님은 그 사람의 죄악된 상태를 뚜렷이 부각시키려 하신다. 어떤 의미에서 예수님을 단지 선하다고 일컫는 것은 그 분을 우리 수준으로 끌어내리는 것이다. "예수님은 선하시다. 하지만 나도 선하다"라는 것이다. 사실상 예수님은 무엇에 비길 수가 없다. 물론 예수님 은 선하시지만, 그보다 훨씬 더 뛰어나시며 우리보다 훨씬 더 뛰어나시다. 우리는 그분의 선하심에 더할 것이 없다.

그런데 어째서 완전히 악한 우리가 마치 예수님에 대해 의미 있는 선언을 할 도덕적 권위가 있는 것처럼, 그분을 선하다고 일컬을 수 있다고 생각하 는가? 그것은 젊음을 유지하기 위해 일주일에 세 번 수영을 하는 내가 마이 클 펠프스(Michael Phelps)를 좋은 수영선수라고 부르는 것과 비슷하다. 그것은 맞는 말이겠지만, 그래서 어떻다는 것인가?

더 나아가, 보먼과 코모스제브스키는 예수님이 "선함은 궁극적으로 하 나님 안에서만 발견된다고 주장하셨을 것이고"[20] 그 사람의 외적인 경건함 은 기껏해야 어설픈 모방에 불과했을 거라고 말한다. 마태복음에서 그 사 람은 영생을 얻기 위해 필요한 선행을 강조했고, 예수님은 "어찌하여 선한 일을 내게 묻느냐 선한 이는 오직 한 분이시니라"라고 대답하신다.

예수님의 질문은 그 사람-그리고 우리-으로 하여금 그 말씀의 의미를 생 각하게 한다. 오직 하나님만이 참으로 선하시다. 예수님은 선하시다. 그러 므로 예수님은 하나님이시며, 영생에 대한 그분의 선언은 구속력이 있다.

더 큰 증거

예수님은 또한 하나님 아버지와의 특별한 관계를 주장하신다. 즉 자신이 하나님의 아들이라는 것이다. 이스라엘은 어떤 의미에서 하나님의 아들이었고,[21] 유대 왕들도 하나님의 아들이었던 것이 사실이다.[22] 그러나 우리는 예수님이 하나님과 친밀한 부자 관계임을 주장하셨고, 그 말이 그분의 동시대인들을 분개하게 만든 것을 보았다. 그리고 이런 관계에 대한 예수님의 인식은 일찍부터 시작되었다.

4장에서 보았듯이, 예수님이 열두 살 때 예루살렘에서 가족과 떨어지신 적이 있었다. 요셉과 마리아는 며칠 동안 마음을 졸이며 미친 듯이 찾아다닌 끝에 드디어 예수님을 찾아냈다. 바로 성전에서 선생들과 함께 하나님의 율법에 대해 대화를 나누고 있었던 것이다. 예수님은 "어찌하여 나를 찾으셨나이까 내가 내 아버지 집에 있어야 될 줄을 알지 못하셨나이까"라고 물으신다(눅 2:49).

어른이 된 후에, 예수님은 사람들에게 그분을 믿는 자들은 영원히 안전하다고 말씀하신다. 그리고 1세기의 유일신 신자들에게 충격을 주어 그분의 정체에 대해 생각하게 하려고 이 말씀을 덧붙이신다.

"나와 아버지는 하나이니라."

그들이 신성모독죄로 그분을 죽이려고 돌을 들자, 예수님은 구약성경을 인용함으로써 자신을 변호하신다.

예수께서 이르시되 너희 율법에 기록된 바 내가 너희를 신이라 하였노라 하지 아니하였느냐 성경은 폐하지 못하나니 하나님의 말씀을 받은 사람들을 신이라 하셨거든 하물며 아버지께서 거룩하게 하사 세상에 보내신 자가 나는 하나님의 아들이라 하는 것으로 너희가 어찌 신성모독이라 하느냐 요 10:34-36

하나님의 형상으로 창조된 인간들이 비유적으로 '신'이라 불릴 수 있다면,

나를 '하나님의 아들'이라 일컫는 것이 무슨 문제가 있냐고 예수님은 물으신다.

예수님은 그분의 원수들에게 넘겨지시던 날, 제자들에게 마지막 교훈과 격려의 말씀을 남기셨다. 그들은 예수님과 하나님 아버지의 사랑 안에서 안전하다는 말씀이었다.

"너희는 마음에 근심하지 말라 하나님을 믿으니 또 나를 믿으라."

이렇게 말씀하신 후 이를 더 명확히 하기 위해 그 뒤에 몇 문장을 덧붙이신다.

"내가 곧 길이요 진리요 생명이니 나로 말미암지 않고는 아버지께로 올 자가 없느니라 너희가 나를 알았더라면 내 아버지도 알았으리로다 이제부터는 너희가 그를 알았고 또 보았느니라."

그러자 빌립은 깊은 혼란을 나타내며 불쑥 말한다.

"주여 아버지를 우리에게 보여 주옵소서 그리하면 족하겠나이다."

이것은 예수님에게 이해가 안 되는 말이었다. 우리는 예수님의 목소리에 담긴 절망감을 느낄 수 있다. 마지막 순간까지도 제자들이 그분의 정체를 이해하지 못하기 때문이다.

내가 이렇게 오래 너희와 함께 있으되 네가 나를 알지 못하느냐 나를 본 자는 아버지를 보았거늘 어찌하여 아버지를 보이라 하느냐 내가 아버지 안에 거하고 아버지는 내 안에 계신 것을 네가 믿지 아니하느냐 요 14:9,10

그날 밤 늦게, 예수님이 종교적 권위자들에게 넘겨지자 베드로는 자신의 검을 꺼내어 대제사장의 종에게 무모하게 휘두른다. 5장에서 보았듯이, 곧 예수님이 그를 꾸짖으시며 이렇게 말씀하신다.

"너는 내가 내 아버지께 구하여 지금 열두 군단 더 되는 천사를 보내시게 할 수 없는 줄로 아느냐"(마 26:53).

여기서 예수님은 자신이 하나님의 아들이시며 즉시 천군 천사들을 부를 수 있다고 주장하신다.[23] 하지만 그분의 임무는 우리의 죄를 위해 죽으시는 것이고, 그렇게 죽으셔야만 한다. 그리고 그 일을 행하셨다.

죽음 이후

그러나 예수님은 죽은 상태로 머무르지 않으셨다. 셋째 날 그는 다시 살아나셨고, 그분의 질문은 계속되었다. 예수님의 제자들이 함께 모여 있을 때 부활하신 예수님이 갑자기 그들 앞에 나타나신다. 육체의 부활을 기대하지 않았던 그들은 그분이 영이라고 생각한다. 그래서 예수님은 그들에게 자신의 손과 발을 보여주시며 "여기 무슨 먹을 것이 있느냐?"(눅 24:41)라고 물으신다. 그들은 아마도 떨리는 손으로 그분에게 생선 한 토막을 드렸을 것이고, 예수님은 그것을 잡수셨다. 하나님이자 인간이신 주님이 육신으로 다시 오셨고, 우리의 죗값이 지불되었으며(5장), 그분의 신성은 확실히 입증되었다. 곧 그는 제자들에게 그분의 일을 맡기고 아버지께로 돌아가실 것이다. 그러나 마커스 보그의 의견과 반대로, 왜 예수님은 인간이면서(4장) 동시에 하나님이셔야만 했을까(6장)? 옛 청교도 신학자 스티븐 차녹(Stephen Charnock)은 그것을 이렇게 말한다.

> 그에겐 인간과 닮은 점도 있었고 하나님을 닮은 점도 있었다. 만일 그가 모든 면에서 오직 인간과 같았다면 하나님과 거리가 있었을 것이다. 또 만일 그가 모든 면에서 오직 하나님과 같았다면 인간과 거리가 있었을 것이다. 그는 유한한 인간과 영원하고 의로우신 하나님 사이의 참된 중재자이시다. 그는 우리 본성의 연약함에 있어 우리와 가까웠고, 완전한 신성을 지니셨다는 점에선 하나님과 가까웠다. 그는 본질상 하나님과 가까우신 만큼 우리와도 가까우시다. 그는 하나님께 속한 것을 모두 갖고 계시며, 인간의 본성에 속한 모든 것을 입고 계신다. 그는 죄를 범한 본성과 그것을 불쾌하게 여기는 본성을 둘 다

가지고 계셨다.[24]

2부로 넘어가기 전에 예수님의 정체성에 대해 생각해볼 질문이 한 가지 더 있다.

"당신은 어떻게 그분을 따르는가?"

이는 다메섹으로 향하던 다소의 사울에게 주어진 질문이었다. 초대교회의 성장과 확산을 연대순으로 기록한 사도행전은 잔인한 유대인 지도자 사울을 "주의 제자들에 대하여 여전히 위협과 살기가 등등하여"라고 묘사한다. 그런데 다메섹으로 가는 길에 사건이 일어났다.[25]

"홀연히 하늘로부터 빛이 그를 둘러 비추는지라 땅에 엎드려 들으매 소리가 있어 이르시되 사울아 사울아 네가 어찌하여 나를 박해하느냐 하시거늘 대답하되 주여 누구시니이까?"

그 다음에 매우 두렵고 반쯤 예상했던 말씀이 들렸다.

"나는 네가 박해하는 예수라."

그 질문은 부활하셔서 하늘로 올라가신 분이 이 땅에 남겨두신 사람들과 자신을 여전히 개인적으로 동일시하시는 것을 보여준다. 그들을 박해하는 것은 곧 그들의 주님을 박해하는 것이다. 하나님의 아들은 일시적인 육신의 한계들을 벗고 하늘로 돌아가셨지만 사실은 결코 떠나지 않으셨다. 승천하신 예수님은 그분의 사람들과 신비롭게 결합되어 있으며, 그들은 그분이 다시 오실 때까지 제자들을 삼으라는 명령을 받았다. 예수님은 이렇게 말씀하셨다.

> 하늘과 땅의 모든 권세를 내게 주셨으니 … 내가 세상 끝 날까지 너희와 항상 함께 있으리라 마 28:18, 20

1. 예수님이 니케아 공의회 전에 하나님으로 간주되었다는 증거는 무엇인가?

2. 하나님으로서의 예수와 인간 예수 간에 본질적인 모순점이 있는가? 그 이유, 또는 그렇지 않은 이유는 무엇인가?

3. 예수님의 어떤 질문들이 그분의 신성을 뒷받침하는가?

4. 우리는 예수님의 온유함과 그분의 신성을 어떻게 조화시킬 수 있는가?

5. 여기서 그리스도의 신성을 뒷받침하는 그분의 세 가지 특성은 무엇인가? 그것들이 왜 중요한가?

6. 그리스도의 신성에 관한 교리는 왜 중요한가?

7. 그리스도가 계속 신자들과 함께 계시는 것이 그리스도인의 삶에 왜 중요한가?

PART

2

당신은
어떻게
그분을
따르는가?

How Do You Follow Him?

ALL THAT JESUS ASKS

하나님이
인간을 만나시다

66 어찌하여 우느냐? 99

1943년에 그려진 노먼 록웰(Norman Rockwell)의 유명한 그림 〈결핍으로부터의 자유〉(Freedom from Want)는 풍성한 휴일, 축제를 기념하기 위해 식탁에 둘러앉은 대가족의 전형적인 모습을 보여준다. 오늘날의 미국에서 대부분의 사람들에게 주된 결핍은 굶주림이 아니다. 그 대신 점점 더 많은 미국인들이 의미 있는 관계들에 굶주려 있다.

2006년에 〈미국 사회학 리뷰〉(American Sociological Review)는 '미국에서의 사회적 고립'이라는 충격적인 연구 결과를 발표했다. 연구원인 밀러 맥퍼슨(Miller McPherson), 린 스미스-러빈(Lynn Smith-Lovin), 매튜 E. 브래시어스(Matthew E. Brashears)는 사람들의 친한 친구 그룹, 즉 중요한 문제들에 대해 이야기를 나눌 수 있는 대상들이 '두드러진 축소 현상'을 보이고 있다고 보고했다.[1]

1985년에는 평범한 미국인들에게 평균적으로 세 명의 친한 친구가 있었던 것에 비해, 2004년에는 두 명밖에 안 되었다. 친구가 아예 없다고 말하는 이들도 10퍼센트에서 25퍼센트로 껑충 뛰었다. 4-5명의 친구들로 구성된 건강한 그룹이 있다고 답한 미국인들의 비율도 33퍼센트에서 15퍼센트 정도로 급락했다.

우리가 친한 친구로 간주하는 이들은 가족 구성원들이지, 우리를 공동체와 이웃에 '결합시키는' 사람들이 아니다. 우리의 더 넓은 사회적 관계들은 오븐에 너무 오래 넣어둔 칠면조 고기처럼 쪼그라드는 것 같다.

"당신은 사회생활의 주된 양상들이 해마다, 또는 십 년마다라도 크게 변화할 거라고 거의 기대하지 않는다."

듀크대학교 사회학자인 스미스-러빈이 어느 뉴스에서 한 말이다.

어떤 이들은 이런 추세가 뭐가 중요하냐고 할 것이다. 인구는 점점 더 고령화되어가고, 인종적으로도 더 다양해지며, 이 인구통계학적 그룹들은 대체로 친구 관계로 형성된 더 작은 네트워크들을 가지고 있기 때문이다. 교육이 종종 더 많은 사회적 접촉을 가져온다고 주장하는 이들은 높아지는 교육수준이 그런 요소들을 상쇄하고도 남아야 한다고 연구 결과는 말한다. 그런데 우리의 고립은 점점 더 심해지고 있고 육체적, 사회적, 정신적 질병에 걸릴 위험은 더 높아졌다.

확실히 우리를 고립시키는 압력은 아주 오랫동안 지속되고 있다. 1960년대로 거슬러 가면, 문화 비평가 사이먼 앤 가펑클(Simon & Garfunkel)이 요즘 악의 없이 '코쿠닝'(cocooning, 누에고치처럼 보호막 안에 칩거하려는 현상)이라고 부르는 상태에 빠지려는 유혹을 언급한 것을 볼 수 있다.

"나는 아무도 들어오지 못하게 벽을, 깊고 강한 요새를 쌓았다. 나는 친구가 필요 없다. 친구는 고통만 줄 뿐이다. 내가 거부하는 것은 친구의 웃음과 다정함이다."[2]

관계를 맺기 위해 창조된 인간

그렇지만 인간은 관계를 위해 창조되었다. 당신은 사람들이 어디에서나

휴대폰으로 누군가와 통화하거나 문자메시지를 주고받는 모습을 볼 수 있을 것이다. 학교에서, 직장에서, 길거리에서, 휴가지에서, 심지어 교회에서도, 정신없이 돌아가는 바쁜 사회에서 젊은이들뿐 아니라 노년들도 서로 소통하며 관계를 형성하기 원한다. 안 그러면 페이스북(Facebook)이나 마이 스페이스(My Space) 같은 웹사이트들의 인기를 어떻게 설명할 수 있겠는가? 거기서 우리는 관계의 공백을 뛰어넘어 완전히 모르는 사람들과도 우리 자신에 관한 세세한 이야기들을 나눌 수 있다.

〈사인필드〉(Seinfeld)라는 TV 프로그램이 그토록 시청자들의 흥미를 끈 이유 중 하나는 등장인물들이 아무 예고 없이 완전히 자유롭게 서로의 삶에 불쑥불쑥 들어가는 것이었다. 그렇게 중요하게 할 얘기가 없을 것 같은데도 등장인물들은 서로에게 자유롭게 다가간다.

관계에 대한 열망은 만족시키기가 어렵긴 하지만 지극히 자연스러운 것이며, 또 좋은 것이다. 하나님은 우리가 고립된 개인으로 살도록 만드신 것이 아니라 다른 사람들과 의미 있는 관계를 맺도록 만드셨다. 하나님은 우리가 좋은 친구들을 사귀기 원하신다.

성경은 우리가 '삼위일체'라고 부르는 인격들, 즉 성부, 성자, 성령의 관계 속에 한 하나님이 존재하신다는 것을 넌지시 말해준다.[3] 하나님이 남자를 창조해 에덴동산에 두셨을 때 또한 여자를 그곳에 두신 것은 '사람이 혼자 사는 것이 좋지 않기' 때문이었다.[4]

당신은 어디에 있는가?

그러나 많은 사람들이 간과하는 훨씬 더 깊은 우정이 있다. 하나님은 친밀하고 즐거운 관계 속에서 친히 아담과 하와와 함께 거하셨다. 다만 그들의 죄 때문에 그 관계가 단절된 것이다.

그들이 그날 바람이 불 때 동산에 거니시는 여호와 하나님의 소리를 듣고 아담과 그의 아내가 여호와 하나님의 낯을 피하여 동산 나무 사이에 숨은지라 여호와 하나님이 아담을 부르시며 그에게 이르시되 네가 어디 있느냐 창 3:8,9

몇 세기가 지난 후에도 하나님은 여전히 "네가 어디 있느냐?"라고 물으신다. 모세 시대에 하나님은 이스라엘 백성에게 그분을 예배할 처소인 '성막'을 지으라고 하셨다(출 25:8). 훗날 하나님은 백성의 부정함으로 인해 성전의 파괴를 허용하셨다. 하지만 우리와 그분의 깨진 관계를 회복시키기 위해 애쓰는 일은 결코 멈추지 않으셨다. 그분은 우리와 관계를 회복하시기 위해 인간 예수 그리스도로 세상에 오셨다.

요한복음 1장 14절은 "말씀이 육신이 되어 우리 가운데 거하시매"(말 그대로 '장막을 치시매')라고 말한다. 또 그 관계를 바로잡으려는 이 열망은 하나님 편에서의 어떤 결핍에서 나오거나 우리에게 매력적이고 도덕적인 온전함이 있어서가 아니라, 단순히 그분의 사랑의 마음에서 비롯된 것이다. 그래서 바울은 이렇게 말했다. "우리가 아직 죄인 되었을 때에 그리스도께서 우리를 위하여 죽으심으로 하나님께서 우리에 대한 자기의 사랑을 확증하셨느니라"(롬 5:8).

다른 종교들은 어떤가?

세상의 다른 훌륭한 종교들에도 경탄할 만한 건축물과 인간의 상태에 대한 놀라운 통찰들이 있지만, '피조물들과 친밀한 관계를 맺으시려는 하나님'과 같은 개념은 없다. 인도에는 하루 종일 사람들이 숭배하고 비위를 맞추려 드는 3억 3천만 개의 신들이 있다. 그러나 대부분의 힌두교 신자들은 그들의 신 중 가장 높은 신인 브라만이 비인격적이며 아무런 속성도 가지고 있지 않다고 말할 것이다.

힌두교의 많은 부분은 도덕성과 영적 훈련을 위한 노력이며, 그로써 죽음과 부활과 죽음이라는 피곤한 업보의 순환에서 벗어날 수 있다고 한다. 홀

룡한 힌두교인에게 주어진다는 이 '도피'는 사랑이 많으신 하늘 아버지의 품 안으로 들어가는 것이 아니라, 인격을 버리고 영혼만이 브라만과 하나가 되는 것을 말한다. "넓은 바다 속으로 물방울 하나가 떨어지듯이" 말이다. 5 관계의 기반인 인격을 강력히 부인하면서 종교적 체제만으로 어떤 관계를 산출하고 양성할 수 있겠는가?

힌두교에서 파생된 불교는 신도들을 방종과 금욕주의 사이의 '중도'로 이 끌려 한다. 불교신자들은 규율에 따라 올바른 관점과 목적, 말, 행동, 생활 양식, 노력, 의식, 집중을 채택함으로써 이를 행한다. 6 몇 가지 계파들이 있 겠지만, 테리 먹(Terry Muck)이라는 학자에 의하면 불교의 중요한 신념 중 하나는 모든 현실은 조건부이며 영구적이지 않다는 것이다. 또 하나는 개 인의 자아가 역사적, 문화적인 힘들의 구성체라는 것이다. '깨달음'에 도달 하기 위해서는 이 힘들을 이겨야 한다. 7 다시 말하지만, 만약 인격이 지속되 는 것이 아니라면 그 관계에 무슨 희망이 있겠는가?

이슬람교는 어떤가? 이슬람교의 하나님은 강하고 자비롭지만, 인간과 다른 절대 타자이다. 이슬람 학자인 워렌 라슨(Warren Larson)은 이슬람교 에 대해 다음과 같이 말한다.

그들이 말하는 하나님의 자비는 그의 주권적인 힘에 종속되어 있고, 그의 굳 은 의지의 지배를 받는다. 따라서 이슬람교에서 신의 사랑은 상호적이라고 결 론지을 수밖에 없으며, 대부분의 무슬림들이 "하나님은 사랑이시다"라고 말하 지 못하는 이유가 거기에 있다. 이슬람교의 하나님은 전능하시고, 멀리 계시 며, 인격적으로 사람들과 관계를 맺지 않는다. 본질적으로 그는 "일부는 천국 에 가고, 일부는 지옥에 가며, 나는 거기에 상관하지 않는다"라고 말한다. 천 국은 신의 명령에 달려 있다. 즉 그가 자의적으로 결정을 내린다. 사실 알라의 99가지 이름 중 어느 것도, 그가 우리를 구원하기를 갈망하고 원한다는 것을 암시하지 않는다. 이슬람교의 하나님은 힘이 있으나 잃어버린 자로, 무력한

죄인들을 구원하려는 의지가 없는 것이 명백하다.[8]

우리는 기독교 외의 훌륭한 종교들이 신과 관계를 맺으려는 인간의 끈질긴 추구와 갈증에 대해 답을 갖고 있지 못하다는 걸 알게 되었다. 그런데 기독교는 답을 갖고 있다. 이것의 가장 고귀하고 명백한 표현이 바로 그리스도 안에서 나타나기 때문이다. 존 스토트가 말한 것처럼 "오직 그리스도만이 만족시킬 수 있는 갈증이 있다. 오직 그만이 해소해줄 수 있는 갈증이 있다. 오직 그만이 채워줄 수 있는 내적인 공허가 있다."[9] 이제 우리는 우리와 관계를 맺으려는 그분의 열망을 밝히 비춰준 예수님의 질문들을 살펴볼 것이다.

날 때부터 맹인인 사람

사랑의 관계에 대한 이 갈망은 종종 예수님과 장애를 가진 사람들과의 대화에서 큰 소리로 분명하게 드러난다. 예수님은 "심령이 가난한 자는 복이 있나니"(마 5:3)라고 말씀하셨는데, 삶에서 육체적 장애만큼 우리의 영적 가난을 상기시키고 기도하도록 이끄는 것은 거의 없다. 항상 그런 것은 아니지만, 육체적 장애는 종종 우리가 우리의 삶을 지배한다는 착각을 불식시킨다. 고통과 절망은 건강한 상태에서는 너무 자주 미루는 질문들을 할 수밖에 없게 만든다. 장애는 우리 자신에게서 눈을 돌려 하나님을 바라보도록 격려한다. 예수님이 종종 장애를 사용해 사람들과 연결하는 다리를 놓으시는 것은 놀라운 일이 아니다.

어느 날 그분은 태어날 때부터 맹인이었다고 알려진 사람을 만나셨다.[10] 제자들은 그 당시 사람들이 흔히 갖고 있던 편견을 말로 표현했다.

"랍비여, 이 사람이 맹인으로 난 것이 누구의 죄로 인함이니이까? 자기니이까, 그의 부모니이까?"

그들은 그의 측은한 상황을 편안하게 설명해줄 쉬운 신학적 대답을 원했다. 또한 그들은 그와 같은 운명이 그들이나 그들이 사랑하는 자들에게 닥치지 않을 거라고 안심시키는 말을 듣고 싶었을 것이다. "누군가가 죄를 지었습니까?"라고 물은 것도 아니고 "누가 죄를 범했습니까?"라고 물은 것을 주목하라. 그들은 장애인으로 사는 것은 죄에 대한 벌이라고 생각했다.

오늘날 우리는 장애의 과학적 원인들에 대해 좀 알게 되었고, 따라서 이런 결론을 내릴 사람은 거의 없을 것이다. 그러나 제자들을 너무 매정하게 대하지는 말라. 우리라고 그들보다 더 동정심이 많은 것은 아니다. 때로는 장애인 경사로와 장애인 전용 주차장을 만들고 지키는 우리 세대가 실제로는 장애인에 관한 혐오감과 두려움에 시달리고 있는 것처럼 보인다. 작가이자 활동가인 조니 에릭슨 타다(Joni Eareckson Tada)는 "사람들은 장애에 대한 근본적인 두려움을 가지고 있다"라고 말했다.[11]

예수님은 제자들에게 그들의 초점, 즉 그 사람이 맹인인 것에 대한 책임을 물을 사람을 찾는 것이 잘못되었다고 말씀하셨다. 그들은 '누가 죄를 범했느냐?'라는 잘못된 질문을 하고 있었던 것이다. 이에 예수님은 "이 사람이나 그 부모의 죄로 인한 것이 아니라 그에게서 하나님이 하시는 일을 나타내고자 하심이라"라고 말씀하셨다. 이 사람의 고난에 있어서 주체는 맹인이 아니라 하나님이었다.

그리고 예수님은 그 일들이 어떤 모습으로 나타나는지를 사실적인 예를 통해 보여주셨다. 그분은 몸을 굽혀 땅에 침을 뱉고 그 침으로 진흙을 이기셨다. 그 다음에 손가락으로 그 진흙을 퍼서 연고 바르듯이 그의 눈에 문지르셨다. 그리고 그 맹인에게 가까운 실로암 못에 가서 씻으라고 하셨다. 그는 아마도 흥분과 두려움이 뒤섞인 상태로 몇 백 년 된 그곳, 예루살렘 성벽에서 히스기야의 터널이 나타났던 그곳으로 갔을 것이다.[12] 몇 분 뒤, 그는 반짝이는 눈빛으로 달려왔다.

그러나 불행히도 이 이야기는 행복한 절정에서 끝나지 않는다. 예수님은 안식일에 그 사람을 낮게 하셨는데, 유대 지도자들은 그것이 금지된 일이라고 했다. 새 운동에 대한 신임도를 떨어뜨리려 했던 그들은 예수님을 옹호한다는 이유로 그 사람을 회당에서 쫓아냈다. 이것은 사실상 그를 공동체 생활의 많은 부분에서 배제시킨 것이다. 1세기 이스라엘에서는 굉장히 치명적인 타격이었다. 그 다음에 우리는 이 놀라운 장면을 보게 된다.

> 예수께서 그들이 그 사람을 쫓아냈다 하는 말을 들으셨더니 그를 만나사 이르시되 네가 인자를 믿느냐 대답하여 이르되 주여 그가 누구시오니이까 내가 믿고자 하나이다 예수께서 이르시되 네가 그를 보았거니와 지금 너와 말하는 자가 그이니라 이르되 주여 내가 믿나이다 하고 절하는지라 요 9:35-38[13]

예수님은 상황을 파악하시고 그 사람을 찾아 개인적으로 관계를 맺으셨다. 그러면서 그의 눈이 잘 보이는지, 또는 그가 새로운 교회를 찾을 수 있는지 물으신 것이 아니라 그의 영적인 급소를 찌르셨다. 예수님의 주된 관심사는 육적인 눈을 뜨게 된 그 사람이 영적인 눈도 떴는가 하는 것이었다. 예수님은 "네가 나를 아느냐?"라고 물으신다.

그는 자신의 경험을 통해 깨달음을 얻었으나 종교적인 지식인들에게 비천한 죄인으로 취급받았다. 즉 그들은 그가 '온전히 죄 가운데서 났다'라고 했다. 하지만 그는 생명을 주시는 예수님과의 관계에 헌신할 각오가 되어 있었다. 오늘날도 예수님은 억압받고 멸시당하는 자들에게 다가가 동일한, 그리고 근본적인 질문을 던지신다.

"네가 믿느냐?"

과거에 맹인이었던 사람처럼 심령이 가난한 사람은 "예"라고 대답할 것이다. 우리도 믿음으로 예수님을 보고 그분과 관계를 맺을 수 있는 눈을 가졌는가?

기적보다 중요한 '관계'

치유보다 관계가 먼저 이루어진 경우도 있다. 예수님이 그의 제자들과 여리고에 가까이 가셨을 때 큰 무리가 따라왔다. 길가에 있던 한 맹인이 소란스러운 소리를 듣고 예수님의 가장 유명한 메시아적 호칭 중 하나를 큰소리로 외치기 시작했다.[14]

"다윗의 자손이여!"[15]

그는 끈질기고 절박하게, 소음을 뚫고 외쳤다.

"나를 불쌍히 여기소서!"

예수님은 걸음을 멈추고 그를 데려오라 말씀하셨고, 그에게 세상에서 가장 뻔한 질문을 하셨다.

"네게 무엇을 하여 주기를 원하느냐?"

예수님이 그 사람이 맹인인 것을 모르실 리가 없었다. 또 그가 치유받기 원한다는 것도 모르실 수 없었다. 그렇다면 왜 그런 질문을 하신 걸까?

어린 자녀들을 둔 아버지로서, 나는 적어도 부분적인 답을 알고 있다고 생각한다. 종종 나는 아이들이 요청하기도 전에 그 아이들이 무엇을 원하는지 알 수 있다. 그것이 어떤 종류의 아침 시리얼인지, 장난감인지, 또는 단순히 나의 온전한 관심인지 말이다. 그러나 그렇다고 해서 내가 요청을 듣지도 않고 기계적으로 즉각 그 필요를 채워줄까? 그렇지 않다. 관계 속에서 얻는 즐거움 중 일부는 서로 간에 실제적인 대화를 나누는 데 있다.

나는 우리 아이들이 그들만의 언어로 그들의 필요를 나에게 이야기하게 한다. 아이들 특유의 표정과 언어적 표현, 아버지에게 의존하는 그 모습이 내게 기쁨을 가져다준다. 한번은 내 탄산음료의 마지막 남은 몇 모금을 아들에게 나눠줬는데, 그때 아이는 정말 만족스럽게 "처음 먹어본 콜라였어요"라고 말했다. 별것 아닌 것처럼 들리지만, 그런 상호작용들이 기쁨을 가져다준다.

나는 이 장면에 나타난 역동성을 본다. 예수님은 맹인에게 그의 요청을 명확하게 말하라고 하신 후, 확실하게 그 요구를 들어주셨다.

"주여, 보기를 원하나이다. 예수께서 그에게 이르시되 '보라 네 믿음이 너를 구원했느니라' 하시매 곧 보게 되어 하나님께 영광을 돌리며 예수를 따르니."

예수님은 신적인 치유로 그 사람의 믿음에 보답해주신다. 그 질문으로 인해 생겨난 관계는 기적이 일어나기 전과 후에 나타난다. 관계에 대한 그의 진정한 필요에 비하면 기적은 거의 부수적인 것이나 다름없다.

마찬가지로, 4장에서 보았듯이 오랫동안 혈루병을 앓던 여인은 절박한 믿음으로 예수님에게 다가와 그분의 옷자락을 만졌다. 그리고 즉시 병이 나았다. 하지만 그녀가 느꼈던 이 필요는 예수님에게 가장 중요한 것이 아니었다.

> 예수께서 그 능력이 자기에게서 나간 줄을 곧 스스로 아시고 무리 가운데서 돌이켜 말씀하시되 누가 내 옷에 손을 대었느냐 하시니 막 5:30

어떤 의미에서 그 질문은 불필요한 것이었다. 치유는 이미 이루어졌다. 무슨 말이 더 필요했겠는가? 다른 이들에게도 그분의 관심이 필요했다. 그렇지 않았겠는가? 하지만 예수님은 이 일에 대해 자세히 알기 원하셨고, 굳이 바쁜 스케줄을 중단하고 질문을 던지셨다. 예수님은 자신에 대해 그런 믿음을 행사한 사람이 누구인지 알기 원하신다. 가혹할 정도로 힘든 사역의 한가운데서, 그분은 다른 모든 이들이 못 본 체했던 한 여인과 시간을 보내기 원하셨다.

> 예수께서 이 일 행한 여자를 보려고 둘러보시니 여자가 자기에게 이루어진 일을 알고 두려워하여 떨며 와서 그 앞에 엎드려 모든 사실을 여쭈니 예수께서 이르시되 딸아 네 믿음이 너를 구원하였으니 평안히 가라 네 병에서 놓여 건강

예수님은 또 한 사람의 추종자를 얻으셨는가? 그렇다. 추종자뿐 아니라 친구를, 심지어 딸을 얻으셨다. 예수님을 따르는 자들은 하늘과 땅의 주님과 한 가족이 된다. 예수님은 물으신다. [16]

"누가 내 어머니이며 내 동생들이냐?"

그리고 말씀하신다.

"누구든지 하늘에 계신 내 아버지의 뜻대로 하는 자가 내 형제요 자매요 어머니이니라."

물론 예수님은 때때로 그분을 따를 준비가 되어 있지 않은 사람들에게 은사를 주기도 하셨다. 그러나 예루살렘 성전의 양문 옆에서, 예수님은 38년 동안 불구로 살아온 한 남자를 발견하신다. [17] 잠깐 상상해보자. 38년 전에 당신은, 혹은 당신의 부모님은 무엇을 하고 있었는가?

나는 장애인을 위한 특수학교에서 일반 공립초등학교로 편입한 지 얼마 안 된 아이였다. 그때부터 지금까지 40여 년 동안 내가 직면했던 모든 싸움과 기쁨, 도전들-대학, 직업의 변화, 결혼, 대학원, 자녀들, 여러 번의 이사-을 생각하면 거의 믿기지가 않는다. 당신도 그와 같이 말할 수 있을 것이다. 그 긴 세월 동안 이 사람은 베데스다라는 오래된 못 옆에서 이런 힘든 상태로 있었던 것이다. 아무 소망 없이 연못가에서 기적을 기다리던 그 사람은 이름 모를 많은 사람들 사이에 포함된 한 사람에 불과했다.

예수님은 그에게 "네가 낫고자 하느냐?"라고 물으심으로 대화를 시작하신다. 이번에도 역시 뻔한 질문 같지만, 그는 더듬거리며 대답한다. 그는 자신이 민첩하지 못해서 다른 장애인들보다 먼저 연못에 들어갈 수 없다고 불평했다. 해결책을 바로 눈앞에 두고도, 그 병자는 자신의 문제에만 초점을 맞춰 치료받지 못하는 이유들을 장황하게 늘어놓는다. 우리 중 많은 이들이 자연주의적 세계관에 빠져 있듯이, 그 사람의 작은 우주에는 하나님의 능력이 들어올 공간이 없었다. 그러나 그것은 예수님을 막지 못했다. 그분은 안식일에 또 다른 표적, 또 한 번의 자비로운 행위를 보여주려 하셨다.

이 모든 것을 그에게 설명하는 대신, 예수님은 바로 본론으로 들어가 그에게 "일어나 네 자리를 들고 걸어가라"라고 명령하신다. 그는 예수님을 몰랐으나, 그 거룩한 명령에 두말 않고 순종했다. 그런데 불행히도 유대의 율법주의자들은 불구자였던 이 사람을 찾아내 안식일에 자리를 들고 걸어간 것이 죄라며 그를 고발했다. 그가 기적적으로 치유 받았다는 사실에는 전혀 마음이 동하지 않은 듯했다. 그들은 또한 누가 그의 병을 치유하는 죄를 범했는지 알고자 했다.

나중에 예수님이 그 사람을 찾아서-여전히 그분이 이 관계에서 주도권을 갖고 계신 것에 주목하라- 수수께끼 같은 말로 그에게 경고하셨다.

"더 심한 것이 생기지 않게 다시는 죄를 범하지 말라."

이것이 그 사람의 장애가 죄의 결과였다는 걸 의미하는지는 모르겠다. 확실히 그런 경우도 있다(음주운전자들 때문에 상해를 입은 사람들을 생각해보라). 그런데 어떤 의미에서는 그것이 그렇게 중요하지는 않다. 태어날 때부터 맹인이었던 사람의 경우, 예수님의 초점은 과거가 아니라 미래에 있었다. 반면 그 사람은, 아마도 그의 튼튼한 다리를 사용해서 곧바로 종교 권위자들에게로 달려갔다. 그는 분명 예수님을 배신하고 그들에게 잘 보이려 했을 것이다. 그의 마음은 여전히 바르지 못했고, 그래서 그 이상의 관계를 맺을 기회를 잃어버렸을 거라고 추측해본다.

이처럼 예수님이 복을 주시는 모든 사람이 믿음으로 반응하지는 않을 것이다. 처음엔 신앙생활을 잘 시작하는 것 같지만 이 세상의 염려나 박해 때문에 곧 열정이 식어버리는 사람들을 생각해보라. 당신이 한때 예수님과 대화를 나누었다고 해서 앞으로 영적인 귀머거리가 되지 않으리라는 법은 없다. 〈폴라 익스프레스〉(The Polar Express)라는 영화에서처럼 믿음을 가진 사람들만 크리스마스 종소리를 들을 수 있다. 우리는 낫기를 원하는가?

무덤을 넘어선 관계

관계에 대한 예수님의 헌신은 무덤을 넘어서까지 계속된다. 그분의 용감한 제자 중 한 사람은 갈릴리의 막달라 마리아였다. 예수님은 그녀에게서 일곱 귀신을 쫓아내셨고, 그 뒤로 그녀는 십자가까지 예수님을 따라갔다. 남자 제자들도-베드로가 가장 눈에 띄게- 예수님을 부인하고 도망갔는데 말이다. 그리고 예수님이 십자가에 달리신 후, 그녀와 몇몇 여자들은 장례 준비를 마무리하기 위해 무덤으로 갔다. 그러나 주일 아침, 혼란에 빠져 제정신이 아닌 막달라 마리아는 대체 누가 그분의 시신을 옮겼을지 궁금해하며 예수님의 빈 무덤 밖에서 울며 서 있었다.

이 말을 하고 뒤로 돌이켜 예수께서 서 계신 것을 보았으나 예수이신 줄은 알지 못하더라 예수께서 이르시되 여자여 어찌하여 울며 누구를 찾느냐 하시니 마리아는 그가 동산지기인 줄 알고 이르되 주여 당신이 옮겼거든 어디 두었는지 내게 이르소서 그리하면 내가 가져가리이다 예수께서 마리아야 하시거늘 마리아가 돌이켜 히브리 말로 랍오니 하니 (이는 선생님이라는 말이라)

요 20:14-16

이번에도 역시 예수님은 그녀가 왜 울고 있는지, 누구를 찾고 있는지 잘 알고 계셨다. 그녀는 자기의 선생이자 구원자이자 친구를 영원히 잃었다고 생각했다. 그러니 그런 질문은 하실 필요가 없었다. 그래도 예수님은 질문하셨다.

예수님은 지난 몇 달 동안 자신의 곁을 지켰던 이 여자의 마음을 부드럽게 끌어당기고 계셨다. 그분은 단순히 "마리아야, 눈을 떠라! 나, 예수다! 이제 울지 않아도 된다"라고 말씀하실 수도 있었을 게다. 그분은 그녀의 슬픔을 덜어주실 수 있으셨지만 그렇게 하지 않으셨다. 그분은 그녀의 상실을 인정할 수밖에 없게 만들면서 동시에 세상을 놀랍게 할 소망을 가리키는 질문을 던지셨다.

사실 하나님은 종종 삶의 낮은 자리에서 발견되신다. 존 뉴턴의 회심은 바다에서 무서운 폭풍우를 만났을 때 시작되었다. 찰스 콜슨과 조나단 아이트켄(Jonathan Aitken)은 둘 다 유죄를 선고 받고 치욕을 당한 전 공직자들인데, 감옥에 있는 동안 그리스도를 발견했다. 나는 영원한 관계와 삶의 이유를 발견하기 위해 씨름하는 동안 그분을 발견했다. 예수님이 항상 우리를 고난에서 구출해주시는 것은 아니다. 대신 그분은 그 고난의 시간 속에서 우리를 만나주신다.

또 여기, 낙심해서 풀이 죽은 두 제자가 예루살렘에서 엠마오라는 마을까지 7마일을 터덜터덜 걸어가고 있다. 그런데 어떤 낯선 사람이 다가와 그들과 함께 걷기 시작했다.

예수께서 이르시되 너희가 길 가면서 서로 주고받고 하는 이야기가 무엇이냐 하시니 두 사람이 슬픈 빛을 띠고 머물러 서더라 그 한 사람인 글로바라 하는 자가 대답하여 이르되 당신이 예루살렘에 체류하면서도 요즘 거기서 된 일을 혼자만 알지 못하느냐 이르시되 무슨 일이냐 눅 24:17-19a

꼬치꼬치 캐묻던 이 낯선 사람은 당연히 예수님이셨다. 이번에도 예수님은 그의 친구들이 자신들의 슬픔을 스스로 처리하게 하셨다. 그래야만 예수님의 부활의 영광스러운 소식을 들을 준비가 될 것이기 때문이다. 그리스도인들은 종종 '예수님과 인격적인 관계'를 갖는 것에 대해 이야기한다. 하지만 우리는 그분이 개인적으로 우리와 교제하시고, 우리가 슬픔과 성취감에 빠져 있을 때 우리와 함께 걸으시며, 그 길을 가는 동안 꼬치꼬치 질문하시게끔 하는가?[18] 또 우리는 그와 같은 인내와 온유함으로 고난당하는 자들과 함께 걷는가?

새벽녘에 갈릴리의 해변에서 자신을 드러내실 때를 기다리시던 예수님은 낙심하고 지쳐 있는 제자들을 부르신다.

"애들아, 너희에게 고기가 있느냐?"

이번에도 예수님은 질문의 답을 알고 계신다. 그분이 찾고 계신 것은 정보가 아니라 관계였다. 이제, 검으로 하나님나라를 열려고 시도했고, 그것이 실패하자 밤 동안 그의 주님을 세 번 부인했던 시몬 베드로에게 다가가 보자. 부활 후 예수님은 초대교회의 기둥이 될 베드로와 함께 해변을 거닐고 계셨다.

> 그들이 조반 먹은 후에 예수께서 시몬 베드로에게 이르시되 요한의 아들 시몬아 네가 이 사람들보다 나를 더 사랑하느냐 하시니 이르되 주님 그러하나이다 내가 주님을 사랑하는 줄 주님께서 아시나이다 이르시되 내 어린 양을 먹이라 하시고 또 두 번째 이르시되 요한의 아들 시몬아 네가 나를 사랑하느냐 하시니 이르되 주님 그러하나이다 내가 주님을 사랑하는 줄 주님께서 아시나이다 이르시되 내 양을 치라 하시고 세 번째 이르시되 요한의 아들 시몬아 네가 나를 사랑하느냐 하시니 주께서 세 번째 네가 나를 사랑하느냐 하시므로 베드로가 근심하여 이르되 주님 모든 것을 아시오매 내가 주님을 사랑하는 줄을 주님께서 아시나이다 예수께서 이르시되 내 양을 먹이라 내가 진실로 진실로 네게 이르노니 네가 젊어서는 스스로 띠 띠고 원하는 곳으로 다녔거니와 늙어서는 네 팔을 벌리리니 남이 네게 띠 띠우고 원하지 아니하는 곳으로 데려 가리라 이 말씀을 하심은 베드로가 어떠한 죽음으로 하나님께 영광을 돌릴 것을 가리키심이러라 이 말씀을 하시고 베드로에게 이르시되 나를 따르라 하시니 요 21:15-19

그리스도를 세 번 부인했던 베드로는 여기서 자신의 사랑을 세 번 확증할 은혜를 받는다. 하지만 그것은 가혹한 은혜이다. 베드로는 예수님을 따르면서 그 자신의 십자가로 이끌려갈 것이다. 예수님을 따르며, 사랑 때문에 우리의 죄를 친히 짊어지신 그분과 교제를 나누는 일은 단순히 해변을 걷는 것이 아니다. 예수님은 우리가 알든 모르든, 크든 작든, 우리 자신의 십자가를 짊어지도록 우리를 부르신다. 그러나 그분의 임재의 약속은 그리스도인의 삶의 부담들을 보상하고도 남는다.

우리는 제자들처럼 예수님을 대면하지는 못했다. 하지만 우리에게는 하나님의 약속이 담긴 성경이 주어져 있다.

"내가 너를 떠나지 아니하며 버리지 아니하리니"(수 1:5).

그것은 우리가 지금, 또 영원히 의지할 수 있는 관계이다. 왜 그런가? 하나님은 관계의 하나님이시기 때문이다.

내가 들으니 보좌에서 큰 음성이 나서 이르되 보라 하나님의 장막이 사람들과 함께 있으매 하나님이 그들과 함께 계시리니 그들은 하나님의 백성이 되고 하나님은 친히 그들과 함께 계셔서 모든 눈물을 그 눈에서 닦아 주시니 다시는 사망이 없고 애통하는 것이나 곡하는 것이나 아픈 것이 다시 있지 아니하리니 처음 것들이 다 지나갔음이러라 계 21:3,4

토론 질문

1. 왜 그렇게 많은 사람들이 의미 있는 관계를 갈망하는가?

2. 왜 성경의 하나님은 우리와 교제하기 위해 그토록 애쓰시는가?

3. 이와 관련해 기독교는 세계의 다른 종교들과 어떻게 다른가?

4. 우리가 곤경에 처한 사람들과 함께할 수 있는 방법에는 어떤 것들이 있는가?

5. 육적인 필요와 영적인 필요는 어떤 연관성을 가지는가?

6. 사람들에게 다가서려는 우리의 시도를 거부할 때, 우리는 그들을 위해 무엇을 할 수 있을까?

7. 그리스도인에게 관계의 소망은 무엇인가?

믿음의 길을
벗어나지 마라

66 너희가 믿느냐? 99

크리스틴과 나는 결혼한 지 1년 정도 되었을 때 교회를 기반으로 한 어떤 그룹에 속해 있었다. 철의 장막 뒤에서 예수 그리스도에 대해 아는 것을 함께 나누는 그룹이었다. 우리는 매일 크라코(Krakow)라는 오래된 도시의 성벽 바깥 거리와 공원을 거닐었다. 우리가 만난 폴란드 사람들은 밝고, 사려 깊었으며, 자기 생각을 분명히 표현했다. 하지만 대부분 태어날 때부터 엄격한 로마 가톨릭 아래 살았고, 무신론의 영향을 받은 그들은 그리스도, 그리고 십자가에서 완성된 그분의 사역을 믿음으로써 하나님과 관계를 맺을 수 있다는 것을 알지 못했다. 그들은 주로 선행과 경건한 행위들을 통해 하나님의 은총을 얻을 수 있다고 믿었다.

우리는 인내하며 그들에게 복음과 함께 우리의 경험을 나누었다. 하나님의 사랑은 오직 믿음을 통해서만 받을 수 있는 선물이라는 것을 말이다.[1] 전혀 모르는 사람들에게 그런 풍부한 신학적 개념들을 설명한다는 건 어려운 일이었고, 게다가 언어와 문화의 장벽 때문에 더 어려웠다.

그렇지만 우리에겐 헌신된 조력자가 있었다. 두 팔 벌려 우리를 친구로 받아준, 대학 교육을 받은 통역사였다. 그는 개인적인 믿음의 경험이 갖지 못한, 자칭 문화적 가톨릭 교인이었다. 실제로 그는 의심 때문에 괴로워했다. 그러나 우리의 이야기를 듣고, 종교가 인간적인 제도 이상의 것이 될 수 있는지 궁금해하기 시작했다.

어느 날 그는 우리에게 자신의 종교적인 질문들에 대답해줄 수 있겠는지 물었다. 질문은 매우 많았다. 우리는 변증론과 복음전도에 대해 기본적인 지식을 갖고 있긴 했지만, 우리는 우리에게 주어진 시간은 짧은 시간 동안 진심으로 진리를 찾는 자들에게만 다가가야 한다는 의무감을 가지고 있었다. 그래서 이 많은 시간을 투자하기 전에 먼저 그의 영적 관심이 어느 정도인지 알아보고 싶었다.

나는 통역사에게 나름 진실을 캐기 위한 질문을 던졌다.

"내가 만일 당신의 모든 지적인 반론들에 만족스러운 대답을 해준다면 그리스도인이 될 겁니까?"

"네."

그는 단순하고 직접적으로 말했다. 그래서 우리는 그리스도의 신성, 성경의 신뢰성, 그 외의 문제들에 관한 그의 반론과 의심들을 하나하나 다루었다. 나는 그런 문제에 대한 전문가는 아니었지만, 그 대화를 상당히 잘 해나갔다고 생각했다. 대화는 두 시간을 넘겼고, 우리는 정신적으로 몹시 피곤한 상태로 앉아 있었다. 내가 먼저 말을 꺼냈다.

"기독교 신앙에 대한 당신의 모든 지적인 반론에 제가 잘 대답했나요?"

"네."

그가 인정했다.

"그럼, 이제 당신은 그리스도인이 되기 원합니까?"

그때 우리 통역사의 뜻밖의 대답이 나를 어리둥절하게 만들었다.

"아니오."

"왜 아닙니까?"

나는 공정하게 그에게 요구했다. "아니오"는 우리의 협상 조건에 어긋나는 대답이었다!

"저는 헌신할 준비가 되어 있지 않거든요."

그날 나는 귀중한 교훈을 배웠다. 그리스도를 믿는 것은 단순한 지적 동의 이상이라는 것이다. 그것은 신뢰의 문제이며, 마음의 일이다. 지난 몇 년 동안 나는 그것을 확실히 느꼈다. 우리는 공공광장에서 확신에 찬 무신론의 부활을 보았다. 대표적인 예가 샘 해리스(Sam Harris)의 《기독교 국가에 보내는 편지》(Letter to a Christian Nation)와 리처드 도킨스(Richard Dawkins)의 《만들어진 신》(The God Delusion)이다.

이에 대한 훌륭한 그리스도인의 답변들이 많이 출판되었다. 나도 기독교가 내게 합당한 이유를 설명하는 작은 칼럼을 썼고, 거기에 나의 믿음에 도움을 준 열 가지를 간단히 나열했다. 예를 들면 아름다움의 존재, 인류를 위한 우주의 명백한 미세조정, 악한 인물들에 대한 성경의 솔직함, 일반적으로 기독교가 확산된 곳에 뒤따르는 자유와 번영 등이 있다.[2] 그것은 모두 매우 기본적인 것들이었고, 나는 증거를 제시하지는 않았다.

그 칼럼에 대한 수많은 무신론자들이 반응을 보였는데, 그 반응은 매우 흥미로웠다.

"그게 당신의 최선인가요?"

온라인 논평에서 꽤 귀에 거슬리는 말을 들었다. 어떤 이들은 내가 아무것도 증명하지 않았다며 냉정하게 비웃으며, 내가 제시한 데이터에 그들 나름의 대안적인 설명을 제시하는 이들도 있었다. 하지만 나는 폴란드 통역사 친구와의 경험을 통해 나는 그런 식으로 그리스도를 증명할 수는 없다는 걸 알고 있었다. 사랑을 말로 증명할 수 없는 것과 마찬가지다.

그렇다고 해서 그것들이 실제적이지 않거나 중요하지 않은 것은 아니다. 전혀 그렇지 않다. 이에 대해 어느 지혜로운 사람은 2천 년 전에 이렇게 말했다. "믿음이 없이는 하나님을 기쁘시게 하지 못하나니"(히 11:6). 예수님은 그분이 만나는 사람들의 믿음에 깊은 관심을 갖고 계셨다.

믿음에 관한 질문

예수님은 여러 형태로 "너희가 믿느냐?"라는 질문을 반복하셨다. 일반적으로 신약성경에서 '믿다'(believe)로 번역되는 헬라어 단어는 '피스튜오'(pisteuo)이다. 그것은 또한 '믿음을 갖다', '신뢰하다', '전념하다', '의존하다'로 번역된다.[3] 따라서 신약성경의 믿음은 누군가에게 자신의 운명과 삶을 맡기는 것을 포함한다. 그것은 내려놓는 삶을 의미한다.

나이아가라 폭포에 서 있던 줄타기 곡예사에 대한 이야기를 들어보았는가? 그가 건널 줄은 성난 물줄기 위로 한 가닥의 실처럼 뻗어 있었다. 그가 구경하는 사람들에게 물었다.

"제가 무사히 건널 수 있을 거라고 믿는 분들이 얼마나 되시나요?"

그러자 구경꾼들은 주저하지 않고 격려의 함성을 지르거나 손을 들었다. 그는 청중을 바라보며 장난스럽게 말했다.

"그럼 여러분 중에, 제가 모시고 폭포를 건너도 될 만큼 저를 믿는 분이 계십니까?"

사람들은 갑자기 조용해졌다. 들리는 소리라고는 쏟아지는 물소리뿐이었다. '나와 운명을 같이하자'는 식의 믿음은 굉장히 위험할 수 있다. 예수님이 찾으신 것은 그런 위험한 믿음이었고, 지금도 그렇다.

* 나면서부터 맹인이었던 사람에게 예수님은 이렇게 물으신다. "네가 인자를 믿느냐?"[4]

* 사랑하는 오라버니의 이해할 수 없는 죽음에 슬퍼하던 마리아에게 예수님은 말씀하신다. "예수께서 이르시되 나는 부활이요 생명이니 나를 믿는 자는 죽어도 살겠고 무릇 살아서 나를 믿는 자는 영원히 죽지 아니하리니

이것을 네가 믿느냐?"⁵

    * 잠시 후에, 예수님은 모여 있던 조문객들에게 나사로의 무덤 문을 열라고 하신다. 그의 시체는 이미 4일 동안 부패하고 있었다. 마르다는 고전적인 표현으로, 예수님에게 시체에서 '냄새'가 날 거라고 말씀드린다. 그러자 예수님은 "내 말이 네가 믿으면 하나님의 영광을 보리라 하지 아니하였느냐?"⁶라는 질문으로 답하신다.

    * 마지막 만찬을 나누는 동안 혼란스럽고 불안해하는 제자들에게, 예수님은 하나님 아버지의 사랑, 그리고 자신과 하나님과의 친밀한 관계에 대해 말씀하신다. 제자들은 그분이 밝히 말씀하시는 것에 안심하고 불쑥 말하기를, "우리가 지금에야 주께서 모든 것을 아시는 줄 알고, 이로써 하나님께로부터 나오심을 우리가 믿사옵나이다"라고 한다. 그들 모두에게 극심한 고난이 닥칠 것을 아신 예수님은 "이제는 너희가 믿느냐?"⁷라고 물으신다.

    신약성경에서 말하는 '믿음'은 어떤 행동방침에 찬성하거나, 어떤 각서에 서명하거나, 가장 좋은 것을 바라는 것이 아니다. 그것은 삶과 죽음에 관한 것이다. 눈 먼 자가 눈을 뜨고, 죽은 자들이 살아나며, 모든 삶 속에서 나타나는 예측 불허의 끔찍한 세력들이 패배하고, 확신과 평안 가운데 고난에 직면하는 것이다. 우리는 그 모든 것에도 불구하고 믿는가? 예수님에 대한 믿음은 불가피한 것을 냉담하고 과학적으로 받아들이는 것이 아니다. 그런 믿음으로는 아무것도, 누구도 구원하지 못하기 때문이다. 또 다른 지혜로운 사람이 이렇게 생명 없는 믿음에 대해 "귀신들도 믿고 떠느니라!"(약 2:19)라고 말했다.

    존 스토트는 구원 신앙을 당신의 생명의 문을 여는 것에 비유한다.

    당신은 지적으로 그리스도를 믿고 그를 존경할 수 있다. 열쇠구멍을 통해 그에게 기도를 드릴 수 있고(나도 여러 해 동안 그렇게 했다), 비밀 유지를 위해

문 밑으로 그에게 동전을 밀어 넣을 수도 있다. 당신은 도덕적이고, 예의 바르며, 강직하고, 선할 수 있다. 당신은 종교적일 수 있다. 세례를 받고, 견진성사를 받았을 수도 있다. 종교철학에 조예가 깊을 수도 있다. 신학생이 되고, 심지어 안수 받은 사역자가 될 수도 있다. 그러고도 그리스도를 향한 문을 열지 않았을 수 있다. 그것을 대신할 수 있는 것은 아무것도 없다.[8]

믿음은 지속적이어야 한다

그런 믿음은 일회적인 것이 아니다. 그 문은 계속 열려 있어야만 한다. 구원 신앙은 지속되는 신앙이다. 예수님의 질문들은 삶의 좋고 나쁜 모든 일들을 통해 우리 믿음의 진실성을 알아본다. 우리는 닥쳐오는 고난에도 불구하고 그분을 신뢰할 것인가, 혹은 낙심하거나 화를 내며 떠날 것인가? 진정으로 우리의 운명을 그분에게 맡겼는가? 고난의 시간들은 이에 대한 답을 알려줄 것이다. 그러나 이것은 우리가 절대로 의심하지 않을 거라는 의미가 아니다. 의심은 모든 건강한 삶의 정상적인 부분이다. 그렇다고 우리가 의심에 빠져도 된다는 뜻은 아니다.

우리의 의심을 무시할 수는 없다. 우리는 계속해서 다가오는 의심을 이겨내야 한다. 예수님이 물 위를 걸어서 배에 탄 제자들에게 오실 때 베드로는 예수님과 함께하기 위해 발을 내딛는다. 그러나 베드로가 예수님이 아니라 폭풍우를 바라보자 성난 파도 밑의 바위처럼 가라앉기 시작한다. 예수님은 충동적인 제자의 자존감을 강타하시는 대신("야, 베드로, 그만 하면 멀리 왔다. 네가 더 잘할 거라고 기대하지 않았어"), 책망하는 질문을 던지며 그를 구해주신다.

"믿음이 작은 자여 왜 의심하였느냐"(마 14:31).

이런 질문은 쓰라린 곳에 소금을 뿌리는 것처럼 우리를 따갑게 쏜다. '온화하신 예수님'에 대한 진기한 개념을 혼란 속에 던져 넣는다. 그리고 모든 그리스도인은 기본적으로 의심이 아닌 믿음을 가져야 한다고 설정함으로 우리의 의심들을 의심하게 만든다. 이렇게 될 때 우리는 경외심을 갖고 "진실로 하나님의 아들이로소이다"(마 14:33)라고 말한 제자들처럼 고백하며 창조주를 경배하게 될 것이다.

누구도 믿음에 관한 예수님의 날카로운 질문을 피해갈 수 없다. 야이로의 딸을 위해 애도하던 자들에게 예수님은 "너희가 어찌하여 떠들며 우느냐?"라고 물으신다. 이런 말씀이 포스트모던 시대를 사는 우리의 귀에 냉혹하게 들릴 수도 있다. '그분은 우리의 슬픔을 이해하지 못하시는가?' 그러나 이것은 그 질문을 하시는 이가 누구인지를 잊고 있을 때만 그렇다. 생명의 주님은 지금도 우리 가운데 계시며, 가장 작은 믿음의 표현에 대한 응답으로 죽은 자를 살리려 준비하고 계신다.[9]

"내가 능히 이 일 할 줄을 믿느냐?"

예수님은 두 명의 맹인에게, 그리고 우리에게 물으신다. 우리는 믿는가?

그렇지만 예수님은 우리의 의심도 이해하신다. 그분은 의심하는 제자들에게 작은 겨자씨 한 알만큼의 믿음이라도 갖게 해주신다. 그리고 하나님은 그 작은 믿음을 사용해 놀라운 일을 행하실 수 있는 분이다.[10] 예수님은 필요를 공급해주시는 하나님의 능력에 대해 말씀하시며 "너희 중에 누가 염려함으로 그 키를 한 자라도 더할 수 있겠느냐?"라고 부드럽게 말씀하신다.[11] 하나님이 공급해주실 것이니, 스트레스 받지 말라.

기도가 응답되지 않을 때

그렇지만 우리는 모든 기도가 우리의 바람대로 응답되지 않는다는 사실을 직시해야 한다. 어떤 응답은 단순히 기다려야 한다. 벳새다에서 맹인의 눈에 침을 뱉고 안수하신 예수님은 "무엇이 보이느냐?"라고 물으신다. 맹인은 떨면서 "사람들이 보이나이다 나무 같은 것들이 걸어가는 것을 보나이다"라고 대답한다.[12]

잠시 이 사람의 입장이 되었다고 상상해보자. 치유자가 오셨다. 그분은 치료를 시도했고, 그것이 효과가 있는지 알고자 한다. 그런데 당신은 그분에게 아직 시야가 흐릿하다는 걸 말씀드려야만 한다. 다른 사람들은 모두 말씀으로, 한 번의 접촉으로 병이 나은 것처럼 보인다. [13] 그런데 왜 당신은 그렇지 않은가? 당신이 오랫동안 의심해왔던 것처럼 정말 당신은 다른 사람들보다 더 나쁜 죄인인 걸까? 당신의 믿음에 무슨 문제가 있는 걸까?

내가 새 신자였던 고등학교 시절, 믿는 친구 몇 명이 흥분해서는 나를 그들 교회의 집회에 초대했다. 유명한 '신앙 치유자'가 그 도시에 올 예정이었고, 사람들은 나에게 참석을 강권했다. 평생 앓아온 나의 뇌성마비를 그 사람이 확실히 치료해줄 거라고 확신을 주지는 않았지만, (적어도 내게는) 그런 의미를 내비친 것이 분명했다. 나는 혼자서 어떻게 할지 고민했다. "네가 낫기를 원하느냐?"(요 5:6)라는 예수님의 질문이 특별히 와 닿았다. 물론 나는 장애와 그로 인한 고립감, 그리고 그것이 낳은 크고 작은 굴욕들로부터 벗어나고 싶었다. 하지만 만약 내가 갔는데 아무 일도 일어나지 않는다면? 계몽주의의 아들인 나에게는 여전히 신앙이 낯설었고, 시계처럼 정확하게 움직이는 세상에 기적이 일어나는 것에 대해 큰 회의를 품고 있었다. 지금도 마찬가지다.

그렇지만 집에 있는 것이 가는 것보다 더 위험하게 여겨져서, 나는 부모님께 집회의 정확한 목적을 말씀드리지 않은 채 교회에 갔다. (우리 가족 중에서는 나만 교회에 다니고 있었다.) 나는 천막 아래 앉아서 다른 사람들이 앞으로 나가 이 사람에게 기도 받는 것을 보았다. 그는 앞으로 나간 사람들의 이마를 세게 쳤다(다행히 돕는 자들이 항상 그들을 붙잡아주었다). 이것은 "치유되었다"라는 표시였다.

나도 곧 일어나 나갔고, 그 신앙 치유자 앞에 불안정하게 서 있었다. 그가 무슨 말을 했는지는 정확히 기억나지 않지만, 하나님의 능력에 관한 말이었다. 그 다음 그는 오른손을 내 이마에 댔다. 나는 살짝 미는 힘을 느꼈다. 뒤로 넘어지면서 기다리고 있던 수행원들의 팔에 안겼다. 그때 믿음 충만한 청중의 수군거리는 소리가 들렸다.

나는 낫지 않았다는 사실을 곧 알게 되었고, 방금 일어난 일을 이해하려고 노력했다. '치유에 대한 나의 믿음은 희망사항에 불과했던 걸까?', '신앙 치유자가 사기꾼이었나?', '하나님은 진짜로 계실까?'

저녁 집회가 끝날 때까지, 나는 혼자 멀리 떨어져 앉아 그 모든 상황을 이해해보려고 계속 노력했다. 그러다 "주님" 하고 기도를 시작했다. "제가 정말 치유되었다면 제가 알게 해주세요." 그때 갑자기 파도 같은 것이 내게 밀려오는 것을 느꼈다. 그것은 내가 만들어낼 수 있는 감정이 아니었고, 충동도 아니었다. 잠시 동안 나는 그때까지 경험했던 그 무엇보다 더 개인적이고 깊은 사랑과 고요함과 평온함에 휩싸였다. 그 시간이 끝나고, 나는 그곳에 있는지도 몰랐던 접이의자에 내가 안전하고 편안하게 앉아 있는 것을 발견했다.

나는 이 사건을 당장은 아니더라도 곧 내 병이 나을 거라는 사인으로 받아들였다. 그러나 기다림의 날들이 몇 주, 몇 달, 몇 년으로 이어지자 나는 의심과 실망에 부딪혔고, 가끔은 처참하기도 했다. '내 믿음에 결함이 있었던 걸까?', '아니면 하나님이 가짜였나?', '부흥회 끝에 경험한 것은 하나님이었을까, 아니만 마귀였을까?'

나는 이 일에 대한 쉬운 해답을 얻고 싶었지만 그럴 수가 없었다. 그리스도에 대한 나의 믿음이 한동안 흔들렸다. 그러나 부분적인 치유를 받았던 맹인처럼, 지금 나는 여전히 나의 시야가 흐릿하더라도 믿으려 한다.

첫째, 나는 하나님 보시기에 중요한 장애가 낫고 있는 중이라고 믿는다. 그것은 바로 악한 마음이다. 내 삶의 중심에서 하나님과 다른 이들을 향한 사랑이 점점 더 커지는 것을 볼 수 있다. 치유를 받기 위해 예수님에게 나아갔으나, 그보다 더 깊은 필요로 인해 주목을 받았던 청년처럼,[14] 지금 나는 육체적인 온전함보다 더 중요한 것들이 있음을 깨닫는다. 나의 장애 때문에 영적으로 강건해지는 것을 경험한 일 외에도, 내가 그 접이의자에 앉아 있을 때는 기대조차 할 수 없었던 오늘의 삶 속에서 내 아이들이 자라고 있다. 그 아이들은 자신과 다른 사람들을 더 많이 사랑하고 포용한다. 그 다른 점이 다운증후군이든 다른 민족성이든 간에 말이다.

둘째, 내 장애는 하나님을 영화롭게 하고 있으며, 그것은 내가 치유되었더라면 할 수 없었던 일이다. 내가 특별히 영웅적인 행동을 하지 않아도, 그저 열심히 살아가려고 애쓰는 모습을 보면서 사람들은 하나님이 일하시는 것을 본다고 말한다. 그들은 내 온전함이 아니라 나의 상함을 통해 용기를 얻는다. 나는 이 고통을 매일, 조금씩 이겨내고 있다. 나중에 부활해서 내 약함을 궁극적으로, 완전히 극복할 때 하나님은 천 배 더 큰 영광을 받으실 것이다. 나는 내 장애를 타락한 세상에서 사는 삶의 정상적인 한 부분으로 본다. 언젠가는 내 육신을 비롯해 불완전한 모든 것들이 회복될 것이다.

> 생각하건대 현재의 고난은 장차 우리에게 나타날 영광과 비교할 수 없도다 피조물이 고대하는 바는 하나님의 아들들이 나타나는 것이니 피조물이 허무한 데 굴복하는 것은 자기 뜻이 아니요 오직 굴복하게 하시는 이로 말미암음이라 그 바라는 것은 피조물도 썩어짐의 종노릇한 데서 해방되어 하나님의 자녀들의 영광의 자유에 이르는 것이니라 롬 8:18-21

지금 피조물은 '썩어짐의 종노릇'에 빠져 있고 우리도 그렇다. 장애를 가진 사람들은 이렇게 불확실성의 노예가 된 것을 대부분의 사람들보다 더 예리하게 느낀다. 언젠가, 어쩌면 당신이 생각하는 것보다 더 빨리, 내 육체를 포함한 피조물이 영광스럽게 자유를 얻어 하나님께 영원한 찬송이 될 것이다. 물론 하나님은 지금 나를 치유해주실 수도 있지만, 어떤 알 수 없는 이유로 그렇게 하지 않으신다. 그렇게 지체됨으로 인해, "썩을 것이 썩지 아니함을 입을"(고전 15:53) 때 훨씬 더 큰 축하행사가 열릴 것이다. 그것은 기다림만큼 가치가 있는가? 나는 그렇다고 생각한다. 하지만 그 누구도 기다림이 쉽다고 말하지 않는다. 크리스마스 날 아침에 선물 상자를 열어보려고 기다리는 아이에게 물어보라!

하나님이 '아니다'라고 말씀하실 때

어떤 기도들은 응답을 비켜가기도 한다. 우리는 구하는 것을 항상 받지는 못한다. 시기가 적절하지 않기 때문일 수도 있고, 우리가 구하는 것이 가치가 없기 때문일 수도 있다. 예수님의 형제 야고보가 말하듯이 "너희가 얻지 못함은 구하지 아니하기 때문이요 구하여도 받지 못함은 정욕으로 쓰려고 잘못 구하기 때문이라"(약 4:2,3). 때로는 거절당하는 것이 오히려 다행이기도 하다.

예수님은 "무엇을 원하느냐?"라고 두 제자의 어머니에게 물으신다. 아들들이 하나님나라에서 특별히 명예로운 주의 우편과 좌편에 앉게 되길 바란다는 그녀의 말을 들으시고, 예수님은 정중하지만 직접적으로 말씀하신다. "내 좌우편에 앉는 것은 내가 주는 것이 아니라 내 아버지께서 누구를 위하여 예비하셨든지 그들이 얻을 것이니라"(마 20:23).

그분의 대답은 거절이었다. 그녀는 자신의 기도가 거절당했을 때 무엇을 생각해야 했는가? 담대하고 끈질긴 믿음은 하늘에 계신 우리 아버지의 마음을 움직여 우리의 요구를 들어주시게 할 수 있지만,[15] 때로 "노(No)"라는 사랑의 응답이 돌아올 때도 신앙생활을 계속하기 위해서는 더 큰 믿음이 필요하다.

후원을 잘 받는 신앙 치유자들과 다른 종교적 사기꾼들은 당신에게 '충분한 믿음'만 있다면 하나님이 지니처럼 당신의 모든 소원을 들어줄 거라고 자신있게 말하지만, 솔직히 우리는 항상 그렇게 되지 않는다는 걸 알고 있다. 그리고 우리가 정말 그렇게 되길 원하는 것도 아니다. 피조물에게 어떤 의무감을 가지고 항상 우리의 변덕을 만족시키기 위해 바쁘게 다니는 하나님이 과연 하늘과 땅을 바르게 다스리고 우리의 구원을 이루실 거라고 믿을 수 있겠는가? 이것은 "하늘이 땅보다 높음같이 내 길은 너희의 길보다 높으며 내 생각은 너희의 생각보다 높음이니라"(사 55:9)라고 말씀하시는 성경의 하나님이 아니다. 우리는 모든 상황에서 하나님을 이해하지는 못한다. 그렇게 기대할 수도 없고, 그래도 괜찮다. 어떤 것은 믿음으로 받아들여야 한다.

주님을 기쁘게 하는 일

물론 이런 믿음을 행사하는 것-'행사한다'는 것은 믿음과 관련될 때 확실히 의미있는 단어다-은 메마르고 칙칙한 율법주의, 의무적으로 이를 악무는 것, 그리스도인들이 마땅히 해야 하기 때문에 하는 일이 아니며, 절대 그렇게 되어서도 안 된다. 예수님은 믿음의 표현을 접할 때마다 여러 모습으로 놀라시고, 즐거워하시고, 감동을 받으셨다. 참으로 우리는 예수님이 영화롭게 된 상태에서 그보다 덜하실 거라고 생각하는가?

그분은 로마 백부장에 대해 "내가 너희에게 이르노니 이스라엘 중에서도 이만한 믿음은 만나보지 못하였노라"(눅 7:9)라고 소리치셨다. 회개하는 여자에게는 "네 믿음이 너를 구원하였으니 평안히 가라"(눅 7:50)라고 하셨다. 우리도 믿음으로 응답함으로써 우리 주님을 기쁘게 해드리고 그분의 축복을 받을 수 있는 동일한 기회를 받았다. 돈 한 푼에 벌벌 떠는 회계 담당자들이 1세기의 샤넬 No. 5와 같았던 향유 한 병을 예수님의 머리에 부은 여자의 아낌없는 믿음의 행위를 폄하했을 때, 예수님은 거침없이 그녀를 두둔하시며 "가만 두라 너희가 어찌하여 그를 괴롭게 하느냐 그가 내게 좋은 일을 하였느니라"라고 말씀하신다.[16] 우리는 다른 사람의 믿음에 찬물을 끼얹을 자격이 없다. 예수님은 분명히 그분를 위한 낭비를 책임감 있는 '관리'보다 훨씬 더 가치 있게 여기신다.

우리가 그런 사치스러운 믿음을 행사하는 것은 주님의 역사하심을 볼 새로운 기회의 문을 여는 일이다. 예수님은 곧 제자가 될 나다나엘에게 처음으로 다가가셨을 때 그의 정직한 성품을 언급하셨다. 나다나엘이 예수님에게 자기를 어떻게 아냐고 묻자 예수님은 "네가 무화과나무 아래에 있을 때에 보았노라"라는 애매한 대답을 하셨다. 예수님이 신적인 전지함으로 그 짧은 순간에 무엇을 보셨는지 모르지만, 그것은 나다나엘에게 확신을 주기에 충분했다. 그는 "랍비여 당신은 하나님의 아들이시요 당신은 이스라엘의 임금이로소이다!"라고 소리쳤다. 예수님은 그의 갑작스러운 믿음의 고백을 기뻐하셨으며, 질문과 약속으로 응답하셨다. "내가 너를 무화과나무 아래에서 보았다 하므로 믿느냐 이보다 더 큰 일을 보리라."[17]

예수님은 진실한 믿음의 작은 표현들도 사랑하시며, 그의 영광을 더 크게 나타내심으로 그들에게 보상을 약속하신다.

우리 딸은 학교에 갈 나이가 되기 전에 인도에 무서운 지진이 일어나 수만 명이 죽었다는 소식을 들었다. 그 아이는 얼마 전에 그리스도를 따르기로 약속했고, 믿음의 표현으로 자기의 전 재산-6달러와 잔돈-을 기독교 구호단체에 보내 그 고통을 완화하는 데 도움이 되고자 했다. 내 딸의 연민 어린 믿음의 표현이 그 희생자들에게 큰 도움이 되었을까? 아마 그렇진 않을 것이다. 하지만 하늘나라 어딘가에서 예수님은 한 아이의 믿음의 선물을 장부에 기록해두셨을 것이다. 어쩌면 다른 모든 사람보다 많이 넣은 가난한 과부[18]의 기록 옆에 기록하셨는지도 모른다. 우리는 예수님이 그 이름 없는 과부에게 어떻게 보상해주셨는지 모른다. 그처럼 내 딸이 어떤 보상을 받게 될지 모른다. 우리가 아는 것은 그런 행위들이 결코 간과되거나 보상 없이 잊혀지지 않는다는 것이다.

현실적인 무신론자들

그러나 우리는 하나님과 그분의 약속들이 실제인 것처럼 행동하지 못할 때가 많다. 베드로처럼 우리는 구세주에게서 눈을 돌려 우리의 삶에 휘몰아치는 바람을 바라본다. 그리고 가라앉기 시작한다. 예수님은 우리에게 "너희에게 떡이 몇 개나 있느냐?"라고 물으신다. [19] 우리는 주변의 엄청난 필요들과 자신의 빈약한 자원들을 보고는 "충분하지 않습니다"라고 대답한다. 믿음의 영적 가능성들에 둔감한 우리는 하나님이 존재하지 않으시는 것처럼 살아가는 현실적 무신론자들이다. 이것이 오늘날 그토록 많은 이들이 무신론에 현혹되는 이유일까? 예수 그리스도가 살아 계신 것처럼 사는 그리스도인을 거의 볼 수가 없기 때문인가?

예수님은 부활하신 후에 의심하는 제자들에게 이렇게 물으셨다.

"예수께서 이르시되 어찌하여 두려워하며 어찌하여 마음에 의심이 일어나느냐"(눅 24:38).

그분은 우리에게도 똑같이 물으신다. 지나온 삶을 돌아보면, 하나님이 내 삶 속에서 일하시는 것을 명백히 볼 수 있다. 나의 결혼과 세 자녀의 탄생은 분명 하나님의 선물이었다. 하나님은 거듭 나를 사용해 친구들의 진로 문제를 돕고 격려하게 하셨다. 나는 개인적으로 힘든 싸움 한가운데서 그분의 임재를 느꼈고, 그것은 물질주의적 관점으로는 설명할 수 없는 것이었다. 그리스도는 나의 말과 본보기를 통해 전세계의 청중들에게 소망과 힘을 주셨다. 십대 때 스스로가 무가치하게 느껴져 자살까지 생각했던 내가 이제는 하나님의 강력한 사랑, 생명을 주는 그 사랑을 증거하고 있다.

그럼에도 나는 매일 아침 잠에서 깨면 스스로에게 질문한다.

'나는 오늘 하나님을 신뢰할 것인가, 의심할 것인가?'

예수님은 나를 위해 물 위를 걸으시지만, 믿기 위해 끊임없이 씨름하는 나를 보시고 "너희 믿음이 어디 있느냐?"(눅 8:25)라고 묻고 싶은 충동을 느끼실 것이다.

예전에 우리 목사님이셨던 켄트 휴즈(Kent Hughes)는 성도들에게 "여러분이 믿는 것을 믿으십시오"라고 항상 격려하셨다. 그것은 말처럼 쉽지 않다. 그러나 믿음 충만한 그리스도인의 삶에 반드시 필요한 것이다. 불행히도 우리는 제자들처럼 영적으로 둔감하며, 우리의 마음과 생각은 이 세상에 매여 있다.

맹목적인 믿음의 한계

예수님은 두 번이나 기적적으로 몇 천 명을 먹이신 후, 제자들에게 "바리새인과 사두개인들의 누룩을 주의하라"라고 말씀하셨다. [20] 지금쯤이면 그들은 이런 비유에 익숙해져 있어야 했다. 예수님은 하나님나라가 누룩처럼 한번 들어오면 완전히 확산된다는 것을 이미 그들에게 말씀해주셨다. [21] 여기서는 작은 악이 큰 영향을 미칠 수 있다는 것을 말씀하시는 듯하다. 그러나 제자들은 대적들의 가르침을 누룩에 비유한 것을 이해하지 못했고, 그들의 마음은 여전히 몇 천 명을 먹인 기적 때문에 혼란에 빠져 있었다. 그들은 궁금했다. 우리가 어딜 가서 떡을 더 구해올 것인가? 예수님이 이번에도 해결해주실까? 이 때 예수님의 심정을 묘사할 수 있는 단어는 '좌절'밖에 없을 것 같다. 예수님의 질문들이 속사포처럼 쏟아졌다.

> 예수께서 아시고 이르시되 믿음이 작은 자들아 어찌 떡이 없으므로 서로 논의하느냐 너희가 아직도 깨닫지 못하느냐 떡 다섯 개로 오천 명을 먹이고 주운 것이 몇 바구니며 떡 일곱 개로 사천 명을 먹이고 주운 것이 몇 광주리였는지를 기억하지 못하느냐 어찌 내 말한 것이 떡에 관함이 아닌 줄을 깨닫지 못하느냐 마 16:8-11a

이런 믿음의 결핍은 몇 가지 단계로 나타난다.

첫째, 제자들에겐 영적인 지각이 없었다. 그들은 예수님이 그들의 물질적인 필요를 채워주신 일들도 경험했지만, 어째서인지 여전히 그분이 계시며 그분의 사랑도 결코 약해지지 않았다는 것을 깨닫지 못한다. 마치 "예수님, 예수님이 예전에 우리의 필요를 채워주신 것은 알지만 또다시 그렇게 해주실지는 잘 모르겠습니다"라고 말하는 것과 같다. 시간이 지나면서 그들의 믿음은 흔들린다.

컬럼비아 성경대학 총장이었던 로버트슨 맥퀼킨이 지어낸 한 문장이 20년 동안 나를 따라다녔다. 그것은 "어두워지기 전에 집에 가게 해주십시오"라는 것이었다. 맥퀼킨의 기도는 믿음이 온전한 상태에서 삶을 마감하게 해달라는 것이었다. 모든 사람이 그렇게 되는 것은 아니기 때문이다.

둘째, 그들의 기억력이 떨어졌다. 우리는 하나님이 우리를 위해 해주신 일을 잊어버린다. 바쁜 일상 속에 시달리다보면, 그 일상이 사역의 현장이라 할지라도 하나님이 하신 일들을 떠올리지 못하게 된다. 그래서 나는 해마다 나오는 교회 달력을 좋아한다. 그것은 성육신부터 성령을 부어주신 것까지, 하나님이 우리의 구원을 이루기 위해 행하신 중요한 일들을 강조하기 때문이다. 구약성경에서는 하나님께서 유대인의 절기들을 통해 그분의 구원 행위들을 백성에게 거듭 상기시켜주셨다. 그것들은 놀라운 역사를 반복해서 재현해주었다. 강한 믿음을 유지하려면 우리에게도 그렇게 상기시켜주는 것들이 필요하다.

그리스도인들이 성찬식을 할 때도 같은 일이 일어난다. 성찬식은 하나님이 그리스도 안에서 우리를 위해 하신 일을 묘사한다. 과거에 하나님이 베푸신 실제적인 보살핌을 기억하는 일은 우리가 확신을 가지고 오늘, 또 내일을 살아가는 데 도움이 된다. 어떤 그리스도인들은 기도 제목뿐 아니라 기도 응답들을 기록해두는 것이 믿음을 세우는데 도움이 된다는 것을 발견한다. 기억하는 것은 믿음의 행위다.

셋째, 그들은 충분한 믿음이 없기 때문에 예수님의 더 깊은 요점을 이해하지 못했다. 그들의 두뇌는 영적인 장벽에 부딪혔다. 예수님은 우리에게 '뜻을 다하여' 그분을 사랑하라 하셨으므로,[22] 이것은 중대한 실패다. 우리에게 그런 통찰력이 부족하면 그리스도와의 관계에서 더 성장할 수가 없고, 우리의 제자도는 정체된다. 영적인 아기들처럼, 단순한 가르침들만 소화할 수 있다. 즉 단단한 음식은 못 먹고 젖만 먹게 되는 것이다.[23]

믿음을 가진 그리스도인들에 대해 "가난하고 무식하며 말을 잘 듣는다"라고 말한다면, 그것은 기본적인 제자도를 이해하지 못한 것이다. 예수님은 우리가 우리의 뜻을 다해 그분을 공경하기를 기대하신다. 우리가 믿음의 자세로 그분에게 다가가지 않는다면 우리의 지성은 우리를 궁극적인 진리로 나아가지 못하게 할 것이다. 폴란드의 통역사를 다시 떠올려보자. 신앙생활에서 머리와 마음이 함께 가기 위해서는 마음이 결정을 내려야 한다.

깨어 있는 믿음을 가지라

믿음은 세 살배기도 경험할 수 있을 만큼 단순하지만, 그럼에도 불구하고 성인의 인내심을 필요로 한다. 무리가 예수님에게 다가와 십자가를 지우려 할 때 예수님은 겟세마네 동산으로 기도하러 가신다. 그분은 가장 가까운 제자 세 명, 베드로, 야고보, 요한을 데려가 단순한 일을 시키신다. 바로 기도하며 깨어 있으라는 것이었다.[24] 그러나 스트레스가 너무 심하고 시간이 늦은 탓에 그들은 잠이 든다. 한 번, 두 번도 아닌 세 번이나. 이에 예수님은 리더인 베드로를 꾸짖으신다.

"시몬아 자느냐 네가 한 시간도 깨어 있을 수 없더냐?"

그리고 나중에 제자들에게는 "너희가 아직도 자면서 쉬고 있느냐?"라고 물으신다. 하나님은 그 자녀들에게 미래의 쉼을 약속하셨다.[25] 하지만 싸움이 격렬한 지금은 우리가 깨어 있어야 한다. 사도 바울의 말처럼 "자다가 깰 때가 벌써 되었으니 이는 이제 우리의 구원이 처음 믿을 때보다 가까웠"기 때문이다.[26]

축구선수들은 경기장에 나가 있는 매순간 심각한 부상의 위험을 감수한다. 예전에 센터였던 빌 커리(Bill Curry)는 단지 이기기 위해서만이 아니라 살아남기 위해서 항상 100퍼센트의 노력을 다해야 한다고 말했다. 팀 동료들에게 존경받기 원하는 선수라면 절대 빈둥거려서는 안 된다.[27] 해마다 새로운 챔피언들이 탄생하는 스포츠 세계에서 완전한 몰입이 일반적인 것이라면, 궁극적인 상을 받고자 하는 신실한 예수 그리스도의 제자들은 얼마나 더 몰두하고 헌신해야 하겠는가? 우리의 믿음은 늘 깨어 있어야 한다.

토론 질문

1. 어떤 사람을 논리적으로 설득해 하나님나라에 들어가게 할 수 있는가? 그렇게 생각하거나 그렇지 않다고 생각한다면, 그 이유는 무엇인가?

2. 왜 그리스도인들은 기본적으로 의심이 아닌 믿음을 가져야 하는가?

3. 우리는 솔직한 의심들을 어떻게 처리해야 하는가?

4. '믿음－의심'의 방정식에서 기도는 어떤 역할을 하는가?

5. 하나님이 하신 일을 기억하는 것이 어떻게 우리의 믿음을 강화시켜주는가?

6. 어떻게 머리와 마음이 협력해 한 사람을 믿음으로 인도하는가?

7. 믿음이 예수님을 기쁘게 하는 이유는 무엇인가? 당신은 오늘 그분을 어떻게 기쁘게 해드릴 수 있는가?

그가 이끄시는
제자도

> ❝ 무엇을 구하느냐? ❞

그는 장군도, 외교관도, 변호사도, 운동선수도 아니었다. 그는 세상 사람들이 훌륭하다고 여기는 인물이 아니었다. 디트리히 본회퍼(Dietrich Bonhoeffer)는 젊은 목사였고, 세상의 기준으로 볼 때 특별히 성공한 사람은 아니었다. 다른 성직자들은 국가사회당에 가담하거나 혹은 단지 주눅이 들어 가만히 있거나 침묵했던 반면에, 본회퍼는 자신이 무신론적 이데올로기라고 생각하는 것에 대해 용기 있게 반대했다. 그가 태어난 독일까지 나치의 독재가 확산되자 친구들이 그의 안전을 염려해 다른 나라로 도피시키려 했다. 그러나 그는 멀리 떨어져 있을 수가 없었다.

"내가 우리 국민들과 함께 지금의 시련을 함께 나누지 않는다면 전쟁 후 독일에서 그리스도인의 삶을 재건하는 일에 동참할 자격이 없을 것이다. … 독일의 그리스도인들은 끔찍한 양자택일에 직면할 것이다. 즉 기독교 문명이 살아남기 위해 그들의 나라가 패하기를 바라거나, 아니면 그들의 나라가 승리해 우리 문명을 파괴하길 바라는 것이다. 나는 이 중에 무엇을 선택해야 하는지 알지만, 편안한 마음으로 이 선택을 할 수가 없다."

그는 자신의 안전을 포기하고 독일로 돌아갔다. 그는 기독교인으로서 해야 할 일이 잔인한 나치 정권의 전복을 위해 일하는 것이라고 결론 내렸다. 1943년 4월 5일, 게슈타포가 부모님 집에 있는 그를 체포해 감옥과 강제수용소로 보냈다. 연합국의 승리가 코앞에 다가온 1945년 4월 9일, 하인리히 힘러(Heinrih Himmler)의 특별 명령에 의해 39세의 목사는 재판 없이 처형 당했다. [1]

본회퍼의 유해는 발견되지 않았지만, 그의 유산은 아직까지 살아 있다. 아마도 그의 가장 훌륭한 작품일 《나를 따르라》(The Cost of Discipleship)에서 그 젊은 목사는 이렇게 말했다.

"그리스도께서 한 사람을 부르실 때는 그에게 와서 죽으라고 명하시는 것이다." [2]

비용 계산하기

요즘 그렇게 죽을 각오가 되어 있는 제자들은 극히 드물다. 비그리스도인들이 때로 현대 복음주의자들을 비판하는 것이 마땅한 이유는, 우리의 예배뿐만 아니라 우리의 삶에도 깊이가 없기 때문이다. 너무 많은 사람들이 십자가를 지지 않고 면류관을 얻으려 한다. 하지만 그리스도를 따르고자 하는 자들은 '와서 죽으라'라는 명령을 받는다. 우리에게는 그럴 마음이 있는가? 혹 예수님을 단지 더 행복하고 만족스러운 삶을 위한 수단으로 여기고 있지는 않은가?

어떤 사람이 예배 시간에 성도들 사이를 걸어다니며 큰소리로 자신이 예수 그리스도라고 외치기 시작했다. 그러자 설교단에 있던 목사가 재빠르게 대응했다.

"그렇다면 당신 손의 못 자국을 보여주시오."

당연히 못 자국 같은 건 없었다. 하지만 우리는 어떠한가? 작은 그리스도가 되려 는 자들, 즉 그리스도인들은 고난의 흔적을 지니게 될 것이다. 우리는 말뿐만 아니라 행동에서도 예수님을 닮아갈 것이다. 예수님이 "제자가 그 선생보다 높지 못하나"(눅 6:40)라고 말씀하셨기 때문이다. 따라서 예수님이 고난을 당하셨다면 우리도 고난을 당할 것이다. 예수님은 자신의 임박한 죽음을 언급하며 제자들에게 이렇게 물으셨다.

"내가 마시는 잔을 너희가 마실 수 있으며 내가 받는 세례를 너희가 받을 수 있느냐?"[3]

그리스도의 제자로서 우리가 받은 소명 중 하나가 고난이라는 사실은 피할 수 없다. 그것은 확실하다.[4]

2장에서 보았듯이, 랍비 예수님은 자신의 가르침들을 전달할 제자들을 찾고 계셨다. 하지만 단지 그뿐만이 아니었다. 예수님의 제자들은 그분을 닮아가야만 했다. 다른 랍비들의 학생들과 달리, 그들은 혼자 힘으로 독립적인 선생이 되는 것이 아니라 그리스도의 가르침과 그분의 모범을 충실히 따라야 했고, 그것으로 평가 받았다. 예수님은 간고를 많이 겪었으며 질고를 아는 자였다.[5] 그분을 따르는 자들은 그들 자신의 슬픔과 질고를 경험하게 될 것이다.

편안한 삶을 원한다면, 그리스도께 나아오지 말라. 당신에게 잘못이 없더라도 관계가 불편해지거나 단절될 수 있다. 명확한 사업 기회들을 놓칠 수도 있다. 사람들은 당신이 극단으로 달리고 있다고 생각할지도 모른다. 당신은 다른 모든 사람들이 침묵할 때 말을 해야 하거나, 당신에게 보답할 의향이 전혀 없는 사람들을 섬겨야 할 수도 있다.

하지만 그래도 그리스도를 닮기 원한다면, 오라! 그것이 쉽지 않다는 것, 그러나 그만한 가치가 있을 거라는 사실만 알아두라. 고난이 형성하는 인격은 편안한 삶에서는 절대로 나올 수 없는 것이다. 예수님은 이 어려운 진리를 보기 좋게 꾸미지 않으셨다. 사실 그분은 날카로운 질문들과 함께, 자신의 제자가 되고 싶다는 사람들에게 먼저 비용을 계산해보라고 충고하셨다.

수많은 무리가 함께 갈새 예수께서 돌이키사 이르시되 무릇 내게 오는 자가 자기 부모와 처자와 형제와 자매와 더욱이 자기 목숨까지 미워하지 아니하면 능히 내 제자가 되지 못하고 누구든지 자기 십자가를 지고 나를 따르지 않는 자도 능히 내 제자가 되지 못하리라 너희 중의 누가 망대를 세우고자 할진대 자기의 가진 것이 준공하기까지에 족할지 먼저 앉아 그 비용을 계산하지 아니하겠느냐 그렇게 아니하여 그 기초만 쌓고 능히 이루지 못하면 보는 자가 다 비웃어 이르되 이 사람이 공사를 시작하고 능히 이루지 못하였다 하리라 또 어떤 임금이 다른 임금과 싸우러 갈 때에 먼저 앉아 일만 명으로써 저 이만 명을 거느리고 오는 자를 대적할 수 있을까 헤아리지 아니하겠느냐 만일 못할 터이면 그가 아직 멀리 있을 때에 사신을 보내어 화친을 청할지니라 이와 같이 너희 중의 누구든지 자기의 모든 소유를 버리지 아니하면 능히 내 제자가 되지 못하리라 눅 14:25-33

대학 시절에 친한 친구와 함께 점심을 먹으려고 앉았다. 나는 그가 하나님을 알지 못하니 그에게 영생의 복음과 회개하고 믿어야 한다는 사실을 전해야겠다고 마음먹었다. 긴장이 되긴 했지만, 대화는 잘 진행되었다. 나는 성경의 기준에 따르면 우리 모두 하나님의 용서가 필요한 죄인들이라는 것을 인내심을 가지고 친구에게 설명했다. 하나님이 그에게 영생의 선물을 거저 주려 하시는데, 그것은 그가 할 수 있는 어떤 일을 통해서 받는 것이 아니라 오로지 그리스도의 죽음과 부활로 인해 받는 거라고 말해주었다. 내 친구가 할 일은 오로지 이것을 믿고 그리스도를 주와 구세주로 영접하는 것뿐이었다. 원인이 없으면 결과도 없는 법 아닌가?

내 친구는 성경에 대해 많이 알지 못했지만 그것이 그렇게 간단하지 않다는 것은 알고 있었다. 나는 구원이 행위가 아니라 믿음으로 이루어진다는 것을 확고히 믿지만,6 내 친구의 생각이 옳았다. 전형적인 대학생이었던 그는 술 마시는 걸 좋아했고, 때로는 과음하기도 했다. 그가 나에게 그리스도인이 되면 술에 취하지 말아야 하냐고 물었다. 나는 우리가 믿음을 행사하기 전이나 그리스도인이 된 후에 꼭 지켜야 할 도덕적인 명령은 없지만, 하나님께서 술 취하는 것이 건강에 좋지 않고 잘못된 것임을 깨우쳐 주실 것이며 따라서 술을 끊어야 할(사실은 끊고 싶게 될) 가능성이 크다고 조심스럽게 말해주었다.

내 친구는 그날 비용을 따져보았고, 결국 대가가 너무 크다고 결론을 내렸다. 부자 청년처럼[7] 그는 슬퍼한 것은 아니지만 예수님에게 모든 걸 바치기를 꺼리는 마음으로 떠났다. 내가 알기로는, 25년이 지난 뒤에도 그는 여전히 하나님나라 밖에 있다. 당신이나 나는 그의 근시안적인 판단이 너무 놀라워서 숨이 막히지만, 적어도 우린 그를 인정해주어야 한다. 그는 비용을 계산해보았기 때문이다.

우리는 대가를 치렀는가? 우리 손에 못 자국이 있는가? 사람들은 오늘날 여러 가지 이유로 예수를 영접한다. 친구들이 믿어서, 부모가 그렇게 하기 원해서, 교회에서 연애를 하고 싶어서, 사업상의 만남을 원해서, 외롭고 혼란스러워서 그들은 갈릴리 출신의 그분을 존경한다. 그러나 그러한 '결정'을 내린 많은 사람들이 제자도의 대가에 대해 고민해보지 않았다. 그것은 삶뿐만 아니라 죽음도 포함하는 것이다. 박해의 열기가 막대기 같은 그들의 영적 뿌리를 태워 버릴 수도 있고, 이 세상의 염려가 처음의 호기심을 짓눌러 버릴 수도 있다.[8]

내 친구 한 명은 십대인 아들이 조울증을 앓고 있다. 그 때문에 그 아이는 엄청난 기분 변화를 겪게 되어, 약으로 조절해야만 한다. 그 싸움이 오랫동안 자칭 그리스도인이었던 이 소년을 지치게 했다. 그는 고통 속에서 자기 가족과 하나님께 화를 내기 시작했다. 이해는 가지만 잘못된 관점이다. 예수님 자신도 고난을 받으셨는데, 왜 우리는 고난에 그토록 놀라는가?

나는 이전 시대에 사람들이 기대했던 것들이 더 솔직한 것이었을까 궁금하다. 라인홀드 니부어(Reinhold Niebuhr)라는 신학자가 쓴 〈평온을 구하는 기도〉(Serenity Prayer)는 고통을 염두에 두고 쓰여졌다. 거기서 저자는 무슨 일이 있어도 하나님을 신뢰한다는 것을 분명히 드러내며, 제자도의 대가를 놓고 솔직하게 고민한다.

주여, 제가 바꿀 수 없는 일에 대해서는
그대로 받아들일 수 있는 평온을 주시고
바꿀 수 있는 일들은 변화시킬 수 있는 용기를 주시며
그 둘을 구별할 수 있는 지혜를 허락하소서.
하루하루를 한껏 살아가게 하시고
순간순간을 한껏 즐기게 하시며
고난이 평화에 이르는 길임을 받아들이게 하소서.
예수께서 그러하셨듯이
죄로 가득한 세상을
제 뜻대로가 아니라 있는 그대로 끌어안게 하소서.
제가 주의 뜻에 순종하기만 한다면
주께서 모든 것을 바르게 인도하실 것을 믿게 하소서.
그리하여 제가 이 세상에서 합당한 행복을 누리고
다음 세상에서는 주와 함께 영원토록 최상의 행복을 누리게 하소서.
아멘.

따라서 우리는 예수님을 영접하기로 결정하기 전에, 그분의 질문을 깊이 생각해봐야 할 것이다.
"무엇을 구하느냐"(요 1:38).
우리가 그분을 구하고 있다면 그분을 영접할 것이며, 그와 함께 고난을 비롯한 더 많은 것들도 받게 될 것이다.

고난이 제자도에 포함된 필수적인 부분이긴 하지만 그것이 끝은 아니다. 고난 자체는 우리를 자기중심적으로 만들 수 있다. 왜냐하면 우리 자신의 고통에만 초점을 맞추기 때문이다. 하지만 우리가 예수님을 바라볼 때 고난은 우리에게 소망을 준다.[9] 우리가 고난 중에 그분을 바라볼 수 있는 한 가지 방법은 다른 사람들을 섬기는 것이다. 계속해서 도움을 받기만 하는 것이 아니라 우리가 주어야 한다. 우리가 섬기기 원하는지의 여부와 상관없이. 섬김은 제자들에게 선택사항이 아니다. 예수님은 "먼저 너희의 모든 필요들이 채워지면 너희가 다른 사람들을 섬길 수 있다"라고 말씀하지 않으셨다. 대신 "주는 것이 받는 것보다 복이 있다"(행 20:35)라고 하신다. 우리가 복을 받기 원한다면, 주어야 한다. 이 어려운 복을 주기적으로 받아 누려야 한다. 우리가 고난당할 때에도.

하루는 예수님의 제자들이 누가 가장 큰지에 대해 언쟁을 하고 있었다. 그들은 섬김에 관한 조언을 받지 못한 것이 분명했다. 그래서 예수님이 그들에게 그것을 알려주시며, 어떻게 하나님나라가 세상의 가치 체계를 완전히 바꾸어놓는지를 보여주신다. 그 점에서 가장 큰 자는 섬기는 자들이다.

예수께서 이르시되 이방인의 임금들은 그들을 주관하며 그 집권자들은 은인이라 칭함을 받으나 너희는 그렇지 않을지니 너희 중에 큰 자는 젊은 자와 같고 다스리는 자는 섬기는 자와 같을지니라 앉아서 먹는 자가 크냐 섬기는 자가 크냐 앉아서 먹는 자가 아니냐 그러나 나는 섬기는 자로 너희 중에 있노라

눅 22:25-27

예수님은 최후의 만찬 때 이러한 섬김을 매우 감동적으로 보여주시는데, 이는 궁극적으로 자신을 내어주는 행위, 즉 십자가 위에서의 희생적인 죽음 직전에 일어난 일이다. 다락방에서 예수님은 겸손한 종과 같이 직접 수건을

두르시고 제자들의 더러운 발을 씻겨주셨다. 그리고 또 다른 질문으로 그 교훈을 알아듣게 말씀해주신다.

> 그들의 발을 씻으신 후에 옷을 입으시고 다시 앉아 그들에게 이르시되 내가 너희에게 행한 것을 너희가 아느냐 너희가 나를 선생이라 또는 주라 하니 너희 말이 옳도다 내가 그러하다 내가 주와 또는 선생이 되어 너희 발을 씻었으니 너희도 서로 발을 씻어 주는 것이 옳으니라 내가 너희에게 행한 것 같이 너희도 행하게 하려 하여 본을 보였노라 내가 진실로 진실로 너희에게 이르노니 종이 주인보다 크지 못하고 보냄을 받은 자가 보낸 자보다 크지 못하나니 너희가 이것을 알고 행하면 복이 있으리라 요 13:12-17

위험한 제자도

그러한 제자도는 아무것도 주저하지 않는다. 우리를 부르시고 사랑으로 대해주시는 분, 우리에게 십자가까지 따라오라고 하시는 분을 믿는 것. 그러한 제자도는 위험한 것이다. 그것은 우리에게 포기하며 살도록 강요한다. 그 포기는 비현실적인 영적 세계에만 국한된 것이 아니다. 그것은 매우 실제적이다. 예수님이 비용을 계산해보라고 하신 것이 순전히 은유적인 표현만은 아니었다.

어느 날 예수님은 제자들에게 부정직한 청지기에 대한 특이한 비유를 말씀하셨다. 그는 자기가 곧 해고될 거라는 사실을 알고, 주인의 장부에 사람들이 빚진 돈을 깎아 기록한다. 그의 고용주에게 보복하려는 것이 아니라, 빚진 자들이 청지기에게 고마워서 그가 실직했을 때 보살펴주지 않을까 하는 생각에서였다. 예수님은 "주인이 이 옳지 않은 청지기가 일을 지혜 있게 하였으므로 칭찬하였다"라고 말씀하셨다. 그리고 예수님은 그 청지기가 주인의 돈을 가지고 기민하게 행동한 것처럼 하나님이 그들에게 맡기신 돈을 잘 사용하라고 권면하셨다. 그 이유는 돈이 중요해서가 아니라, 궁극적으로 돈이 그리 중요하지 않기 때문이다.

> 또한 제자들에게 이르시되 어떤 부자에게 청지기가 있는데 그가 주인의 소유를 낭비한다는 말이 그 주인에게 들린지라 … 지극히 작은 것에 충성된 자는 큰 것에도 충성되고 지극히 작은 것에 불의한 자는 큰 것에도 불의하니라 너희가 만일 불의한 재물에도 충성하지 아니하면 누가 참된 것으로 너희에게 맡기겠느냐 너희가 만일 남의 것에 충성하지 아니하면 누가 너희의 것을 너희에게 주겠느냐 집 하인이 두 주인을 섬길 수 없나니 혹 이를 미워하고 저를 사랑하거나 혹 이를 중히 여기고 저를 경히 여길 것임이니라 너희는 하나님과 재물을 겸하여 섬길 수 없느니라 눅 16:1-13

여기에는 여러 가지 중요한 제자도의 원칙들이 나타나 있다.

첫째, 우리는 하나님의 돈을 관리하는 충실한 청지기로 부름받는다. 따라서 궁극적으로 하나님을 염두에 두고 재정을 사용해야 한다.

둘째, 경제적인 부는 불의하거나 세속적인 것이 될 수 있다(헬라어로 adikos).[10] 하나님의 영광(그리고 우리의 유익)을 위해 돈을 사용할 수 있고 또 사용해야 하지만, 그것이 우리를 하나님으로부터 멀어지게 할 때가 너무 많다. "돈을 사랑함이 일만 악의 뿌리가 되나니 이것을 탐내는 자들은 미혹을 받아 믿음에서 떠나 많은 근심으로써 자기를 찔렀도다"(딤전 6:10)라는 사도 바울의 말처럼.

셋째, 우리의 경제적 자산보다 더 중요하고 지속적인 '참된 부'가 있다.

넷째, 우리가 (하나님의) 일시적인 부를 어떻게 사용하느냐와 이런 참된 부를 얼마나 많이 상급으로 받게 될 것인지는 서로 분명히 연관이 있다. 이와 관련해 우리는 순교한 선교사 짐 엘리어트(Jim Elliot)의 유명한 격언을 떠올리는 것이 좋겠다. "자기가 결코 잃어버릴 수 없는 것을 얻기 위해 계속 간직할 수 없는 것을 버리는 사람은 바보가 아니다."[11]

그러나 수조 달러에 이르는 첨단 경제에서, 우리 그리스도인들은 주머니의 잔돈에 해당하는 것만 내놓고 나머지는 자기가 가질 때가 너무 많다. '빈 무덤'(empty tomb inc.) 같은 구호단체들에 의하면, 신앙을 고백하는 대부분의 그리스도인들이 교회와 관련된 일에 3퍼센트나 그 이하를 기부한다고 한다.[12] 은퇴 이후의 편안한 삶을 위한 투자는 끝도 없어 보이는데, 복음을 듣지 못한 사람들이 하나님의 안식에 들어갈 수 있도록 세계 선교를 위해 기부하는 돈은 상대적으로 매우 적다. 전 컬럼비아국제대학 총장인 조지 머리(George Murray)는 이렇게 물었다.

"선교사들이 경제적 자본 없이 복음을 전파하기 위해 기꺼이 가려 한다면, 우리는 그들의 파송을 돕기 위해 자본 없이 살아가는 것을 고려해야 하는가?"[13]

이러한 것들은 정직한 대답을 요구하는 괴로운 질문들이다. 내 아내와 내가 믿음을 세워준 신학대학원을 갓 졸업하고 독특한 (그리고 주로 하나님을 두려워하는) 중서부 공동체로 옮겨갔을 때 우리에게 물질주의의 문제가 있다고 생각하지 않았다. 우리는 가진 것이 많지 않았지만, 그렇게 염려하지도 않았다. 우리에겐 서로가 있었고, 또 소명이 있었기 때문이다.

하지만 그때 우리가 알게 된 선한 그리스도인들의 집, 자동차, 평균 이상의 생활양식들이 눈에 들어오기 시작했다. 질투심-적어도 나는 그랬다-이 뿌리를 내리기 시작했다. 곧 우리의 널찍한 방 두 개짜리 아파트가 너무 작아 보였다. 우리는 월세를 허비하고 있다는 생각이 들었고, 두 사람이 수입으로 방 3개짜리 좋은 공동주택을 살 수 있다는 걸 알게 됐다. 우리는 떨리는 마음으로 실행에 옮겼고, 우리의 주거비는 갑자기 치솟았다. 나중에 아이들이 태어나자, 진짜 마당이 있는 집이 필요하다는 걸 알게 됐다. 그래서 좋은 학교 근처에 있는 미니 이층집을 샀다. 우리의 주거비는 또다시 뛰었다. 그렇지만 우리는 여전히 우리보다 더 부유한 이웃들과 비교하면서, 우리가 갖지 못한 공간과 시설에 대해 아쉬워한다. 나는 항상 그럴 것 같다.

우리의 가벼운 욕심과 감춰진 탐욕에는 여러 가지 이유가 있다. 나는 그것이 결국 한 가지로 요약된다고 믿는다. 바로 불신이다. 우리는 하나님이 궁극적인 기쁨의 근원이시며, 우리의 필요를 채워주기 원하시고 채워주실 수 있다는 것을 믿지 않는다. 그러한 불신은 틀림없이 영적인 문제이다. 바울은 탐심이 근본적인 우상숭배라고 했고, 정말 그렇다.[14] 성경 구절을 빌려 말하자면, 욕심 많은 사람들은 "하나님의 진리를 거짓 것으로 바꾸어 피조물을 조물주보다 더 경배하고 섬기기" 때문이다.[15]

그러나 예수님은 제자들에게 재물에 충성하라고, 즉 그분의 영광과 그들 자신의 궁극적인 상급을 위해 충실하게 그분의 부를 다른 사람들과 나누라고 하시지만, 거기서 끝나는 것이 아니다. 그분은 또한 공급을 약속해주신다. 제자들에게 그분의 본을 따르고 다른 사람들을 섬겨야 한다고 말씀하신 후에, 예수님은 그들 스스로 사역을 하도록 보냈던 예전 일을 상기시키신다. 오늘날 방대한 계획과 자원을 가지고 나가는 대부분의 단기선교팀들과 달리, 제자들은 아무것도 없이 갔다. "내가 너희를 전대와 배낭과 신발도 없이 보내었을 때에 부족한 것이 있더냐?"라고 그가 물으시자 그들은 "없었나이다"라고 대답했다.[16]

그들에겐 아무것도 부족한 것이 없었다.[17] 우리도 그럴 것이다. 그러나 이 교훈을 배우는 데 시간이 걸리기도 한다. 나의 많은 탐심에도 불구하고, 하나님은 계속해서 우리 가족에게 필요한 모든 것을 공급해주셨다. 우리는 20년 넘는 결혼생활 동안 수입이 적거나 전혀 없던 시절, 직장과 집을 여러 번 옮겨야 했던 일, 세 자녀, 예상치 못한 지출, 실직 등의 문제에 부딪혔다. 그러나 집, 자동차, 음식, 옷이 없었던 적은 없었다. 즉 하나님이 우리를 부르신 곳에서 살며 그분을 섬기는 데 필요한 모든 것이 늘 있었다. 물론 항상 쉬운 것은 아니었지만, 하나님은 우리가 가진 적은 믿음에 충분히 보상해주셨다. 다른 제자들도 틀림없이 그와 같이 말할 수 있었을 것이다.

열성적인 추종자들

예수님을 향한 우리의 신실함은 주로 우리를 향한 그분의 신실하심에 대한 응답이다. 그것은 독립적인 것이 아니라 그분의 분명한 사랑의 표현에 반응하는 것이다. 또한 그것은 열정적인 충성이다. 우리가 예수님을 따르는 것은 결코 메마르고 칙칙한 의무가 되어서는 안 된다. 우리는 매일 해야 할 일들의 목록에 예수님을 넣지 않는다. 그분의 사랑이 우리의 사랑에 불을 붙이고 우리의 삶을 사로잡는다. 그 삶은 그분의 영광을 위해 바쳐야 한다.[18] "우리가 사랑함은 그가 먼저 우리를 사랑하셨음이라"(요일 4:19).

예수님은 제자들이 빛과 소금으로서 그에게 열렬한 헌신을 보여주길 기대하신다. 우리는 세상에 있어야 하며, 세상에 부족한 의를 더해야 한다. 예수님은 산상수훈에서 "너희는 세상의 소금이니 소금이 만일 그 맛을 잃으면 무엇으로 짜게 하리요 후에는 아무 쓸데없어 다만 밖에 버려져 사람에게 밟힐 뿐이니라"(마 5:13)라고 말씀하셨다. 짠 맛을 잃은 제자들은 아무 데도 쓸모가 없다.

예수님은 우리가 상아탑 안에 갇혀 있는 것이 아니라 세상에서 열심히 일하기를 기대하신다. 사색과 기도를 위한 장소가 있지만, 제자들은 절대로 사역을 잊지 않는다. 일은 참된 제자를 나타내는 표시다. 결국 '제자'라는 단어는 '훈련'과 관련이 있다.

마르틴 루터는 자신이 하나님의 은혜를 받기에 합당할 정도로 선해질 수 없다는 것을 깨달은 후 종교 개혁을 일으켰다. 하지만 이런 깨달음이 그로 하여금 하나님을 위한 일을 멈추게 하지는 않았다. 오히려 그가 섬겨야 할 영역이 훨씬 더 넓다는 걸 알게 되었다. 수도원을 떠나면서, 그는 기독교의 제자도가 특별한 소수를 위한 소명이 아니라 모든 사람을 위한 은혜로운 임무라는 걸 알았다. 도살업자든, 제빵사든, 촛대 만드는 사람이든 간에 말이다.

"루터가 수도원에서 세상으로 돌아온 것은 초기 기독교 시대 이후로 세상이 겪은 가장 큰 타격이었다"라고 본회퍼는 말했다. "그가 수도사일 때 포기했던 것은 세상으로 돌아왔을 때 포기해야 했던 것에 비하면 아무것도 아니었다."[19]

예수님과의 친밀함

그러나 왕을 따르는 것은 즐거운 소명이다. 또한 그것은 개인적인 기쁨이다. 최근 몇 년 동안 많은 사람들이 미국 복음주의의 하나님에 대한 개인주의적인 접근('오직 나와 예수님만')을 비판한 것은 합당하지만 진리의 중요한 요소가 그 안에 담겨 있다. 예수님의 부르심은 언제나 개인적인 부르심이다.

안드레가 예수님을 따르기 위해 세례 요한을 떠난 후, 곧 그의 형제 시몬에게 말해 그를 갈릴리에서 오신 분께 데려갔다. 예수님은 곧바로 그 충동적인 어부를 알아보시고, "네가 요한의 아들 시몬이니 장차 게바라 하리라"라고 하셨다.[20] 아람어로 '반석'을 뜻하는 '게바'(베드로는 헬라어 이름이다)는 그 사람의 인격에서 중요한 것을 나타냈으나, 그의 주변 사람들이 보기에 그의 인격은 그렇게 성숙하거나 눈에 띄는 건 아니었다. 그러나 그는 장차 새로운 예수 운동의 확고하고 용감한 지도자가 될 것이다.

물론 베드로는 그 과정에서 실패도 했다. 자기 자신을 가장 우선시하려했고, 자신의 길을 방해하는 사람들을 응징했으며, 그리스도의 거룩함으로부터 도망치기도 했다. 반석에 대해 말하자면, 베드로는 예수님이 배신당하시던 날 밤에 바닥을 쳤다. 그의 주님을 세 번 부인한 것이다. 감정적으로 불안정했던 베드로는 예수님이 의도하신 반석이라고 보기 어려웠다. 때로는 흐르는 모래에 더 가까워 보였다. 하지만 그 모든 일들을 통해 하나님은 베드로를 믿음의 반석으로 만들어 가고 계셨다.

부활 후 예수님은 처음으로 돌아가 베드로에게 그의 첫 소명을 세 번 상기시켜주신다. 그로써 그의 제자가 세 번 부인한 것을 각각 상쇄해주신 것이다.

"요한의 아들 시몬아 네가 이 사람들보다 나를 더 사랑하느냐 … 요한의 아들 시몬아 네가 나를 사랑하느냐 … 요한의 아들 시몬아 네가 나를 사랑하느냐"(요 21:15-19).

그때마다 베드로는 예수님을 향한 자신의 사랑을 단언한다.[21] 이 장면에서 우리는 아무리 큰 죄를 지었어도 제자는 항상 용서받을 수 있다는 걸 알게 된다. 그 후에 베드로는 반석이 되었고, 예수님은 항상 그가 그렇게 되리라는 걸 알고 계셨다. 그에게 입을 다물라고 명령하는 종교 지도자들에게도 두려움 없이 맞섰다.[22]

"하나님 앞에서 너희의 말을 듣는 것이 하나님의 말씀을 듣는 것보다 옳은가 판단하라."

베드로는 예루살렘에서 사도 요한과 함께 선포했다.

"우리는 보고 들은 것을 말하지 아니할 수 없다."

베드로는 이제 정말 반석이 되었다.

예수님은 우리 모두를 개인적으로 부르신다. 우리 모두 베드로가 간 길을 가진 않겠지만, 특별히 우리를 위해 정해진 길을 가게 될 것이다.[23] 예수님은 베드로에게 그 길이 그의 십자가로 인도할 거라고 말씀하시며, 실제로 교회 전통은 베드로가 그의 신앙 때문에 거꾸로 십자가에 못 박혔다는 것을 보여준다. 우리의 길들은 순교로 이어질 수도 있고 그렇지 않을 수도 있다. 무엇이든 그 길은 우리의 삶에 대한 예수님의 개인적인 소명을 이루기 위해 필요한 길일 것이다.

베드로는 요한을 바라보며 불쑥 "주님 이 사람은 어떻게 되겠사옵나이까?"라고 묻는다. 그러자 예수님은 다시 질문으로 이 질문에 답해주신다. "내가 올 때까지 그를 머물게 하고자 할지라도 네게 무슨 상관이냐 너는 나를 따르라"(요 21:22).

내가 상관할 일이 아니다

솔직히 예수님이 다른 제자들을 위해 무엇을 계획해 놓으셨든지 그건 내가 상관할 바가 아니다. 또 그것은 실제로 중요하지 않다. 그들은 나보다 고난을 더 많이, 혹은 더 적게 겪을 수 있다. 돈이 더 많을 수도, 적을 수도 있다. 명성을 더 얻을 수도, 덜 얻을 수도 있다. 모두 주님에게 달린 일이다. 나의 일은 나를 다른 제자들과 비교하는 것이 아니라, 그분이 어디로 인도하시든지 따르는 것이다.

당신은 사람들이 가득 찬 경기장에서, 또는 어떤 운동의 일환으로 예수님을 따르기로 결단할지 모르지만, 어쨌든 당신의 십자가를 홀로 져야만 한다. 하지만 베드로의 경우처럼, 예수님은 자신이 하는 일을 잘 알고 계신다. 우리의 길이 어떤 우여곡절을 거듭할지 알고 계신다. 우리가 어디서 그분을 실망시킬지, 어디서 그분을 섬길지 아시며, 우리와 동행하시고, 속히 용서하시며, 항상 넘어진 우리를 일으킬 준비가 되어 있으시다.

베드로의 경우처럼, 예수님은 우리를 위한 주님의 특별한 이름을 알고 계시며, 우리도 언젠가는 그 이름을 알게 될 것이다. "이기는 그에게는 내가 … 흰 돌을 줄 터인데 그 돌 위에 새 이름을 기록한 것이 있나니 받는 자밖에는 그 이름을 알 사람이 없느니라"(계 2:17)라고 예수님은 말씀하신다.

토론 질문

1. 예수 그리스도의 제자가 되는 것은 어떤 면에서 죽음과 같은가?

2. 고난이 우리가 제자로 부름받은 것을 어떻게 확증하는가?

3. 그리스도를 따르는 자들에게 섬김이 왜 그렇게 중요한가?

4. 왜 우리의 돈을 하나님께 맡겨야 하며, 이렇게 하기 위한 실제적인 방법들은 무엇인가?

5. 영적으로 메마른 느낌이 들 때 무엇을 할 수 있는가?

6. 당신이 예수 그리스도를 위해 열심히 일하는 데 방해가 되는 것은 무엇인가?

7. 제자로서 당신이 받은 소명과 다른 사람들의 소명이 어떻게 다르다고 생각하는가?

주권에
순종하는 삶

66 네가 나를 위하여 네 목숨을 버리겠느냐? **99**

  냉정하게 보면, 때로 자녀 양육에서 가장 중요한 것은 아이들과 함께 규칙적인 일상을 만들어가는 일처럼 보인다. 우리 아이들을 위한 공식적인 저녁의 일상은 이런 식으로 진행된다. 숙제 마치고 방 정리하기, 식사 준비 돕기, 저녁 먹으면서 대화 나누기, 그릇 치우기, 장난치지 않으면서 잠옷 입기, 디저트 먹기, 이 닦기, 이야기 시간 갖기, 기도하기, 자러 가기, 그리고 침실에 가만히 있기.

  어느 날 밤, 여섯 살짜리 우리 아들이 규칙을 따르는 걸 힘들어했다. 아이는 내가 규칙적인 일상으로 돌아가야 한다는 걸 몇 번이나 이야기했는데도, 레고 때문에 자꾸 곁길로 샜다. 나는 불만스럽긴 하지만 전면적인 대결(결국 울음으로 이어지는 다툼)을 하는 건 원치 않았기에, 아이가 자기 잘못을 깨닫기를 바라며 좀 더 부드럽게 접근하기로 했다. 나는 아들을 따로 불러서 물었다.

  "아빠 말을 따르는 것이 중요하다고 생각하지 않니?"

여섯 살짜리 우리 아들은 진지하게 생각에 잠긴 표정으로 나를 쳐다보았다. 그리고 잠시 생각해보더니 "꼭 그렇진 않아요"라고 말했다. 그것은 아마 그 아이가 종일 했던 말 중에 가장 솔직한 말이었을 것이다. 그 아이에게 순종은 선택 항목이었다.

순종은 필수 항목이다

우리는 제자의 삶을 살펴보기 시작했다. 그것은 즐거운 소명이지만, 힘든 소명이기도 하다. 최소한 그것은 순종을 요구한다. 예수님이 사랑하신 제자로 알려진 요한[1]은 예수님이 "너희가 나를 사랑하면 나의 계명을 지키리라 … 나를 사랑하지 아니하는 자는 내 말을 지키지 아니하나니"(요 14:15, 24)라고 말씀하셨다고 기록한다. 나중에 요한은 "그를 아노라 하고 그의 계명을 지키지 아니하는 자는 거짓말하는 자요 진리가 그 속에 있지 아니하되"(요일 2:4)라고 그 요점을 강조한다.

순종은 꼭 필요한 제자도의 표시이다. 그것은 주님의 사랑의 사역에 마지못해 추가하는 것이 아니라, 그 사랑에 대한 불가피한 반응이다. 존 파이퍼는 《예수님이 세상에 요구하시는 것》(What Jesus Demands from the World)에서 "주님이 요구하시는 순종은 그의 구속 사역의 열매이며 그의 개인적인 영광을 나타내는 것이다"[2]라고 말한다.

20년 전 복음주의자들은 '주재권 구원'의 문제에 대해 옥신각신했다. '사람들이 그리스도께 나아올 때 순종의 행위는 그들의 구원에서 어떤 역할을 하는가?'에 대한 문제였다.

그 한편에는 존 맥아더(John MacArthur)가 있었는데, 그는 그리스도의 제자가 되려면 예수를 '구주'로 따를 뿐만 아니라 '주님'으로 따라야 한다는 것을 이해해야 한다고 주장했다. 다른 한편에는 제인 호지스(Jane Hodges)가 있었다. 그는 구원이 '전적으로 거저 얻는' 것이며, 우리는 행위와 상관없이 의롭다고 인정받으므로 구원을 받기 위해 순종하는 삶을 살 필요가 없

다고 주장했다.[3]

이렇게 탁월하고 선한 뜻을 가진 두 신학자들이 이 중요한 문제에 대해 합의하지 못하는데, 내가 누구라고 설전에 가담하겠는가? 그러나 모르면 용감한 법이라고, 나를 바보로 여겨도 좋다. 나는 그리스도를 믿는 사람이 언제 순종의 삶을 시작해야 하는지는 말할 수 없지만, 불순종이 삶의 특징으로 나타나는 사람은 결코 자신이 구원받았음을 확신할 수 없다고 말할 수는 있다. 예수님은 결국 '주' 예수님이시기 때문이다.

또한 '주님'은 복잡한 명칭이 아니다. 신학자 존 프레임(John Frame)에 의하면, 신약성경에서 예수님에게 사용한 '주님'(kyrios)은 70인역의 번역자들이 여호와에게 사용한 단어, 즉 구약성경에서 하나님을 칭하는 가장 개인적인 이름과 동일하다.[4] 여호와는 주님이시다. 예수님은 주님이시다. 또한 거룩하신 주님, 통치자 예수님은 우리의 고매한 순종을 받기에 합당하시다.

다른 사람의 일을 하는 것

현대인은 '자기 일을 하는 것'을 갈망하지만, 순종, 즉 다른 사람의 일을 하는 것은 전적으로 타당한 것이다. 예를 들어 서점에 가 보면 리더십을 극찬하는 제목들이 넘쳐나는데, '리더십'이라는 개념 자체가 누군가 따르는 자가 있어야 한다는 뜻이다. 즉 다른 사람의 일을 해야 한다는 것이다. 또한 사람들은 실제로 그들에게서 최선을 이끌어내는 훌륭한 지도자를 따르는 것을 꺼리지 않는다.

미국 프로미식축구 사상 가장 위대한 감독으로 손꼽히는 빈스 롬바르디(Vince Lombardi)를 생각해보라. 그는 탁월함을 요구했으나 선수들에게 경외감과 존경심, 사랑까지 받았다. 롬바르디는 1959년 시즌 전에 1승 10패였던 그린베이 패커스(Green Bay Packers) 팀에 와서, 힘들어하는 선수들에게 '최고가 되려면 노력을 해야 하고 그러려면 고통이 따를 것'이라고 말했다.

"춤은 접촉 스포츠고, 축구는 부딪치는 스포츠다."

그들은 롬바르디의 힘든 코칭 철학을 전심으로 따르며 부딪쳤다. 그 후 3년 만에 패커스 팀은 많은 세계 경기에서 우승을 했다. 예전 선수인 윌리 데이비스(Willie Davis)는 이렇게 말했다. "그는 우리를 신자로 만들었다. 다른 팀이 무엇을 할 것인지 말해주었고, 그들을 이기기 위해서 우리가 무엇을 해야 하는지 말해주었다. 그리고 그의 말은 항상 옳았다." 나중에 코치가 된 포레스트 그레그(Forrest Gregg)는 "롬바르디가 '앉아'라고 말하면 우리는 의자를 찾지 않았다"라고 말했다. 5

예수님은 얼마나 훌륭한 지도자이신가? 그분은 우리의 헌신적인 섬김을 받기에 합당하지 않으신가? 생각해보면 순종은 그리스도의 주되심에 대한 유일하게 합당한 반응이다. 예수님이 그의 제자들에게 "너희는 나를 불러 주여 주여 하면서도 어찌하여 내가 말하는 것을 행하지 아니하느냐?"(눅 6:46)라고 물으실 때 말씀하신 것이 바로 이것이다. 우리가 예수님을 '주'라고 부른다면, 우리에게는 그분에게 순종할 의무가 있다. 두 개념은 함께 간다. 그는 주님이시다. 우리는 주님께 순종한다. 그렇지만 종종 우리는 그렇게 하지 못한다.

예수님이 배신당하시던 날 밤, 제자들에게 곧 그들이 그를 떠날 거라고 경고하셨다. 항상 성급한 베드로는 예수님을 위해 죽음도 불사하겠노라고 장담했다. 이 베드로라는 사람, 반석하고는 거리가 먼 그를 아시는 예수님은 날카로운 질문을 던지셨다.

"네가 나를 위하여 네 목숨을 버리겠느냐?"

그리고 이어지는 예수님의 고통스러운 대답은 누구도 듣고 싶지 않은 말이었다. 아직은 아니라는 것이다. 6 그러나 어떤 제자들은 그것을 이해했다.

모니카 시에라(Monica Sierra)는 모든 것을 갖춘 것처럼 보였다. 플로리다 힐스버러 카운티의 최연소 순회재판소 판사로 선출된 그녀는 벤츠를 몰고 14만 5천 달러의 급여를 받았으며, 그녀의 지위에 따른 모든 특전을 누렸다. 하지만 2007년 11월에 3개월간 무보수로 한 선교단체에서 자원봉사를 하러 가겠다고 했다. 그 단체는 중동지방의 몇몇 난민 보호소에 인도주의적, 영적인 도움을 제공하는 곳이다.

그러나 그 기간이 끝난 후, 41세의 시에라는 훨씬 더 급진적인 길을 가겠다고 선언했다. 2008년 2월 1일에 그녀는 난민들 사이에서 사역하고자 판사직에서 물러났다. 그녀의 첫 번째 임기를 마치기 1년 전이었다. 그녀를 판사로 만들기 위해 많은 희생을 했던 친구들과 가족은 충격에 빠졌다. 더 이상 그녀의 수입에 의존할 수 없게 된 시에라는 그녀와 함께 일하는 작은 선교단체의 후원금과 그녀가 저축해놓은 돈에 의존해 살겠다고 했다.

시에라는 〈탬파 트리뷴〉(The Tampa Tribune)이라는 신문사의 인터뷰에서, 자신은 '주의 명령에 순종해' 행동할 수밖에 없다고 했다. 그리고 이렇게 덧붙여 말했다.

"주님이 나보다 더 잘 알고 계신다고 믿어야 합니다."[7]

정말 그렇다.

누구의 형상이 있느냐?

예수님은 우리에게 그렇게 급진적인 변화를 요구할 권리가 있으신가? 그건 좀 극단적이지 않은가? 당신이 주님으로서 그분의 권리를 인정하지 않는다면 그럴 것이다. 만일 우리가 아무 데도 매이지 않는 자유로운 행위자로서 예수님에게 조언이나 영적인 특효약을 구하러 나아온다면, 그분의 주 되심의 개념이 이해가 되지 않을 것이다. 하지만 우리가 굶주린 상태에서 오직 그분만이 주실 수 있는 빵을 구하며 그분에게 나아간다면, 다른 선택이 없을 것이다. 우리는 다른 사람이 아닌 그분으로부터 행군 명령을 받아야만 한다.

"우리가 결정하는 것이 아니다"라고 팀 스태퍼드(Tim Stafford)가 말했다. "우리는 누구에게도 죽음이 기다리는 곳으로 가는 것이 예수님이 원하시는 일이라고 말할 수 없다. 직장을 포기하고, 모든 것을 팔아 가난한 자들에게 나누어주는 것, 그것은 우리가 다른 사람에게 기대할 수 있는 일이 아니다. 오직 예수님만이 요구하실 수 있는 일이다."[8]

예수님의 사역에 관한 한 이야기가 그 이유를 잘 설명해줄 것이다.

어느 날 예수님이 예루살렘에 계시는데 서기관들과 대제사장들이 예수님을 함정에 빠뜨리기 위해 교묘한 질문을 해왔다.[9] 이 질문을 한 자들은 유대 백성이 그들을 억압하는 자들에게 세금을 내야 하는지를 예수님이 말씀해주시기 원했다. 만약 예수님이 "그렇다"라고 대답하셨다면 사람들 보기에 그분의 신임이 떨어졌을 것이고, "아니다"라고 했다면 본디오 빌라도가 예수님을 대중 선동가나 제국의 반역자로 감옥에 보냈을 것이다.

이에 예수님은 노동자의 하루 임금 정도 되는 동전, 한 데나리온을 보라고 하셨다. 그리고 이렇게 물으셨다.

"누구의 형상과 글이 여기 있느냐?"

아마도 말씀을 하시면서 손 안의 동전을 뒤집어 보이셨을 것이다. 예수님이 그들을 위해 덫을 놓으신 것을 눈치 채지 못하고, 예수님을 고발하려 하던 자들이 "가이사의 것이니이다"라고 불쑥 말하는 바람에 그들은 불리해졌다. 그러자 예수님은 말로 그들에게 일격을 가하셨다.

"가이사의 것은 가이사에게, 하나님의 것은 하나님께 바치라."

그 메시지는 성경을 아는 유대인이라면 분명히 이해할 수 있었고, 성경은 서기관들과 대제사장들의 전문 분야였다. 가이사의 형상이 새겨진 것이 가이사의 것이라면, 하나님의 형상이 새겨진 것들, 즉 남자와 여자들은 모두 하나님의 것이다.[10] 또한 예수님은 성자 하나님이시다. 그분의 정체성은 우리의 DNA보다 더 확실하게 우리 안에 새겨져 있다. 가이사가 데나리온에 대한 소유권을 주장했던 것만큼 명백하게 주 예수님은 우리의 소유자이시다.

물론 예수님이 주님이신 이유는 우리를 창조하셨기 때문이다. 하지만 다른 면에서도 그분은 주님이시다. 우리는 그분의 주 되심의 여러 면들을 살펴볼 것이다. 예수님의 질문들이 그것을 대면할 수밖에 없게 만든다.

안식일의 주인이신 예수님

예수님과 제자들이 안식일에 밀밭 사이를 지나고 있다.[11] 시장했던 그들은 이삭을 잘라 먹었다. 그러자 트집 잡을 기회를 노리며 그들과 함께 걷고 있던 바리새인들이 예수님에게 불평했다.

"보시오. 당신의 제자들이 안식일에 하지 못할 일을 합니다."

물론 신명기 23장 25절에 의하면 가난한 사람이 이웃의 밭에서 약간의 이삭을 줍는 것은 합법적인 것이었다. 하나님의 율법은 가난한 사람들에게 후히 나눠줄 것을 격려했기 때문이다.

바리새인들은 틀림없이 이것을 알고 있었지만, 다른 때 같으면 필요에 따른 합법적 행위였을 일들이 안식일에는 불법이라고 생각했다. 청교도 주석가 매튜 헨리에 의하면 "그날 이삭을 뽑고 비비는 것은 장로들의 전통에 의해 명백히 금지된 일이었다. 그것도 일종의 수확이었기 때문이다."[12] '수확'은 일의 형태로서 금지되었다. 또는 적어도 그들의 생각엔 그랬다. 예수님은 자비롭게도 질문들을 통해, 그들이 율법에 무지하다는 사실을 보여주신다.

예수께서 이르시되 다윗이 자기와 그 함께한 자들이 시장할 때에 한 일을 읽지 못하였느냐 그가 하나님의 전에 들어가서 제사장 외에는 자기나 그 함께한 자들이 먹어서는 안 되는 진설병을 먹지 아니하였느냐 또 안식일에 제사장들이 성전 안에서 안식을 범하여도 죄가 없음을 너희가 율법에서 읽지 못하였느냐 마 12:3-5

그들은 그들의 성경을 읽어보지 않았을까? 그러한 질문은 스스로 방대한 성경 지식을 자랑스럽게 생각하던 그들에게 면박을 주는 것이었다. 그리고 예수님은 그들에게 영적인 우선순위를 바로잡으라고 말씀하신다.

> 내가 너희에게 이르노니 성전보다 더 큰 이가 여기 있느니라 나는 자비를 원하
> 고 제사를 원하지 아니하노라 하신 뜻을 너희가 알았더라면 무죄한 자를 정
> 죄하지 아니하였으리라 인자는 안식일의 주인이니라 하시니라 마 12:6-8

그리스도가 주님이시므로 그분은 율법을 하나님의 뜻대로 해석하실 수 있
다. 또한 그분의 주 되심은 의무뿐 아니라 자유도 가져온다. 여기서 제자는
하나님의 자비 아래 먹을 자유가 있었다. 하나님의 자비는 (다른 사람의) 희
생에 대한 비판자들의 잘못된 갈망보다 더 크다. 여기서 우리는 어떤 의무들
은 다른 것들보다 더 중요하다는 걸 알게 된다. 건강한 제자는 모든 계명을
똑같이 중요하게 여기지 않는다. 상황에 따라서 우리는 더 중요한 계명을 따
르기 위해 덜 중요한 것을 어기게 될 수 있다. 예를 들면 다음과 같다.

* 호숫가에서 경건의 시간 갖는 것을 보류하고 물에 빠진 사람을 구하러
  간다.
* 제한속도를 어기더라도 그를 병원에 데려갈 수만 있다면 그렇게 한다.

그리고 마음의 문제들-외적인 순종보다 성품-이 먼저다. 우리가 이런 것
들을 분별할 수 있는 이유는 예수님이 안식일의 주인이시며, 그것이 다른 모
든 종교적인 규정들보다 더 중요하기 때문이다.

예를 들면, 어느 날 반 세겔의 성전세-성전을 유지하기 위해 매년 20세에
서 50세의 유대인 남자들에게 부과되는 세금[13]-를 받는 자들이 가버나움에
서 베드로를 찾아왔다. 그들은 예수님이 무슨 말씀을 하실지에 신경 쓰며
약간 두려워하기도 했다. 예수님 사역의 많은 부분이 당시의 편협한 종교적
관습들을 뒤엎는 일이었다. 어쩌면 12세 때 성전을 '내 아버지의 집'이라고

부르셨고(눅 2:49), 성전 예배에 경제적인 문제들이 얽히는 것에 매우 예민하게 반응하셨던[14] 예수님이 세금 내는 것을 주저하시지 않을까? 언쟁을 원치 않았던 세리들은 안전한 길을 택하며 베드로에게 이렇게 물었다.

"너의 선생은 반 세겔을 내지 아니하느냐?"

그러자 베드로는 반사적으로 "내신다"라고 말했다. 그리고 나서 확인하기 위해 예수님을 찾아갔다.

> 이르되 내신다 하고 집에 들어가니 예수께서 먼저 이르시되 시몬아 네 생각은 어떠하냐 세상 임금들이 누구에게 관세와 국세를 받느냐 자기 아들에게냐 타인에게냐 베드로가 이르되 타인에게니이다 예수께서 이르시되 그렇다면 아들들은 세를 면하리라 마 17:25,26

조세 피난처(Tex shelter)는 새로운 것이 아니다. 우리 시대에도 종종 그렇듯이 당시에는 권력에 가까운 자들은 정부가 부과한 막중한 의무들을 회피했다. 1세기의 가이사는 자신에게 세금을 부과하지 않듯이 자기 아들들에게도 세금을 받지 않았을 것이다. 오늘날의 평등 개념들이 그 시절에는 영향력이 거의 없었다. 권력자들은 자기들의 것을 보호했고, 의무는 언제나 평범한 사람들의 몫이었다. 원래 그랬고, 예수님은 이런 상황을 인식하고 계셨다(그러나 지지하지는 않으셨다).

하지만 예수님은 이 잔혹한 세상의 현실을 사용해 영적인 진리를 전하셨다. 하늘나라 왕의 아들이신 예수님은 아버지의 집을 유지하기 위한 모든 의무를 면제받는다. 혈육보다 예수님과 더 가까운 제자들[15] 또한 그렇다. 하지만 법은 예수님의 제자들을 지배하지 않더라도, 은혜가 그들을 강권해 어떻게든 관대하게 행동하게 할 것이다. 어찌되었든 하나님이 필요한 것을 제공해주실 것이다.

그러나 우리가 그들이 실족하지 않게 하기 위하여 네가 바다에 가서 낚시를 던져 먼저 오르는 고기를 가져 입을 열면 돈 한 세겔을 얻을 것이니 가져다가 나와 너를 위하여 주라 하시니라 마 17:27

창조의 주인이신 예수님

그러한 절대적 주권은 또한 용기를 준다. 예수님은 바다 위에서 무시무시한 폭풍우가 몰아치는 동안 어린 아기처럼 주무셨다. 세상의 그 무엇도 예수님의 확신을 흔들 수 없었다. 그러나 제자들은 "주여 구원하소서 우리가 죽겠나이다"라고 소리쳤다. 그분의 질문-"어찌하여 무서워하느냐? 믿음이 작은 자들아"-은 우리 각 사람 안에 있는 의심하는 사람에게 하시는 것이다.[16] 창조의 주님이 말씀하시자 폭풍우가 사라진다. 그러나 설령 그분이 아무 말씀도 안 하시고 폭풍우가 계속된다 해도, 그분은 여전히 주님이시다.

다니엘서의 한 본문이 생각난다. 사드락, 메삭, 아벳느고가 느부갓네살의 금신상에게 절하길 거부하고 특별히 제작된 인간 소각로에서 곧 죽을 위험에 처했을 때였다. 세 사람은 그들을 구원하실 하나님의 능력을 믿었으며, 혹 구원하지 않으실지라도 믿을 거라고 고백한다.

왕이여 우리가 섬기는 하나님이 계시다면 우리를 맹렬히 타는 풀무불 가운데에서 능히 건져내시겠고 왕의 손에서도 건져내시리이다 그렇게 하지 아니하실지라도 왕이여 우리가 왕의 신들을 섬기지도 아니하고 왕이 세우신 금 신상에게 절하지도 아니할 줄을 아옵소서 단 3:17,18

쓰나미가 가차 없이 우리에게 몰려올 때, 허리케인이 몰아칠 때, 토네이도가 우리 마을을 완전히 파괴할 때 우리는 하나님의 전능하심을 믿는가? 그분의 선하심을 믿는가? 예수님이 창조의 주님이시라면, 그분의 계획에 없는 일들은 아무것도 일어나지 않을 거라고 믿고 안심할 수 있다. 또한 무슨 일이 일어나든 깊이 잘 수 있다.

인간의 필요를 채워주시는 주님

예수님이 고향 나사렛에 계실 때 어떤 사람들이 중풍으로 누워 지내는 한 청년을 그분에게 데려왔다. 오늘날 많은 그리스도인들이 사람들에게 구세주가 필요하다는 사실을 말하기 전에(또는 그 대신) 육체적 필요를 채우는 것에 치중하지만,[17] 예수님은 그렇지 않으셨다. 예수님은 그에게 "작은 자야 안심하라 네 죄 사함을 받았느니라"라고 말씀하신다.[18]

그 자리에 있던 일부 서기관들은 오직 하나님만이 사람의 죄를 사하실 수 있다는 것을 정확히 알았기에, 예수님이 신성모독을 하셨다고 결론지었다. 예수님은 그들의 마음을 읽고 두 가지 예리한 질문을 던지신다.

"너희가 어찌하여 마음에 악한 생각을 하느냐? 네 죄 사함을 받았느니라 하는 말과 일어나 걸어가라 하는 말 중에 어느 것이 쉽겠느냐?"[19]

첫째, 예수님이 신성을 모독했다고 생각하는 서기관들은 악하다. 그것은 그들 주변에서 영적인 새벽이 밝아오는 것을 무조건 인정하지 않는 냉담한 마음을 드러낸다. 둘째, 예수님은 행동보다 말이 쉽다는 것을 암시하시는 듯하다. 죄를 용서한다고 말하는 것과 신적인 능력, 즉 죄를 사하는 권세를 증명해 보이는 것은 완전히 다른 문제다. 예수님은 중풍병자의 영적 필요에서 육적인 필요로 옮겨감으로써 자신의 말씀을 뒷받침하신다. 그분은 두 가지 다 돌봐주실 수 있다. 그분은 하나님이시기 때문이다.

예수님은 오늘날의 모든 필요를 채워주실 수 있다. 당신이 어렴풋이 인식하고 있는 필요들까지 말이다. 우리 아이들 중 한 명은 공립학교에서 인간이 육체적, 정신적, 감정적, 사회적 필요들을 갖고 있다는 것을 배우고 있다. 이것은 어느 정도 사실이다. 하지만 이러한 접근법은 너무 세속적이다. 마치 우리의 영적인 필요가 존재하지 않거나 중요하지 않은 것처럼 행동하는 것이다. 그러나 자신의 영적인 집을 잘 정돈하는 사람들이 또한 다른 필요들도 채움 받는 것이 사실이다. 아이작 왓츠(Isaac Watts)의 오래된 찬송가 〈주 사랑하는 자 다 찬송할 때에〉의 2절이 생각난다.

주 믿지 않는 자 다 찬송 못하나
하나님의 자녀된 자들 그 기쁨 전하세

예수님을 믿는 자들은 다른 사람들이 경험하지 못하는 기쁨과 치유를 경험한다. 존 웨슬리의 경우도 그랬다. 그는 복음을 전하며 모든 빈곤한 공동체들을 눈여겨보았다. 그들의 구원받은 삶은 또한 눈에 보이는 경제적 혜택을 가져다주었다. 그리고 그들은 그 삶에 대해 믿음으로 반응할 뿐만 아니라 또한 청지기의 자세로 다가갔다.[20]

다른 종교가 지배적인 지역에서 사람들이 그리스도인이 되면, 그들은 종종 비윤리적인 '유인책'을 통해 개종했다는 비난을 받는다. 이를 테면 양식이나 일자리를 약속받는 식이었다. 실제로 그들이 하나님의 자녀로서 자신들의 존엄성과 가치를 알게 되고, 그들의 공동체에 경제적 유익을 가져오는 일들-일하기, 계획하기, 절약하기, 나누기-을 하기 시작하는 경우가 종종 있다. 그리스도의 몸의 새로운 지체들로서 그들은 한 네트워크의 일부가 되며 그 안에서 사랑으로 서로를 보살핀다. 이것은 금전 거래나 강요에 의한 것이 아니다. 그것은 하나님나라의 증표다.

영적 우선순위를 바르게 세운 사람들은 때로 하나님의 성령의 능력으로 정신병을 극복한다. 신약성경에서 귀신들의 힘에서 벗어나 '옷을 입고 정신이 온전하여 예수의 발치에 앉아' 있었던(눅 8:35) 영혼을 생각해보라. 때로 그리스도를 믿는 자들은 성령의 능력과 하나님 백성의 사랑의 공동체를 통해 감정적, 사회적 고립에서 벗어나 큰 위안을 얻는다.

영적 치유는 우리의 재정이나 정신적인 부분의 치유를 보장해주지 않는다. 이 세상에는 가난하고 상처받은 그리스도인들이 많다. 그리고 예수님이 말씀하셨듯이, 그분은 그런 사람들을 위해 오셨다. 8장에서 본 것처럼, 우리의 완전한 회복이 이 세상에서 시작될 지라도 우리는 모든 것이 완성될 미래의 그때를 기다린다. 그러나 예수님이 중풍병에 걸린 청년을 통해 보여 주셨듯이, 첫 걸음이 매우 중요하다.

은혜로운 순종

주 그리스도가 우리를 소유하고 계신다면 우리가 할 일은 무엇인가? 우리의 자유와 그분의 은혜를 마음껏 즐기지만, 또한 그분이 우리에게 맡기신 일을 해야 한다. "그의 멍에는 쉽지만, 그래도 멍에는 멍에다"[21]라고 스태퍼드는 말한다.

어느 날 한 비유를 통해 예수님은 말씀을 듣는 자들에게 "주인이 돌아올 것을 기다리는 종들처럼 행동하라"라고 권면하신다. 주인은 언제든 올 수 있다. "너희도 준비하고 있으라 생각하지 않은 때에 인자가 오리라"라고 예수님은 경고하신다.[22] 베드로는 떨리는 마음으로, 그 비유가 제자들에게 적용되는 건지 아니면 단지 무리에게 적용되는 것인지 묻는다. 예수님은 직접적으로 대답해주지는 않으시지만, 그 메시지는 충분히 명백하다.

> 주께서 이르시되 지혜 있고 진실한 청지기가 되어 주인에게 그 집 종들을 맡아 때를 따라 양식을 나누어 줄 자가 누구냐 주인이 이를 때에 그 종이 그렇게 하는 것을 보면 그 종은 복이 있으리로다 내가 참으로 너희에게 이르노니 주인이 그 모든 소유를 그에게 맡기리라 만일 그 종이 마음에 생각하기를 주인이 더디 오리라 하여 남녀 종들을 때리며 먹고 마시고 취하게 되면 생각하지 않은 날 알지 못하는 시각에 그 종의 주인이 이르러 엄히 때리고 신실하지 아니한 자의 받는 벌에 처하리니 눅 12:42-46

이 구절에서 우리는 예수님이 돌아오실 때 순종하며 일하고 있는 사람들은 충분한 보상을 받을 거라는 영광스러운 진리를 간과할 수 없다. 또한 그렇지 않은 자들이 벌을 받게 될 거라는 명백한 사실을 대충 보고 지나칠 수도 없다. 그들은 자신에게 믿음이 없음을 행동으로 드러내기 때문이다.

우리는 은혜에 의해 믿음으로 말미암아 구원을 받는다.[23] 하지만 만일 지금 우리가 그리스도를 주로 따르지 않고 있다면 자신의 믿음이 진짜인지 스스로 질문해보아야 한다. 또 그 일을 할 시기는 바로 지금, 그가 돌아오시기 전이다. 진실한 믿음을 가진 자들은 일할 것이다. 일하지 않으면 믿음이 없는 것이고, 믿음이 없으면 구원도 없다. 본회퍼가 말했듯이 "오직 믿는 자만 순종하며, 순종하는 자만 믿는다."[24]

반 세겔의 세금처럼, 예수님은 우리가 순종하기 위해 필요한 것들을 공급해주신다. 그것은 모두 은혜. 어거스틴이 기도한 것처럼 우리도 그렇게 기도해야 한다.

"주님의 뜻대로 명령하시되, 주께서 명하시는 것을 주옵소서."[25]

하나님은 요구하시는 것을 주신다. 본회퍼는 이것을 '대가가 큰 은혜'라고 말했다.

> 그러한 은혜는 우리에게 따라오라고 명하기 때문에 대가가 크며, 우리에게 예수 그리스도를 따르라고 명하기 때문에 은혜이다. 사람이 자신의 생명을 내놓게 하기 때문에 대가가 크며, 또한 사람에게 유일하게 참된 생명을 주기 때문에 은혜이다.[26]

모든 그리스도의 선물은 순전한 은혜이며, 우리의 모든 노력보다 더 큰 가치가 있다. 그리고 상급은 모든 신실한 제자들에게 약속된 것이지만, 우리는 마땅히 받아야 할 것처럼 그것을 요구해선 안 된다. 우리는 노력으로 구원을 얻을 수 없고, 예수님은 우리에게 아무것도 빚진 것이 없으시다. 예수님은 이렇게 물으신다.

너희 중 누구에게 밭을 갈거나 양을 치거나 하는 종이 있어 밭에서 돌아오면 그더러 곧 와 앉아서 먹으라 말할 자가 있느냐 도리어 그더러 내 먹을 것을 준비하고 띠를 띠고 내가 먹고 마시는 동안에 수종 들고 너는 그 후에 먹고 마시라 하지 않겠느냐 명한 대로 하였다고 종에게 감사하겠느냐 이와 같이 너희도 명령 받은 것을 다 행한 후에 이르기를 우리는 무익한 종이라 우리가 하여야 할 일을 한 것뿐이라 할지니라 눅 17:7-10

하나님은 우리에게 빚진 것이 없으시다. 우리는 결코 하나님의 은혜를 노력으로 얻을 수 없다. 아무리 많은 일을 한다 해도 우리의 행위로 그분에게 어떠한 것도 주장할 수 없다. 하지만 이것은 좋은 소식 아닌가? 우리는 율법적으로 하나님의 은총을 얻으려고 하지 않는다. 절대 그럴 수가 없기 때문이다. 다만 그분을 영화롭게 하고 기쁘게 해드려야겠다고 생각한다. 왜냐하면 그분이 이미 우리를 사랑하고 섬기시기 때문이다. 이러한 초점은 우리의 주인이신 하나님을 바라보게 한다. 켄트 휴즈의 말처럼 "율법주의는 자기 중심적이고, 훈련은 하나님 중심이다."[27]

우리는 모든 것의 주인이신 하나님과 두려움이 아니라 사랑의 관계를 맺고 있다.

토론 질문

1. 왜 우리 문화는 다른 사람에게 순종하는 것을 매우 어렵게 만드는가?

2. 건강한 순종의 예를 들어보라. 건강하지 못한 순종은 무엇이라고 생각하는가?

3. 믿음과 순종의 관계는 어떠한가?

4. 왜 예수님은 우리에게 순종을 요구하시는가?

5. 순종과 불순종의 결과는 무엇인가?

6. 그리스도를 주로 따르는 것이 자유를 가져다주는가? 어떻게 그러한가?

7. 예수님은 우리가 순종하는 데 어떤 도움을 주시는가?

예수님을
따르는 기도

> ❝ 택하신 자들의 원한을 풀어주지 아니하시겠느냐? ❞

니콜라에 차우셰스쿠(Nicolae Ceausescu)와 그의 아내 엘레나(Elena)가 '철권'(iron fist)이라는 말을 처음 만들어낸 것은 아닐 것이다. 하지만 분명 그들은 루마니아에서 무자비한 폭정을 행한 20년 동안 그 용어의 적용을 완벽하게 보여주었다. 1966년 새로운 공산주의 독재자는 자유민주주의가 제공하는 견제와 균형 없이, 동유럽의 이 하찮은 노예제 국가에서 과대망상에 빠져 있었다. 차우셰스쿠는 자기 주변을 돌아보며 작은 나라를 보았다. 분명 그의 위대함에 걸맞지 않은 나라였다. 그는 어떻게든지 그 나라를 크게 만들려 했다.

1966년에 그는 잔인하고 단순한 계획을 세웠다. 2000년까지 루마니아의 인구를 2천 3백만 명에서 3천만 명으로 늘리겠다는 것이었다. 출산이 너무 저조한 것이 문제라고 결론내린 차우셰스쿠는 임신을 중요한 국가 정책으로 삼았다. 기독교를 유산으로 물려받았던 루마니아는 정부가 국민들의 침실까지 쳐들어온 전체주의국가가 되어버렸다. "태아는 온 사회의 자산이다"라고 차우셰스쿠는 선언했다. "누구든 아이 갖기를 회피하는 사람은 국가의 지속성을 위한 법을 버리고 떠나는 탈주자다." 피임은 금지되었고, 유아사망률이 급증했으며, 번성하는 낙태수술의 암시장이 생겨났다.[1]

그 나라의 소비에트 지도자들은 차우셰스쿠의 악한 변덕이나 결과들에 관심을 갖지 않았다. 그저 질서가 유지되고 모스크바로 돈이 끊임없이 흘러들어가게만 하면 되었다. 대부분의 공산주의자들과 마찬가지로, 차우셰스쿠는 교회를 그의 거창한 계획의 적으로 여겼다. 기독교는 마르크스나 레닌, 히틀러, 또는 차우셰스쿠가 아니라 예수님이 주님이라고 말하기 때문이다.

그래서 다른 죄들도 많이 있지만, 무엇보다 차우셰스쿠는 교회들을 탄압했다. 루마니아는 소비에트 연합의 "가장 억압적이고 잔인한 정권" 중 하나였다고 《세계기도정보》(Operation World)라는 기도 책자에 나와 있다.

"공산주의 하에서 교회들에 대한 조작과 통제가 매우 억압적이었고, 복종을 거부하는 자들에게는 심한 박해가 따랐다."[2]

전 세계의 그리스도인 형제자매들은 억압받는 루마니아인들을 위해 지속적으로 기도했다. 그러나 당시에는 루마니아가 조지 오웰의 〈1984〉의 한 장면으로 남아 있을까 하는 의구심을 가져도 용서되었을 것이다. "사람 얼굴에 부츠 발자국이 영원히 남겨지는 것" 말이다.

그러나 강력한 소비에트 제국이 1989년에 흐트러지기 시작하면서 니콜라에와 엘레나 차우셰스쿠는 하나님의 심판의 손가락을 피할 수 없었다. 12월 중순에 라스즐로 토케스(Lázló Tőkés)라는 반체제 목사에 대한 정부의 학대에 항거하는 운동이 티미쇼아라 서부 도시에서 시작되었다. 정부당국자들이 양처럼 순하게 행동할 거라 믿었던 시민들은 양식이 부족한 것에 대해 불만을 표출했다. 그 다음 열흘 동안 불안과 폭력이 확산되고 심해졌다. 차우셰스쿠의 군대는 난폭하게 대응했고, 오랫동안 짓밟혀 있던 시민들은 격분했다.

마침내 시위자들은 부쿠레슈티의 차우셰스쿠 궁전으로 모여들었다. 독재자와 그의 아내는 도망치려 했으나 혁명에 가담한 많은 군인들이 그들을 끝까지 추적했다. 비밀 재판소는 곧 대량학살이라는 끔찍한 죄와 국가에 대한 다른 범죄들을 발견해냈다. 그동안 절대 권력을 누렸던 니콜라에와 엘레나는 일반적인 폭력배들과 같은 취급을 받았다. 그들은 즉결 처형되었고, 총알이 박힌 그들의 몸은 텔레비전 방송을 통해 모든 사람에게 공개되었다. 한때 노예였던 사람들이 12월 25일, 루마니아의 칙칙한 거리로 쏟아져 나왔다. 애도하기 위해서가 아니라 축하하기 위해서였다.[3]

이것은 몇 세기 동안 반복되어온 장면이다. 히틀러와 사담은 해방군들이 밀려들어오자 지하 벙커에 웅크리고 있었다. 느부갓네살은 위풍당당한 자세를 잃고 7년 동안 소처럼 풀을 먹고 살았다. 알렉산더 대왕은 모기 한 마리 때문에 쓰러졌다. 살찐 폭군은 왼손잡이 검객의 칼에 찔렸다. 술 취한 벨사살은 벽에 쓰인 심판의 메시지를 읽었다. "메네 메네 데겔 우바르신."

교만한 헤롯은 아첨하는 군중의 소리가 아직 귓가에 메아리쳐 울리는 가운데 벌레들에게 먹혀 죽었다. 성경과 역사는 독재자들과 하나님의 백성을 박해하는 자들에게 장기적인 고용 보장은 없다는 것을 보여준다. 시편 기자의 말처럼 "하늘에 계신 이가 웃으심이여 주께서 그들을 비웃으시리로다 그때에 분을 발하며 진노하사 그들을 놀라게 하여 이르실" 것이다(시 2:4,5).

부재중인 아버지?

때로 하나님을 따르는 자들은 버림받고 잊혀진 것처럼 느낄 수 있다. 한 박해자가 없어지면 다른 박해자가 나타나 그의 자리를 대신한다. 모세가 하늘에서 내려온 이상한 불에 타지 않는 덤불을 보고 먼지 나는 길에서 걸음을 멈추기 전까지 유대인들은 애굽에서 몇 세기 동안 노예 생활을 견뎠다. 예수님이 로마의 십자가에 달리셨을 때 그분이 구원하러 오신 사람들은 그분을 조롱했고, 제자들은 예루살렘의 구석구석에 숨었다. 과도한 권력욕을 가진 북한의 독재자는 '경애하는 지도자'라 불리는데, 수많은 그리스도인들을 잔혹한 포로수용소로 보냈고 거기서 살아 돌아온 사람은 거의 없다. 사우디아라비아처럼 무슬림이 대부분인 일부 국가에서 그리스도께 회심하는 것은 죽음으로 처벌할 수 있는 죄다. 약 2억 명의 그리스도인들이 그들의 신앙 때문에 심문과 체포, 죽음을 당할 가능성이 있다.[4] 시편 기자는 또한 매우 비통하게 말했다.

> 우리가 종일 주를 위하여 죽임을 당하게 되며 도살할 양같이 여김을 받았나이다 주여 깨소서 어찌하여 주무시나이까 일어나시고 우리를 영원히 버리지 마소서 어찌하여 주의 얼굴을 가리시고 우리의 고난과 압제를 잊으시나이까
>
> 시 44:22-24

하나님은 그의 백성을 구원하기시도 하지만 기다리게도 하신다. 그분은 그들을 보살펴주시는데 자주 부재중이신 것 같다. 그분은 정의를 옹호하시지만, 때로는 불의가 지배한다. 물론 예수님 당시의 유대인들-하나님의 택한 백성-은 로마의 노예였다. 하나님의 부르심이 세상 불의로부터의 단절을 보장해주지 않는다. 이러한 역설 속에서 예수님이 던지시는 질문들은 그때나 지금이나 제자들이 하늘 아버지께 드리는 기도에 대해 깊이 생각하지 않을 수 없게 만든다.

불의한 재판관

예수께서 그들에게 항상 기도하고 낙심하지 말아야 할 것을 비유로 말씀하여 이르시되 어떤 도시에 하나님을 두려워하지 않고 사람을 무시하는 한 재판장이 있는데 그 도시에 한 과부가 있어 자주 그에게 가서 내 원수에 대한 나의 원한을 풀어 주소서 하되 그가 얼마 동안 듣지 아니하다가 후에 속으로 생각하

되 내가 하나님을 두려워하지 않고 사람을 무시하나 이 과부가 나를 번거롭게 하니 내가 그 원한을 풀어 주리라 그렇지 않으면 늘 와서 나를 괴롭게 하리라 하였느니라 주께서 또 이르시되 불의한 재판장이 말한 것을 들으라 하물며 하나님께서 그 밤낮 부르짖는 택하신 자들의 원한을 풀어 주지 아니하시겠느냐 그들에게 오래 참으시겠느냐 내가 너희에게 이르노니 속히 그 원한을 풀어 주시리라. 그러나 인자가 올 때에 세상에서 믿음을 보겠느냐 하시니라 눅 18:1-8

이 비유는 하나님의 사람들이 이해하기 어려워하는 것이었다. 하나님은 그 재판관처럼 불의하고 부정하신가? 우리는 필요한 것을 얻기 위해 그분을 지치게 만들어야 하는가? 그것이 우리가 기도 응답을 기다려야 하는 이유인가? 어쩌면 이런 불확실성 때문에 누가는 하나님의 영감을 받아 이 비유가 말하는 요점에 대해 자세히 설명할 필요를 느꼈을 것이다. 그것은 그리스도의 제자들이 "항상 기도하고 낙심하지 말아야 한다"라는 것이다. 왜 그런가? 우리는 계속해서 기도를 그만두고 싶은 유혹을 받기 때문이다. 그런 유혹이 나타나는 이유는 우리가 속히 하나님의 기도 응답을 보기 때문이 아니라 그렇지 않을 때가 더 많기 때문이다. 교회 역사의 많은 부분은 크리스마스 이전에 위치해 있다.

예수님은 "하나님이 그의 백성에게 오래 지체하시겠냐?"라고 물으신다. 그런데 때로는 그 대답이 "예"인 것 같다. 성경학자 월터 엘웰은 이 비유에서 '갈등의 시점'에 주목한다. "원한을 빨리 풀어준다면, 왜 기도하다가 포기하겠는가?" 그리고 자신의 질문에 이렇게 답한다. "아마도 세상 사람들에게는 전혀 문제가 빨리 해결되는 것처럼 보이지 않을 것이다. 오히려 괴로울 정도로 느릴 것이다. 그래서 기도를 포기하고, 하나님은 공정하지 않으시며 악한 자를 벌하지 않으시고 정의를 갈망하는 자들을 옹호해주지 않으신다고 결론을 내릴 것이다."[5]

이러한 추론은 합리적인 것처럼 보이지만 실상은 믿음이 부족함을 나타내는 증거이다. 예수님은 이러한 사고방식에 대해 경고하신다. 그 길을 가기로 결심한 사람이 신약성경학자 바트 어만이다. 그는 《하나님의 문제: 어떻게 성경은 우리의 가장 중요한 질문-우리는 왜 고난당하는가-에 답을 주지 못하는가》(God's Problem: How the Bible Fails to Answer Our Most Important Question-Why We Suffer)의 저자이다. 어만은 말한다.

"나는 전능하시고 사랑이신 하나님이 다스리시는 세상에 그런 고통과 불행이 있을 수 있는 이유를 더 이상 설명할 수 없다는 걸 깨달았다. 그래서 불가지론자가 되었다."[6]

이 비유와 예수님의 질문들은 우리를 사랑하시는 전능하신 하나님께서 불의가 계속 존재하도록 허락하시지만 악이 최종 결정권을 가진 것은 아니라는 걸 우리가 알도록 도와줄 수 있다. 이런 양면적인 사실을 설명하지 못하는 고난에 대한 평가는, 좋게 말해서 불완전하고 가장 나쁘게 말하면 사람들을 호도하는 것이다. 그것은 하나님의 성품에 이의를 제기하며, 그분의 가족 안에서 우리 존재의 중요성을 경시한다.

그 비유를 대충만 보아도 하나님과 재판관의 차이를 볼 수 있다. 그 둘은 같지 않다. 이것은 비유이지 풍자가 아니다. 비유는 중요한 영적 교훈을 전달한다. 풍자처럼 비유의 각 요소가 반드시 다른 무엇을 '상징하는' 것은 아니다.

재판관이 하나님의 정확한 묘사와 거리가 멀다는 사실에 주목하며, 청교도 주석가 매튜 헨리는 불의한(그리고 겉보기에는 전능한) 재판관-회유하고 졸라야만 옳은 일을 하는 자-과 하나님의 다른 점을 설명한다.[7]

1. 과부는 재판관과 모르는 사람이었으나, 우리는 하나님의 '택함 받은 자들' 또는 택한 백성이다.
2. 그녀는 그저 한 사람에 불과했으나, 어떤 문제에 대해 같은 뜻을 품고 기도하는 하나님의 백성은 아주 많다.

3. 그녀는 자신에게 관심이 없는 재판장을 찾아왔지만, 우리는 사랑의 아버지께로 간다.

4. 그녀는 불의한 법관에게 갔지만, 우리는 의로우신 재판관에게 간다.

5. 그녀는 자기 자신의 일로 재판관을 찾아갔지만, 우리는 하나님의 일로 그분께 나아간다.

6. 그녀에겐 변호해줄 사람이 없었지만, 우리에겐 우리를 옹호해줄 그리스도가 계신다.

7. 그녀는 약속이나 격려를 받지 못했지만, 우리에겐 하나님이 응답해주실 거라는 약속이 있다.

8. 그녀는 오직 특정한 시간에만 재판관에게 나아갈 수 있었지만, 우리는 '밤낮으로' 그분을 찾을 수 있다.

9. 그녀는 재판관을 짜증나게 했지만, 우리의 간구는 하나님을 기쁘시게 한다.

하나님은 재판관이자 아버지이시며, 무서우면서도 다가가기 쉬운 분이다. 그것은 우리와 그분의 관계 때문이다. 이 비유에서 우리는 그 두 가지가 나란히 있는 것을 본다. 하나님의 성품의 한 면만 본다면, 예를 들어 그분의 거룩하심만 본다면, 우리는 냉혹하고 접근하기 힘든 주인, 오직 우리의 순종만 요구하고 우리의 행복에는 무관심한 분을 볼 뿐이다. 우리는 그런 입법자의 기대에 맞출 수가 없다.

팀 켈러(Tim Keller)는 이렇게 말했다.

"성과에 대한 기대가 너무 높아서 중압감을 견딜 수가 없다."[8]

반대로 우리가 하나님의 사랑만 바라본다면 하나님을 항상 맛있는 것만 주는 천상의 산타클로스 쯤으로 여기고 싶은 유혹을 받는다. 하지만 산타클로스는 그분의 자녀들을 보호할 마음이 없거나 보호할 수가 없다.

J. I. 패커는 많은 사람들이 하나님의 성품을 감상적으로 본다고 말한다.

"아버지, 친구, 조력자로서의 하나님, 우리의 모든 약점과 어리석음과 죄에도 불구하고 우리를 사랑하시는 하나님을 이야기하면 사람들의 얼굴이 환해진다. 당신은 즉시 그들과 마음이 통한다. 그러나 심판자로서의 하나님에 대해 말하면 그들은 고개를 젓는다."[9]

하지만 이렇게 두 가지가 같이 존재하는 것을 이해하기가 그렇게 어려운가? 아버지로서 나는 때로 자녀들에게 거룩함과 사랑을 둘 다 나타내기가 어렵다는 것을 발견한다. 그들은 아버지로부터 옳은 일에 대한 헌신과 사랑의 성품을 둘 다 보아야 한다. 하지만 어떤 날 저녁엔 퇴근 후 하루 일과에 지쳐 있는 나에게서 아이들은 까다롭고 율법주의적인 감독을 본다. 그래도 내 아이들의 행복이 위협받을 땐 사랑과 율법을 함께 나타내는 것이 그리 어렵지 않다. 이 비유에서처럼 아이들에게 아버지의 보호하는 사랑이 필요할 때 거룩함과 사랑이 자연스럽게 함께 나타난다.

심판의 역사

옛날에는 역사가 기독교 신앙이라는 렌즈를 통해 해석되었다. 큰 대학들은 하나님의 영광과 그분의 교회를 준비시키기 위해 세워졌다. 역사는 정해진 방향으로 나아가며, 모든 것이 그리스도 안에서 완성되는 것으로 보였다. 바울은 로마서에서 이렇게 말한다.

> 그 바라는 것은 피조물도 썩어짐의 종노릇한 데서 해방되어 하나님의 자녀들의 영광의 자유에 이르는 것이니라 피조물이 다 이제까지 함께 탄식하며 함께 고통을 겪고 있는 것을 우리가 아느니라 그뿐 아니라 또한 우리 곧 성령의 처음 익은 열매를 받은 우리까지도 속으로 탄식하여 양자 될 것 곧 우리 몸의 속량을 기다리느니라 우리가 소망으로 구원을 얻었으매 보이는 소망이 소망이 아니니 보는 것을 누가 바라리요 롬 8:21-24

우리는 역사가 성경에 근거해서 흘러가고 있다는 걸 알았다. 하나님은 그리스도가 다시 오실 때까지 적극적으로 역사를 이끌고 계셨기 때문이다. 그런데 계몽주의 가치들이 확산되자 서양인들은 그들의 유산을 잊었다.

역사는 더 이상 분명한 목적을 갖고 있지 않은 듯했다(인류가 하나님 없이도 꾸준히 향상되고 궁극적으로 승격될 거라는 추정 외에는). 시간은 무작위적이고 혼란스러운 사건들의 연속으로 변했다. 하나님의 세상에 대한 믿음은 사라지고 있었다. 우리는 더 이상 하나님을 역사의 주인으로, 악인에게 벌을 주고 의인을 옹호해주시는 분으로 볼 수 없었다. 하나님이 존재하신다 해도 아마 매일 일어나는 일들에는 큰 관심이 없을 것 같았다.

기도하다가 낙심하도록 부추기는 것에 대해 이야기해보자. 오래 전 자신들이 설립한 대학에서 쫓겨난 복음주의 그리스도인들은 이러한 원칙들을 받아들였고, 마치 하나님이 부재중이시거나 무관심하신 것처럼 역사를 연구하고 소개했다. 9.11 테러가 하나님의 심판의 증거였다는 제리 폴웰(Jerry Falwell)의 말이 보통 사람들과 엘리트들 사이에서 조롱과 심지어 증오를 일으킨 원인이 거기에 있었다. 그들은 하나님이 낙태와 동성애 같은 국가적인 죄들을 심판하실 만큼 분노하신다는 주장이 단지 존재론적으로 잘못된 것일 뿐만 아니라 비정상적인 것이라고 말하는 듯했다. 그들은 에덴동산에서 뱀이 한 말을 반복하며 "하나님이 정말 그렇게 말씀하셨느냐?"라고 묻는 것 같았다.

벧엘대학교 부교수인 스티븐 J. 케일러(Steven J. Keillor)는 그의 책《하나님의 심판》(God's Judgments)에서 9.11을 돌아보며 하나님이 실제로 "집단적, 국가적 악을 벌하기 위해 역사적인 사건들을 사용하신다"라고 말한다.[10] 2장에서 보았듯이, 세례 요한과 예수님은 국가적 심판이 곧 닥칠 것 같은 상황에서 나타났다. 선구자는 "누가 너희에게 일러 장차 올 진노를 피하라 하더냐?"(눅 3:7)라고 설교했다. 케일러의 말처럼 "세례 요한은 장차 오실 이가 의인과 악인을 심판하실 거라고 경고함으로써 '그 길을 예비했다.'"[11]

예수님은 하나님이 심판자로 오실 거라는 제자들의 일반적인 생각을 바로잡아주려 하시기보다 오히려 이 비유에서 그 생각을 더 부추기신다. 예수님은 간접적으로 하나님의 성품에 호소하며, 요점을 분명히 이해시키신다. "하물며 하나님께서 그 밤낮 부르짖는 택하신 자들의 원한을 풀어 주지 아니하시겠느냐 그들에게 오래 참으시겠느냐"(눅 18:7).

하나님은 그 세대의 냉담한 불신으로 인해 예루살렘을 심판하셨고,[12] A. D. 70년에 예루살렘이 로마에게 함락되게 하셨다. 그리고 4세기가 못 지나서, 로마제국은 이방인들에게 함락되었다. 인간의 기준으로 보면 하나님의 인자하심 때문에 그의 심판이 지체되었을지도 모르지만,[13] 심판이 왔을 때는 잔혹할 만큼 신속하고 결정적이었다. 또한 우리는 역사 속의 그런 심판들이 앞으로 올 최종적 심판을 미리 맛보는 것에 불과하다는 걸 기억해두어야 한다.[14]

바울이 데살로니가에서 고난 받는 교회에게 말한 것처럼, 심판은 반드시 올 것이다.

"너희로 환난을 받게 하는 자들에게는 환난으로 갚으시고 환난을 받는 너희에게는 우리와 함께 안식으로 갚으시는 것이 하나님의 공의시니 주 예수께서 자기의 능력의 천사들과 함께 하늘로부터 불꽃 가운데에 나타나실 때에 하나님을 모르는 자들과 우리 주 예수의 복음에 복종하지 않는 자들에게 형벌을 내리시리니"(살후 1:6-8).

또한 종종 온화하게 묘사되는 예수님이 그분의 사람들에게 계속 정의를 위해 기도하라고, 비록 지체되는 것처럼 보여도 악한 자들은 응당 벌을 받는다고 격려하시는 것을 주목하라. 하나님의 공의에 반대하는 것은 의로운 재판관을 모욕하고 반대하는 것이다. 언젠가 모든 잘못된 것들이 정리될 것이며, 우리는 그날을 위해 정기적으로 기도해야 한다.

끈질긴 기도

물론 요청하는 기도는 단순한 정의보다 더 많은 것을 구하기도 하고 더 적은 것을 구하기도 한다. 우리의 일상의 필요들 또한 우리 아버지께 중요한 것이다. 우리는 유한하기 때문에 자연히 무한하신 분으로부터 도움을 구한다. 단호한 개인주의는 성경적 믿음 안에 있을 자리가 없다. 우리는 필요한 것을 공급해주시는 하나님께 전적으로 의존한다. 이 사실을 인정하는 것은 연약한 것이 아니다. 그것은 현실주의다. 그리고 성경은 우리에게 그것을 고수하라고 명령한다.

기도할 때의 끈질김은 미덕이다. 하지만 모든 미덕이 그렇듯이, 그것이 쉽지는 않다. 헌신된 신자들에게 어떤 영적 의무가 가장 어려운지 물어보면, 많은 사람들이 '기도'라고 말할 것이다. 그것은 분명 사실이다. 우리는 사랑하는 하늘 아버지와 교제하고 있기 때문에 기도가 기쁨이라고 말하지만, 실제 삶인 매일의 마라톤에서 기도는 힘들고 고된 일일 때가 많다. 하나님은 응답하지 않으실 뿐만 아니라 듣지도 않으시는 것 같다. 매튜 헨리가 수세기 전에 말했듯이, "기도를 잘하는 것은 어려운 일이다."[15]

그 사실을 고려할 때 우리는 어떻게 하면 기도를 계속 하고, 우리가 올바른 기도를 하고 있는지 알며, 하나님이 우리 기도를 듣고 계시다는 것을 알고, 하나님이 응답하실 것을 알 수 있을까? 아마도 이것이 제자들이 기도에 대해 예수님의 통찰을 구한 이유일 것이다.

예수께서 한 곳에서 기도하시고 마치시매 제자 중 하나가 여짜오되 주여 요한이 자기 제자들에게 기도를 가르친 것과 같이 우리에게도 가르쳐 주옵소서 예수께서 이르시되 너희는 기도할 때에 이렇게 하라 아버지여 이름이 거룩히 여김을 받으시오며 나라가 임하시오며 우리에게 날마다 일용할 양식을 주시옵고 우리가 우리에게 죄 지은 모든 사람을 용서하오니 우리 죄도 사하여 주시옵고 우리를 시험에 들게 하지 마시옵소서 하라 또 이르시되 너희 중에 누가 벗이 있는데 밤중에 그에게 가서 말하기를 벗이여 떡 세 덩이를 내게 꾸어 달라 내 벗이 여행 중에 내게 왔으나 내가 먹일 것이 없노라 하면 그가 안에서 대답 하여 이르되 나를 괴롭게 하지 말라 문이 이미 닫혔고 아이들이 나와 함께 침 실에 누웠으니 일어나 네게 줄 수가 없노라 하겠느냐 내가 너희에게 말하노 니 비록 벗 됨으로 인하여서는 일어나서 주지 아니할지라도 그 간청함을 인하 여 일어나 그 요구대로 주리라 내가 또 너희에게 이르노니 구하라 그러면 너희 에게 주실 것이요 찾으라 그러면 찾아낼 것이요 문을 두드리라 그러면 너희에 게 열릴 것이니 구하는 이마다 받을 것이요 찾는 이는 찾아낼 것이요 두드리는 이에게는 열릴 것이니라 너희 중에 아버지 된 자로서 누가 아들이 생선을 달라 하는데 생선 대신에 뱀을 주며 알을 달라 하는데 전갈을 주겠느냐 너희가 악 할지라도 좋은 것을 자식에게 줄 줄 알거든 하물며 너희 하늘 아버지께서 구 하는 자에게 성령을 주시지 않겠느냐 하시니라 눅 11:1-13

예수님은 우리가 〈주기도문〉[16]이라고 부르는 이 짧게 요약된 기도의 본 질들을 가르쳐주신 후, 다시 제자들에게 인내심을 가질 것을 권면하신다. 그리고 다시 인간과 대조해 이것을 설명해주신다. 매우 귀찮아 하는 사람 도 곤경에 처한 우리를 돕도록 설득할 수 있다면, 전능하신 하나님은 얼마 나 더 신뢰할 수 있겠는가?

구하는 이는 받을 것이요, 찾는 이는 찾아낼 것이요, 두드리는 이에게는 문이 열릴 것이다. 세상의 아버지들이 자식들을 위해 좋은 것을 줄 거라고 믿을 수 있다면, 하늘에 계신 우리 아버지는 얼마나 더 믿고 의지할 수 있겠 는가? 우리는 하나님의 사랑과 성품을 신뢰하기 때문에 그분의 응답을 기 대하며 기도한다.

그러나 의문은 여전히 남아 있다. 사랑의 하나님은 우리의 요구를 즉시 들어주실 수 있으심에도 왜 종종 지체하셔서 우리로 계속 구하고 찾고 두 드리게 하시는가? 왜 우리는 거듭 그분에게 나아가야 하는가? 우리는 친구에게 반복해서 도움을 청할 필요가 없다. 만일 그가 친구라면, 한 번으로 족할 것이기 때문이다. 또 자녀들이 내게 먹을 것을 달라고 할 때, 그 아이들이 간절히 구하게 하지는 않는다. 왜 하나님은 다른가? 왜 그분은 때로 우리가 간절히 원하는 것을 얻지 못하는 상황들을 만드시는가?

또한 솔직히 말해, 우리는 구하지만 받지 못하는 때도 있다. 찾지만 찾지 못하는 때가 있다. 두드리지만 문은 여전히 닫혀 있는 때가 있다. C. S. 루이스는 사랑하는 아내, 조이가 죽은 후 비탄에 잠겨 이렇게 기록했다.

"당신의 필요가 간절할 때, 다른 모든 도움이 소용없을 때 그분께 나아가면 무엇을 발견하는가? 당신의 면전에서 문이 닫히고, 안에서 빗장을 지르는 소리와 이중 빗장을 지르는 소리가 들린다. 그 후에 침묵이 이어진다. 당신은 돌아가는 게 나을 것이다."[17]

그 다음은 어떻게 되는가? 하나님이 응답하지 않으시는데 인내가 무슨 소용이 있는가? 나는 예수님이 우리에게 끈질기게 기도하라고 말씀하시는 것이 우리가 원하는 것을 얻기 위해서가 아니라 하나님이 원하시는 것을 얻게 하기 위해서라고 믿는다. 끈질긴 기도는 하나님을 바꾸지 않는다. 그것은 우리를 변화시킨다. 나는 그것이 세 가지 중요한 일을 한다고 믿는다.

1. 끈질긴 기도는 하나님에 대한 우리의 관점을 바꾼다

위의 본문에서 예수님은 하늘에 계신 우리 아버지께서 우리가 구하는 것을 아시며 응답해주실 거라고 확신시켜주신다. 하지만 아버지로서의 하나님은 그가 생각하시기에 옳은 대로 기도에 응답해주실 권리가 있으시다. 그분은 집사가 아니라 아버지이시기 때문이다. 또한 그 응답은 꼭 우리가 구한 것과 일치하지 않을 수도 있다는 것을 기억하라. 그분은 단지 우리가 원하는 것을 주신다고 약속하신 것이 아니라, 바로 우리에게 필요한 것을 주겠다고 하셨다.

하나님은 우리의 아버지이시지만, 그분은 우리의 삶과 자유, 행복의 추구보다 더 큰 목적을 갖고 계신다. 성경은 하나님이 사람들을 구원하시고 그의 나라를 세우시며 열방 가운데 그분의 영광을 나타낼 사명을 갖고 계신다고 말한다. 하지만 세상과 세상 사람들은 절망적으로 병들어 있고 그분의 선한 통치에 반항한다. 지금도 사탄은 활발히 움직이고 있다. 이곳은 천국이 아니다. 우리는 이곳과 그곳에서 장차 경험할 삶을 미리 맛볼 특권을 가졌으나, 이 세상에서 끝없는 행복을 약속받은 것은 아니다. JFK의 아이디어를 빌리자면, 우리는 하나님이 우리를 위해 해주실 수 있는 일을 구하는 것이 아니라 우리가 하나님을 위해 할 수 있는 일을 구해야 한다. 예수님의 말씀처럼 "주의 나라가 임하고 주의 뜻이 이루어지게 하소서"라고 기도해야 한다.

이렇게 기도하는 것은 어렵지만 꼭 필요한 일이다. 예수님은 마침내 고난의 잔이 자신에게서 지나가게 해달라고 기도하셨다. 우리에게 그런 일이 생길 때 깜짝 놀라야 하겠는가? 우리가 이렇게 기도하기 위해서는 하나님의 지혜와 능력이 필요하다. 히포의 어거스틴(Augustine)은 그의 《참회록》(Confessions) 끝에서, 결국은 하나님만이 우리가 그분의 관점을 이해하도록 도와주실 수 있다고 말한다.

어떤 인간이 다른 인간에게 이런 것들을 이해할 수 있는 능력을 줄 수 있을까요? 어떤 천사가 다른 천사에게 이해시킬 수 있을까요? 어떤 천사가 인간에게 이해시킬 수 있을까요? 그보다 우리가 주님에게 구하고, 주님 안에서 찾고, 주님의 문을 두드리게 하소서. 오직 그렇게 할 때에만 우리가 받고, 찾으며, 우리에게 문이 열릴 것입니다. [18]

2. 끈질긴 기도는 우리를 변화시킨다

나는 응답되지 않는 것 같은 기도의 문제로 씨름하다가, 내가 잘못된 초점을 갖고 있을 때가 너무 많았다는 결론에 이르렀다. 나는 내가 구하는 것에만 시선이 고정되어 있었다. 마치 나를 행복하게 해주는 것이 하나님의 주된 임무인 것처럼 말이다. 또 하나님이 항상 내가 원하는 것을, 내가 원하는 때에 주신다면, 솔직히 말해서 나는 행복할 것이다. 하지만 내 순간적인 행복이 그분의 주된 관심사가 되어야만 할까? 그렇게 생각하지는 않는다.

나는 하늘에 계신 아버지를 생각할 때 아버지로서 나의 역할이 도움이 된다는 걸 발견했다. 물론 그런 유추가 실패할 때가 많지만 말이다. 우리 딸이 집에서 1마일 떨어진 중학교에 다니기 시작했을 때, 그 아이는 걸어다니기엔 거리가 너무 멀다고 생각했다. 실제로 추운 중서부 지방의 겨울에는 빙판과 눈과 바람 때문에 다니기가 어려울 수 있다.

그렇지만 아이 엄마와 나는 걸어다니는 것이 육체적으로나 영적으로나 그 아이에게 유익하다고 굳게 믿었다. 그것은 아이의 지구력을 길러주고, 절제를 가르쳐주며, 그 아이가 요청할 때마다 택시 서비스를 제공해주지 않는다는 걸 보여주었다. 그러나 딸아이는 걷는 것이 불필요한 자유의 침해라고 여겼고, 거의 매일 아침 차로 데려다주지 않는다고 불평했다. 나는 내가 딸의 감정적 호소에 굴복하지 않는 이유를 아이가 이해할 거라고 기대하지 않는다. 다만 언젠가 신체적으로 건강하고 절제력이 있으며 덜 자기중심적이고 차를 태워주면 감사할 줄 아는, 좀더 성숙한 사람이 되기를 바랄 뿐이다.

아마 우리가 기대하는 응답을 주지 않으실 때 하나님 아버지도 그와 비슷한 목적을 갖고 계실 것이다. 하나님이 응답하지 않으시는 것은 사랑의 결핍을 나타내는 것이 아니라, 우리에게 정말로 필요한 것을 주시려는 아버지의 연민을 나타내는 것이다. 기도를 하다 보면 고통스럽더라도 하나님의 거절을 받아들여야 하는 때가 있을 것이다. 하나님이 아직 알려지지 않은 '긍정의 응답'을 마음에 품고 계시다고 믿으면서.

그러나 첫째, 우리는 그렇게 받아들이는 것이 도피가 아니라는 것을 이해해야 한다. 그것은 우리의 불확실한 믿음을 강화하기 위해 하나님께 면책

조항을 드리는 것이 아니다. 인내는 자녀들을 향한 하나님의 아버지 같은 마음을 믿는 데서 주어진다. 받아들이는 것도 마찬가지다. 도널드 블뢰쉬 (Donald G. Bloesch)는 '성경적 기도는 끈질김과 복종을 다 포함한다'라고 말한다.

그것은 어둠 속에서 하나님과 씨름하는 것이기도 하고, 고요함 가운데 쉬는 것이기도 하다. 언쟁하며 하나님께 불평할 때도 있지만, 또한 복종해야 할 때도 있다. 성경적인 믿음은 진심 어린 간구를 통해 그의 뜻을 발견하려고 노력한 뒤에 하나님의 뜻에 복종하게 되는 것을 본다. 기도는 하나님께 우리의 간구를 들어 달라고 간청하는 것이기도 하고, 하나님이 그분의 때에 그분의 방법으로 행하실 것을 믿으며 하나님께 맡기는 것이기도 하다. 하지만 오직 그 싸움을 통해서만 확신이 온다.[19]

3. 끈질긴 기도는 우리의 기도제목을 바꾼다

구했으나 받지 못하는 과정을 통과하면서 우리의 마음은 어느 사이엔가 조금씩 부드러워진다. 나는 살면서 여러 가지를 구했으나 받지 못한 것도 많다. 새 차, 새로운 관계, 새 직장. 그 당시에는 내 기도제목들이 세상에서 제일 긴급한 것처럼 보였고, 나는 상류층 동네에 들어간 노숙자처럼 그것을 갈구했다.

하지만 내가 그렇게 끈질기게 구했던 것을 얻지 못할 거라는 사실이 명백해진 후 나는 영적으로 침체되었다. '예수님은 나에게 계속 구하고, 찾고, 두드리라고 하지 않으셨는가? 그런데 그게 다 무슨 소용이었나?'

하지만 더 성숙해진 눈으로 바라보니, 때로는 왜 나의 기도들이 응답되지 않았는지 알 수 있었다. 즉 하나님은 이미 나에게 차를 제공해주셨다. 또 내가 만나보려고 했던 그녀는 나와 성격이 잘 맞지 않는 사람이었고, 그 직장은 내가 가진 기술과 맞지 않았으며 오히려 지금 내가 가진 기회들을 차단했을 것이다. 그리고 하나님이 주신 모든 것을 생각해보면, 내 삶을 다른 누구의 삶과도 바꾸지 않을 것이다. 아주 작은 변화라도 있었다면 지금 내가 누리는 좋은 삶이 엄청나게 달라졌을 것이니까. 기도를 하면서, 나는 정말로 아버지께서 가장 잘 알고 계신다는 것을 믿기 시작했다.

내 친구는 자기가 일으키지 않은 교통사고로 부상을 입었다. 그는 척추 재활치료비로 몇 천 달러를 썼다. 내 친구는 끈질기게, 그리고 기도하면서, 상대 운전자와 그의 보험회사가 책임을 인정하고 합법적인 병원비를 지불하게 하려고 노력했다. 하지만 그들은 매번 그를 방해했다. 내 친구는 그들과 대화해보려고 했지만, 그의 전화에 답신하지 않았다. 중재를 해보려고 해도 그들은 그 사건을 재판까지 가져가려고 마음먹은 듯했다. 그렇게 되면 그에게 유리한 쪽으로 해결될 가능성이 별로 없었다. 내 친구는 정의를 구하는 과부처럼 정기적으로 기도했고, 나와 다른 사람들에게도 원만한 해결을 위해 기도해 달라고 부탁했다. 하지만 교착상태는 몇 달 동안 계속되었다. 결국 그는 하늘 아버지의 알 수 없는 "노"(No)라는 응답을 받아들여야만 했다.

나는 하나님이 그의 기도를 들어주지 않으신 것이 그의 신앙에 어떤 영향을 미쳤는지 물었다. 내 친구는 비록 그게 무엇인지는 알 수 없지만 하나님이 이 사건 속에서 더 큰 목적을 갖고 계심을 믿는다고 했다. 하나님의 침묵을 통해, 그는 단지 자기 유익만 생각하는 것이 아니라 하나님이 그가 생각지 못했거나 구하지 않은 어떤 일을 행하시는지 지켜보는 법을 배우고 있다. 그의 기도와 그의 믿음은 점점 더 커지고 있다.

예수님은 세상의 악한 아버지들도 자녀에게 필요한 것을 줄 거라는 사실을 지적하신 후, 약간 이상한 말씀을 하신다.

"하물며 너희 하늘 아버지께서 구하는 자에게 성령을 주시지 않겠느냐"(눅 11:13).

왜 세상의 필요에 관한 대화에 성령이 등장한 걸까? 그것은 아마 우리가 그를 구하든 안 구하든 간에, 궁극적으로 우리에게 필요한 것이 성령, 삼위일체의 제삼위, 생명의 주이자 생명을 주시는 분이기 때문일 것이다.

우리에게는 우리를 깨우시고, 위로하시며, 능력을 주시는 성령이 필요하다. 우리가 한계에 이르렀을 때에도 기도하도록 도와주실 성령이 필요하다. 성령은 우리의 궁극적인 선이며, 우리가 거기에 이르도록 도와주시는 분이다. 우리의 더 작은 필요들이 충족되지 않을 때에도 그는 우리의 가장 깊은 필요들을 채워주신다. 그는 궁극적으로 우리가 구해야 하는 분이며, 우리가 기도하도록 도와주시는 분이다. 나도 처음부터 성령을 구하는 기도를 하지 않을 때가 있다. 그러나 결정적인 순간에는 결국 그 기도를 하게 된다.

매튜 헨리가 그것을 잘 말해준다.

우리는 성령을 구해야 한다. 그는 우리가 기도를 잘하기 위해 꼭 필요할 뿐만 아니라, 우리가 기도해야 할 온갖 좋은 것들을 포함하고 있기 때문이다. 즉 우리는 더 이상 우리 자신을 행복하게 만들 필요가 없다. 성령이 영생을 이루시는 분이며, 영생의 보증이시기 때문이다.[20]

주여, 우리에게 기도를 가르쳐주소서.

토론 질문

1. 오늘날의 사람들이 하나님께서 역사 속에서 심판하심에 대해 의심한다고 생각하는가? 그렇게 생각하는 이유는 무엇인가?

2. 우리는 특정 사건들이 하나님의 심판을 나타내는지 어떻게 알 수 있는가?

3. 예수님은 어떻게, 왜 우리가 인내하며 기도하도록 권면하시는가?

4. 우리가 인내하며 기도하는 데 방해가 되는 것들은 무엇인가?

5. 어떤 문제에 대해 오랫동안 기도한 후에 하나님으로부터 오는 응답이 "노"(No)인 것 같을 때 우리는 어떻게 반응해야 하는가?

6. 하나님이 당신의 기도를 확장해주시는 것을 경험한 적이 있는가?

7. 왜 예수님은 하나님께서 구하는 자들에게 성령을 주실 거라고 약속하시는가?

그가 주시는
우선순위

> 66 사람이 만일 온 천하를 얻고도 자기 목숨을 잃으면
> 무엇이 유익하리요. 99

무리 중에 한 사람이 이르되 선생님 내 형을 명하여 유산을 나와 나누게 하소서 하니 이르시되 이 사람아 누가 나를 너희의 재판장이나 물건 나누는 자로 세웠느냐 하시고 그들에게 이르시되 삼가 모든 탐심을 물리치라 사람의 생명이 그 소유의 넉넉한 데 있지 아니하니라 하시고 또 비유로 그들에게 말하여 이르시되 한 부자가 그 밭에 소출이 풍성하매 심중에 생각하여 이르되 내가 곡식 쌓아 둘 곳이 없으니 어찌할까 하고 또 이르되 내가 이렇게 하리라 내 곳간을 헐고 더 크게 짓고 내 모든 곡식과 물건을 거기 쌓아 두리라 또 내가 내 영혼에게 이르되 영혼아 여러 해 쓸 물건을 많이 쌓아 두었으니 평안히 쉬고 먹고 마시고 즐거워하자 하리라 하되 하나님은 이르시되 어리석은 자여 오늘 밤에 네 영혼을 도로 찾으리니 그러면 네 준비한 것이 누구의 것이 되겠느냐 하셨으니 자기를 위하여 재물을 쌓아 두고 하나님께 대하여 부요하지 못한 자가 이와 같으니라 눅 12:13-21

지금은 '자아 실현'이란 말이 더 이상 유행어가 아니지만, 그것의 영향력은 서구 세계에 널리 퍼져 있는 것 같다. 우리는 모두 자존감을 숭배하는 문화에 속해 있고, 항상 우리 자신에 대해 좋은 느낌을 유지하려고 한다.

프로농구선수 크리스 듀혼(Chris Duhon)은 의무적인 오전 연습에 빠진후 질문을 받았다. 왜 중요한 원정경기를 앞둔 전날 밤에 고전하고 있는 그의 팀을 버리고 국토의 반을 횡단해 그의 모교와 관련된 시합을 즐기러 갔냐는 것이었다. 그 선수는 그해 실적이 너무 나빠서 몇몇 친구들과 함께 자신의 '자존감'을 다시 세울 필요가 있었다고 말했다. 그러나 그의 팀원들은 그 없이 경기를 치러야만 했고, 결국 패했다.[1]

C. S. 루이스는 우리에게 마귀에 대한 '과도하고 건전하지 못한 관심'을 조심하라고 경고했다. 어쩌면 그는 우리에게 자아에 대한 과도하고 건전하지 못한 관심에 대해 경고를 했어야 했다. 아니, 어쩌면 그가 경고를 했는데 우리가 주의를 기울이지 않았을 수도 있겠다.

분명 그리스도인의 삶에는 자존감을 위한 공간이 있다. 성경은 우리가 하나님의 형상으로 창조되었고,[2] 심히 기묘하게 지음을 받았으며,[3] 하나님의 동역자들이요,[4] 천사를 판단할 자들[5]이라고 말한다. 예수님은 우리를 위해 죽으셨다. 그래서 우리는 하나님 아버지께 헤아릴 수 없을 만큼 귀중한 존재이다. 옛말에도 있듯이 "하나님은 나를 만드셨고, 그는 쓸모없는 것을 만들지 않으신다."

그러나 '성경적인 자존감'과 '자아를 숭배하는 것'은 다르다. 그리고 그 차이가 우리를 천국 또는 지옥으로 인도한다. 예수님은 이기적으로 자신을 위해 보물을 쌓아두고 하나님에 대해서는 부요하지 못한 자들을 '어리석은 자들'이라고 부르신다. 즉 지적으로 장애가 있는 사람들이 아니라, 도덕적으로 결핍된 사람들이라는 뜻이다. 그분은 누군가가 사망했을 때 가족 사이에서 벌어지는 돈과 재산에 대한 추하고 옹졸한 다툼에 관여하길 거부하신다. 그분은 훨씬 더 가치 있는 보물에 관심이 있으시다. 바로 우리의 영혼이다.

우리는 이 책의 2부에서 예수님이 그분을 따르는 것에 대해 하신 질문들을 살펴보며, 탐욕에 대해 깊이 생각해보았다. 하지만 우리와의 관계를 원하시는 하나님(7장)을 향해 부요해지는 것은 돈보다 더 많은 것, 훨씬 더 많은 것들과 관련되어 있다. 그것은 우리의 존재와 관련된 것이다. 8장에서는 믿음이 단순한 신념이나 지적 동의가 아니라는 것을 지적했다. 그것은 하나님과 운명을 같이하는 것이며, 그분을 믿고 암흑을 통과하는 것이다. 9장에서는 우리가 확신을 갖고 우리의 필요를 공급해주실 하나님을 기다리는 동안 고난과 섬김을 수반하는 것이 제자도라고 설명한다. 그리스도의 주 되심에 관한 10장은 그리스도를 따르는 자들에게 순종이 필수임을 지적하지만, 우리의 의무가 또한 참된 자유를 가져온다는 것을 상기시켜준다. 기도에 관해 다룬 11장은 하나님이 그분의 백성을 보살피시며 우리에게 가장 필요한 것을 공급해주실 거라는 약속으로 우리를 안심시켜준다.

삶 이전의 죽음

그러나 우리를 위한 그분의 사랑의 공급은 영적인 감옥에서 탈출할 수 있는 카드가 아니다. 이 장에서 우리는 9장에서 살펴보았던 주제로 다시 돌아갈 것이다. 그것은 '죽음'이다. "내가 온 것은 양으로 생명을 얻게 하고 더 풍성히 얻게 하려는 것이라"(요 10:10)라고 예수님은 말씀하셨다. 그렇다. 하지만 그분이 주시는 빛나고 풍성한 삶은 그림자와 함께 온다. 예수님을 따르는 자들은 햇빛이 비치는 생명의 산에 이르기 전에 사망의 음침한 골짜기를 지나야 한다. 본회퍼가 말했듯이 "그리스도가 한 사람을 부르실 때는 와서 죽으라고 명하시는 것이다."[6]

이 진리는 어느 날 가이사랴 빌립보에서 예수님이 기도하신 후 제자들에게 그분이 누구인지 말해보라고 하셨을 때 매우 선명하게 빛난다. 6장에서 보았듯이 예수님의 정체성에 대한 우리의 이해는 매우 중요하다. 그것은 예수님의 전기를 쓴 마태, 마가, 누가가 이야기하고, 같은 부분들을 많이 강조할 정도로 중요한 장면이다.[7]

마태는 "주는 그리스도시요 살아 계신 하나님의 아들이시니이다"라는 베드로의 말을 인용한다. 마가는 그분을 '그리스도, 하나님의 아들'이라고 부른다. 누가는 베드로의 말을 줄여서 간략하게 '하나님의 그리스도'라고 말한다. 이 사건에 포함된 예수님의 질문들을 살펴보면서, 간결성을 위해 세 사람의 기술을 하나로 결합해 요약할 것이며, 거기에 내 설명을 덧붙일 것이다.[8]

예수님은 이것을 아무에게도 말하지 말라고 엄하게 경고하고 명령하시며, "인자가 많은 고난을 받고 장로들과 대제사장들과 서기관들에게 버린 바 되어 죽임을 당하고 제삼일에 살아나야 하리라"라고 말씀하셨다.

성급한 제자를 칭찬하신 예수님은 제자들에게 그 안에 함축된 불편한 의미들을 말씀해주신다. 이스라엘이 로마의 지배를 받던 1세기의 혁명적인 분위기에서 예수님에 대한 이러한 호칭은 권력자들을 도발해 진노를 쏟게 했을 것이고, 결국 그렇게 되었다. '그리스도', 또는 '메시아'는 정치적인 호칭이었다. 이는 유대인들에게 장차 오셔서 그들의 압제자들을 전복시킬 분을 가리키는 것이었고, 로마인들에게는 제국의 힘에 도전하는 자를 의미했다.

실제로 몇몇 분노한 유대인들이 반란을 일으켰고, 그로 인해 탄압을 당했다. 드다와 갈릴리의 유다가 그런 사람이었다.[9] 유대 지도자들이 "이 사람을 놓으면 가이사의 충신이 아니니이다 무릇 자기를 왕이라 하는 자는 가이사를 반역하는 것이니이다"(요 19:12)라고 외친 후 빌라도가 자기의 양심을 거스르고 예수님을 처형한 것은 놀라운 일이 아니었다.

더 많은 사역을 앞두고, 예수님은 제자들에게 자신의 정체에 대한 진실을 당분간 말하지 말라고 하셨다. 흥미로운 것은 이때 예수님이 장로들과 대제사장들과 서기관들을 언급하시면서 정작 그분을 죽인 실제 범인인 로마인들은 언급하지 않으신다는 것이다. 그러나 그때가 올 것이다. 제자들은 예수님의 다가올 죽음에 대한 말씀을 듣고 충격을 받아 이 좋은 소식을 받아들이려 하지 않거나 받아들이지 못하지만, 예수님은 장차 있을 그분의 부활을 말씀하신다.

베드로는 예수님을 붙들고 항변했다.

"절대 안 됩니다, 주님! 이 일이 절대로 주께 일어나지 않을 것입니다."

하지만 예수님은 돌이켜 제자들을 보신 후에 베드로를 꾸짖으며 이렇게 말씀하셨다.

"사탄아, 내 뒤로 물러가라! 너는 하나님의 일을 생각하지 않고 사람의 일을 생각하고 있구나."

베드로의 무모한 항변

예수님에게 항변할 생각을 했던 베드로의 무모함을 상상해보라. 제자들이 예수님을 질책한 다른 사건은 복음서에 기록되어 있지 않다. 아마도 베드로에게는 예수님보다 더 영적인 사람이 되려 한 죄가 있을 것이다. 어떻게 이런 일이 일어날 수 있었는지는 쉽게 알 수 있다.

예수님을 향한 그의 사랑은 진심이었다. 부활하신 주님이 베드로에게 "요한의 아들 시몬아, 네가 나를 사랑하느냐?"라고 그의 헌신에 대해 세 번 물으셨을 때 그의 대답은 분명했다. "주님 그러하나이다 내가 주님을 사랑하는 줄 주님께서 아시나이다."[10]

여기서 베드로는 하나님의 아들, 그리스도가 고난당하고 죽으시는 것을 차마 생각할 수가 없었다. 그의 항변은 그가 예수님보다 더 잘 알고 있다고, 하나님의 기름 부음을 받은 자에게 절대 그런 고통이 미쳐서는 안 된다고 주장하는 것 같다. 이것은 단지 신학적인 견해 차이로, 베드로가 성경을 좀 더 주의 깊게 연구함으로써 해결해야 할 문제일까?

나는 그 이상의 일이 일어나고 있다고 생각한다. 예수님이 베드로를 꾸짖으실 때 하나님과 인간의 최대 적인 사탄의 이름을 사용하시는 것을 주목하라. 이것은 학문적 논쟁이 아니라 영적 전쟁이다. 예수님은 베드로의 말이 사명을 회피하게 만들고자 지옥에서 직접 온 유혹이라고 보신다. 우리는 앞에서 예수님의 사명이 우리의 죄를 위해 죽는 것이었다고 결론 내린 바 있다. 하지만 베드로는 자기가 더 잘 알고 있다고, 고난과 죽음은 "결코 주께 미치지 아니하리이다"라고 말한다.

어쩌면 그가 말하고 싶었던 것은 이런 수치스러운 운명이 결코 나에게 일어나지 않을 거라는 말이었을 것이다. 베드로가 예수님의 제자가 되기로 했을 때, 아무도 그에게 죽음이 합의 사항에 포함된다고 말해주지 않았다. 메시아와 함께하는 삶은 고난과 사망의 그늘이 아니라 영광과 햇살 가득한 언덕에 관한 것이어야 했다. 예수님은 베드로에게 제자들이 자신의 안전과 성공과 행복의 우선순위에 초점을 두고 있고 하나님의 일에 집중하지 않는다고 말씀하신다. 그것은 우리 모두가 직면하는 유혹이다. 즉 우리가 드릴 수 있는 것이 아니라 우리가 받을 수 있는 것을 위해 하나님을 찾는 것이다.

자신의 십자가를 지는 일

무리와 제자들을 불러 이르시되 누구든지 나를 따라오려거든 자기를 부인하고 자기 십자가를 지고 나를 따를 것이니라 누구든지 자기 목숨을 구원하고자 하면 잃을 것이요 누구든지 나와 복음을 위하여 자기 목숨을 잃으면 구원하리라 사람이 만일 온 천하를 얻고도 자기 목숨을 잃으면 무엇이 유익하리요 사람이 무엇을 주고 자기 목숨과 바꾸겠느냐 막 8:34-37

이제 예수님은 '누구든지' 그를 '따라오려는' 자들을 위한 우선순위를 설명해주신다. 거기에는 자기를 부인하는 것, 그리고 자기 십자가를 지는 것, 그리고 그를 따르는 것이 포함된다. 그중 하나만 선택할 순 없다. 셋 중 두 가지도 충분치 않다. 여기서 중요한 단어는 '그리고'이다. 우리는 단순히 우리 자신을 부인하고 그를 따를 수 없다. 그에 더해 우리의 십자가를 져야만 한다. 마찬가지로 단지 십자가만 지고 따를 수도 없다. 우리는 세 가지를 다 해야만 한다. 부인하고, 십자가를 지고, 따르는 것이다. 예수님을 따르는 사람들은 자기실현을 하지 않는다. 우리는 자기를 부인한다. 높은 자리를 바라보지 않는다. 우리는 하나님을 바라본다. 이기적이고 세상적인 일들에 마음을 두지 않는다. 우리는 하나님의 일들에 마음을 둔다.

그 다음에 예수님은 '모든' 참된 제자들이 반드시 져야 하는 십자가를 언급하신다. 그것은 '개인적인' 십자가다. 제자에게 그것은 '자신의' 십자가다. 그리스도인들은 자신의 죽음을 기뻐하지 않는다 우리의 십자가를 지는 일은 결코 쉽지 않다. 죽음은 절대 고통 없이 오지 않으며, 우리는 그것을 즐기지 않는다. 예수님이 우리에게 우리의 십자가를 지라고 하시는 것은 바로 죽음이 너무나 힘든 일이기 때문이다. 모든 살아 있는 것들이 그렇듯이, 우리는 삶을 추구하지 죽음을 추구하지 않는다.

그러나 점점 더 늘어나는 공격적인 무슬림 어머니들은 자녀들의 완전한 순교를 축하하며 심지어 알라신을 높이려는 왜곡된 시도로 자폭을 하기도 한다. 오사마 빈 라덴은 "우리는 죽음을 사랑하고, 미국은 생명을 사랑한다. 그것이 우리의 큰 차이점이다"[11]라고 말했다. 이렇게 이슬람교도가 죽음과 살인을 받아들이는 것은 부자연스럽고 비정상적인 것이다. 그것은 기독교적이지 않다. 공격적인 무슬림들은 알라신의 뜻을 위해 자살을 한다. 예수님은 하나님의 뜻을 위해 목숨을 바치셨다. 예수님은 결혼식과 장례식에 참석하셨고, 사람들과 친분을 쌓으셨으며, 우리 존재의 기본 요소에 관여하셨다. 그분은 삶이 좋은 것임을 인정하시지만, 오직 이 삶에 대해 죽음으로써만 도달할 수 있는 더 고차원적인 삶으로 제자들을 부르신다. 그것은 자아에 대해 죽는 것이지 다른 사람들을 고의적으로 살해하는 것이 아니다.

로마의 십자가에 달려 죽는 것은 유대인에게 가장 불명예스러운 일이었다. 이스라엘을 억압하는 이교도들의 손에 의해 십자가 처형을 당하는 것은 고통이 매우 극심하고 오래 지속되기도 했지만, 또한 하나님의 은총을 잃은 증거로 보이기도 했다. 고대 성경에 보면 "나무에 달린 자마다 저주 아래에 있는 자라"라고 했다.[12] 예수님을 따른다는 것은 바로 이런 것을 의미한다. 즉 그것은 죽음을 향해 걸어가는 것이다. 예수님은 자신이 곧 처형될 것을 암시하시며, 제자들에게 그들 또한 자신만의 십자가 길을 걸어야 한다고 말씀하신다.

그것은 일반적인 소명이면서 또한 특별한 십자가다. 서로 같은 십자가는 없다. 베드로는 그의 주님을 위해 육체적으로 십자가에 못 박혔다. 요한은 밧모섬에서 영적인 십자가형을 당했다. 그러나 둘 다 십자가를 졌다.

예수님을 위해 자기 목숨을 잃는 사람들은 참된 생명을 발견할 것이다. 본회퍼가 말했듯이, 그분은 유일하고 참된 생명의 근원이시기 때문이다. 예수님을 위해 이 생명을 버릴 때, 그 희생은 우리가 얻게 될 모든 것에 비하면 극히 작은 것이다. 믿음의 삶은 확실히 지루하지 않다. 토니 스노우는 자신이 암에 걸린(그래서 결국 죽게 될 거라는) 사실을 안 후 "말로 설명할 수 없는 흥분과 전율을 느꼈다. 마치 명확한 재앙의 순간이 사소하고 하찮은 모든 것을 휩쓸어버리고 우리 앞에 중요한 질문들을 내미는 것 같았다"라고 했다.[13] 그것은 죽음 가운데 있는 삶, 진정한 삶이다.

삶과 죽음

그리고 나서 예수님은 두 가지 안을 제시하신다. 그것은 삶과 죽음이다. 예수님은 질문과 함께, 제자가 되고 싶어 하는 자들에게 비용을 계산해보라고 말씀하신다. 그분을 따를 때 지불해야 할 비용과 따르지 않을 때 치르게 될 더 큰 비용을 계산해보라고 하시는 것이다.

"사람이 만일 온 천하를 얻고도 자기 목숨을 잃으면 무엇이 유익하리요"(막 8:36).

독립선언 이후로 미국인들은 '생명, 자유, 행복의 추구'를 위해 미친 듯이 질주해왔다. 그리고 대체로 성공했다. 이 세 가지 목적이 자유와 부와 여가를 통해 달성된다면 말이다. 미국인들은 여론 조사 요원들에게 판에 박힌 듯 자신이 '행복하다', 또는 '매우 행복하다'라고 말한다.

오해하지 말라. 생명과 자유와 행복은 좋은 것이다. 다만 그것들이 옳은 일들을 향해 있을 때에만 그렇다. 그것 자체를 목표가 되어서는 안 되고, 더 큰 목적을 이루기 위한 수단으로 보아야 한다. 그렇지 않으면 그것들은 우리의 마음이 내면을 향하게 하고, 우리의 시야를 좁게 만들며, 우리의 생각을 숨 막힐 정도로 이기적으로 만든다. 어쩌면 우리의 쾌락주의적 성향 때문에 스스로 '행복하다'라고 말하는 많은 시민들이 기분에 영향을 미치는 약물 치료를 받고 있는지도 모른다. 하지만 그것들은 하나님과 인류를 섬기기 위한 디딤돌로서 우리가 우리 자신을 넘어서게 하며, 모든 피조물을 구속하고 회복시키려는 하나님의 원대한 이야기 속으로 들어가게 해준다.

이 질문은 천하를 얻는 것과 목숨을 잃는 것을 나란히 제시한다. 이런 관점에서 보면 오직 우리 자신의 행복에만 초점을 두는 것, 즉 우리의 생명을 얻으려 하는 것은 궁극적으로 고통과 상실만 가져올 것이다.

H. D. 맥도널드(H. D. McDonald)가 이렇게 말했다.

"이기적으로 영적인 면은 도외시하고 자신의 생명만 지키려 하는 것은 결국 생명을 잃는 것이다. 반면에 그리스도를 위해 목숨을 잃는 것은 그 목숨을 지키는 길이다."[14]

우리는 이미 순교한 선교사 짐 엘리어트의 이야기를 들었다. 그는 "자기가 잃을 수 없는 것을 얻기 위해 계속 간직할 수 없는 것을 버리는 사람은 바보가 아니다"[15]라고 말했다. 천하-돈, 명예, 권력, 또는 관계들의 꾸러미?를 얻으려는 헛된 노력 대신, 하나님의 영원한 상급을 얻기 위해 우리가 간직할 수 없는 이런 것들을 버려야 한다. 상급의 필수 요소인 우리 자신의 생명, 또는 자아부터 시작해서 말이다.

이 경우에 예수님이 말씀하시는 '생명'은 단순히 육적인 존재 이상의 의미가 있다. 그것은 헬라어로 프시케(Psyche), 즉 "생기를 주는 생명의 원리 … 한 사람의 자아"이다.[16]

조롱하는 사탄도 생명이 인간의 가장 중요한 소유물이라는 것을 안다. 욥이 자기의 모든 소유를 잃은 후에 하나님을 저주하길 거부하자 사탄은 하나님께 "가죽으로 가죽을 바꾸오니!"라고 으르렁거렸다. "사람이 그의 모든 소유물로 자기의 생명을 바꾸올지라"(욥 2:4).

불행히도 멀리 보지 못하는 인간들은 너무나 자주, 간직할 수 없는 소유물들을 자신의 목숨과 바꾸려 한다. 1980년대에 유행했던 "가장 많은 장난감을 가지고 죽은 사람이 승자다"라는 범퍼 스티커 문구는 뻔뻔한 거짓말이다. 우리(또는 다른 사람들)가 가진 것을 붙잡으려는 것은 바보 같은 도박이다. 우리가 생명의 대가로 얻은 것은 반드시 우리의 손가락 사이로 빠져나갈 것이기 때문이다. 랜디 알콘(Randy Alcorn)은 이렇게 말한다.

"존 D. 록펠러는 역대 가장 큰 부자 중 한 사람이었다. 그가 죽은 후 어떤 사람이 그의 회계 담당자에게 물었다. '록펠러는 얼마나 많은 돈을 남기고 갔나요?' 그 대답이 가히 걸작이었다. '그는 … 전부 다 남기고 떠났습니다.'"[17]

목숨보다 중한 것은 없다

"사람이 무엇을 주고 자기 목숨과 바꾸겠느냐"(막 8:37).

약간 다른 각도에서 그 문제를 바라보는 이 두 번째 질문은 천하를 얻는 것에 초점을 두지 않고 사람의 목숨을 되찾으려는 시도에 초점을 두고 있다. 그것은 이 세상이 주는 모든 것보다 생명이 훨씬 더 큰 가치가 있다고 가정한다. 아마도 이 세상의 것들을 위해 자기의 영혼을 판 사람이라면, 이미 전형적인 후회를 겪고 있을 것이다. 이 세상의 것들에 초점을 두는 것은 만족을 주지 못할 뿐만 아니라, 그 불행한 영혼을 참된 생명의 근원에서 단절시켜 버린다.

유인 상술에 대해 이야기해보자! 이 장의 첫 부분에서 우리는 모든 것을 잃어버린 부자에 대한 예수님의 이야기를 보았다. 그는 세상의 것들을 잃었고, 결국은 자기의 영혼도 잃었다. 오직 자기만을 향해 부유해지는 것은 궁극적으로 어리석은 일이다.

예수님은 잘못 사용되는 부와 또 다른 익명의 부자에 관한 두 번째 이야기를 들려주셨다.[18] 그것은 흔히 '부자와 나사로'의 이야기로 알려져 있다. 여기에는 이상하게도 가난한 자의 이름만 밝히고 있다. 왜 부자의 이름은 없는 걸까? 아마도 자기의 생명을 구하고자 하는 자들은 그 생명을 잃을 뿐만 아니라 자신의 정체성까지 잃어버리기 때문일 것이다. 이 이야기는 세상 기준에서 부유한 사람들에 대한 경고이다. 거의 모든 서양 사람들이 여기에 포함된다. 어쩌면 부자의 이름을 밝히지 않은 것은 그가 우리를 대표하기 때문일 것이다.

이 이야기에서 부자는 자색 옷을 입고 날마다 호화롭게 즐겼다. 거지 나사로는 늘 배가 고팠고 헌데 투성이였다. 그는 부자의 상에서 떨어지는 것을 먹으며 근근이 살아갔다. 그럼에도 그 부자는 불행한 동포를 돕기 위해 손가락 하나 까딱하지 않았을 것이다. 우리도 그처럼 인색하고, 주변의 궁핍한 이들에게 남은 부스러기만 주고 있지는 않은가?

그런데 대역전이 일어난다. 나사로가 먼저 죽고, 그 다음에 부자가 죽는다. 천사들이 나사로를 데려가 의로운 족장 아브라함과 함께 살게 하는 반면, 부자는 결국 지옥으로 가서 고통을 겪는다.

그는 큰 구렁텅이를 사이에 두고 "아버지 아브라함이여 나를 긍휼히 여기사 나사로를 보내어 그 손가락 끝에 물을 찍어 내 혀를 서늘하게 하소서 내가 이 불꽃 가운데서 괴로워하나이다"라고 애원한다. 이때 부자에게는 그 무엇으로도 자기의 목숨과 바꿀 수 있다는 희망이 없다. 그에게는 줄 것이 없기 때문이다. 그는 다만 약간의 편안함을 바랄 뿐이다. 하지만 돌아오는 답은 거절이다. 그의 운명은 이미 결정되었다.

단테는 지옥문 앞에 이런 표지판이 있을 거라고 상상했다.

"이곳에 들어가는 모든 이들아, 희망을 버려라."

틀림없이 그는 이 무서운 이야기를 염두에 두었을 것이다. 자기의 생명을 구하고자 하는 자들은 그것을 잃을 것이며, 결코 돌이킬 수 없을 것이다. 우리가 이 세상의 모든 것을 갖고도 아무것도 갖지 못한, 심지어 물 한 방울도 얻지 못하는 그 부자와 같다면, 그 다음엔 그 무엇을 주고도 우리의 영혼을 되찾을 수 없을 것이다.

예수님 나타내기

누구든지 이 음란하고 죄 많은 세대에서 나와 내 말을 부끄러워하면 인자도 아버지의 영광으로 거룩한 천사들과 함께 올 때에 그 사람을 부끄러워하리라
막 8:38

그 뒤에 예수님은 너무도 중요한 적용 질문에 답해주신다. 즉 우리가 올바른 우선순위를 갖고 있는지, 인간의 일들에 집중하고 있는지 아니면 하나님의 일들에 초점을 두고 있는지, 지금 우리의 목숨을 구하고 있는지(나중에 결국 잃어버릴지), 또는 지금 목숨을 잃고 있는지(나중에 얻게 될지) 어떻게 알수 있느냐는 질문이다. 그 답은 믿기 어려울 만큼 간단하다. 우리는 예수님을 나타내려 하는가? 주님을 위해 순교자-말 그대로 증인-가 되려 하는가?

팀 스태퍼드는 버나드라고 불리는 한 스리랑카 그리스도인의 이야기를 들려준다.[19] 외모가 왜소하고 거의 허약해 보이는 이 청년은 그 섬나라의 민족적, 종교적 폭력에 휩쓸렸다. 1998년에 불교 정부는 목사가 되려고 공부 중이었던 버나드를 감옥에 가두었다. 힌두교 타밀 호랑이(Tamil Tiger) 반란군을 도운 혐의였다. 이틀 동안 버나드는 매를 맞고 처형당할 위기에 처

했다. 그를 체포한 자들은 그를 40명의 다른 사람들과 함께 작은 방에 가두었다. "저는 많은 사람들에게 예수 그리스도를 전했어요"라고 버나드는 스태퍼드에게 말했다. "그곳은 예수님을 전하기에 적절한 장소였어요."

결국 버나드는 재활 센터/교도소로 보내졌다. 거기서 그와 다른 두 명의 그리스도인들은 적극적으로 동료 죄수들에게 그리스도를 증거했고, 그중 많은 이들이 그리스도인이 되었다.

하지만 불평하는 사람도 있었다. 교도소장이 버나드를 불러, 누가 그에게 그룹을 이끌 권한을 주었는지 말하라고 했다. 버나드가 말했다.

"저는 하나님이 제게 그 권한을 주셨다고 말했어요. 그러자 그는 저를 바닥에 무릎 꿇게 하고 때렸어요."

새로운 회심자들 역시 매를 맞았다.

"우리는 그리스도 덕분에, 이 일을 매우 기쁘게 여겼어요. 저에게는 매우 도움이 되는 경험이었어요. 사람들과 소통하는 법, 조언하는 법을 배웠거든요."

버나드가 말했다. 그는 마침내 감옥에서 풀려났다. 그러나 그리스도를 따르는 모든 사람이 그렇게 되는 것은 아니다.

지아 노드레드(Zia Nodred)도 자기 목숨을 구하려 하지 않은 그리스도인이었다. 아프가니스탄에서 어릴 때 의사의 잘못된 약 처방으로 눈이 안 보이게 된 지아는 언어에 매우 능했는데, 기독교 라디오방송을 통해 처음 복음을 들었다. 어느 날 이 무슬림 청년은 베티 윌슨(Betty Wilson)과 함께 이야기를 나누고 있었다. 베티의 남편, J. 크리스티 윌슨 주니어(J. Christy Wilson Jr.)는 카불의 국제교회 목사였다. 지아는 라디오에서 들은 그리스도의 대속의 의미를 그녀가 설명해주길 원했다(대부분의 무슬림들은 그리스도가 실제로 십자가 위에서 돌아가시지 않았다고 믿는다).

나중에 지아는 라디오 방송을 듣는 동안 예수님을 영접했다는 사실을 그녀에게 털어놓았다. 그녀는 그의 목숨이 위험하다는 걸 알고 있는지 물었다. 이슬람법에서 배교자는 사형에 처하기 때문이다.

"치러야 할 대가는 다 따져보았어요."

지아가 대답했다.

"그런데 그분이 이미 십자가에서 저를 위해 돌아가셨기 때문에 저는 그리스도를 위해 죽을 각오가 되어 있습니다."

폭력적인 무슬림들의 박해를 피하기 위해 파키스탄으로 도피하기 전, 지아는 신약성경을 아프간 페르시아어로 번역하는 것을 도왔다. 즈웨머 무슬림 연구소(Zwemer Institute for Muslim Studies)의 워렌 라슨(Warren Larson)은 파키스탄에 있는 아프간 난민들을 위한 지아의 강력한 사역에 주목한다. 거기서 그는 담대하고 훌륭하게 무슬림들을 전도했다.

하지만 1988년, 지아는 거짓말에 속아 아프가니스탄으로 돌아가게 되었다. 거기서 두려움을 느낀 아프간 군 지도자 굴부딘 헤크마티아르(Gulbuddin Hekmatyar)가 지아를 납치하고, 고문하고, 살해했다. "그는 그의 주님을 전하는 일을 그만두지 않았기 때문에 혀가 잘렸다고 기록되어 있다"라고 라슨은 말한다.[20]

사는 것과 죽는 것

하지만 우리 중에 육체적으로 예수님을 위해 죽도록 부르심을 받지 않는 자들은 어떻게 되는가? 솔직히 말하면, 우리 대부분이 그렇다. 우리는 순교자로서, 우리 주님의 산 증인으로서 어떻게 섬겨야 하는가? 어떻게 우리의 목숨을 잃음으로써 그 목숨을 지켜야 하는가?

어떤 의미에서, 이런 식으로 우리의 생명을 잃는 것은 우리가 행하는 어떤 일을 말하는 것이 아니다. 그것은 우리의 존재 상태를 뜻한다. 사도 바울은 그리스도 앞에서 자신의 모든 삶과 독선적인 노력들을 순전히 잃어버린 것으로 여겼다.[21] 그는 그리스도와 함께 죽음으로써 자신의 생명을 발견한다. 이것이 그의 참 생명이다. 바울은 또한 순전한 의지력으로 그리스도와 함께 죽지 않았다. 그러한 죽음은 우리가 일으킬 수 있는 일이 아니다. 우리의 구원처럼, 그것은 우리가 감사히 받는 선물이다.

예수님은 우리에게 이 세상 일들을 생각하지 말고 하나님의 일들을 생각하라고 하셨다. 바울은 예수님이 요구하시는 죽음이 우리를 위해 이미 이루어졌다는 기쁜 소식을 상기시켜주며, 우리에게 같은 말을 한다. 우리가 할 일은 우리의 세상적인 자아를 죽이는 것이 아니라, 우리가 이미 죽은 자인 것처럼 사는 것이다. 그러나 우리는 죽음 가운데서 사는 것이 아니라, 죽음 이후에 오는 것, 즉 부활 가운데서 산다. 예수님은 부활하셨다. 그러므로 우리도 부활할 것이다.

불확실성의 척도를 뜻하는 '엔트로피'(Entropy)는 모든 것이 부서지고 죽는다고 가르친다. 그러나 죽음은 우리에게 최종적인 결과가 아니다. 죽음은 현실이지만, 우리의 종착지는 아니다. 우리는 하나님 보시기에 이미 부활했고, 언젠가는 세상의 눈으로 보기에도 부활할 것이다. 그리고 오늘 우리는 '이미' 이루어진 동시에 '아직' 완성되지 않은 현실의 빛 가운데서 살아야 한다. 이 부활 생명은 우리가 하나님의 일들을 생각함으로써 시작된다. 골로새 교회를 향한 바울의 말을 들어보자.

> 그러므로 너희가 그리스도와 함께 다시 살리심을 받았으면 위의 것을 찾으라 거기는 그리스도께서 하나님 우편에 앉아 계시느니라 위의 것을 생각하고 땅의 것을 생각하지 말라 이는 너희가 죽었고 너희 생명이 그리스도와 함께 하나님 안에 감추어졌음이라 우리 생명이신 그리스도께서 나타나실 그때에 너희도 그와 함께 영광 중에 나타나리라 골 3:1-4

예수님과 바울 둘 다 재림의 문제에 대해 같은 결론에 이른다. 우리의 우선순위를 바로잡고, 우리의 생명을 잃어버림으로써 그 생명을 발견하도록 가장 강력하게 격려하는 것은 바로 이 삶이 끝이 아니라는 사실을 이해하는 것이다. 우리의 세속적인 사회에서 대부분의 사람들은 '너무 하늘의 일만 생각해서 세상일에 기여하지 않는' 문제를 갖고 있지 않다. 더 큰 문제는 너무 세상의 일만 생각해서 천국에 도움이 안 되는 사람들이 너무 많다는 것이다.

대부분의 사람들은 죽음이 찾아오지 않길 바라며, 그것을 무시해버린다. 하지만 이 진리를 억압한다고 해서 없어지는 것은 아니다. "죽음과 세금만큼 확실한 것은 없다"라는 말이 있다. 그것은 절반만 사실이다. 성공적으로 세무 당국을 피하는 사람은 있을 수 있지만, 죽음의 신을 피할 수 있는 사람은 아무도 없기 때문이다. 죽음을 돌아보지 않고 삶을 살아간다는 것은 우리의 목적론에 결함이 있음을 보여준다.

〈스타트렉 II: 칸의 분노〉(Star Trek II: The Wrath of Khan)에서 커크 선장의 말은 이를 제대로 알려준다.

"우리가 죽음을 대하는 자세는 삶을 대하는 자세만큼 중요하다."

우리는 참으로 살기 위해 죽을 준비가 되어 있는가? 어떤 사람이 온 천하를 얻고도 자신을 잃어버린다면 무슨 소용이 있겠는가?

토론 질문

1. 우리 자신을 위해 물질을 쌓아두는 일이 어리석은 이유는 무엇인가?

2. 그리스도를 따르는 것은 쉬운 일인가, 아니면 어려운 일인가?

3. 그리스도인들이 짊어지는 십자가들은 어떤 점에서 같은가? 또 어떻게 다른가?

4. 우리가 하나님을 위해 살려고 자신에 대해 죽는 것을 피하기 위해 대는 핑계들은 어떤 것들이 있는가? 영원한 관점에서 볼 때 그것들은 얼마나 타당한가?

5. 당신은 사람들에게 인기가 없고, 불편하고, 위험할 때에도 예수님을 나타내는가? 그런 일이 있었다면 말해보라.

6. 온통 세상적인 것들 속에 살면서도 하늘나라의 일들에 마음을 두는 당신의 방법은 무엇인가?

7. 우리는 어떻게 부활의 삶을 살기 시작하는가?

3
PART

당신의
생각은
어디에
있는가?

Where Is Your Thinking?

ALL THAT JESUS ASKS

생각의 길을
새롭게 하라

> ❝ 너희가 어찌하여 마음에 악한 생각을 하느냐? ❞

성경을 믿는 그리스도인들은 지적으로 결핍되어 있다는 이유로 진보적인 엘리트들에게 거센 비판을 받아 왔다. 미국의 2008년 대통령 예비선거 기간에 유력한 후보였던 한 사람이 반감을 가진 유권자 대부분을 '총이나 종교에 집착하는 사람들'로 묘사함으로써 많은 사람을 불쾌하게 만들었다. 마치 종교적 신념이 지적 결함이나 인격적 결함의 표시인 것처럼 말한 것이다.

복음주의자들도 스스로 미국 사회에서 자신들의 지적인 성과들을 바라보며 자신들의 부족함을 깨달았다. "복음주의 지성에 대한 추문은 복음주의 지성이 별로 없다는 것이다"라고 역사학자 마크 놀(Mark Noll)이 비판했다. 그는 성경을 믿는 자들이 "주로 대학들과 예술, '고급' 문화의 다른 영역들을 버렸다"라고 말한다. 복음주의자들은 "진지한 지적인 삶을 계속해 나가는 데 특히 실패했다."[1]

그러한 혹평은 우리의 영적 조상들에게 달갑지 않은 소식이었을 것이다. 그들은 우리의 온 마음으로 하나님을 사랑하는 것이 명확한 그리스도인의 소명이라고 여겼다.2 사회학자 로드니 스타크(Rodney Stark)는 서구 사회가 '기독교 신앙에도 불구하고'가 아니라, 바로 '그 신앙 때문에' 과학적으로나 정치적으로 모든 현대 사회들보다 더 발전한 것이라고 말한다.

"서구 사회가 강력하게 앞으로 나아갔던 것은 바로 종교적인 장벽들, 특히 과학을 방해하는 장벽들을 극복했기 때문이라고 한다." 스타크가 그의 획기적인 책, 《이성의 승리》(The Victory of Reason)에서 한 말이다. "말도 안 되는 소리다. 과학의 발전을 비롯해 서구 사회의 성공은 전적으로 종교적 기반에 근거한 것이었고, 그것을 이룬 사람들은 독실한 그리스도인들이었다."3

스타크는 기독교 신앙과 이성의 양립가능성에 관해 몇몇 역사적 증인들을 소환한다. 그중 한 사람이 히포의 어거스틴이다.

"하나님께서 우리가 동물보다 우월하게 만드신 그 부분을 미워하실 리가 없다!"

스타크는 어거스틴의 말을 인용해 "우리는 이성을 받아들이지 않거나 추구하지 않는 방법으로 믿을 필요가 없다. 만약 우리가 이성적인 영혼을 갖고 있지 않다면 믿지도 못했을 것이기 때문이다"라고 외친다.

알렉산드리아의 클레멘트(Clement of Alexandria)는 이렇게 말했다.

"우리는 이러한 것들을 믿음으로 받아들여야 하지만 또한 이성으로 주장해야 한다고 말한다. 사실 이런 것들을 이성 없는 믿음에 맡기는 것은 안전하지 않다. 확실히 진리는 이성 없이 존재할 수 없기 때문이다."4

스타크는 믿음의 사람들이 서구 세계를 장악한 네 가지 주요 원인을 나열한다.5

1. 기독교 신학 안에서 이루어진 신앙의 성장
2. 이 신앙이 기술적, 조직적 혁명으로 바뀜
3. 신학의 영향을 받은 이성이 개인의 자유를 허용하는 국가들로 이어짐

4. 이성이 상업에 적용되어 자본주의로 이어짐

7장에서 보았듯이, 내세적 신앙은 인간이 개인적으로 하나님께 다가가게 할 수 없다. 스타크는 그것이 또한 합리성 시험을 통과하지 못한다고 주장한다. 그는 오직 기독교만이 "지적이고 매우 이성적인 학문 분야"로서 신학을 발전시켰고, 그것은 "하나님에 관한 공식적인 추론"으로 규정되었다고 말한다.[6] 그의 말을 들어보자.

> 강조점은 하나님의 본성과 의도, 요구들을 발견하고 이러한 것들이 어떻게 인간과 하나님의 관계를 규정하는지를 이해하는 데 있다. 다신교의 신들은 너무 하찮아서 신학을 존속시킬 수가 없다. 신학은 의식이 있고 합리적이면서 무한한 힘과 능력을 가진 초자연적 존재로서 하나님의 형상을 필요로 한다. 그는 인간들에게 관심을 가지고 그들에게 도덕률과 책임을 부여하신다. 그로써 신학은 진지한 지적 질문들을 만들어낸다.[7]

예수님이 우리에게 뜻을 다해 하나님을 사랑해야 한다고 말씀하신 것은 놀라운 일이 아니다.[8] 물론 그분의 질문들을 연구하는 사람이라면 그 질문들의 전제가 사람들이 이성적 존재로서 문제를 추론해내고 지적인 차원에서 "의식 있고, 합리적이며, 무한한 힘과 능력을 가진 초자연적 존재"와 교제할 수 있다는 것임을 알게 될 것이다.

물론 예수님이 질문하시는 것은 그분이 의미론적인 게임을 하고 계시기 때문이 아니라, 우리가 그 질문을 충분히 생각해 답을 제시할 수 있다는 걸 아시기 때문이다. 그분이 어떤 문제에 대해 잘 이해하지 못하시기 때문이 아니라 우리가 이해하지 못하는 부분을 채워주기 위해 질문하시는 것이다. 예수님의 질문 중 상당수는 맹목적인 신앙이 아니라-비록 예수님이 단순히 믿음으로 순종할 것을 요구하실 때도 있지만- 분별력과 합리적인 제자도를 촉구하고 격려하는 것이다. "율법에 무엇이라 기록되었으며 네가 어떻게 읽느냐?"(눅 10:26)라고 예수님은 물으신다.

IBM이 모두가 인정하는 컴퓨터계의 헤비급 챔피언이었을 때, 그 회사는 단순한 슬로건을 가지고 있었다. 그것은 "생각하라"였다. 예수님의 질문들이 우리에게 요구하는 것도 다름 아니라 하나님이 주신 뇌를 그분을 위해 사용하라는 것이다.

하나님의 성품

예수님은 우리에게 하나님의 성품에 대해 생각해보라고 하신다. 하나님이 하찮게 보이는 어린아이들에게 관심을 가지신다는 것을 설명하시면서, 단순한 질문들로 잃어버린 양의 비유를 소개하신다.[9]

"너희 생각에는 어떠하냐 만일 어떤 사람이 양 백 마리가 있는데 그중의 하나가 길을 잃었으면 그 아흔아홉 마리를 산에 두고 가서 길 잃은 양을 찾지 않겠느냐?"

사람이 잃어버린 양에 대해 어깨를 으쓱하며 "뭐, 괜찮아"라고 말하는 것을 생각할 수 없는 것처럼, 하나님이 자녀들에게 관심을 갖지 않으신다는 것은 사려 깊은 제자라면 상상도 할 수 없는 일이다. "이와 같이 이 작은 자 중의 하나라도 잃는 것은 하늘에 계신 너희 아버지의 뜻이 아니니라."

기도에 관한 장에서 우리는 하나님의 관대한 마음과 때때로 인색한 우리의 성품이 서로 대조를 이루는 것을 보았다. 예수님은 다음과 같은 질문으로, 하나님이 우리의 기도에 응답하지 않으실 거라는 자아도취적인 두려움에서 우리를 이끌어내신다.

"너희 중에 아버지 된 자로서 누가 아들이 생선을 달라 하는데 생선 대신에 뱀을 주며 알을 달라 하는데 전갈을 주겠느냐?" 생각해보면 그 답은 명백하다. "너희가 악할지라도 좋은 것을 자식에게 줄 줄 알거든 하물며 너희 하늘 아버지께서 구하는 자에게 성령을 주시지 않겠느냐?"[10]

예수님의 질문들이 우리에게 하나님의 친절함을 보여준다면, 또한 그것들은 우리가 신중하게 그의 엄격함에 직면할 수밖에 없게 만든다. 앞에서 보았듯이, 만일 사람들이 바로 앞에 있는 진리에 복종하길 거부한다면 결국 하나님의 심판이 임할 것이다.[11] 하나님의 인내는 크지만 무한하지는 않다. 또한 이것은 개인뿐만 아니라 나라들에게도 해당된다. 예루살렘에서 예수님은 수난당하시기 직전에 이스라엘에 임박한 심판에 대해 말씀하신다. 그 나라의 지도자들은 예수님을 거부했고, 그분이 행하신 일을 사탄의 일로 여겼다.

예수님은 십자가를 향해 가실 때 그분을 위해 우는 자들에게 "예루살렘의 딸들아 나를 위하여 울지 말고 너희와 너희 자녀를 위하여 울라"라고 말씀하셨다. "푸른 나무에도 이같이 하거든 마른 나무에는 어떻게 되리요?"[12] 이 심판은 A. D. 70년에 임했고, 그때 로마인들이 그 도시를 멸했으며 유대 백성은 사방으로 흩어졌다.

예수님은 소작인들의 비유를 말씀하신다. 그것은 지도자들이 주인의 포도원을 악하게 오용하는 것을 묘사한다. 포도원은 이스라엘에게 잘 알려진 암시였다. 그 비유는 주인이 소작인들로부터 수확물을 거두기 위해 여러 종들을 보내는 이야기이다. 하지만 그들은 주인이 보낸 특사들을 잇달아 학대하고 죽인다. 마침내 그는 자신의 아들을 보내는데, 그들은 그를 살해한다. 분명히 예수님은 그 자신의 임박한 죽음을 염두에 두고 계셨다. 이것은 "그러면 포도원 주인이 올 때에 그 농부들을 어떻게 하겠느냐?"라는 그분의 질문에 특별한 힘을 부여한다.

그 질문으로 충분하다. 예수님은 지도자들에 대한 심판을 선고할 필요가 없으시다. 그들 스스로 이렇게 대답하기 때문이다. "그 악한 자들을 진멸하고 포도원은 제 때에 열매를 바칠 만한 다른 농부들에게 세로 줄지니이다." 그들은 이 은혜로운 경고를 이해했다. "대제사장들과 바리새인들이 예수의 비유를 듣고 자기들을 가리켜 말씀하심인 줄 알고."[13]

하나님의 심판은 인류를 넘어 천사들의 영역까지 확대된다.[14] 〈스타워즈〉(Star Wars) 신화에서는 힘의 어두움과 빛의 양면이 동등한 능력을 갖고 있으며, 그들의 균형이 깨질 때에만 문제가 생긴다. 성경적 사고에서는, 어둠의 왕국과 빛의 왕국이 지금 서로 대립하지만 능력의 차이가 어마어마하다. 잠시 동안은 하나님께서 사탄과 그의 하인들이 지구를 횡단하며 정해진 한도 내에서 악을 행하도록 허용하신다.[15] 그러나 마르틴 루터가 〈내주는 강한 성이요〉에서 주장한 것처럼 사탄의 궁극적인 파멸은 확실하다.

우리는 그리스도의 삶과 그분의 질문들 속에서 이것을 분명히 본다.[16] 여기서 우리는 하나님과 사탄이 동등하지 않다는 진리를 이해하게 만드는 질문들을 집중적으로 살펴볼 것이다. 이스라엘의 지도자들이 예수님의 업적을 사탄이나 바알세불이 한 일로 돌릴 때 예수님이 던지신 질문들은 그들의 주장이 불합리하다는 것을 깨닫게 해준다.[17]

* 만일 사탄이 스스로 분쟁하면 그의 나라가 어떻게 서겠느냐?[18]: 예수님의 질문을 풀어서 말하면, 사탄의 나라는 오로지 지배를 통해서만 발전한다는 것이다. 마귀의 영적 노예 상태에서 풀려난 사람은 그의 힘을 약화시킬 수밖에 없다.

* 내가 바알세불을 힘입어 귀신을 쫓아내면 너희 아들들은 누구를 힘입어 쫓아내느냐?[19]: 예수님은 하나님을 따르는 모든 자들이 그 거룩한 능력을 사용할 수 있음을 지적하심으로써 첫 번째 요점을 더 상세히 설명하신다. 그것은 예수님을 비판하는 자들도 분명히 알 수 있는 사실이다.

* 사탄이 어찌 사탄을 쫓아낼 수 있느냐?[20]: 아무리 교활하더라도, 마귀는 자발적으로 인간의 삶에 대한 통제를 잠깐이라도 완화할 수 없다. 이것은 대중에 대한 통제를 완화했다가 혁명에 부딪히는 전체주의 국가들을 생각나게 한다. 사탄이 한 번이라도 통제를 완화하는 것은 그의 나

라의 파멸을 초래하는 것이다. 사탄은 그렇게 하기엔 너무 확신이 없다.

* 사람이 먼저 강한 자를 결박하지 않고서야 어떻게 그 강한 자의 집에 들어가 그 세간을 강탈하겠느냐?[21]: 사탄이 '강한 자'라는 것은 의심의 여지가 없다. 그러나 예수님은 더 강하시므로 그에 대한 권한을 갖고 계신다. 사탄은 자기가 가진 것들을 결코 자발적으로 포기하지 않을 것이다. 그러나 그리스도께 강탈당할 수는 있다. 이 일은 어떤 사람이 사탄의 손아귀에서 벗어나거나 어둠의 왕국에서 빛의 왕국으로 들어올 때마다 일어난다.

하나님이 우리에게 주신 지성을 사용해 이러한 진리들을 이해하면 마귀 앞에서 확신이 생긴다. 우리는 하나님나라가 더 크고, 사탄은 도주 중이며, 그의 모래시계에 담긴 모래는 급속히 줄어들고 있다는 걸 안다. 또한 예수님은 우리를 사용해 이 세상에 있는 사탄의 본거지에서 그를 궤멸하실 수 있다. 다윗의 말을 들어보자.

주께서 나의 등불을 켜심이여 여호와 내 하나님이 내 흑암을 밝히시리이다 내가 주를 의뢰하고 적군을 향해 달리며 내 하나님을 의지하고 담을 뛰어넘나이다 하나님의 도는 완전하고 여호와의 말씀은 순수하니 그는 자기에게 피하는 모든 자의 방패시로다 여호와 외에 누가 하나님이며 우리 하나님 외에 누가 반석이냐 이 하나님이 힘으로 내게 띠 띠우시며 내 길을 완전하게 하시며 나의 발을 암사슴 발 같게 하시며 나를 나의 높은 곳에 세우시며 시 18:28-33

걷는 것과 말하는 것

오늘날 신학자들은 신학이 이야기인지 명제인지에 대한 문제로 논쟁하는 것으로 알려져 있다. 즉 신학이 주로 이야기인지, 아니면 체계적인 진리의 수집인지에 대한 것이다. 우리가 하나님을 아는 것은 주로 그의 행위에 의해서인가 아니면 그의 말씀에 의해서인가? 가장 좋은 답은 아마 둘 다일 것이다. 이 두 종류의 진리는 종종 함께 역사한다. 때로 예수님의 질문들은 그분이 증거하신 것을 우리에게 평가해보게 함으로써 우리의 비판적 사고 능력을 알아낸다. 우리가 눈으로 본 것을 말로 표현하게 하는 것이다.

진리는 명제로 이루어지지만 — 하나님은 삼위일체시다, 인간은 죄인이다 등 — 온전히 명제로만 이루어지는 것은 아니다. 그것은 또한 삶으로 나타난다. 어떤 진리를 소유하고도 그 진리 안에서 행하지 않는 것은 성경 저자들에게 상상도 할 수 없는 일이다.

"복 있는 사람은 악인들의 꾀를 따르지 아니하며 … 오만한 자들의 자리에 앉지 아니하고 오직 여호와의 율법을 즐거워하여 그의 율법을 주야로 묵상하는도다"(시 1:1,2).

율법-언어적 의사소통-은 우리의 삶에 영향을 미치며 우리의 마음과 생각을 자극한다. 우리는 단지 인지적 능력이 아니라 온 삶으로 진리를 받아들이며 그에 따라 행동한다. 우리는 그것을 묵상한다. 그것이 우리의 일부가 될 때까지 숙고한다. 언어적인 것은 비언어적인 것을 해석한다. 그것이 바로 예수님의 질문들이 완수하는 일이다.

최후의 만찬을 나누는 동안 예수님은 제자들에게 필수적인 실물 교훈을 주시고 그들의 이해력을 점검하기 위한 진단 질문을 던지신다. 이 경우에 예수님은 그들에게 해답까지 주시며 그들이 확실히 이해하길 원하셨다.

> 그들의 발을 씻으신 후에 옷을 입으시고 다시 앉아 그들에게 이르시되 내가 너희에게 행한 것을 너희가 아느냐 너희가 나를 선생이라 또는 주라 하니 너희 말이 옳도다 내가 그러하다 내가 주와 또는 선생이 되어 너희 발을 씻었으니 너희도 서로 발을 씻어 주는 것이 옳으니라 내가 너희에게 행한 것같이 너희도 행하게 하려 하여 본을 보였노라 내가 진실로 진실로 너희에게 이르노니 종이 주인보다 크지 못하고 보냄을 받은 자가 보낸 자보다 크지 못하나니 너희

가 이것을 알고 행하면 복이 있으리라 요 13:12-17

예수님은 일련의 비유들을 제시하신 후 비슷한 질문을 던지신다.
"이 모든 것을 깨달았느냐"(마 13:51).
여기서 질문은 원초적인 순종에 관한 것이 아니라 이해에 관한 것이다.
하나님은 우리의 마음에 관심이 있으시다.

유추에 의한 진리

예수님의 질문들은 우리가 유추를 통해 더 깊은 진리를 깨달을 수 있게
해준다. 마치 비유와 같다. 유추는 '비슷하지만 같지는 않고 완전히 다른
것도 아닌 의미'를 제시한다. [22] 예를 들어, 사람들에게 예수님의 사역이 그
들 마음의 은밀한 것들을 드러낼 거라고 말씀하실 때 예수님은 가능한 대
답이 하나뿐인, 좀 터무니없어 보이는 질문을 하신다. [23]
"사람이 등불을 가져오는 것은 말 아래에나 평상 아래에 두려 함이냐 등
경 위에 두려 함이 아니냐?"
물론 등불은 어두운 곳을 비춰줄 수 있는 곳에 두어야 한다. 따라서 예수
님은 질문 뒤에 마음을 꿰뚫어보는 듯한 경구를 제시하신다.
"드러내려 하지 않고는 숨긴 것이 없고 나타내려 하지 않고는 감추인 것
이 없느니라 들을 귀 있는 자는 들으라."
예수님은 여기 계시며, 그분은 우리의 어두운 비밀들을 드러내실 것이다.
여기에 예수님이 질문과 함께 제시하신 또 한 가지 비유가 있다. 사람들에
게 심판이 오고 있고 그를 따르면 평화가 아니라 분열이 일어날 거라고 말
씀하신 예수님은 그들이 시대를 분간하지 못한다고 경고하신다. [24]

또 무리에게 이르시되 너희가 구름이 서쪽에서 이는 것을 보면 곧 말하기를 소
나기가 오리라 하나니 과연 그러하고 남풍이 부는 것을 보면 말하기를 심히

더우리라 하나니 과연 그러하나라 외식하는 자여 너희가 천지의 기상은 분간할 줄 알면서 어찌 이 시대는 분간하지 못하느냐 눅 12:54-56

그들의 우선순위가 잘못되었다. 그들은 왔다갔다 하는 날씨를 연구하지만, 지금, 하나님의 목적에 동조할 이 기회는 결코 다시 오지 않을 것이다. 그러나 사람들은 이런 특별한 상황들을 평가하고 올바른 결정을 내리는 데 그들의 두뇌를 사용하지 않는다. 그것은 지독한 무지다.

이런 태도는 오늘날에도 흔하다. 사람들은 주식시장, 기상, 야구 시합 결과표, 좋은 직장에 취직하는 법, 그 외 여러 가지 주제들에 대해 공부한다. 어떤 것들은 더 가치가 있고 어떤 것들은 그렇지 않다. 하지만 그들은 가장 중요한 문제들에 대해 뇌세포를 거의 혹은 전혀 사용하지 않는다.

'하나님은 계시는가?', '그는 어떤 분이신가?', '그는 우리에게 무엇을 요구하시는가?', '우리는 어떻게 천국에 가며 지옥에 가지 않는가?',

물론 해답은 있다. 예를 들어, 1966년에 발행된 〈타임〉(TIME) 표지에는 "신은 죽었는가?"라는 냉혹한 질문이 쓰여 있었다. 그 기사는 신이 죽었다고 선언하는 신학적 운동을 조사한 내용이었다. 아이러니하게도, 1967년 이후로 학계에서는 신의 존재를 지지하는 철학적 주장들이 깜짝 놀랄 부흥기를 누렸다. 그때 알빈 플란팅가(Alvin Plantinga)가 《신과 타자의 정신들》(God and Other Minds: A Study of the RAtional Justification of Belief in God)을 썼다.[25]

하지만 우리는 이런 주장들을 숙지하는데 시간과 노력을 들이는가? 아니면 그저 일상을 계속 살면서 라디오 방송을 듣고, 물건을 사고 팔며, 낡은 자동차를 반짝반짝 빛나는 새 모델로 바꾸는가? 영원하지 않은 것들에 우리의 삶을 쏟아 붓는가? 아니면 우리의 영원한 존재에 꼭 필요한 문제들에 집중하기 위해 합리적인 결정을 내리는가?

프랑스 철학자 블레즈 파스칼(Blaise Pascal)은 당신이 할 수 있는 가장 합리적인 일은 의심에 맞서 그리스도를 믿기로 선택하는 것이라고 했다. 왜냐하면 틀렸을 경우 그에 대한 벌은 매우 경미하고, 옳을 경우 그에 대해 약속된 유익(영생)은 너무도 크기 때문이다.

하지만 나는 열린 마음이 있으면 누구나 기독교 신앙의 증거를 받아들일 수 있고, 그 증거는 신앙을 맹목적인 것이 아니라 굉장히 타당한 것으로 만들어준다고 믿는다.[26] 물론 이 과정에서 하나님의 영이 없어서는 안 되며,[27] 신학자 칼 바르트(Karl Barth)를 비롯한 많은 개신교도들은 구원받지 못한 자연인이 하나님을 진정으로 아는 것은 불가능하다고 주장했다. 전반적으로 부패한 우리의 마음은 완전히 비뚤어져 있기 때문이다.[28]

그러나 예수님은 우리를 이성적인 피조물로 대하시며 "사람이 하나님의 뜻을 행하려 하면 이 교훈이 하나님께로부터 왔는지 내가 스스로 말함인지 알리라"(요 7:17)라고 말씀하신다. 지적인 신앙이 결정적인 것은 아니지만, 그것 없이는 참된 제자도를 가질 수 없다.

말과 행위가 일치하는 신앙

비유는 사람이 어떤 것을 비교해 비슷한 점과 다른 점을 둘 다 볼 수 있는 능력을 갖고 있다는 것을 전제로 한다. 예수님은 비유들로 가득한 산상설교에서 우리에게 거짓 선생들을 늘 조심해야 한다고 말씀하신다.

거짓 선지자들을 삼가라 양의 옷을 입고 너희에게 나아오나 속에는 노략질하는 이리라 그들의 열매로 그들을 알지니 가시나무에서 포도를, 또는 엉겅퀴에서 무화과를 따겠느냐 이와 같이 좋은 나무마다 아름다운 열매를 맺고 못된 나무가 나쁜 열매를 맺나니 마 7:15-17

건강하든 병들었든, 열매를 잘 맺든 메말랐든, 열매는 나무의 본질을 드러낸다. 분명 여기 나온 예수님의 질문은 교회 역사 속에서 수없이 확증되어 왔다. 나쁜 교리, 또는 잘못된 정설은 나쁜 삶, 또는 잘못된 실천으로 이어진다. 우리가 짐 존스(Jim Jones)의 종교를 믿든, 텍사스의 일부다처 종파를 믿든, 또는 참 믿음을 갖고 있다고 주장하는 다른 비정상적인 종파를 믿든 간에, 그들의 말은 그들의 행위로 드러난다. 물론 하나님의 진리를 완벽하게 따르는 집단은 없지만, 처음부터 교리적으로 잘못 시작하는 이들은 급속히 도랑에 빠진다. 그리고 종종 성적인 죄에 빠진다. 사려 깊고 비판적인 눈으로 이런 그룹들을 평가하는 이들은 그들의 실체를 보게 될 것이다. 그들은 병든 나무들이다.

예수님이 두 아들의 우화를 말씀하실 때 염두에 두신 것은 바로 믿음으로 뜨거워진 마음과 바른 실천이다. 예수님은 질문으로 그 비유를 시작하고 마치신다.

그러나 너희 생각에는 어떠하냐 어떤 사람에게 두 아들이 있는데 맏아들에게 가서 이르되 얘 오늘 포도원에 가서 일하라 하니 대답하여 이르되 아버지 가겠나이다 하더니 가지 아니하고 둘째 아들에게 가서 또 그와 같이 말하니 대답하여 이르되 싫소이다 하였다가 그 후에 뉘우치고 갔으니 그 둘 중의 누가 아버지의 뜻대로 하였느냐 이르되 둘째 아들이니이다 마 21:28-31a

당연히 둘째 아들이다. 예수님은 그분을 대적하는 자들에게 그분의 사역에 관해 눈에 보이는 것들을 비판적으로 생각하라고 말씀하셨다. 둘째 아들처럼, 처음에 직업을 선택함에 있어 하나님을 부인했던 세리와 창녀들은 하나님나라에 들어갔다. 그런가 하면 대제사장과 장로들-겉으로는 그들의 직업으로 하나님을 받아들였던 이들-은 결국 예수님을 거부함으로써 그분을 부인했다.

어떤 사람이 실제로 이웃 사랑에 대한 책임을 좀 덜어보려고 "내 이웃이 누구니이까?"라고 물었을 때 예수님은 딱딱하고 이론적인 대답을 하지 않으신다. 대신 선한 사마리아인의 이야기를 들려주신다.[29] 그는 강도 만난 유대인에게 이웃답게 대해준 사람이다. 그 이야기에서 두 유대인 지도자들은 그 사람의 곤경을 못 본 척했다.

"네 생각에는 이 세 사람 중에 누가 강도 만난 자의 이웃이 되겠느냐?"

예수님이 물으신다. 그 사람은 '사마리아인'이라는 단어를 차마 내뱉지 못하고 "자비를 베푼 자니이다"라고 대답한다. 그러자 예수님은 기가 막힌 적용을 제시하신다.

"가서 너도 이와 같이 하라."

정통적인 말은 정통적인 행위를 낳아야 한다.

이성 더하기 믿음

앞에서 보았듯이, 믿음 없는 합리성은 우리를 어느 정도까지만 이끌어간다. 어느 날 밤 바리새인 중 한 명인 니고데모가 더 많은 정보를 얻기 위해 예수님을 찾아온다.

"랍비여 우리가 당신은 하나님께로부터 오신 선생인 줄 아나이다 하나님이 함께하시지 아니하시면 당신이 행하시는 이 표적을 아무도 할 수 없음이니이다."

예수님은 소심하지만 궁금해하는 종교 지도자에게 애매한 말씀을 주신다. 그는 영적으로 성장 과정에 있지만 아직은 그 단계에 이르지 못했다.

"사람이 거듭나지 아니하면 하나님의 나라를 볼 수 없느니라."

순전히 이성적인 단계에서만 생각하는 니고데모는 이제 의심스러운 듯이 묻는다.

"사람이 늙으면 어떻게 날 수 있사옵나이까 두 번째 모태에 들어갔다가 날 수 있사옵나이까?"

예수님이 '거듭남은 성령께 속한 일'이라고 간결하게 대답하시자, 할 말을 잃은 니고데모는 불쑥 이렇게 말한다.

"어찌 그러한 일이 있을 수 있나이까?"

그러자 예수님은 니고데모에게 생각을 촉구하는 질문들을 섞어서 짧게 복음을 소개하신다.

예수께서 그에게 대답하여 이르시되 너는 이스라엘의 선생으로서 이러한 것들을 알지 못하느냐 진실로 진실로 네게 이르노니 우리는 아는 것을 말하고 본 것을 증언하노라 그러나 너희가 우리의 증언을 받지 아니하는도다 내가 땅의 일을 말하여도 너희가 믿지 아니하거든 하물며 하늘의 일을 말하면 어떻게 믿겠느냐 하늘에서 내려온 자 곧 인자 외에는 하늘에 올라간 자가 없느니라 모세가 광야에서 뱀을 든 것 같이 인자도 들려야 하리니 이는 그를 믿는 자마다 영생을 얻게 하려 하심이니라 요 3:10-15

우리는 예수님이 니고데모에게 땅의 것들과 하늘의 것들 간의 유추를 이해하라고 말씀하시는 것을 본다. 여기서 예수님은 이스라엘의 선생이 이러한 비유를 이해할 만한 영적 민감성을 갖지 못했고, 그의 믿음이 이성을 이끌고 있지 않다는 사실에 실망하신 듯하다. 어쩌면 절망하거나 깜짝 놀라신 것 같기도 하다. 우리의 삶 속에서도 이와 같은 위험이 있음을 알고 조심해야 한다.

예수님은 종종 질문으로 제자들의 이성적, 영적 민감성을 점검하신다.

* "맹인이 맹인을 인도할 수 있느냐 둘이 다 구덩이에 빠지지 아니하겠느냐"(눅 6:39).
* "어찌하여 형제의 눈 속에 있는 티는 보고 네 눈 속에 있는 들보는 깨닫지 못하느냐 너는 네 눈 속에 있는 들보를 보지 못하면서 어찌하여 형제에게 말하기를 형제여 나로 네 눈 속에 있는 티를 빼게 하라 할 수 있느냐"(눅 6:41,42).

* "너희가 이 비유를 알지 못할진대 어떻게 모든 비유를 알겠느냐"(막 4:13).
* "너희도 이렇게 깨달음이 없느냐 무엇이든지 밖에서 들어가는 것이 능히 사람을 더럽게 하지 못함을 알지 못하느냐 이는 마음으로 들어가지 아니하고 배로 들어가 뒤로 나감이라"(막 7:18,19).
* "혼인 집 손님들이 신랑과 함께 있을 때에 금식할 수 있느냐"(막 2:19).

완벽하게 이성적인 사람들은 믿음의 문제에 관심을 잘 갖지 않는다. 어쩌면 오래된 우주의 방대함 앞에서 경외심을 느끼면서도 그 우주를 만드신 분에 대해서는 호기심을 갖지 않는 이들이 과학자다. 그러나 위대한 분이 정말 존재하시는지, 이 존재는 어떠한 분인지 아는 것보다 더 중요한 것이 있겠는가? 이것을 무시하는 것이 궁극적으로 비이성적인 것 아닌가? 물론 하나님의 존재는 과학적으로 정확하게 입증할 수 없다. 하지만 그러한 증거가 부족하다고 해서 하나님의 특별 계시(하나님의 말씀)와 일반 계시(하나님의 세계, 롬 1:18-20 참조)에 의해 알 수 있는 증거를 살필 필요가 없는 것은 아니다.

많은 사람들이 이성의 빛과 열린 마음을 갖게 되었을 때 가장 심각한 반대들이 여름날 얼음처럼 녹는 것을 발견했다. 포스트모던 시대에도 기독교 변증론이 도움이 될 수 있다. 기독교 신앙의 증거를 제시하는 것은 사람들이 비판적 사고를 하게 하며, 그것은 믿음의 훈련을 위한 문을 열어 준다.

"복음이 '생각하는 사람들'을 위해 지적으로 실행 가능한 선택으로 들릴 수 있는 문화적 환경을 조성하고 유지하도록 돕는 것이 자연신학을 비롯한 기독교 변증론의 더 넓은 과업이다." 기독교 철학자 윌리엄 레인 크레이그(William Lane Craig)는 말한다. "그렇게 함으로써 그것은 사람들의 마음이 감동할 때 지적으로 믿을 수 있게 해준다."[30]

모든 진리가 명제로 이루어져 있고 논리적인 것은 아니다. 하지만 우리의 지성을 사용하지 않으면 신앙생활에서 멀리 나아가지 못할 것이다.

믿음의 우선순위를 지키라

우리는 우리의 지성을 거룩하게 사용함으로써 영적인 영역에 대해 많은 것을 배울 수 있다. 예를 들면, 그렇게 영적인 일로 보이지 않는 계획과 우선순위는 실제로 그리스도인의 삶에 꼭 필요하다.

수많은 무리가 함께 갈새 예수께서 돌이키사 이르시되 무릇 내게 오는 자가 자기 부모와 처자와 형제와 자매와 더욱이 자기 목숨까지 미워하지 아니하면 능히 내 제자가 되지 못하고 누구든지 자기 십자가를 지고 나를 따르지 않는 자도 능히 내 제자가 되지 못하리라 너희 중의 누가 망대를 세우고자 할진대 자기의 가진 것이 준공하기까지에 족할는지 먼저 앉아 그 비용을 계산하지 아니하겠느냐 그렇게 아니하여 그 기초만 쌓고 능히 이루지 못하면 보는 자가 다 비웃어 이르되 이 사람이 공사를 시작하고 능히 이루지 못하였다 하리라 또 어떤 임금이 다른 임금과 싸우러 갈 때에 먼저 앉아 일만 명으로써 저 이만 명을 거느리고 오는 자를 대적할 수 있을까 헤아리지 아니하겠느냐 만일 못할 터이면 그가 아직 멀리 있을 때에 사신을 보내어 화친을 청할지니라 이와 같이 너희 중의 누구든지 자기의 모든 소유를 버리지 아니하면 능히 내 제자가 되지 못하리라 눅 14:25-33

가난하고, 무식하고, 말을 잘 듣는 사람들은 잊으라. 그리스도는 생각하는 제자들을 원하신다. 당신의 지성으로 그분을 따르기로 선택하는 것은 당신이 할 수 있는 가장 합리적인 일이다.

1. 왜 복음주의자들은 '가난하고, 무식하고, 말을 잘 듣는 사람들'로 희화화되는가? 이러한 묘사는 얼마나 정확한가?

2. 왜 기독교는 풍부한 이성의 유산을 그리스도인의 의무로 받아들이는가?

3. 어떤 면에서 이성은 엄밀하게 이성적이지 않은가?

4. 명제적 진리는 다른 종류의 진리들과 어떤 관련이 있는가?

5. 이성은 성품과 어떤 관련이 있는가?

6. 유추에 의한 추론이 그리스도인에게 그토록 중요한 이유는 무엇인가?

7. 우리가 이성을 어떻게 사용할 때 우리를 신앙생활에서 멀어지게 하는가?

8. 이성은 일반 계시와 특별 계시의 증거를 어떻게 분류하는가?

나를 돌아볼 수 있는
용기

" 어찌하여 내게 묻느냐? **"**

성경을 믿는 그리스도인들은 서구사회에서 비판을 받는다. 그것은 당연하게 여겨지는 그들의 지적 결핍 때문만이 아니라 도덕적 결함 때문이기도 하다. 바나 그룹(Barna Group)의 연구원들인 데이비드 키네먼(David Kinnaman)과 게이브 라이언스(Gae Lyons)는 많은 젊은이들이 그리스도인들을 불신하고 있다고 보고한다.

"외부인들은 우리를 위선적이라 여기며 도덕적으로 우수한 우리의 태도들에 대해 회의적이다."

키네먼과 라이언스는 그들의 책 《나쁜 그리스도인》(unChristian)에서 이렇게 말한다.

"그들은 그리스도인들이 비현실적인 존재인 척하며 정확하지 않은 우아한 이미지를 전달한다고 말한다."[1]

비그리스도인들이 스스로 이해할 수 없는 사람들을 부당하게 정형화하는 것은 쉬운 일이지만, 적어도 가끔은 그들이 옳다는 것을 인정해야만 한다. 론 사이더(Ron Sider)의 책《그리스도인의 양심선언》(The Scandal of the Evangelical Conscience)은 "왜 그리스도인들은 나머지 세상 사람들처럼 사는가?"라는 자극적인 부제를 달고 있다. 그 책은 우리의 신앙 고백과 높은 도덕적 기준에도 불구하고 많은 사람들이 이혼 같은 도덕적 문제들에 관해 사회의 다른 사람들과 그리 다르지 않은 삶을 살고 있다고 말한다.[2]

또 우리의 기준을 지키려고 애쓰는 사람들도 때로는 가장을 하고, 실제 모습보다 더 좋게 보이려 한다는 사실을 직시해야 한다. 'Passion 2007'이라는 청년들을 위한 컨퍼런스의 Q&A 시간에 한 학생이 강사 중 한 명에게 어떻게 겸손함을 유지하는지 물었다. 그는 작가이자 목사인 존 파이퍼였다. 파이퍼는 그 질문에 예수님처럼 질문으로 대답했다.

"제가 겸손한지 어떻게 아십니까?"[3]

우리 자신에 대해서도, 우리는 이것을 어떻게 아는가? 그러한 지식은 죄의 상처가 있는 인간에게는 찾기 힘든 것이다. 우리는 자신의 잘못과 하나님의 거룩한 기준들을 재빨리 지나쳐버린다. 정직하게 행한다면, 그러한 자기평가가 바로 겸손의 비결이 될 것이다. C. J. 매해니(C. J. Mahaney)는 그의 책《겸손: 참된 위대함》(Humility: True Greatness)에서 이렇게 말한다.

"겸손은 하나님의 거룩하심과 우리의 죄성에 비추어 정직하게 우리 자신을 평가하는 것이다."[4]

예수님의 자기 성찰 질문들은 우리의 영혼을 깊이 들여다보게 한다. 예수님은 자기 의를 내세우고 외적인 모습과 변화되지 않은 마음에 만족하던 바리새인들에게 이렇게 물으셨다.

"겉을 만드신 이가 속도 만들지 아니하셨느냐"(눅 11:40).

이러한 질문들이 제 역할을 하게 되면 우리의 세련되고 종교적인 겉모습의 상층막을 벗겨내고, 우리의 위선과 자기도취의 곪은 상처가 생명을 주는 성령의 바람에 노출되어 치유되도록 이끈다.

C. S. 루이스의 고전인 나니아(Narnia) 이야기, 《새벽 출정호의 항

해》(The Voyage of the Dawn Treader)에서 자기도취에 빠진 유스테스 (Eustace)는 그의 이기심과 탐욕을 상징하는 용으로 변한다. 그리스도를 상징하는 거대한 사자 아슬란(Aslan)이 비늘로 덮인 유스테스의 표피층을 애써 잘라내자 비로소 그 소년은 자유를 얻는다. 예수님의 질문들이 한 부분을 이루고 있는 하나님의 말씀처럼, 그 질문들은 살아 있고 활력이 있어 좌우에 날선 어떤 검보다도 예리하여 혼과 영과 및 관절과 골수를 찔러 쪼개기까지 하며 또 마음의 생각과 뜻을 판단한다(히 4:12).

자기기만

예수님은 우리의 위선에 충격을 받지 않으신다. 그분은 매순간 위선에 맞서셨으며, 은혜롭게도 그분을 대적하는 자들에게서 위선을 벗겨내려 하셨다. 그것은 논쟁에서 이기기 위함이 아니라 그들의 영혼을 구원하기 위함이었다. 여기서 우리는 사람들의 자기 성찰의 필요성과 직접적으로 연관 있는 질문들을 살펴볼 것이다.

위선은 단순한 종교성이 참된 거룩함의 빛에 부딪힐 때 드러난다. 예수님의 정체성에 관한 장에서, 종교적 기득권자들이 예수님에게 "유대인들이 로마에 세금을 내야 하느냐?"라고 질문함으로써 그분을 곤란한 상황에 빠뜨리려 하는 것을 보았다. 마가복음은 예수님의 마음을 들여다봄으로써 우리 자신의 마음을 보게 해준다.

"예수께서 그 외식함을 아시고 이르시되 어찌하여 나를 시험하느냐?"[5]

그들이 그렇게 한 것은 대답을 듣기 원해서가 아니라 그들이 치명적인 종교적 게임을 하고 있었기 때문이다.

때로 우리는 자기도 모르는 사이에 이 게임을 하고 있을 수 있다. 여기에 충고해줄 말이 있다. 예수님과 게임을 하지 말라. 당신이 지치고 무거운 짐을 지고 있다면, 어떻게든 그분에게로 가라.[6] 그분이 기다리고 계실 것이다. 그러나 위선적으로 값싼 종교적 점수를 따기 위해 그분을 이용하지는 말

라. 그분은 당신의 자기기만에 협조하는 데 전혀 관심이 없으시다.

"우리는 모두 사실이 아닌 줄 알면서도 믿을 수 있다."

조지 오웰이 1946년에 말했다.

"그리고 마침내 우리가 틀렸다는 것이 밝혀졌을 때 뻔뻔하게 사실을 왜곡해 우리가 옳다는 걸 보여주려 한다. 지적으로 이 과정을 무한히 계속 하는 것이 가능하다. 그것을 확인할 방법은 조만간 거짓된 믿음이 확고한 현실에 부딪히는 것이다. 그 일은 대개 전쟁터에서 일어난다."[7]

현실은 지체될 수 있으나 부인할 수는 없다. 예수님이 위선적인 바리새인들에게 거듭 말과 행위를 통해 자신의 정체를 증명하신 후에도, 그들은 또다른 표적을 요구했다. 이에 예수님은 "어찌하여 이 세대가 표적을 구하느냐?"라고 물으신다. 그리고 그분의 답변은 그들에게나 우리에게나 불길하다. "내가 진실로 너희에게 이르노니 이 세대에 표적을 주지 아니하리라."[8]

우리는 예수님의 체포와 재판을 통해 종교적 위선을 본다. 그리고 이것은 전혀 놀라운 일이 아니다. 종교지도자들이 세상에서 가장 위대한 종교지도자를 죽이려 한다면 위선은 필수인 것이다. 군인들이 겟세마네에 예수님을 체포하러 오자, 예수님은 배신자에게 물으신다. "유다야, 네가 입맞춤으로 인자를 파느냐?"[9]

그를 체포하러 온 무리에게는 "너희가 누구를 찾느냐?",[10] 그리고 "너희가 강도를 잡는 것같이 검과 몽치를 가지고 나왔느냐?"[11]라고 물으신다.

예수님의 불법적인 심야 재판에서[12] 종교적 권위자들이 그를 심문하고 있다.[13] 예수님의 혐의는 세 가지다. 첫째, 그는 성전을 파괴하겠다고 위협했다. 둘째, 자신이 하나님의 아들이라고 주장했다. 셋째, 사람들이 가이사에게 저항하도록 선동했다.[14]

대제사장은 예수님에게 그분의 제자들과 가르침에 대해 묻는다. 유대인의 법에 따르면, 범죄를 목격한 자들만 재판에서 고소를 할 수 있었다. 그런데 이 경우에는 예수님에 대한 목격자들의 증언이 일치하지 않는다.[15] 그래서 대제사장은 예수님의 입에서 직접 유죄를 입증하는 증언을 들으려 한다.

예수께서 대답하시되 내가 드러내 놓고 세상에 말하였노라 모든 유대인들이
모이는 회당과 성전에서 항상 가르쳤고 은밀하게는 아무것도 말하지 아니하
였거늘 어찌하여 내게 묻느냐 내가 무슨 말을 하였는지 들은 자들에게 물어
보라 그들이 내가 하던 말을 아느니라 요 18:20,21

대제사장을 다시 증거법으로 돌려보내면서, 예수님은 그의 위선을 드러
내신다. 대제사장은 하나님의 법을 수호하는 자처럼 행동하면서, 어떻게든
이 건방진 사람의 입을 다물게 하려고 그 법을 뒤엎는다. 대제사장의 질문
은 이것이 불법 재판이라는 사실을 가리려는 행동이었다. 이에 "어찌하여 내
게 묻느냐?"라고 예수님은 역으로 물으신다. 그것은 또한 그가 우리에게 던
지시는 질문이기도 하다.

예수님은 위선자들을 용납하지 않으신다. 그분은 우리의 표면을 넘어 우
리의 피부 속, 마음속까지 들여다보신다. 우리의 종교적 직함들은 그에 걸
맞는 삶이 없으면 아무 의미가 없다. 어쩌면 그것들은 우리를 더 나쁜 사람
으로 만들 수도 있다. 우리는 다른 사람들을 억압하거나 우리의 세력을 굳
히기 위해 그분을 이용할 수 없다. 예수님은 목사나 주교, 장로, 제사장, 종
교지도자, 또는 텔레비전 전도자들이 자신의 지위를 이용해 그분의 양 떼를
착취하는 것을 싫어하신다. 길게 늘어진 예복이나 큰 회중, 베스트셀러, 또
는 인기 있는 라디오 프로그램이 죄로 얼룩진 마음을 감춰줄 수는 없다. 그
런 지도자들을 맹목적으로 따르는 사람들 또한 곤경을 면치 못한다.

이 말씀을 하시매 곁에 섰던 아랫사람 하나가 손으로 예수를 쳐 이르되 네가
대제사장에게 이같이 대답하느냐 하니 예수께서 대답하시되 내가 말을 잘못
하였으면 그 잘못한 것을 증언하라 바른 말을 하였으면 네가 어찌하여 나를

치느냐 하시더라 요 18:22,23

재판에서 한 담당자가 대제사장의 명예를 지키려고 예수님을 때리자, 예수님은 은혜롭게도 그가 가진 빛에 합당하게 살지 못하는 것에 대해 면밀한 질문을 던지신다. 우리에게도 책임이 있다. 우리는 몇몇 나치 친위대처럼 "단지 명령을 따랐을 뿐"이라고 말할 수 없다. 그것은 뉘른베르크에서 통하지 않았고, 심판날 우리에게도 도움이 되지 않을 것이다. 때로 나는 수많은 사람들이 거짓 종교나 교주들을 따르는 것을 보고 낙심한다. 그러나 예수님을 친 사람처럼, 하나님의 참된 계시에 다가갈 수 있는 사람들이 그것을 악용해 다른 사람들에게 피해를 끼치는 것을 보면 더 낙심하게 된다.

그러나 "네가 어찌하여 나를 치느냐?"라는 질문(나중에 부활하신 주님의 "사울아, 사울아, 네가 어찌하여 나를 박해하느냐?"[16]라는 질문에서 반복된다)은 어쩐지 이상하게 격려가 된다. 가장 큰 자부터 가장 작은 자까지, 모든 사람은 하나님의 형상으로 창조된 자유로운 도덕적 행위자들이며, 자신의 선택과 행동에 대한 책임이 있다. 우리는 아무 생각 없는 좀비들이 아니라 중요한 도덕적 행위자들이다. 우리의 선택은 중요하다. 우리는 중요하다.

물론 우리 모두가 자신의 선택에 대해 동일한 도덕적 책임을 지지는 않는다. 우리는 우리가 가진 빛에 따라 책임을 지게 된다. 예를 들어, 유대 지도자들은 분명 본디오 빌라도보다 그리스도의 죽음에 대해 더 큰 책임이 있었다. 실제로 사형을 명한 사람은 빌라도였지만 말이다. 그들에겐 더 많은 빛이 있었다. 예수님은 십자가에 달리시기 전에 빌라도에게 말씀하신다.

"위에서 주지 아니하셨더라면 나를 해할 권한이 없었으리니 그러므로 나를 네게 넘겨 준 자의 죄는 더 크다"(요 19:11).

우리의 과실은 획일적이지 않다. 하지만 우리 모두 책임이 있다. 다른 사람의 눈에서 티를 찾으려 하지 말고, 우리 눈의 들보를 제거하는 법을 배워야 한다.

어찌하여 형제의 눈 속에 있는 티는 보고 네 눈 속에 있는 들보는 깨닫지 못하느냐 보라 네 눈 속에 들보가 있는데 어찌하여 형제에게 말하기를 나로 네 눈 속에 있는 티를 빼게 하라 하겠느냐 외식하는 자여 먼저 네 눈 속에서 들보를 빼어라 그 후에야 밝히 보고 형제의 눈 속에서 티를 빼리라 마 7:3-5

우리는 로봇이 아니다. 하나님은 그분의 능력으로, 우리에게 순종할 자유를 주셨다. 하지만 우리의 책임과 죄과에 맞서려면 깊은 자기 성찰이 필요하며, 예수님의 질문들은 우리에게 바로 그런 것을 강요한다.

영적 근시안에서 벗어나라

예수님은 오직 율법의 얕은 해석에 따라 살며 더 이상 도덕적 진보를 하지 못하는 사람들을 만나셨다. 그들은 살인하지 말아야 한다는 것을 알았지만, 살인자의 마음이 증오라는 것은 깨닫지 못했다. 간음이 잘못이라는 건 알았지만, 정욕과의 연관성은 알지 못했다. 이혼이 허용된다는 것을 이해했지만, 결혼의 존엄성은 이해하지 못했다.[17] 예수님은 그들에게 경건의 삶에 피상적으로 접근하는 것만으로는 하나님의 자비와 정의와 사랑을 나타내는 삶을 살 수 없다고 반복해서 말씀하셨다. 우리는 더 깊이 생각하며 문제의 본질에 다가가야 한다.

우리는 주변을 바라봄으로써 그런 피상적인 삶으로는 충분치 않다는 것을 알게 된다. 육적으로, 또 영적으로 삶의 복잡성과 싸워야 한다. 우리는 창조물의 장엄함과 함께 그 잔혹한 추악함을 본다. 탄생의 경이로움과 함께 낙태의 고통을, 호랑이의 기품과 함께 먹이를 산산조각 내는 모습도 본다. 우리는 서로 모순되는 것 같은 이런 삶의 현실들을 설명해야 한다. 영적인 삶도 마찬가지다. 어떻게 모든 것이 서로 맞아떨어지는지를 더 깊이 설명하려면 깊은 사고가 필요하다.

때로 우리는 외모로 판단하는 죄를 범한다. 넓은 집과 차 세 대가 들어가는 차고를 가진 사업가를 보면 그를 우리보다 더 성공한 사람으로 평가한다. 그의 결혼생활을 손상시키고 언젠가 그에게 영적, 사회적, 재정적인 파멸을 가져다줄 크고 작은 부정행위들은 보지 않는다. 우리는 다운증후군 아이를 기르는 가정을 보면 왜 하나님이 그들에게 벌을 주시는지 궁금해하고 우리에게 고난의 잔을 주지 않으신 하나님을 조용히 찬양한다. 우리는 이 아이의 순전한 기쁨을 보지 못하고, 그 부모와 형제자매들의 마음속에 차곡차곡 쌓여 가는 경건한 성품을 보지 않는다. 그 성품은 그들이 이생과 다음 생에 닥칠 모든 일들에 대비하게 해줄 것이다. 우리는 외모로 판단할 때 우리의 영적 근시안 때문에 덫에 걸린다. 우리가 볼 수 있는 것만 보면 하나님이 실제로 하시려는 일을 보지 못한다. 우리는 영적인 안경을 써야 한다.

안식일에 일을 하는 것

예루살렘 사람들 중 일부는 안식일에 사람의 병을 고치시는 예수님의 무모함에 혼란에 빠지고 실제로 화를 낸다. 이 선지자라는 사람은 일요일부터 목요일까지만 일을 할 수 있다는 걸 모르는 걸까? 그들은 자신들이 믿는 율법의 틀 안에서조차 더 깊은 진리들을 발견하지 못한다.

"모세의 율법을 범하지 아니하려고 사람이 안식일에도 할례를 받는 일이 있거든 내가 안식일에 사람의 전신을 건전하게 한 것으로 너희가 내게 노여워하느냐"(요 7:23)라고 예수님은 물으신다.

올바른 판단을 내리려면 도덕적 분별이 필요하다. 모든 도덕적 문제들이 똑같이 중요한 것은 아니다. 그래서 예수님은 이렇게 호통을 치신다.

"화 있을진저 외식하는 서기관들과 바리새인들이여 너희가 박하와 회향과 근채의 십일조는 드리되 율법의 더 중한 바 정의와 긍휼과 믿음은 버렸도다"(마 23:23).

어떤 죄들은 다른 죄들보다 더 혹독한 심판을 받는다. 때로 사랑의 율법은 우리가 더 중요한 것을 이루기 위해 하나님 율법의 한 면을 무시할 것을 요구하기도 한다. 예를 들면, 율법은 나병환자들이 부정하니 만지지 말아야 한다고 했다. 가혹해 보이는 이 율법에는 나름 합당한 이유가 있었다. 그것은 지역사회에 질병이 발생하지 않도록 보호하려는 것이었다. 나병환자들은 일반인들과 일정한 거리를 두어야 했고, 그들의 무시무시한 고통 때문에 버림받은 자들처럼 취급당했다.

그러나 어느 날 갈릴리의 한 도시에서 '온몸에 나병 들린' 사람이 예수님 앞에 엎드려 결연한 목소리로 말했다.

"주여 원하시면 나를 깨끗하게 하실 수 있나이다."

그것은 오직 예수님의 응답만을 바라보는 대담하고 필사적인 요구였다.

"예수께서 손을 내밀어 그에게 대시며 이르시되 내가 원하노니 깨끗함을 받으라 하신대 나병이 곧 떠나니라"(눅 5:13).

예수님은 신실한 로마 백부장의 종에게 하셨던 것처럼 그를 만지지 않고도 치유해주실 수 있었다.[18] 그랬다면 율법을 문자 그대로 지키면서 그 일을 행하셨을 것이다. 하지만 예수님은 더 중요한 일을 하고 계셨다. 즉 그 사람의 영혼과 공동체 안에서 그의 지위를 회복시켜주신 것이다. 또 예수님이 장례 행렬에 다가가 관을 만지시며 과부의 독자를 긍휼히 여겨 일으키셨을 때, 그분은 죽은 자와 접촉하지 말라는 모세의 명령을 무시하셨다.[19]

이러한 차이들을 이해하려면 깊은 사고가 필요하다. 그리스도인들이 상처받은 세상에 하나님의 긍휼을 나타내고 그분의 영광을 높이기 위해 해야 할 선한 일들이 많이 있지만, 그중에서도 더 중요한 일들이 있고, 더 중요한 임무들을 먼저 해야 한다. 예를 들면, 다른 어떤 의무들보다 '사람'이 더 중요하다. 하나님의 말씀에서 명하는 의무들이라도 말이다. 하나님이 이사야서에서 말씀하시듯, 마음과 삶이 일치하지 않는 종교적 행위들은 하나님이 가증하게 여기시는 것이다(사 1:11-17).

사람이 만든 법

기본 법칙을 잘 지키고 있는지 점검하는 것과 날마다 하나님의 긍휼을 실천하며 살고자 애쓰는 것 중, 어느 것이 더 중요한가? 둘 중에서 선택할 필요가 없을 때도 있지만, 항상 그런 것은 아니다. 우리는 예수님처럼 주변 사람들을 섬기려고 노력하기보다 하나님의 율법에 대한 누군가의 답답한 해석을 그대로 따름으로써 우리의 증거와 효력을 제한하는가? 예수님은 그당시의 빈민가, 술집, 정신과 병동에 나타나셨다. 우리도 그래야만 한다.

1세기 유대인들이 더 큰 진리를 보지 못하게 만든 해석이 하나 있다. 사람이 만든 이 율법은 사람들이 사업상 빚을 질 때 '성전'으로 맹세하는 것을 금했지만 '성전의 금'으로 맹세하는 것은 금하지 않았다. 이 해석에 따르면, "성전과 제단은 보증을 제공하지 못하므로, 그들의 이름으로 맹세하는 것은 아무 의미가 없다. 그러나 채권자는 채무자가 제단에 바친 금을 요구해도 될 것이다."[20]

그렇지만 예수님은 사업상 거래에 관여한 자들이 그 거래를 지켜보고 있는 이를 잊었다고 말씀하신다.

"어느 것이 크냐 그 예물이냐 그 예물을 거룩하게 하는 제단이냐"(마 23:19).

주석가 월터 엘웰에 의하면, 이 해석에는 "전체적인 관점에 결함이 있다. 하나님을 고려하지 않았기 때문이다. 그분은 성전을 주시고 성전 기물들에 의미를 부여하신다."[21] 다시 말해서, 우리는 단지 종교적인 삶뿐만 아니라 삶 전체를 코람데오(coram Deo), 즉 하나님 앞에서 살아간다. 삶의 한 부분을 하나님으로부터 떼어낼 수 없다. 하나님은 전체적인 순종을 기대하신다.

예수님이 유대인의 음식 규정에 관해 무조건 맹종하는 것은 하나님 앞에서 우리에게 순결한 마음이나 깨끗한 양심을 줄 수 없다고 무리에게 말씀하실 때에도 같은 원리가 적용되는 것을 본다. 그렇게 간단하다면 얼마나 좋을까! 무리를 다시 불러 이르시되 너희는 다 내 말을 듣고 깨달으라 무엇이든지 밖에서 사람에게로 들어가는 것은 능히 사람을 더럽게 하지 못하되 사람 안에서 나오는 것이 사람을 더럽게 하는 것이니라 하시고 막 7:14-16

우리는 겉모습만 보아서는 안 된다. 외모로 판단해서는 안 된다. 더 깊이 들어가야 한다. 작가이자 심리학자인 래리 크랩(Larry Crabb)은 이렇게 말했다.

"우리 주님은 부정을 트레이드마크로 만든 사람들을 위해 가장 냉혹한 비판을 아껴두셨다. 바리새인들은 남들에게 잘 보이는 데 전문가다. 그들은 눈에 보이는 범죄와 관련해 죄를 규정하고 양심적으로 자기들이 세운 기준들을 지킴으로써 그들의 이미지를 보호하려고 애썼다. 그들의 기쁨의 원천은 다른 사람들의 존경이었고, 그들은 그것을 얻는 효과적인 수단을 찾아냈다."22

분명 더 잘 알고 있어야 했던 예수님의 제자들도 예수님이 내적인 의를 요구하시자 깜짝 놀랐다. 예수님은 두 가지 날카로운 질문으로 그들을 바로잡아주신다.

무리를 떠나 집으로 들어가시니 제자들이 그 비유를 묻자온대 예수께서 이르시되 너희도 이렇게 깨달음이 없느냐 무엇이든지 밖에서 들어가는 것이 능히 사람을 더럽게 하지 못함을 알지 못하느냐 이는 마음으로 들어가지 아니하고 배로 들어가 뒤로 나감이라 이러므로 모든 음식물을 깨끗하다 하시니라 또 이르시되 사람에게서 나오는 그것이 사람을 더럽게 하느니라 속에서 곧 사람의 마음에서 나오는 것은 악한 생각 곧 음란과 도둑질과 살인과 간음과 탐욕과 악독과 속임과 음탕과 질투와 비방과 교만과 우매함이니 이 모든 악한 것이 다 속에서 나와서 사람을 더럽게 하느니라 막 7:17-23

그리스도인에게는 내면을 바라보는 일이 반드시 필요하다. 그것은 우리가 한 가지 생각에 몰두하는 과정을 즐기기 때문이 아니라, 우리가 그렇게 뿌리 깊은 죄인들이기 때문이다.

죄를 응시하라

그러나 우리 중 많은 이들은 자기기만에 능숙하다. 나도 그중 한 사람이다. 나는 직장생활을 하면서 인정받는 것이 절실히 필요하다고 믿었던 적이 있다. 개인적인 이유와 직업적인 이유, 둘 다였다. 개인적으로, 나는 내 소명과 능력을 의심하고 있었고, 내가 적절한 곳에 있다는 확신이 필요했다. 직업적으로는 잇따라 실망을 경험하고 있었기에 만약 직장에서 인정을 받으면 힘이 날 것 같았다. 그때 내 글 몇 편이 전국 대회에 나가게 되었다. 하나님이 하신 일 같았다. 만약 내가 우승을 하거나 적어도 좋은 점수를 받게 된다면 그 압박감이 사라질 것 같았다. 나는 전국의 기독교 저널리스트들과 경쟁하고 있었지만, 그들의 성공을 위해 많이 기도하지는 않았다. 모두 나에 대한 기도였다.

직장에서 특히 힘든 시간을 보내는 동안 대회 결과가 나왔고, 나는 그리 대단하지 않은 보통 상을 받았다. 승자들을 위해 기뻐하는 대신 나는 너무 평범해 보이는 나로 인해 상심했고 창피했다. 그 결과를 받아들고, 나는 주말의 대부분을 우울하게 보냈다. 실망감에 육체적, 감정적으로 진이 빠졌다. '왜 나는 그토록 비참하게 실패했을까? 이쪽 일에 적합하지 않았던 걸까?' 자기 회의가 나를 괴롭게 했다.

그런데 아내가 나에게 기운을 내라고 말해주었을 때 영적인 안개가 걷히기 시작했다. 나는 내 직업에 대한 두 가지 중요한 사실을 깊이 생각하기 시작했다. 그것은 내가 알지도 못하는 동료 저널리스트들이 내 작품을 어떻게 평가하든 상관없이 사실이었다. 첫째, 하나님이 나를 이 자리에 두신 이유는 상을 받기 위해서가 아니라 사람들을 돕고 내 가족을 부양하기 위해서였다. 그리고 하나님의 은혜로 나는 명백하게 그 두 가지를 다 할 수 있었다. 둘째, 좋든 나쁘든, 나의 기술은 하나님으로부터 온 선물이었기에 내가 우쭐해하거나 절망할 것이 아니었다. 바울이 말한 것처럼 그것은 나의 이기적인 이미지 상승을 위해서가 아니라 '유익하게 하려고' 주어진 것이기에,[23] 나는 하나님나라에 감사하는 마음으로 사용해야 한다. 그에 대해 자랑하거나 한탄하는 것은 적절치 못하다. 또한 바울이 말한 것처럼 "내가 나 된 것은 하나님의 은혜로 된" 것이다.[24] 좋은 일들을 위한 것이라도 그 안에 우리의 악한 동기가 있을 때 그들을 살피는 것은 심히 어려운 일일 수 있다.

크랩이 《영적 가면을 벗어라》(Inside Out)에서 한 말을 들어보자.

타락한 인간은 자신의 삶을 지배했고, 무엇보다 자기가 그 일에 적합하다는 것을 입증하기로 결심했다. 그리고 자신의 자동차 보험료를 내기 시작할 때까지 자기가 부자라고 느끼는 십대처럼, 우리는 우리 자신의 영혼의 실체에 직면하기 전까지 우리가 삶을 관리할 수 있다고 확신한다. 우리가 만족을 얻기 위해 다른 누군가를 전적으로 의존하게 만드는 깊은 갈증, 그리고 우리가 하는 모든 일-개선을 위한 노력조차-을 이기심으로 더럽히는 부패의 깊이를 인식하는 것보다 더 우리를 겸손케 하는 것은 없다. 우리 내면의 참 모습을 현실적으로 직시하는 것은 우리가 경험하고 싶지 않은 수준의 무력감을 경험하게 한다.[25]

예수님의 질문들은 사려 깊게 우리의 내적 타락을 직시하게 한다. 우리가 그것을 직시해야만 버릴 수 있기 때문이다. 앞 장에서 우리는 예수님이 십자가를 향해 가실 때 예루살렘에 모인 사람들에게 왜 이 시대를 분간하지 못하냐고 물으심으로써[26] 비판적 사고를 촉구하시는 것을 보았다. 그분의 존재는 위기를 가져오며 예전 방식들과의 단절을 의미한다. 그에 이어, 예수님은 비유를 통해 경고하신다. 현명한 사람은 법정 싸움에 져서 감옥에 갈 위험을 감수하기보다 상대방과 화해하려 하는 것처럼, 지금은 그들이 하나님과 화해할 때라는 것이다. 그분께는 헤아릴 수 없을 정도로 더 큰 것이 걸려 있다. 이 영혼의 위기는 깊은 생각을 요구한다. 우리는 하나님 앞에서 우리가 처한 곤경을 정말로 이해하는가? 예수님의 질문은 우리에게 면박을 주려는 것이다.

"또 어찌하여 옳은 것을 스스로 판단하지 아니하느냐?"[27]

우리의 죄 없으신 창조주이자 영생의 말씀을 전하신 구속자 예수님이 증오뿐 아니라 훨씬 더 가혹한 무관심을 보일 만큼 인간의 죄성은 무시무시했다. 시몬이라는 바리새인의 집에서, 예수님은 그 집 주인의 무관심과 그 동네에 죄를 지은 한 여자의 넘치는 감사를 대비시켜 말씀하셨다. 각기 다른 액수의 빚을 탕감해준 사람에 대한 예화를 말씀하시며, "둘 중에 누가 그를 더 사랑하겠느냐?"라고 물으셨다. 그 의미는 이와 같다. 용서를 받기 위해 예수님에게 나아오지 않은 바리새인은 용서를 받지 못했다. 논지를 이해시키기 위해, 그분은 시몬의 시선이 감사하는 동네 여자에게 향하게 하시며 "이 여자를 보느냐?"라고 물으셨다. 그런데 놀랍게도, 자기만족에 빠져 있던 시몬이 그와 같이 회개했다는 말은 없다. [28]

사도 요한은 다소 믿기지 않는 듯이 이렇게 말했다.

"그가 세상에 계셨으며 세상은 그로 말미암아 지은 바 되었으되 세상이 그를 알지 못하였고 자기 땅에 오매 자기 백성이 영접하지 아니하였으나"(요 1:10,11).

예수님의 죽음을 오로지 유대인들의 탓으로 돌릴 근거는 없다. 우리 모두가 그분에게 등을 돌렸다. 이것이 믿기지 않는다면, 오늘날의 세상을 보라. 우리의 인터넷 채팅방에서 예수님의 빛이 환영을 받겠는가? 우리의 일터와 그곳에서 능숙한 뒷담화는? 우리의 불륜은? 우리의 집단 학살은? 우리의 무관심은? 우리의 하찮은 방종은? 우리 모두가 그 열매를 먹은 것처럼, 우리 모두가 예수님을 죽였다. 우리의 반사적인 맹세의 말을 듣는 것에 익숙하신 주님은 오늘날도 여전히 이렇게 물으신다.

"너희가 어찌하여 나를 죽이려 하느냐?"(요 7:19).

우리는 예수님의 비할 데 없는 말씀과 행위를 보며 선지자로서, 혁명가로서, 여자와 가난한 자들의 옹호자로서, 거룩한 사람으로서 그를 칭송한다. 하지만 예수님은 더 많은 것을 요구하신다. 성육신하신 하나님, 아버지와 하나이신 예수님이 우리의 모든 것을 요구하시는데, 우리는 그분을 잠잠케 하려고 돌을 든다.[29]

이에 예수님은 "내가 아버지로 말미암아 여러 가지 선한 일로 너희에게 보였거늘 그중에 어떤 일로 나를 돌로 치려 하느냐"(요 10:32)라고 말씀하신다. 또한 "그 정죄는 이것이니 곧 빛이 세상에 왔으되 사람들이 자기 행위가 악하므로 빛보다 어둠을 더 사랑한 것이니라"(요 3:19)라고 말씀하셨다.

빛보다 어둠을 향하는 이 죄악 된 열망은 우리가 자신을 하나님을 따르는 자라고 부르든 말든 상관없이 사실이다. 또한 그렇게 종교적으로 뿌리 깊은 죄성은 예수님에게 특별히 가증스러운 것이다.

어느 날 예수님의 제자인 야고보와 요한의 어머니가 예수님을 찾아와 한 가지 요청을 한다. 마침 예수님이 그의 제자들에게 그가 사형선고를 받고 조롱과 매를 맞을 것이며 십자가에 못 박힐 것이라고 말씀하신 직후였다는 사실을 기억하라. 그 욕심 많은 여자-우리는 모두 그녀와 같은 부모들을 본 적이 있다-는 제대로 듣지도 않고 오로지 자기 아들들에 대한 맹목적인 야망만 가지고 예수님 앞에 무릎을 꿇는다. 예수님의 질문은 그녀를 일으켜 세워야만 했다.

"무엇을 원하느냐?"

놀랍게도, 그 어머니의 대답은 그리스도의 나라를 이루는 것에 대한 것이 아니라, 야고보와 요한이 받게 될 인정에 관한 것이었다.

"나의 이 두 아들을 주의 나라에서 하나는 주의 우편에, 하나는 주의 좌편에 앉게 명하소서."

그녀가 원하는 것은 단지 뻔뻔하다는 말로는 설명이 되지 않는다. 앞에

서 보았듯이, 이 무가치한 요청에 대한 답은 가차 없는 거절이었다. [30]

우리는 그녀의 대담함에 킥킥거리고 웃을지도 모른다. 그러나 우리 자신에게도 같은 질문을 해보면 좋겠다. 우리가 예수님에게 원하는 것은 무엇인가? 우리는 모두 부와 권력과 인정을 받기 위한 수단으로 신앙을 이용하는 그리스도인들에게 당연히 혐오감을 갖는다. 하나님은 거룩한 집사가 아니시며, 예수님은 우리를 죄에서 구원하기 위해 자신의 모든 것을 버리셨다. 하나님의 자녀들을 위한 축복이 정말 많고, 그분이 항상 우리에게 과분할 정도로 베풀어 주시는 것은 더할 나위없는 사실이다. 하지만 존 파이퍼가 말했듯이, 그리스도인의 삶에 주어지는 진짜 상은 하나님의 축복의 증여가 아니라 하나님 자신이다. "하나님이 복음이다."[31]

바울은 "마음이 부패하여지고 진리를 잃어 버려 경건을 이익의 방도로 생각하는"[32] 자들을 맹비난했다. 그러한 태도는 무해하고 사소한 잘못이 아니라 깊은 내적 타락의 증거이다. 헌신적인 종교인이었던 바울은 자신의 부패함을 직시해야만 했다. 부활하신 예수님의 한 질문("사울아 사울아 네가 어찌하여 나를 박해하느냐?"[33])이 그를 고통스러운 자기 성찰의 시간으로 밀어 넣었기 때문이다. 바울이 거기서 나왔을 때 "내 주 그리스도 예수를 아는 지식이 가장 고상하기 때문"에[34] 그의 자기 의를 완전히 버렸다. 이를 이해한 존 칼빈은 다음과 같이 말했다.

"한 사람이 먼저 하나님의 얼굴을 바라보기 전까지는 진정으로 자신을 알 수 없으며, 그러한 깊은 사색 후에 자신을 들여다보게 되는 것은 분명한 사실이다."[35]

우리는 길에서 부활하신 주님을 만나 우리 자신의 마음을 살펴볼 준비가 되어 있는가?

1. 왜 복음주의자들은 그렇게 자주 위선자로 불리는가?

2. 우리의 삶 속에서 어떻게 하면 위선을 뿌리 뽑을 수 있을까?

3. 도덕적 문제에도 서열이 있다고 믿는가? 그 이유는 무엇인가?

4. 우리는 어떤 식으로 믿음을 단순화하는가?

5. 의에 대해 피상적인 접근에만 머물지 않고 더 깊이 들어가려면 어떻게 해야 하는가?

6. 당신은 자신이 죄인이라고 느끼는가? 이것이 중요한가?

7. 어떻게 하나님이 그리스도인에게 가장 좋은 상급이 되시는가?

염려에서
벗어나라

" 너희 중에 누가 염려함으로 그 키를
한 자라도 더할 수 있겠느냐? "

2001년 9월 11일, 그리고 모든 산업 사회에 공통적으로 나타나는 주기적인 경제적 문제들에도 불구하고, 미국인들은 세계 역사상 가장 번영하고 강력하며 안전한 나라에서 살고 있다. 하지만 그들은 마치 세상이 무너지고 있는 것처럼 걱정을 하며 산다.

국립정신건강연구소(NIMH)는 4천만 명의 미국 성인들이 불안장애를 겪는다고 말한다.[1] 스트레스, 수면장애, 정신병, 그 외 불안과 관련된 여러 증상들이 서구 사회에 만연해 있다. 우리는 체중, 콜레스테롤, 중성지방, 생식기의 크기와 모양에 대해 걱정하며, 은퇴를 위한 자금을 충분히 모을 수 있을지, 우리 아이들의 성적에 대해, 직장의 구조조정에서 살아남을 수 있을지 등을 걱정한다.

어떤 것은 우리의 생각의 문제다. 우리의 마음속 그림이 현재 세상과 일치하지 않을 때 우리는 불안해한다. 불안은 "미래의 불확실한 일들에 대해 걱정하며 괴로워하는 상태, 우려, 염려"이다. 그것은 객관적으로 위험한 현실이 아니라 "말하자면 객관적 원인들, 이를테면 먹고 사는 일과 상관없는 두려움과 염려"이다.[2] 대공황 기간에 루즈벨트가 했던 위로의 말이 사실처럼 들릴 때가 많다.

"우리가 두려워해야 할 것은 오직 두려움 그 자체다."

국립정신건강연구소는 우리의 고통을 '범불안장애'(Generalized Anxiety Disorder)라고 명명한다. 그 병은 그것을 유발하는 원인이 거의, 혹은 전혀 없을 때에도 만성적인 불안, 과장된 걱정과 긴장이 나타나는 것이 특징이다. 범불안장애를 가진 사람들은 걱정을 떨쳐버리지 못한다. 그들의 염려에는 신체적 증상들이 동반되는데, 특히 피로, 두통, 근육의 긴장, 근육통, 연하장애, 떨림, 경련, 과민, 발한, 안면홍조 등이 나타난다.[3] 구글 웹 검색 횟수를 보면 '불안'이 1억 9000만 회, '걱정'에 대한 것이 6310만 회에 달한다.[4]

우리의 모든 축복에도 불구하고, 그게 어리석은 일이라는 걸 알면서도, 우리는 "내일 일을 염려하지 말라"[5]라는 예수님의 명령에 거의 복종하지 못한다. 때로는 우리의 부정적인 정신 상태를 자동조종장치에 맡긴다. 불안은 우리의 기본 모드다. 우리는 생각한다. 고로 우리는 염려한다. 하지만 예수님의 질문들은 여기에서도 우리의 생각이 현실을 더 잘 반영하도록 도와줄 수 있다.[6]

완전히 합리적인 두려움

나는 실제 문제들에 직면할 때 긍정적인 마음가짐을 가지라고 말하는 것이 아니다. 사실 우리의 두려움 중 일부는 완전히 합리적인 것들이다. 나도 2009년 경제위기 때 직장을 잃었다.

긍정적인 마음가짐이 어떤 맥락에선 도움이 되기도 하겠지만, 무거운 칼을 막아내진 못한다. 조엘 N(Joel N.)은 짐바브웨에서 한 교회를 이끄는 잠비아 출신의 순회 사역자였다. 그는 수많은 사람들과 함께, 독재자 로버트

무가베(Robert Mugae)가 있는 그 나라를 떠나야만 했다. 조엘은 결국 남아프리카로 가게 되었는데, 처음에는 그를 환영해주었던 사람들이 후에는 그를 죽이려고 달려들었다. 반이민 폭동 속에서 조엘은 자기가 머물던 판자촌을 떠날 수밖에 없었고, 다시 돌아가야 하는지, 또는 언제 돌아갈지 확신이 없었다.

"저는 여전히 두렵습니다." 조엘이 〈크리스처니티 투데이〉에 말했다. "누가 뒤에서 나를 찌를지 모르기 때문입니다. 누가 나의 친구가 될지, 누가 나를 죽일지 모르는 겁니다."7

불안은 인간적인 차원에서 완전히 이성적인 것일 수 있다. 하지만 우리가 그 안에서 살아야 하는지는 다른 문제다. 사실은 그런 일들이 우리에게 일어나기도 한다. 고난은 실제다. 그리고 때로 그것은 의도적이다. 우리는 그 사실을 직시해야 하지만, 두려워하지는 말아야 한다.

예수님은 우리에게 가끔 원수들이 생길 거라는 사실을 아시고, 우리에게 "원수를 사랑하라"라고 명하셨다. 바울은 "무릇 그리스도 예수 안에서 경건하게 살고자 하는 자는 박해를 받으리라"라고 했다(딤후 3:12). 예수님은 이것을 직접적으로 알고 계셨고, 압박이 제자도의 자연스러운 일부분이라는 어려운 진리를 제자들이 받아들이도록 준비시키려 하셨다.

하나님을 두려워하라

사람들의 박수갈채를 받으며 예수님과 함께 걷던 화창한 날들이 곧 십자가를 향한 외롭고 우울한 발걸음으로 바뀔 것이다. "혼인 집 손님들이 신랑과 함께 있을 때에 너희가 그 손님으로 금식하게 할 수 있느냐?"라고 예수님이 물으신다. "그러나 그 날에 이르러 그들이 신랑을 빼앗기리니."

그렇지만 이것을 안다고 해서 우리가 두려움에 무감각해지는 것은 아니다. 다만 다가오는 재난을 만날 때 자신 있게 직면할 수 있다.

어느 날 예수님은 많은 무리 속에서 제자들을 따로 불러 이렇게 말씀하신다.

> 내가 내 친구 너희에게 말하노니 몸을 죽이고 그 후에는 능히 더 못하는 자들을 두려워하지 말라 마땅히 두려워할 자를 내가 너희에게 보이리니 곧 죽인 후에 또한 지옥에 던져 넣는 권세 있는 그를 두려워하라 내가 참으로 너희에게 이르노니 그를 두려워하라 참새 다섯 마리가 두 앗사리온에 팔리는 것이 아니냐 그러나 하나님 앞에는 그 하나도 잊어버리시는 바 되지 아니하는도다 너희에게는 심지어 머리털까지도 다 세신 바 되었나니 두려워하지 말라 너희는 많은 참새보다 더 귀하니라 눅 12:4-7

사실 이 경우에 주님은 우리가 참으로 두려워해야 할 분이 있다고 말씀하신다. 무엇이 되었든, 두려움은 올 것이다. 중요한 것은 우리의 두려움의 대상이 무엇이냐 하는 것이다. 예수님은 우리가 어차피 두려워할 것이므로 사람이 아니라 하나님을 두려워하는 것이 더 합당하다고 말씀하신다.

하나님을 두려워하는 것은 완전히 합리적인 것이다. "지으신 것이 하나도 그 앞에 나타나지 않음이 없고 우리의 결산을 받으실 이의 눈앞에 만물이 벌거벗은 것 같이 드러나느니라"(히 4:13)라고 히브리서 저자는 말한다. 그러한 '두려움'(헬라어, 포베오마이)은 신약성경의 다른 곳에서 '경배', '경외', '숭배'로 번역되기도 하는데,[8] 지금과 영원히 우리의 삶을 다스리실 하나님의 절대적 권한을 생각하면 그것은 전적으로 당연한 것이다. 우리는 22장에서 심판과 지옥에 대해 더 많이 배울 것이나, 지금은 우리가 아무 걱정 근심 없이 가벼운 마음으로 하늘과 땅의 주님 앞에 나아가지 않는다는 걸 아는 것으로 충분하다. 현명한 사람이라면, 오즈의 마법사에 나오는 겁 많은 사자처럼 나아가 무릎을 꿇을 것이다.

그러나 이 거룩한 두려움은 그리스도인에게 올바른 삶의 균형을 제공해 준다. 우리가 2장에서 본 것처럼 세속적인 사람은 모든 것을 두려워하지만,

올바른 생각을 가진 그리스도인은 오직 하나님만 두려워한다. 이것은 올바른 우선순위다. 하나님을 두려워하라. 그러면 다른 무엇도 두려워할 필요가 없다. 당신이 그리스도께 나아올 때 사람에 대한 두려움에서 점점 더 자유로워진다. "원수의 두려움에서 나의 생명을 보존하소서"(시 64:1)라는 다윗의 기도처럼.

그리스도인이 되기 전에 나는 다른 사람들이 나에 대해, 특히 나의 장애에 대해 어떻게 생각할지에 집착했다.

'내가 바보처럼 보였을까? 어설프게 보였을까? 아니면 이상하게 보였을까? 나의 외모만 보지 않고 한 사람으로서 나를 정말로 알아줄 사람이 있을까?'

지금 나는 주로 하나님이 어떻게 생각하실까에 관심이 있다. 물론 아직도 사람들에 대한 두려움이 가끔씩 다시 찾아온다. 무슨 일이 있어도 하나님이 나를 받아주셨고, 중요한 것은 그의 선택과 우정이라는 것을 스스로 상기하기 전까지 그렇다. 또한 불행히도 내가 오랫동안 다른 사람들로부터 얻으려 했던 많은 것들-사랑, 우정, 존경-이 지금 나의 하나님만을 두려워하기 시작하자 내 것이 되고 있다는 사실을 알게 되었다.

역설적이게도, 하나님을 두려워하는 사람들은 자신감이 넘친다. 그들은 자신에게서 눈을 떼고 다른 사람을 중심으로 생각하는 사람이 된다. 그들 자신과 우주의 주님 간의 문제들이 해결되고, 두려움 없이 다른 사람들에게 관심을 가질 감정적 공간과 에너지가 생기는 것이다.

실제로 그들은 자신에 대해 생각하는 걸 멈추고 다른 사람들에게 초점을 맞추는 법을 배우지 않는다. 그보다는 하나님에 대해 생각하느라 바빠서 자신에 대해 걱정할 시간이 없다. 그런 사람들은 당신의 눈을 바라볼 것이고, 대화의 방향을 다시 자신들에게 돌리려고 애쓰지 않고 주의 깊게 들어줄 것이며, 어떻게든 그들이 줄 수 있는 도움을 줄 것이다. 나는 아직 그런 경지에 도달하지 못했지만, 그 길을 걷고 있다. 갑자기 되지는 않지만 조금씩 나아가고 있고, 중년기에 나는 "너희는 그의 나라를 구하라 그리하면 이런 것들을 너희에게 더하시리라"(눅 12:31)라는 예수님의 명령과 약속에 관한 놀라운 진리를 경험하기 시작했다.

〈견고한 반석이니〉(How Firm a Foundation)라는 옛 찬송가를 보자. [9]

> 두려워 말라 내가 너와 함께함이라 놀라지 말라
>
> 나는 네 하나님이니 너를 도와주리라
>
> 내가 너를 굳세게 하고, 너를 도우며, 네가 서게 할 것이며,
>
> 나의 전능한 오른손으로 너를 붙들리라

헤아릴 수 없는 가치

오직 하나님만 두려워하라는 예수님의 조언 뒤에 그분의 흥미로운 질문이 나온다.

"참새 두 마리가 한 앗사리온에 팔리지 않느냐?"[10]

'앗사리온'은 구리로 만든 로마의 동전으로, 노동자의 하루 품삯의 16분의 1정도 되었다.[11] 그러니까 대략 30분 정도 일하면 시장에서 참새를 살 수 있었을 것이다. 일용근로자는 열심히 땀을 흘리지 않아도 참새 한 마리를 살 돈은 벌 수 있었다. 그러나 예수님은 하나님이 참새 한 마리 한 마리를 개별적으로 기억하신다고 제자들에게 확실히 말씀하신다.

우리가 올바른 생각을 하려면 위를 올려다보아야 한다. 즉 새들을 바라보아야 한다. 그러나 앞에서 사람이 아니라 하나님을 두려워하라고 명령한 것과 참새가 무슨 상관이 있는가? 간단히 말하면 이렇다. 우리가 하나님과 운명을 같이한다면, 우리가 아무리 하찮은 존재같이 보여도 하나님은 우리를 잊지 않으실 것이다. 실제로 예수님은 두려워하는 제자들에게, 하나님은 우리의 머리카락 수까지 알고 계신다고 확신시켜주신다. 그것은 우리의 상상을 초래하는 친밀함이다. 그분은 우리를 만드셨다. 우리와 우리의 흐트러

진 삶에 관한 어떠한 사실도 하나님은 다 알고 계신다. 하나님은 모든 것을 다스리시며 어떠한 어려움에 직면해서도 전적으로 신뢰할 수 있는 분이다.

오늘날의 문화에서는 종종 새들보다 가치 없게 여겨지는 장애인들에게도 그렇다. 스테파니 허바크(Stephanie Hubach)는 다운증후군 자녀를 둔 어머니다. 그녀는 아들의 염색체 상태가 가져온 불안과 우울, 당혹감, 상심과 싸워 왔다. 그렇지만 그녀는 또한 사람들이 끝없이 어두운 길이라고 생각하는 그 길에 하나님이 빛을 비추어주시는 것을 보았다.

"장애는 본질적으로 사람들이 일반적으로 경험하는 상처의 좀 더 뚜렷한 형태이다. 즉 비정상적인 세상에서의 삶의 정상적인 한 부분이다"라고 허바크는 말한다. "곤경을 포함하는 긴 스펙트럼에서 정도의 차이가 있을 뿐이다. 하나님의 일반은총으로 인해, 그 누구도 완전한 훼손이라는 극단에 존재하지 않는다. 또 인류의 타락으로 인해, 그 누구도 완전한 축복의 극단을 누리지 못한다. 우리는 모두 인간성의 모든 면에서 그 두 가지의 혼합을 경험한다."[12]

하나님은 우리 각 사람이 그를 찾고 그의 영광을 나타내도록 그 둘을 적절히 혼합해주신다. 즉 축복을 너무 많이 주셔서 우리가 그를 잊게 만들지도 않으시고, 너무 적게 주셔서 우리가 그를 원망하게 하지도 않으신다.[13]

참새에 관한 이 질문은 하나님의 시각에서 본 우리의 무한한 가치를 언급하는 것으로, 사람이 아니라 하나님을 두려워하라는 그의 명령 뒤에 나온다. 그리고 그 뒤에 두려워하지 말라는 명령이 한 번 더 나온다. 예수님은 우리에게도 말씀하신다.

"두려워하지 말라 너희는 많은 참새보다 귀하니라."

예수님의 입으로 직접 말씀하신 이 사실을 생각하면 흔들리지 않는 용기가 생긴다.

산상설교에서 예수님은 다시 새에 대해 말씀하신다.

"공중의 새를 보라 심지도 않고 거두지도 않고 창고에 모아들이지도 아니하되 너희 하늘 아버지께서 기르시나니 너희는 이것들보다 귀하지 아니하냐?"(마 6:26).

질문의 답은 명백하다.

미래에 대한 두려움

우리의 주된 두려움은 밖에서 오는 것이 아니라 안에서부터 온다. 우리는 하나님이 전능하시고 선하시며 우리를 다른 이들로부터 보호해주실 수 있다는 것을 안다. 하지만 우리는 우리 자신에 대해 불안해한다. 어쨌든 우리는 여전히 상황을 엉망으로 만들 수 있는 힘을 갖고 있다고 생각한다. 우리가 자기 힘으로 살아가지 못할까 봐, 그래서 하나님도 해결해주실 수 없는 곤경에 빠질까 봐 두려워한다. 결국 우리는 우리의 행복과 우리 가족의 행복이 우리에게 달려 있다고 생각하며, 그런 생각이 우리를 무력하게 만드는 것이다.

또 제자들에게 이르시되 그러므로 내가 너희에게 이르노니 너희 목숨을 위하여 무엇을 먹을까 몸을 위하여 무엇을 입을까 염려하지 말라 목숨이 음식보다 중하고 몸이 의복보다 중하니라 까마귀를 생각하라 심지도 아니하고 거두지도 아니하며 골방도 없고 창고도 없으되 하나님이 기르시나니 너희는 새보다 얼마나 더 귀하냐 또 너희 중에 누가 염려함으로 그 키를 한 자라도 더할 수 있느냐 그런즉 가장 작은 일도 하지 못하면서 어찌 다른 일들을 염려하느냐 백합화를 생각하여 보라 실도 만들지 않고 짜지도 아니하느니라 그러나 내가 너희에게 말하노니 솔로몬의 모든 영광으로도 입은 것이 이 꽃 하나만큼 훌륭하지 못하였느니라 오늘 있다가 내일 아궁이에 던져지는 들풀도 하나님이 이렇게 입히시거든 하물며 너희일까보냐 믿음이 작은 자들아 너희는 무엇을 먹을까 무엇을 마실까 하여 구하지 말며 근심하지도 말라 이 모든 것은 세상 백성들이 구하는 것이라 너희 아버지께서는 이런 것이 너희에게 있어야 할 것을

아시느니라 다만 너희는 그의 나라를 구하라 그리하면 이런 것들을 너희에게 더하시리라 눅 12:22-31

우리는 우리의 삶과 몸과 수명에 집중하게 된다. 마치 우리가 자율적이고 아무 데도 매이지 않는 자유 행위자로서 최선을 다해 위험한 세상을 통과하려 하는 것 같다. 아니면 하나님이 말씀에 무엇을 약속하셨든 간에 우리는 왠지 다를까봐, 하나님이 다른 신자들을 위해 혼돈을 막아주실 수 있다 해도 우리를 위해서는 그렇게 해주실 수 없거나 해주지 않으실 것 같아 두려워한다. 우리는 웬일인지 우리의 실수가 특별하고 하나님의 능력이 미치지 못할 것 같아 두려워한다. 이것은 악한 자만이다. 우리는 우리가 누구에게 속했는지를 잊었다.

J. I. 패커와 캐롤린 나이스트롬(Carolyn Nystrom)은 이렇게 말한다.

"우리가 그리스도를 믿고 성령으로 거듭날 때처럼 하나님이 우리를 그 자신과의 언약으로 이끄시면 우리와 하나님의 관계는 자녀와 아버지, 양과 목자의 관계가 된다. 또한 그것은 우리가 제정신이 아니거나 슬프거나 아니면 그냥 형편없어서 죄와 사망의 광야로 들어가 방황할지라도, 성부, 성자, 성령이 우리를 굳게 잡아주시고 떠나지 않으실 거라는 뜻이다."[14]

제자들에게 참새 이야기를 하신 후, 예수님은 계속해서 까마귀 이야기를 하신다. 우리는 하나님이 돌보시는 참새들보다 하나님께 더 귀한 존재이듯이, 하나님이 먹이시는 까마귀들보다 더 가치 있는 존재들이다. 하나님이 그들을 먹이신다면 우리도 먹이실 것이다.

하나님의 돌보심은 이론적인 것이 아니다. 그것은 매우 실제적이다. 하나님이 낙심하고 두려워하는 그분의 선지자, 엘리야를 먹이기 위해 까마귀들을 사용하신 것을 기억하라.[15] 하나님은 약속하고 구해주지 않으시는 놀이를 하고 계시지 않다. 그의 돌보심은 음식같이 실제적이고 육체적인 것들을 포함한다.

내가 예기치 못하게 직장에서 해고되어 흩어진 나의 경력의 조각들을 다시 모으려고 더듬거리고 있을 때 우리 교회와 다른 그리스도인들이 나타났다. 길 건너 친구들은 그들의 교회에서 우리를 위해 저렴한 식료품들을 구입해주었다. 어떤 이들은 우리의 신통치 않은 컴퓨터를 위해 메모리를 더 구입해서 설치해주었다. 또 어떤 이들은 기도해주었고, 점심을 사주었으며, 채용공고를 알려주었고, 팩스와 이력서 보내는 것을 도와주었다. 우리에게 돈을 보내주는 사람들도 있었다-자주, 익명으로. 나는 그들의 기도와 실제적인 관심의 표현들에 큰 감동을 받았다.

하나님의 가족은 또한 우리의 가족이었다. "또 내 이름을 위하여 집이나 형제나 자매나 부모나 자식이나 전토를 버린 자마다 여러 배를 받고 또 영생을 상속하리라"(마 19:29)라는 예수님의 말씀처럼.

그때 결정적인 질문들이 등장한다. 비록 우리가 하나님이 우리를 위하신다는 진리를 무시하는 쪽을 택하더라도, 예수님은 이런 질문으로 염려의 무익함을 지적하신다.

"또 너희 중에 누가 염려함으로 그 키를 한 자라도 더할 수 있느냐"(눅 12:25).

하나님을 신뢰하라는 예수님의 긍정적이고 영적인 격려가 실패하더라도, 예수님은 솔직하게 말씀하시는 것을 두려워하지 않으신다. 그리고 그 솔직한 진리는 이것이다. 염려해 봐야 아무 소용이 없다. 지금까지 그랬고 앞으로도 그럴 것이다.

"그런즉 가장 작은 일도 하지 못하면서 어찌 다른 일들을 염려하느냐"(눅 12:26).

염려는 이렇게 말한다. "내 운명은 나의 손 안에 있다. 그것은 모두 나에게 달렸다." 이런 생각을 갖고 있으면 새벽 세 시에도 잠을 못 이루는 것이 당연하다! 염려가 우리를 위해 긍정적인 결과를 가져다주지 못하는 것이 다가 아니다. 그것은 종종 정반대의 일을 한다. 즉 우리에게서 생명 자체를 앗아간다. 예를 들어, 빚 때문에 염려하는 사람들은 궤양이나 소화관병, 편두통, 심한 불안, 심한 우울증, 심장마비, 근육 긴장, 울화통, 수면과 집중력 문제를 겪을 위험이 더 높다.[16] 염려는 우리를 죽인다.

작가이자 상담가인 밥 필립스(Bob Phillips)는 먼 나라로 가는 길에 '죽음'을 만난 한 남자의 이야기를 들려준다. 죽음은 그에게 자기가 한 도시에서 만 명의 사람들을 죽일 거라고 말하고 떠났다. 나중에 그 사람은 그 도시에서 돌아오는 죽음을 만났다. 그는 7만 명이 사망했다는 얘길 들었다고 했다. 그러자 죽음은 이렇게 대답했다.

"나는 만 명만 죽였어. 나머진 염려와 두려움이 죽인 거야."[17]

우리는 삶을 통제할 수 없다. 그러므로 염려하지 말아야 한다. 물론 우리는 계획을 세우고 일을 해야 하지만, 결과는 하나님께 맡겨야 한다. 이것은 미국인들이 아무리 '자수성가'를 믿더라도 결과는 궁극적으로 우리의 관할 밖이기 때문이다. 여럿이 신중히 결정한 일도 실패할 수 있지만 하나님의 섭리는 우리를 상상할 수 없는 높은 곳으로 데려갈 수 있다. 우리는 우리의 삶을 지배하지 못한다. 그래도 괜찮다.

사실 우리에게 통제력이 없다는 것은 곧 우리가 더 염려할 것이 아니라 덜 염려해야 한다는 걸 의미한다. 어린아이들은 통제할 수 있는 것이 거의 없으나 범불안장애 징후를 보이는 경우가 거의 없다. 그들은 최소한의 통제력을 갖고 있으니 아마 염려도 가장 적을 것이다. 아기들이 아기들처럼 자는 데는 이유가 있다. 무거운 책임이 없으니 세상 근심이 없는 것이다. 아이들에게도 물론 문제는 있다. 그들은 학교의 불량배들, 나쁜 부모들, 그리고 질병에 면역이 되어 있지 않다. 나이가 들어갈수록 학교나 인간관계의 스트레스가 그들의 수면을 빼앗아가고 그들의 얼굴에서 미소를 없앨 수 있다. 하지만 순전히 다른 사람들의 지배를 받으며 사는 대부분의 아이들은 즐거운 것이 표준이다.

아마 이것이 예수님이 우리에게 "어린아이들과 같이 되지 아니하면 결단코 천국에 들어가지 못하리라"(마 18:3)라고 말씀하시는 한 가지 이유일 것이다. 잘못된 자기 의존의 증거인 염려는 하나님나라에 들어갈 자리가 없다. 우리는 아무것도 통제할 수 없다. 왕께서 다 공급해주실 것이다.

아래를 내려다보라

하나님이 그의 자녀들을 향해 상상할 수 없는 관심을 갖고 계신다는 점을 납득시키기 위해, 예수님은 그 다음에 우리에게 아래를 내려다보라고 하신다. 높이 날아다니는 조류에서 발 밑의 초라한 풀로 눈을 돌리게 하신다. 예수님은 하늘에 계신 우리 아버지께서 들의 꽃들을 자라게 하셔서 모든 영광을 누리던 솔로몬보다 그 땅을 더 아름답게 장식하신 것을 지적한다.[18] 이 단순하지만 심오한 행위는 하나님의 공급이 풍성하고, 다양하며, 주권적이고, 요구받지 않은 것이며, 값이 없다는 것을 입증해준다. 하나님은 그의 선함을 아껴두려 하는 구두쇠가 아니시다. 가장 좋은 것을 나눠주며 아무것도 비밀로 하지 않는 것이 그의 본성이다.

예수님이 이런 수사적인 질문을 던지시는 것은 이상한 일이 아니다.

"오늘 있다가 내일 아궁이에 던져지는 들풀도 하나님이 이렇게 입히시거든 하물며 너희일까보냐 믿음이 작은 자들아"(눅 12:28).

창조에 의해 우리에게 비추어진 그러한 은혜는 경외심 가득한 예배의 표현을 요구한다. 다윗이 순전한 놀라움에 다음과 같이 말한 것처럼 말이다.

주의 손가락으로 만드신 주의 하늘과 주께서 베풀어 두신 달과 별들을 내가 보오니 사람이 무엇이기에 주께서 그를 생각하시며 인자가 무엇이기에 주께서 그를 돌보시나이까 그를 하나님보다 조금 못하게 하시고 영화와 존귀로 관을 씌우셨나이다 시 8:3-5

우리는 이러한 사실들을 묵상함으로써 큰 확신을 얻어야 한다. 우리가 원하는 것을 다 받지 못하더라도 정말로 우리에게 필요한 모든 것을 얻게 될 것이다. 그것은 곧 하나님 자신이다. "그런즉 이 일에 대하여 우리가 무슨 말 하리요?"라고 바울은 하나님의 구원 계획을 생각하며 물었다. "만일 하나님이 우리를 위하시면 누가 우리를 대적하리요?"(롬 8:31).

끈질긴 염려

그것이 문제의 끝이어야 하는데 실은 그렇지가 않다. 성경은 거듭해서 염려하지 말라고 말한다.

* "너희가 일찍이 일어나고 늦게 누우며 수고의 떡을 먹음이 헛되도다 그러므로 여호와께서 그의 사랑하시는 자에게는 잠을 주시는도다"(시 127:2).
* "겁내는 자들에게 이르기를 굳세어라, 두려워하지 말라, 보라 너희 하나님이 오사 보복하시며 갚아 주실 것이라 하나님이 오사 너희를 구하시리라 하라"(사 35:4).
* "그는 물가에 심어진 나무가 그 뿌리를 강변에 뻗치고 더위가 올지라도 두려워하지 아니하며 그 잎이 청청하며 가무는 해에도 걱정이 없고 결실이 그치지 아니함 같으리라"(렘 17:8).
* "그러므로 내가 너희에게 이르노니 목숨을 위하여 무엇을 먹을까 무엇을 마실까 몸을 위하여 무엇을 입을까 염려하지 말라 목숨이 음식보다 중하지 아니하며 몸이 의복보다 중하지 아니하냐"(마 6:25).
* "너희를 넘겨 줄 때에 어떻게 또는 무엇을 말할까 염려하지 말라 그때에 너희에게 할 말을 주시리니"(마 10:19).
* "아무것도 염려하지 말고 다만 모든 일에 기도와 간구로, 너희 구할 것을 감사함으로 하나님께 아뢰라"(빌 4:6).

그러나 우리의 마음은 자연스럽게 하나님보다 염려로 향한다. 왜일까? 마귀가 항상 기회를 노리고 배회하는, 이 죄로 얼룩진 세상에는 마땅히 두려워해야 할 것들이 많다. 우리 아들을 처음으로 1박 교회 캠프에 보냈던 날 밤에 늦봄의 토네이도가 근처보이스카우트 캠프장을 휩쓸어 4명의 젊은이들이 죽고 12명 넘게 부상을 입었다. 당연히 나는 주기적으로 일기예보를 확인했다. 우리 아들은 예정대로 집에 무사히 돌아왔으나, 그렇지 못한 소년들의 부모에 대한 우리의 슬픔이, 혹은 부모로서 우리의 보호본능이 줄어들진 않았다.

솔직히 고백하면, 역사적인 이유든 유전이든 선택이든 간에, 불안은 나의 자연스러운 기본 모드다. 침착하고 자신감 있는 이미지를 보여주려고 노력하지만, 사실 나의 내면생활의 많은 부분에 두려움이 나타나고 있다. 나는 내가 어떻게 보일지에 대해 불안해한다. 높은 곳이 무섭다. 특정한 어려움을 만났을 때 대처하지 못할까 봐 두렵다. 심지어 불안에 관한 장을 쓰고 있을 때도 나는 불안해진다!

이런 내가 대부분의 사람들과 크게 다르지 않다고 생각한다. 부분적으로, 불안은 인지된 위협에 대한 완전히 자연스러운 반응을 의미한다. 위험에 대해 싸우거나 도피하는 반응은 우리의 인간 본성에 깊이 각인되어 있다. 솔직히 말해보자. 두려움이 없이 사는 사람들은 종종 건강이나 생명을 잃게 된다. 자기 행동의 결과들을 마땅히 걱정하지 않고 살면 병원이나 묘지로 가는 빠른 티켓을 받게 될 것이다. 그렇게 많은 십대들이 과음이나 난폭 운전으로 사망하는 이유가 거기에 있다. 그들은 자신들이 천하무적이라는 잘못된 믿음을 가지고 있다. 그러나 걱정하는 사람들은 자신을 언제든 완전히 정복당할 수 있는 사람으로 여긴다.

예수님은 인간의 상태가 연약하고 위험한 것을 부인하기는커녕 확증하신다. 그뿐만 아니라, 그는 매일, 매달, 매해 그것을 자신이 떠안으신다. 자신이 그 짐을 지시고 조롱과 비방과 체포 고문, 죽음을 당하신다. 이 책의 서문에서 보았던 것처럼, 예수님은 삶의 폭풍우가 몰아치는 가운데서도 오직 하늘 아버지를 의지할 때만 얻을 수 있는 평온함을 유지하신다.

배에 오르시매 제자들이 따랐더니 바다에 큰 놀이 일어나 배가 물결에 덮이게 되었으되 예수께서는 주무시는지라 그 제자들이 나아와 깨우며 이르되 주여 구원하소서 우리가 죽겠나이다 예수께서 이르시되 어찌하여 무서워하느냐 믿음이 작은 자들아 하시고 곧 일어나사 바람과 바다를 꾸짖으시니 아주 잔잔하게 되거늘 그 사람들이 놀랍게 여겨 이르되 이이가 어떠한 사람이기에 바람과 바다도 순종하는가 하더라 마 8:23-27

예수님의 질문은 우리에게도 해당된다. 왜 무서워하는가? 믿음이 작은 사람들아. 그분이 바람과 바다를 꾸짖으실 수 있다면 두려워할 것이 뭐가 있는가? 아무것도 없다. 생각해보라.

토론 질문

1. 왜 그렇게 많은 서양인들이 불안감을 느끼는가? 당신은 어떠한가?

2. 불안은 죄나 질병, 혹은 정신병인가? 그것은 우리에게 어떤 변화를 일으키는가?

3. 왜 그리스도인들이 두려워하지 않는 것이 그렇게 어려운가?

4. 예수님의 질문들은 우리의 불안을 어떻게 다루는가?

5. 하나님이 우리를 아시고 우리의 필요를 채워주신다는 약속이 어떻게 건강과 부에 대한 보장이 되는가?

6. 왜 우리는 무슨 일이 있어도 하나님이 우리 편이시란 것을 알 수 있는가? 이것을 알게 되었다면, 우리의 삶에 어떤 변화가 나타나야 하는가?

왜
성품이
그렇게
중요한가?

Why Is Character So Vital?

ALL THAT JESUS ASKS

불신,
그분을 거부하다

> 66 어찌하여 내 말을 깨닫지 못하느냐? 99

미국에서는 관용이 왕이다. 단, 신무신론자(New Atheists)들은 예외다. 그들은 기독교에 대해 이야기할 때 절대로 관대하지 않다. 《신은 위대하지 않다》(God Is Not Great: How Religion Poisons Everything)를 쓴 권위자 크리스토퍼 히친스는 예수 그리스도에 대한 믿음과 이슬람 급진주의를 동일시한다. 히친스는 거들먹거리며 이렇게 말한다.

"기독교의 많은 가르침들은 믿을 수 없고 사실이 아닐 뿐만 아니라 비도덕적이다."

과학자 리처드 도킨스는 신자들은 "그냥 입을 다물라"라고 제안한다.[1] 한편, 샘 해리스에게는 그리스도인들에게 그들의 생각이 얼마나 잘못되었는지를 말해주기 위한 편지를 쓰느라 바쁘다. 신무신론자들은 인생의 전성기를 보내고 있고, 분별없는 미국 시장은 그들에게 후한 보상을 주고 있다. 하지만 불신에 관해, 히친스나 도킨스, 그리고 해리스는 엄밀히 말해 마이너리그 선수들이다.

2천 년 전에 일어난 사건을 생각해보자. 예수님의 친구 나사로는 4일 동안 동굴 무덤에서 썩고 있었다.[2] 그의 두 누이, 마리아와 마르다는 비탄에 빠져 있었는데, 비단 그들의 남동생이 죽었기 때문만은 아니었다. 그들의 입장에서 더 가슴 아픈 일은 예수님이 제 때에 오셔서 그의 친구를 치료해주지 않으신 것이었다. 시체는 잘 싸여 있었고 악취가 나기 시작했다. 조문객들이 모여 있는 가운데 무덤 입구로 돌을 옮겼다. 이 절망적인 순간에 예수님이 도착하신다. 너무 늦은 듯하다. 갈릴리 출신의 목수도 그를 둘러싼 인간적인 절망감에 신음하며 눈물을 흘리신다. 그러나 자신을 '부활이요 생명'이라고 하신 이는 부패와 죽음으로 결말이 나는 것을 허락하지 않으신다. 그분의 명령에, 무덤의 돌이 옮겨진다.

"나사로야 나오라."

예수님이 무덤 앞에서 말씀하신다. 그분의 간단한 명령은 어두운 무덤에 레이저처럼 발사되어, 수의를 뚫고 부패되어 가는 친구의 얼음처럼 차가운 심장을 파고들어, 삶과 죽음 사이의 은밀하고 무한한 공백을 연결해준다. 어디서, 어떻게 그랬는지 알 수 없지만, 나사로는 이 거부할 수 없는 명령을 듣고 순종한다. 그는 미라처럼 손과 발이 묶이고 얼굴은 천으로 덮인 상태로 나타난다. 그러나 나사로는 살아 있다. 과거의 그 어느 때보다 더 생생하게 살아 있다. 그리고 그 표적을 직접 본 많은 사람들이 믿게 된다.

하지만 '모두'가 아니라 '많은 사람들'이었다. 그 외의 사람들은 예수님의 바리새인 대적들을 찾아간다. 나는 이 주저하는 증인들이 이렇게 말하는 모습이 상상이 간다.

"우리에게 한 가지 문제가 있어요."

그들은 자기 주인들에게 그 기적을 보고하지만, 그들이 그리스도를 믿도록 인도하기 위함이 아니라 마치 비밀경찰에게 자기 이웃들을 신고하는 구(舊) 동독 사람들처럼 그들의 특권과 지위를 유지할 방법을 찾기 위해서였다.

모여 있던 바리새인들과 대제사장들은 이렇게 말한다.

"우리는 뭘 해야 할까? 이 사람이 이렇게 많은 기적을 행하는데 말이야. 이렇게 계속 내버려뒀다간 모든 사람들이 그를 믿게 될 거고, 로마인들이 와서 우리의 자리와 우리나라를 다 없애버릴 거야."

순서를 주의 깊게 보라. 종교 지도자들은 주님의 기적 앞에서 회개하고 믿기보다는 그들의 위치에 더 관심이 있었다. 그들은 유일하게 할 수 있는 일이 예수님을 죽이는 거라고 결론을 내린다. 그리고 대제사장들은 수많은 무리가 예수님과 나사로를 보러 오는 것을 보면서 그 살아난 사람 또한 죽이기로 결정한다.

사실 불신이 더 어렵다. 하나님을 받아들이는 것보다 하나님을 거부하기 위해 더 많은 믿음이 필요하다. 우주의 시작이 있다는 증거에 직면한 많은 무신론자 천문학자들은 이 우주의 기적이 특별해 보이지 않도록 하기 위해 끝없는 우주의 끈이 있다고 상정한다.

G. K. 체스터톤(G. K. Chesterton)은 말했다.

"기적을 믿는 사람들은 (옳든 그르든) 그것에 대한 증거가 있기 때문에 받아들이는 것이다. 기적을 믿지 않는 자들은 (옳든 그르든) 그것에 반대되는 교리를 갖고 있기 때문에 부인하는 것이다."[3]

그것은 정직한 지적 의심의 문제, 혹은 당신이 어떤 결론을 내리기 전에 더 많은 증거를 찾는가 하는 문제가 아니다. 그러한 믿음의 싸움은 대부분의 사람들이 하는 것이다. 그것은 정상이고, 자연스러우며, 심지어 건강한 것이다. 우리는 의심하는 사람에게 사랑과 인내로, 또 사실로 대응해야 하며, 그 사람이 우리의 글과 삶 속에서 진리를 보도록 친절히 도와주어야 한다.

그러나 불신은 의심이 아니다. 불신은 지적인 것이든, 육체적, 역사적, 혹은 영적인 것이든 간에, 계산적이고 냉정하게 증거를 거부하는 것이다. 그것은 하나님의 분명한 역사를 보고도 외면하는 것이다. 더 나쁜 것은 성령에 의한 예수님의 역사를 보고도 그것을 사탄의 일로 여기는 것이다. 그러한 불신은 저주받아 마땅하다.[4] 왜 안 그렇겠는가? 그 지독한 불신자는 자기가 요청한 것만 받아들이고 있다. 그러한 불신은 일종의 영적 맹목이다. "빛이 어둠에 비치되 어둠이 깨닫지 못하더라"(요 1:5)라고 사도 요한이 말했다. 그것은 잘못된 생각의 문제가 아니라 잘못된 성품의 문제다. 그리고 새로운 것이 아니다.

믿음의 사도

요한은 사람들의 완고한 마음을 보고 "(예수님이) 자기 땅에 오매 자기 백성이 영접하지 아니하였다"라고 말했다.[5] 요한은 예수님이 부활하시고 몇 주 후에 이러한 불신을 직접 경험한 바 있다. 예수님이 부활하신 사실은 정부당국도 은폐하려 했다.[6]

요한과 베드로가 기도 시간에 예루살렘 성전으로 들어갈 때 성전 문 앞에서 한 장애인이 돈을 구걸한다.[7] 틀림없이 그들의 고조된 종교적 감성, 혹은 단지 선하고 오래된 죄책감 때문에 하나님의 집에 들어가기 전에 후히 베풀기를 바랐을 것이다. 그것은 교회 역사상 많은 사람들이 따라했던 전략이다.

그 사람은 예상했던 것만큼 돈을 얻진 못했으나, 그보다 훨씬 더 많은 걸 얻었다. "은과 금은 내게 없거니와 내게 있는 이것을 네게 주노니 나사렛 예수 그리스도의 이름으로 일어나 걸으라"라고 베드로가 대답한다. 베드로는 손으로 그 거지를 붙잡는다. 그 사람의 발목과 발에 곧 힘이 생기고 그가 두 발로 뛰며 큰소리로 하나님을 찬양한다. 사람들은 전에 불구였던 그 사람을 보고 완전히 할 말을 잃는다. 그들은 솔로몬의 행각에 있는 베드로와 요한에게로 달려간다. 초대교회의 지도자인 베드로가 발언을 하자, 요한은 한때 겁쟁이였던 동료 제자의 말을 귀 기울여 들으며 주목한다.

베드로는 "이스라엘 사람들아 이 일을 왜 놀랍게 여기느냐 우리 개인의 권능과 경건으로 이 사람을 걷게 한 것처럼 왜 우리를 주목하느냐 아브라함과 이삭과 야곱의 하나님 곧 우리 조상의 하나님이 그의 종 예수를 영화롭게 하셨느니라"라고 설교한다.

이 기적이, 이렇게 죄를 깨닫게 하는 말씀과 그 뒤의 말씀들이 유대 지도자들의 마음을 바꾸었을까? 이 반대자들이 "와, 또 기적이야. 이번엔 그 나사렛 사람을 따르던 자들을 통해 기적이 일어났어. 이 예수 운동에 뭔가가 있나봐"라고 말했을까? 아니다. 대신 그들은 베드로와 요한을 산헤드린 앞에 끌고 가서 누구의 이름으로 기적을 행했는지 다시 물었다. 이미 답을 알고 있으면서 말이다. 지도자들은 그들이 듣고 싶지 않은 말, 즉 '천하 사람 중에 구원을 받을 만한' 유일한 이름, 예수의 이름으로 기적을 행했다는 말을 듣고, 여전히 그 증거에 반응하지 않았다.

지도자들은 마침내 당황해 "이 사람들을 어떻게 할까?"라고 자문한다. "그들로 말미암아 유명한 표적 나타난 것이 예루살렘에 사는 모든 사람에게 알려졌으니 우리도 부인할 수 없는지라 이것이 민간에 더 퍼지지 못하게 그들을 위협해 이 후에는 이 이름으로 아무에게도 말하지 말게 하자."

다음에 누군가가 당신에게 예수 그리스도를 믿기에 증거가 충분치 않다고 말하거든 이것에 대해 생각해보라. 이 사건으로 판단해볼 때 유대인이든 이방인이든, 개신교도든, 이교도든, 가톨릭교도든, 혹 무신론자든 간에 저항하는 불신자에게는 어떠한 증거도 충분치 않을 거라는 걸 알 수 있다. 하지만 그렇다고 해서 증거가 없다는 뜻은 아니다.

요한은 믿음의 사도로 불릴 만하다. 신약성경은 '믿는다'라는 의미의 헬라어 '피스튜오'(pisteuo)를 241회 사용한다. 요한은 그의 복음서나 서신서에서 그 단어를 무려 55회나 사용한다.[8] 그것은 놀라운 일이 아니다. 믿음은 성경적 신앙의 핵심이다. 요한은 그의 책에 기록된 기적적인 표적들에 대해 "오직 이것을 기록함은 너희로 예수께서 하나님의 아들 그리스도이심을 믿게 하려 함이요 또 너희로 믿고 그 이름을 힘입어 생명을 얻게 하려 함이니라"(요 20:31)라고 말한다.

믿음이 목적이다. 그것이 생명으로 인도하기 때문이다. 따라서 그 반대인 불신은 우리가 반드시 피해야 하는 것이다. 불신은 영원한 사망으로 인도하기 때문이다. 어쩌면 그것이 예수님이 불신에 대해 가장 면밀한 질문을 하신 이유일 것이다. 그중 많은 질문들이 요한에 의해 기록되었다. 그러나 이 심각한 질문들은 역설적으로 희망을 가져다준다. 왜냐하면 하나님의 은혜로 불신이 믿음으로 바뀔 수 있고 사망이 생명으로 바뀔 수 있다는 가능성을 인정하기 때문이다.

잘못된 초점

예수님이 예루살렘에 계시던 어느 안식일에 38년 동안 불구로 살아왔던 한 남자의 병을 고쳐주신다.[9] 예수님을 반대하던 자들은 예수님이 율법을 어겼다고 주장했고, 이에 예수님은 충격적인 대답을 하신다. 즉 그분이 하나님과 동등하시며 따라서 율법을 해석할 권한을 갖고 계시다는 것이다. 본질적으로 예수님은 이렇게 말씀하신 것이다.

"너희는 나를 판단할 권한이 없다. 사실 나는 너희의 재판관이다."

그 다음에 그분은 그들의 영적 상태를 진단하시며 이 질문으로 말씀을 마치신다.

다만 하나님을 사랑하는 것이 너희 속에 없음을 알았노라 나는 내 아버지의 이름으로 왔으매 너희가 영접하지 아니하나 만일 다른 사람이 자기 이름으로 오면 영접하리라 너희가 서로 영광을 취하고 유일하신 하나님께로부터 오는 영광은 구하지 아니하니 어찌 나를 믿을 수 있느냐 요 5:42-44

그들의 문제는 지적인 문제, 즉 선의를 가지고 거룩한 본문을 다르게 읽는 사람들 간의 다른 성경 해석의 문제가 아니다. 그것은 성품의 문제다. 핵심을 보면 불신은 머리의 문제가 아니다. 그것은 마음의 문제다. 종교심은 충만하지만 하나님의 사랑이 메마른 그들의 마음 상태를 볼 때, 예수님이 사기꾼이자 범법자라는 그들의 확실한 결론은 필연적인 것이다. 즉 그들에게 하나님을 향한 사랑 혹은 하나님으로부터 오는 사랑이 없다. 수직적으로 심판자에게 초점을 맞추는 대신, 그들은 그들의 잘못된 불신을 강화하기 위해 오로지 수평적으로 다른 신자들만 본다.

이렇게 공동체에 의해 강요된 불신은 예수님 시대에만 있었던 것이 아니다. 그것은 모든 세대에 나타날 수 있다. 아시아에서 무슬림들은 그리스도께 회심하는 사람들을 처형하겠다고 위협함으로써 그들의 공동체 안에서 그리스도인들의 증언을 효율적으로 막는다. 유대 지도자들은 그들의 형제들 중에서 예수님을 그들의 메시아로 받아들이는 자들을 반역자로 분류함으로써 종교적 자유를 부인한다. 많은 대학 캠퍼스에서 흔히 볼 수 있는 의기양양한 세속적 분위기 속에서 종신 교수들은 구세주를 굳게 따르기로 결심하는 학생들의 믿음을 태연하고 냉담하게 무너뜨려 버린다.

불신은 대개 개인적인 결정이 아니다. 그것은 그룹 프로젝트다. 불신은 숫자에서 안정을 찾는다. 불신자들은 다른 사람들을 그들의 무신론으로 전향시키지 않으면 정말로 행복하지 않다. 왜 신무신론자들이 그토록 개종자들을 얻으려 하는지 궁금했는가?

고대 히브리인들은 종종 집단적인 죄에 대해 이야기했다. 그러나 미국인들은 개인의 권리, 특히 권리장전에 명시된 권리들에 초점을 맞추는 경향이 있다. 이것은 특히 개인의 가치와 존엄과 권리의 개념이 기독교 세계관에서 나오기 때문에 대체로 좋은 것이다. 선언문에서 말하듯이, "우리는 빼앗을 수 없는 특정한 권리들을 우리의 창조주께 부여받았다."

그러나 빼앗을 수 없는 개인의 권리에만 제한적으로 초점을 맞추면 더 큰 전체를 바라보기가 어렵게 된다. 우리는 우리 자신의 것일 뿐만 아니라, 우리 가족, 공동체, 나라, 세계의 것이기도 하다. 우리는 보호받고 행사해야 할 권리가 있을 뿐만 아니라, 이행해야 할 책임도 있다. 아버지들은 아내와 자녀들을 이끌고 보호할 책임이 있다. 시민들은 세금을 내야 하며, 로터리

클럽 같은 자발적 단체를 통하거나 한 청소년의 오빠나 형, 언니나 누나가 되어 줌으로써 사회의 행복에 기여해야 한다. 때로는 군복무를 해야 한다. 어떤 때는 텔레비전으로 자연재해 현장을 보고 도울 방법을 찾기도 한다.

아담은 완전하게 창조되었으나 혼자로는 불완전했다.[10] 우리는 공동체를 위해 창조되었고, 다른 사람들과 교제하는 가운데 번성하도록 만들어졌다. 또한 그리스도인은 자기 자신보다 더 큰 것, 즉 그리스도의 몸 된 교회의 일원으로 부름을 받는다. 우리는 왕의 입양된 자녀로서 특권을 가지고 있을 뿐만 아니라, 또한 그분과 서로에 대한 책임을 갖고 있다. 기독교는 개인주의자들을 위해 만들어진 것이 아니다. 어떤 이들은 론 레인저(Lone Ranger) 같은 그리스도인들은 없다고 말했다. 본회퍼의 가장 사랑받는 책 중 하나가 《함께하는 삶》(Life Together)이다.[11] 많은 이들이 성경이 동산에서 시작되어 도시에서 끝난다는 흥미로운 사실에 주목했다. 우리는 쉼을 얻게 될 것이나, 고독에 대해선 확신이 없다.

예수님은 믿음의 공동체적인 면들을 분명히 이해하셨다.

* 그는 가족과 함께 예루살렘에 예배를 드리러 가셨다.
* 열두 제자를 선택해 그와 함께하게 하시고 또 그가 떠나신 후에 사역을 계속하게 하셨다.
* 겟세마네 동산에서 유혹을 받으실 때 예수님은 가장 가까운 동료들을 불러 깨어 기도하라 하셨다.
* 그분의 나라가 완성될 때 그분은 모든 언어와 종족과 나라의 제자들과 함께 공동의 잔치를 주관하실 것이다.

그러나 예수님은 또한 불신의 공동체적인 면들도 알고 계셨다. 우리 미국인들은 종종 우리의 결정들이 순전히 우리 자신의 것이라고 생각한다. 동료 집단의 압력, 유행, 문학, 미디어가 우리에게 얼마나 많은 영향을 미치는지,

게다가 그것이 종종 좋은 영향력이 아니라는 것을 인식하지 못하고 말이다. 예수님의 질문들은 우리에게 대부분의 집단사고가 믿음에 유익하지 않다는 점을 상기시켜준다.

"이 세대를 무엇으로 비유할까?"

예수님은 우리가 1장에서 본 장면에서 세례 요한에 대해 논하시며 사람들에게 물으신다.

"비유하건대 아이들이 장터에 앉아 제 동무를 불러 이르되 우리가 너희를 향하여 피리를 불어도 너희가 춤추지 않고 우리가 슬피 울어도 너희가 가슴을 치지 아니하였다 함과 같도다"(마 11:16,17).

하나님나라는 참으로 어린아이들의 것이지만,[12] 이런 아이들, 즉 끊임없이 비판하고 남들이 일하는 동안 장터에 앉아만 있고, 결코 만족하는 법이 없으며, 항상 지루해하는 이들의 것이 아니다. 그들은 요한이 왔을 때 자신의 죄에 대해 한탄하지도 않았고 예수님이 오신 것을 기뻐하지도 않았다. 영적으로 나태한 그룹인 그들은 기꺼이 악인들의 꾀를 따르고, 죄인들의 길에 서며, 오만한 자들의 자리에 앉는다(시 1:1 참고). 그들은 응답을 받지 못해도 족하다. 예수님은 그렇게 많은 기적을 행하신 후에도 거의 효과가 없자 깜짝 놀라 물으신다.[13]

"어찌하여 이 세대가 표적을 구하느냐?"

무서운 사실은 그리스도를 따른다고 주장하는 사람들이 믿지 않는 세대와 같은 무리가 될 수 있다는 것이다. "믿음이 없고 패역한 세대여 내가 얼마나 너희와 함께 있으며 너희에게 참으리요?"라고 예수님은 물으신다. 그분은 바리새인들이 아니라 귀신을 쫓아낼 믿음이 없었던 제자들에게 이렇게 소리치신다.

예수님은 그들을 불신자들에 비유하시며, 그들의 믿음 없음에 분개하셨다. 예수님은 당신이나 나에 대해선 뭐라고 말씀하실까? 당신은 제자가 가져야 할 믿음을 가지고 있는가? 한 가지 확실한 것은 우리가 믿음을 행사하지 않으면 믿음을 강하게 할 수 없다는 것이다. 하나님은 우리가 이렇게 말하도록 도와주신다.

"내가 믿나이다 나의 믿음 없는 것을 도와 주소서!"[14]

책임 있는 죄인들

하나님의 은혜가 없으면 우리는 영적으로 믿을 수가 없다. 예수님은 또 다른 믿지 않는 무리에게 이렇게 말씀하신다.

"독사의 자식들아 너희는 악하니 어떻게 선한 말을 할 수 있느냐 이는 마음에 가득한 것을 입으로 말함이라"(마 12:34).

숙련된 검사처럼, 예수님은 하나님의 말씀을 듣지 못하는 자신들의 실제 상태를 모르고 하나님과 올바른 관계를 맺고 있다고 확신하는 사람들에게 경고하기 위해 노골적인 질문들을 던지신다.

대답하여 이르되 우리 아버지는 아브라함이라 하니 예수께서 이르시되 너희가 아브라함의 자손이면 아브라함이 행한 일들을 할 것이거늘 지금 하나님께 들은 진리를 너희에게 말한 사람인 나를 죽이려 하는도다 아브라함은 이렇게 하지 아니하였느니라 너희는 너희 아비가 행한 일들을 하는도다 대답하되 우리가 음란한 데서 나지 아니하였고 아버지는 한 분뿐이시니 곧 하나님이시로다 예수께서 이르시되 하나님이 너희 아버지였으면 너희가 나를 사랑하였으리니 이는 내가 하나님께로부터 나와서 왔음이라 나는 스스로 온 것이 아니요 아버지께서 나를 보내신 것이니라 어찌하여 내 말을 깨닫지 못하느냐 이는 내 말을 들을 줄 알지 못함이로다 너희는 너희 아비 마귀에게서 났으니 너희 아비의 욕심대로 너희도 행하고자 하느니라 그는 처음부터 살인한 자요 진리가 그속에 없으므로 진리에 서지 못하고 거짓을 말할 때마다 제 것으로 말하나니 이는 그가 거짓말쟁이요 거짓의 아비가 되었음이라 내가 진리를 말하므로 너희가 나를 믿지 아니하는도다 너희 중에 누가 나를 죄로 책잡겠느냐 내가 진

리를 말하는데도 어찌하여 나를 믿지 아니하느냐 하나님께 속한 자는 하나님
의 말씀을 듣나니 너희가 듣지 아니함은 하나님께 속하지 아니하였음이로다

요 8:39-47

하나님의 말씀을 듣지 못한다고 해서 우리에게 책임이 없다는 뜻은 아니
다. 우리의 영적인 냉담함은 '상태'인 동시에 '선택'이기도 하다. 즉 책임 있
는 선택이다. 하나님의 형벌은 우리가 하는 선택에 대해 책임이 있음을 입증
한다. R. C. 스프롤(R. C. Sproul)은 이렇게 말한다.

"죄인이 죄를 짓는 이유는 죄를 지을 수밖에 없기 때문이 아니라 죄를 선
택하기 때문이다. 은혜가 없으면 타락한 피조물은 의를 선택할 능력이 없
다. 그는 자신의 악한 충동에 매어 있다."[15]

또는 종교 개혁가들이 말한 대로, 우리는 완전히 타락했고 영적으로 죽
어 있으며 우리 자신을 하나님께 인도하지 못한다. 옛 신학적 격언을 반복
하면, 우리는 죄를 짓기 때문에 죄인이 아니라 죄인이기 때문에 죄를 짓는
것이다.

화를 내는 사람들

그리스도인들은 예수님의 생명의 떡, 영원하고 살아 있는 만나인 예수님
의 말씀에서 위안을 얻는다. 만나는 하나님이 광야에서 그분의 백성을 먹이
기 위해 보내주신 것이다. 하지만 예수님이 세상을 위해 그분의 살을 주신
다고 말씀하셨을 때 그분을 반대하는 자들은 위로를 얻지 못했다. 그들은
화를 냈다. 제자들도 그랬다.

제자 중 여럿이 듣고 말하되 이 말씀은 어렵도다 누가 들을 수 있느냐 한대 예
수께서 스스로 제자들이 이 말씀에 대하여 수군거리는 줄 아시고 이르시되 이
말이 너희에게 걸림이 되느냐 그러면 너희는 인자가 이전에 있던 곳으로 올라

가는 것을 본다면 어떻게 하겠느냐 살리는 것은 영이니 육은 무익하니라 내가 너희에게 이른 말은 영이요 생명이라 그러나 너희 중에 믿지 아니하는 자들이 있느니라 하시니 이는 예수께서 믿지 아니하는 자들이 누구며 자기를 팔 자가 누구인지 처음부터 아심이러라 또 이르시되 그러므로 전에 너희에게 말하기를 내 아버지께서 오게 하여 주지 아니하시면 누구든지 내게 올 수 없다 하였노라 하시니라 요 6:60-65

제자들이 화를 낸 이유는 교리에 있는 것이 아니라 그들 자신의 마음에 있다. 그들은 주의 나라에서 예수님의 우편과 좌편에 앉아 다스리길 원했다.[16] 그러나 예수님의 방법대로 그곳에 가는 건 원치 않았다.

세상의 죄를 위한 예수님의 희생적인 죽음은 하와가 아담에게 열매를 주기 전부터 하나님의 A안이었다. 그것은 완전히 통제 불능인 세상에 대한 비상대응책이 아니었다. 창세전부터 정해진 일이었고[17] 히브리 성경에 여러 방식으로 예언된 바 있었다. 제자들은 이 구원 역사의 중심 사건을 인식해야 했으나 그렇지 못했다. 그들의 반응은 이상하게도 불신자들의 반응과 비슷했다. 그들은 통치할 준비는 되어 있었는데 죽을 각오는 되어 있지 않았다.

예수님은 그들이 화를 내는 것이 잘못임을 깨우쳐주신다. 그분의 죽음은 그분의 부활 후 승천과 뗄 수 없는 관계에 있기 때문이다. 피 흘림과 영광은 동전의 양면이다. 둘 중 하나만 가질 순 없다. 사실은 하나가 다른 하나로 인도한다. 바울이 나중에 그의 주님에 대해 완전한 확신을 갖고 이렇게 말할 수 있었던 것은 놀랄 일이 아니다.

"사람의 모양으로 나타나사 자기를 낮추시고 죽기까지 복종하셨으니 곧 십자가에 죽으심이라 이러므로 하나님이 그를 지극히 높여 모든 이름 위에 뛰어난 이름을 주사"(빌 2:8,9).

자기들이 들은 말 때문에 여전히 고민 중이던 참된 제자들에게 예수님은 이해심을 가지고 그의 말씀이 오직 영적인 눈을 가진 자들만 인지할 수 있는 영적 진리임을 지적하신다. 믿음은 받는 선물이지 해야 하는 일이 아니다. 바울은 "너희는 그 은혜에 의하여 믿음으로 말미암아 구원을 받았으니 이것은 너희에게서 난 것이 아니요 하나님의 선물이라 행위에서 난 것이 아니니 이는 누구든지 자랑하지 못하게 함이라"(엡 2:8,9)라고 말했다.

예수님이 니고데모에게 "진실로 진실로 네게 이르노니 사람이 거듭나지 아니하면 하나님의 나라를 볼 수 없느니라"(요 3:3)라고 말씀하신 것도 당연한 일이었다. 우리의 종교적인 자격에도 불구하고 우리에게 믿음이 없어 하나님의 나라를 보지 못한다는 걸 알게 된다면 어떨까? 어떤 사람들은 당연히 떠날 것이다. 요한은 "그때부터 그의 제자 중에서 많은 사람이 떠나가고 다시 그와 함께 다니지 아니하더라"(요 6:66)라고 말했다.

하나님이 원하시는 자들을 택하신다면 우리가 할 수 있는 일은 아무것도 없다고 체념하고 운명에 맡길 것인가? 많은 이들이 예정론을 이런 식으로 희화화한다. 구원이 미리 정해진 것이라면 왜 하나님을 따르기 위해 노력하는가? 그러나 예수님은 우리에게 책임을 지우시며, 열두 제자에게 "너희도 가려느냐?"(요 6:67)라고 물으신다. 그들은 무엇을 하기 원하는가? 그 다음에 예수님은 균형을 잡기 위한 질문을 덧붙이시며, 그들의 자유로운 선택을 그분이 주권적으로 다스리신다는 것을 지적하신다. "내가 너희 열둘을 택하지 아니하였느냐 그러나 너희 중의 한 사람은 마귀니라"(요 6:70).

우리의 선택은 우리 자신의 것이지만 여전히 하나님이 주관하고 계신다. 그러나 우리의 임무는 그 모든 것을 이해하는 것이 아니라 따르는 것이다. 우리는 예수님 없이 죽는 것과 예수님과 함께 사는 것 중에서 무엇을 선택하는가? 우리는 무엇을 하기 원하는가?

영적 방황

나에게는 영적으로 방황하던 어두운 밤들이 있었다. 때로는 단지 믿음이 너무 어렵게 느껴졌고, 다른 그리스도인들의 위선과 무절제함을 너무 견디기 힘들었고, 또는 성경을 이해하기가 너무 힘들었다. 때로는 친구들과 가족의 반대나 오해 때문에 힘들기도 했다. 나의 개인적인 삶에 대한 기독교의 규제들이 너무 부담스럽게 느껴졌다. 어떤 사람들은 내가 균형을 잃었다고 걱정했고, 정말로 그랬는지도 모른다. 어쩌면 나는 한때 신임 받던 권위자로서 광신적인 종교에 빠져 있었는지도 모른다.

게다가 하나님을 기쁘시게 하는 일에 무관심한 사람들의 아무 걱정 없어 보이는 삶의 방식이 내 마음을 끌었다. 빌리 조엘(Billy Joel)이 한때 "죄인들이 훨씬 더 즐겁다"라고 말한 것처럼. 그리고 신을 바라보는 다른 방식들도 많이 있었다. 그렇지 않은가? 무엇이 나로 하여금 내가 옳다는 확신을 갖게 했을까? 교회는 계속 다니면서 예수님을 따르는 것을 너무 진지하게 받아들이지 않으면 어떨까?

그렇게 방황하는 동안 나는 내 영혼의 빈 공간을 다른 사람들의 인정으로 채우려 했다. 그것은 쉬운 일이었다. 그래서 집을 멀리 떠났고, 기독교 공동체에 깊이 뿌리를 내리지 않았다. 속담에도 있듯이 로마에 가면 로마인처럼 살아야 하는 법이다. 나는 대학 기숙사에서 이교도들에게 둘러싸여, 이교도처럼 살기 시작했다. 나의 새 친구들이 온갖 방탕한 삶을 즐기는 것을 보고도 그냥 웃으며 그들에게 아무 말도 하지 않았다. 내 마음은 분명 마귀의 영역이었던 곳들로 들어가 방황했다. 그 경험은 무서우면서도 재미있고 이상하게 해방감이 느껴졌다. 플로리다대학 캠퍼스의 많은 젊은이들처럼 나는 술 취하는 횟수가 늘었고, 스파이크라는 청년의 이상한 행동들을 보며 비웃었다. 알고 보니 그가 보인 행동들은 알코올 중독의 징후들이었다.

하지만 아침에 토사물의 냄새를 맡으면 파티의 매력이 사라졌다. 숙취는 중요한 현실 확인이 될 수 있다. 하지만 그보다 훨씬 더 중요한 것은 내가 인정사정없이 내 벽장 안에 쑤셔 넣은 것이 무엇인지 알아채기 시작한 것이었다. 나의 평안은 사라지고 나의 목적의식은 무단이탈을 했다. 내가 그리스도를 알면서 느꼈던 기쁨은 거의 기억으로만 남아 있었다. 영생의 약속을 누리기보다 나는 나 자신 안에 빠져 있었다. 그것도 매력 없는 자아에게. 몇 달 만에 나는 어리석고 성적도 형편없는 술고래가 되었다. 세상 걱정 없이 부모의 돈을 감사한 마음도 없이 쓰고 있었다. 탕자처럼 나는 집을 멀리 떠나 있었다. 나의 즐거움을 위해서.

하지만 하나님은 내게서 멀어지지 않으셨다. 당신이 할 수 있다면 하나님을 멀리 떠나 보라. 그분이 당신에게 손을 대시면 당신은 다시 돌아올 것이다. "내가 주의 영을 떠나 어디로 가며 주의 앞에서 어디로 피하리이까?"(시 139:7)라고 시편 기자는 물었다. 내가 아무리 악하게 변하더라도, 지금까지 나와 늘 함께했던 그분의 변함없는 임재의 느낌은 결코 잃어버리지 않았다. 주님의 손아귀에서 벗어나려고 아무리 꿈틀거려도 그분은 나를 놔주지 않으셨다. 나를 가두는 것 같았던 성경이 다시 재미있어졌다. 신화와 규칙들이 담긴 낡은 책 대신, 다시 전능하신 하나님으로부터 온 러브레터로 변했다. 거기엔 세상을 위한 그분의 계획과 나의 자리가 자세히 쓰여 있었다. 하나님에 대한 나 자신의 생각은 진짜 신화들이었다.

성경은 다시 견고해졌고, 나의 의심의 바다 속에서 확신의 바위가 되었다. 때때로 우리는 하나님에 대한 우리의 포괄적인 생각들이 신구약 성경에 제시된 것보다 더 깨어 있다는 자만심을 가질지 모른다. 실제로 하나님의 말씀에는 "알기 어려운 것이 더러 있으니 무식한 자들과 굳세지 못한 자들이 다른 성경과 같이 그것도 억지로 풀다가 스스로 멸망에 이르느니라"(벧후 3:16)라고 했다.

끝이 없어 보이는 족보, 음식에 관한 규정들, 가혹한 심판들을 십자가의 빛 안에서 새롭게 바라보기 시작했다. 십자가는 나를 향한 하나님의 사랑의 궁극적인 증거였다. 나를 포함해 우리 자신의 악함이라는 거대한 바다에 빠진 끔찍한 죄인들을 구하기 위해 영원의 바다를 떠남으로써 그분은 자신의 사랑을 증명하셨다.

다른 이야기는 없다

이 거룩한 이야기를 떠나 더 좋은 이야기를 구성하려 하는 시도는 완전히 실패했다. 우리는 어리석게도 더 좋은 무언가가 있을 거라고 생각한다. 우리가 삶을 이해하도록 도와주고, 존재의 신비들을 설명해주고, 우리에게 희망과 미래를 주는 것이 있을 거라고. 분명히 말하지만 그런 것은 없다. 이와 같은 이야기가 없다. 그것은 다른 모든 이야기들의 기반이 되는 이야기다. 내가 떠난 후에야 그것을 분명히 볼 수 있었다.

예수님이 열두 제자에게 "너희도 가려느냐?"라고 하신 질문에 대한 답은 매우 쉽다. 이에 베드로는 "주여 영생의 말씀이 주께 있사오니 우리가 누구에게로 가오리까?"(요 6:68)라고 되묻는다. 바울이 "너희는 믿음 안에 있는가 너희 자신을 시험하고 너희 자신을 확증하라"[18]라고 말한 것처럼, 자기 평가는 꼭 필요한 일이지만 우리의 임무는 우리가 선택받았는지 여부를 끊임없이 궁금해하는 것이 아니다. 그것은 하나님께서 나머지 일을 다 하실 거라고 믿고 선택하는 것이다. "너희가 내 말에 거하면 참으로 내 제자가 되고 진리를 알지니 진리가 너희를 자유롭게 하리라"(요 8:31, 32)라고 예수님이 말씀하신다.

그러므로 우리는 안심할 수 있다. 믿음과 구원은 궁극적으로 우리와 우리의 정신력에 달린 것이 아니다. 물론 우리는 믿음을 행사해야 하지만, 우리의 믿음은 우리 자신에게서 나오는 것이 아니라 이미 우리를 향한 선한 뜻을 증명하신 분으로부터 나오는 것이다. 가장 유명한 성경구절에서 요한이 인용했듯이, 예수님은 "하나님이 세상을 이처럼 사랑하사 독생자를 주셨으니 이는 그를 믿는 자마다 멸망하지 않고 영생을 얻게 하려 하심이라"(요 3:16)라고 말씀하셨다.

토론 질문

1. 왜 신무신론자들은 그렇게 공격적으로 기독교 신앙과 싸우며, 그렇게 많은 청중을 얻게 되었을까?

2. 하나님께서 기적을 행하시면 더 많은 사람들이 그를 믿을 거라고 생각하는가? 성경은 이것에 대해 뭐라고 말하는가?

3. 당신은 불신이 머리의 문제가 아니라 마음의 문제라고 믿는가? 그 이유는 무엇인가?

4. 믿음은 생명으로 인도하고 불신은 사망으로 인도한다. 그러나 믿음의 대상은 얼마나 중요한가?

5. 불신에 있어 집단사고는 어떤 역할을 하는가?

6. 하나님이 믿음을 허락하신다고 믿으면 우리는 운명론자가 되는 것인가? 그렇다면 그 이유, 혹은 그렇지 않은 이유는 무엇인가?

7. 우리의 소명과 택함을 확실히 하기 위해 우리가 할 수 있는 일들은 무엇인가?

연민,
그분의 본을 따르다

> ❝ 이 매임에서 푸는 것이 합당하지 아니하냐? ❞

이 장을 쓰기 시작하려고 컴퓨터 앞에 앉았을 때 내 오른손은 대부분 플라스틱 깁스로 덮여 있었다. 그것은 넷째 손가락 끝에서부터 팔뚝의 거의 3분의 2만큼 길게 이어졌다. 덕분에 타이핑이 절망스러울 정도로 느려졌다. 오른손 엄지손가락, 집게손가락, 가운데 손가락은 자유로우니 시도를 해볼 수 있지만, 깁스에 밀리는 약지와 새끼손가락 때문에 이런 사소한 일을 하는데도 큰 방해가 되었다. 깁스는 엄지와 검지 사이의 단단해진 부분을 제외하곤 끝부분만 개방되어 있었다.

피부에 염증이 생기지 않도록 보호하기 위해 착용하는 양말처럼 생긴 소매는 매일 빨아주지 않으면 땀 때문에 냄새가 났다. 그래도 어쨌든 물집은 생겼다. 그래서 나는 물집이 생긴 곳에 일회용 반창고를 붙였는데, 그게 자주 떨어졌다. 그 모든 장치들을 고정시키는 것이 6개의 벨크로 끈이었는데, 일곱 살짜리 우리 아들의 스니커즈 운동화에 달린 것 같은 것이었다. 의사는 나에게 그 깁스를 항상 착용하고 있어야 한다고 했다. 하지만 나는 왼쪽 몸의 경직 때문에 화장실에 갈 때나 샤워를 할 때 몰래 그것을 벗어버렸다.

내 손은 작업 중 황당한 부상을 당해 부러졌다. 나는 불규칙한 걸음걸이 때문에 보통의 비장애인보다 팔을 더 많이 흔들게 된다. 그런데 복도를 걸어가다가 실수로 손이 벽에 부딪히는 바람에 부상을 입게 되었다. 가속도 때문에 몸은 앞으로 나갔고, 툭 하고 부러지는 끔찍한 소리가 들렸다. 그 즉시 뼈가 부러졌다는 걸 알았다. 그날 오전 늦게 엑스레이를 찍어보니 다섯 번째 손바닥뼈가 부러져 있었다. 새끼손가락과 손목을 연결하는 손가락 관절 아래 있는 뼈였다. 이곳은 나의 '건강한' 부분이기 때문에, 이를 닦는 것부터 신발과 양말을 신는 일까지 모든 일을 하는 데 어려움이 있다. 매일 삶의 단순한 일들을 다시 배우려고 시도하니, 항상 절망감이 따른다. 글 쓰는 일을 비롯해서 모든 일이 더 오래 걸린다. 만약 내게 장애가 없었다면 이런 부상은 생기지 않았을 것이다.

나는 하나님께서 나의 유익과 그의 영광을 위해 나의 뇌성마비를 어떻게 사용하셨는지 머리로 이해한다. 정신이 온전할 때는 나의 장애를 완전한 육체적 변신과 바꾸고 싶지 않다. 그것이 하나님께서 나를 그에게로 이끄시고 점점 더 그의 형상을 닮게 하려고 사용하신 많은 것들 중 하나라는 걸 안다. 그렇지만 매일매일 일어나는 좌절과 실망, 장애인들의 운명일 수 있는 심적 고통 가운데서 '온전한 정신'을 유지하는 것은 어려운 일일 수 있다.

내가 어렸을 때 암울했던 하루를 기억한다. 나는 이층 욕실에 문을 닫고 들어가 울면서 삶이 불공평하다며 투덜거렸다. 우리 아버지는 내 남동생과 함께 테니스를 쳤지만 나와는 해주지 않았다. 나는 아버지가 완전히 불공평하다고 생각했고 나에게도 동등한 시간이 주어져야 한다고 믿었다. 문 밖에서 아버지가 내 소리를 듣고 테니스 코트로 나오라고 하셨다. 그런데 나에게는 테니스를 칠 민첩함도 가동성도 없다는 사실을 금세 깨달았다. 우리 아버지는 나를 배제하신 적이 없었다. 다만 테니스가 나의 능력 밖이라는 걸 아셨을 뿐이다. 그날 그것을 알고 나서 나는 당혹스럽고 또 슬펐다.

때로 사람들은 장애인을 있는 그대로 장애인이라고 부르기를 두려워한다. 대신 그들은 좀 더 정치적으로 옳은 용어를 사용한다. 이를테면 '다른 능력을 가진 사람' 같은 것이다. 허튼소리다.

그 일이 사소한 일이었다는 걸 나는 안다. 많은 사람들이 테니스를 치지 않고도 완전히 행복하게 사니까 말이다. 하지만 내 삶은 그런 작은 일들로 가득하다. 스포츠를 즐길 기회를 잃어버린 것부터 가끔씩 뼈가 부러지는 것까지…. 때로는 그것들이 결국 큰 일들이 되기도 한다. 이런 사건들은 누적되어 내 마음에 각인을 남겼다. 옳든 그르든 나의 자존감이 나의 장애로 인해 영원히 영향을 받은 것이다.

내가 어릴 때 누군가가 나의 뇌성마비를 기적적으로 치료해주겠다고 했다면 나는 그 즉시 기쁨의 눈물을 흘리며 치료를 받았을 것이다. "괜찮습니다. 저의 장애가 저의 인격을 형성해가고 있어요"라고 말하지 않았을 것이다. 아무것도 묻지 않고 감옥탈출카드 같은 그 기회를 꼭 붙잡았을 것이다.

모두에게 하루의 길이는 같지만, 장애를 가진 사람들에게는 하루가 영원처럼 느껴질 수 있다. 우리는 다음 24시간 동안 어떤 수모나 불편을 겪게 될지 모른다. 어쩌면 뼈가 부러질지도 모른다. 우리가 테니스를 칠 수 없다는 걸 알게 될지도 모른다. 혹은 내가 여러 번 겪었던 것처럼, 누군가가 같은 종류의 장애를 가진 다른 사람과 나를 혼동할 수도 있다.

우리는 장애를 이 타락한 세상에서 누군가에게 꼭 필요한 것으로 받아들이겠지만, 예수님을 믿는 우리는 당연히 우리를 기다리고 있는 치유를 경험하기를 갈망한다. 그러나 건강한 사람들은 때때로 이해하지 못한다. 그들은 우리처럼 현재의 육체적 한계와 약속된 미래의 육체적 해방 사이의 완전한 차이를 경험하지 못한다.[1] 건강한 사람들은 대개 선의를 지니고 있고, 장애인들이 매일 겪는 삶의 좌절들을 자주 잊어버리는 것은 용서할 수 있다. 즉 발이 걸려 넘어지는 것, 장애인 전용 주차 구역을 찾는 일, 휠체어가 도로에서 보도로 올라갈 수 있게 만든 경사로가 대형 쓰레기통이나 정차된

차량 때문에 막혀 있는 일, 난간 없는 계단 등.

하지만 예수님은 우리가 기억하길 원하신다. 그분은 우리에게 동정심을 기르라고 하신다. 그것은 "도움을 주거나 지원하거나 자비를 베풀려는 성향과 함께 다른 사람의 고난을 함께 나누는 깊은 감정"이다.[2]

오래된 장애

예수께서 안식일에 한 회당에서 가르치실 때에 열여덟 해 동안이나 귀신 들려 앓으며 꼬부라져 조금도 펴지 못하는 한 여자가 있더라 눅 13:10,11

우리는 예수님이 안식일에 냉담한 그의 원수들을 어떻게 자극하셨는지 이미 살펴보았다. 때때로 그 자극은 그의 말씀에서 나왔다. 어떤 때는 그의 행위에서 비롯되기도 했다. 여기선 둘 다이다. 또한 예수님은 오래된 문제에 대응하고 계신다. 이것이 처음은 아니다. 마가는 열두 해 동안 혈루증을 앓아온 여자를 묘사한다.[3] 요한은 날 때부터 소경이었던 사람에 대해 이야기한다.[4] 이 사건에서, 의사인 누가는 18년 동안 회당에서 난처한 병으로 괴로워했던 여자에 대해 이야기한다.

그녀에겐 두 가지 문제가 있다. 그것은 그녀의 성별과 장애이다. 1세기에 그런 사람은 거의 힘이 없고 존중받지 못했다. 그녀는 저주받은 존재, 외롭지만 의존적인 존재로 보였다. 게다가 이 사람은 거의 20년 동안 이런 견디기 힘든 상태로 살아왔다. 여기서 주목할 것은, 대부분의 사람들이 아무 생각 없이 그 장애인을 그냥 지나치는 반면에, 하나님은 잊지 않으신다는 것이다. 하나님은 우리의 고난을 기록해두신다.

복음서에 언급된 다른 병들과 달리, 이것은 일반적인 세상의 타락이 아니라 특별히 마귀의 활동과 관련이 있다. 우리는 하나님이 주신 시련들을 영적 성장의 도구로 받아들일 수 있지만,[5] 보통 사탄의 역사에 대해서는 그와 같은 체념으로 대응하지 않는다.[6] 대신 우리는 싸울 준비를 하고, 마귀가 한 일을 되돌리며, 하나님나라를 증진시켜야 한다. 예수님은 분명 그렇게 하셨다.

예수께서 보시고 불러 이르시되 여자여 네가 네 병에서 놓였다 하시고 안수하시니 여자가 곧 펴고 하나님께 영광을 돌리는지라 눅 13:12,13

고난을 보신다

첫째, 예수님이 그녀를 보신 것을 주목하라. 우리는 예수님이 보이지 않는 모든 사람들을 보고 계신다고 믿을 수 있다. 그들이 전 세계의 수많은 장애인 중 한 사람이든, 성매매로 팔려간 어린아이들이든, 성별 때문에 낙태되어 태어나지도 못한 중국 여자아이들이든, 예수님은 그 모든 것을 보신다. 그리고 "불쌍히 여기신다".[7] 예수님은 행동하신다. 우리를 자유롭게 해주시는데, 단지 영적으로만이 아니다.

여기서 장애의 족쇄가 부서지고, 오랫동안 부메랑처럼 몸이 구부러져 있던 그 여자는 갑자기 몸을 펴게 된다. 이 이야기는 이 경건한 유대인이 아브라함의 하나님께 영광을 돌렸다는 것 외에는 그녀의 자세한 반응을 말해주지 않지만, 기쁘고도 믿기지 않는 표정이 그녀의 얼굴에 나타났을 거라고 짐작할 수 있다.

어쩌면 그녀는 감사한 마음에 무릎을 꿇었을 것이고 눈물이 뺨으로 흘러내렸을 것이다. 나는 처음으로 자전거를 타고 왔던 날 밤을 기억한다. 그때 나는 어린아이가 아니라 30대였다. 나는 장애 때문에 이 통과의례를 치를 기회를 놓쳤고, 이웃 아이들이 계속해서 나를 지나쳐 알 수 없는 목적지로 달려갈 때 나는 그 자리에 머물러 있어야만 했다. 인도에서 그들을 쳐다보고만 있을 뿐이었다.

그러나 난생 처음 자전거-누워서 타는 바퀴 세 개짜리 리컴번트 자전거-

를 타본 그날 밤 나는 흥분해 아내와 함께 나의 승리를 계속 재현했다. 그런데 그때 전혀 예상치 못했던 이상한 일이 일어났다. 울음이 터져 나온 것이다. 생각도 못했던 일이었다. 오랜 열망이 이루어졌다! 축하해야 할 순간이었다. 그런데 눈물이 나왔다. 그래서 나는 이 여자의 눈물을 쉽게 상상해볼 수 있다.

그러나 어쩌면 그녀는 그냥 밝은 얼굴로 일어났을지도 모른다. 하나님의 치유를 받은 어떤 사람들이 그렇듯이, 그녀가 관례를 버리고 기쁨에 젖어 높이 뛰어오르는 모습도 상상해볼 수 있다.[8] 그녀가 뭘 했는지는 실제로 중요하지 않다. 기적이 실제로 일어났고, 영광은 하나님의 것이었으며, 이제 모든 사람이 보았다. 하지만 모두가 기뻐한 것은 아니었다.

비인간적인 인간들

"회당장이 예수께서 안식일에 병 고치시는 것을 분 내어 무리에게 이르되 일할 날이 엿새가 있으니 그동안에 와서 고침을 받을 것이요 안식일에는 하지 말 것이니라 하거늘"(눅 13:14).

바르트 에르만(Bart Ehrmann)은 소위 성경의 불일치성을 두고 씨름한다. 어떤 이들은 우리 대신 자기 아들에게 벌을 내리시는 하나님에 대한 교리에 걸려 넘어지며, 이것이 일종의 '신적인 아동 학대'라고 주장한다. 그러나 나는 내가 고민하며 싸운 것을 이야기하겠다. 그것은 이 회당장이 보여준 것 같은 인간의 부패함에 대한 성경의 가차 없고 끈질긴 묘사다. 어떤 이들은 물고기가 인간을 삼킬 수 있다는 사실을 믿기 어려울 수 있다. 그런데 나는 이 인간의 반응을 믿기가 더 어렵다. 인간들이 정말 이렇게 냉담한가? 얼마나 비인간적인가!

이 여자에게 그 병을 하루라도 더 견딜 것을 요구하는 것은 그녀의 곤경에 대해 전혀 모른다는 사실을 드러낸다. 회당장은 우리 중에 '쓸데없이' 장애인 주차공간을 만들어놨다고 불평하는 사람들과 같다. 그들은 쇼핑을 위해 자신들이 몇 미터 더 걸어가는 것보다 장애인들이 그냥 집에 있기를 바란다. 그들은 너무 바빠서 조금도 불편하면 안 되고, 그들 자신의 계획과 스케줄이 너무 많아서 남을 돕기 위해 손가락 하나도 들 수가 없다. 그런 사람들은 분명 장애를 겪어본 적이 없을 것이다.

물론 냉담한 마음이 건강한 몸을 가진 사람들의 전유물은 아니다. 나는 장애가 있음에도 불구하고, 부끄럽지만 다른 문제를 가진 사람들을 외면해 왔다. 노숙자들을 보고 혀를 차며 지나치거나 나보다 더 눈에 띄는 장애를 가진 사람들을 무시했던 적이 얼마나 많은지 셀 수도 없다. 그래서 예수님은 우리 모두에게 동정심을 기르라고 하시는 것이다. 나단의 이야기에 나오는 다윗처럼, 우리가 '바로 그' 사람이다.[9]

참된 신앙

공정히 말해서, 유대 백성의 언약적 의무의 핵심 요소는 하나님의 율법에 대한 순종이며, 안식일을 지키는 것은 십계명의 네 번째 계명이다. 어떤 면에서는 그것을 지키기 위해 최선을 다한 회당장을 용서할 수 있다. 그 계명은 분명 하찮게 여길 것이 아니었다. 하나님은 그것에 대해 매우 명확히 하셨다.

안식일을 기억하여 거룩하게 지키라 엿새 동안은 힘써 네 모든 일을 행할 것이나 일곱째 날은 네 하나님 여호와의 안식일인즉 너나 네 아들이나 네 딸이나 네 남종이나 네 여종이나 네 가축이나 네 문안에 머무는 객이라도 아무 일도 하지 말라 이는 엿새 동안에 나 여호와가 하늘과 땅과 바다와 그 가운데 모든 것을 만들고 일곱째 날에 쉬었음이라 그러므로 나 여호와가 안식일을 복되게 하여 그날을 거룩하게 하였느니라 출 20:8-11

기특하게도 그 회당장은 안식일을 거룩하게 지키기 위해 적어도 표면적으로는 노력하고 있었다. 하지만 그는 매우 근본적인 진리를 망각하고 있었다. 우리는 하나님의 형상으로 지음 받은 이들을 치욕스럽게 함으로써 하나님을 영화롭게 할 수 없다. 예수님은 다른 곳에서 "안식일이 사람을 위하여 있는 것이요 사람이 안식일을 위하여 있는 것이 아니니"(막 2:27)라고 말씀하셨다. 하나님이 주신 안식일은 결코 부담이 되어서는 안 되며 축복이 되어야 했다.

> 주께서 대답하여 이르시되 외식하는 자들아 너희가 각각 안식일에 자기의 소나 나귀를 외양간에서 풀어내어 이끌고 가서 물을 먹이지 아니하느냐 그러면 열여덟 해 동안 사탄에게 매인 바 된 이 아브라함의 딸을 안식일에 이 매임에서 푸는 것이 합당하지 아니하냐 예수께서 이 말씀을 하시매 모든 반대하는 자들은 부끄러워하고 온 무리는 그가 하시는 모든 영광스러운 일을 기뻐하니라
>
> 눅 13:15-17

예수님은 목표를 잘 겨냥한 스커드미사일 같은 파괴적인 질문들을 던지기 전에, '외식하는 자들'이라는 말로 그의 대적들을 몰아내신다. 그들의 종교는 하나의 행위였다. 회당 지도자와 그 치유의 시기에 반대했던 다른 이들이 겉으로는 자기들의 독실함을 드러냈지만, 그들의 마음 상태는 그들이 참된 신앙을 실천하는 걸 방해했다. 신앙의 실천에는 과부와 고아[10], 또는 이 장애를 가진 여자처럼 연약하고 궁핍한 이들을 보살피는 일이 포함되었다. 그들의 신앙은 오직 보여주기 위한 것이었다. 예수님은 또 다른 때에 "너희가 박하와 운향과 모든 채소의 십일조는 드리되 공의와 하나님께 대한 사랑은 버리는도다"라고 바리새인들을 비난하셨다(눅 11:42). 그들의 우선순위가 잘못되어 있었던 것이다. 그들에겐 불쌍히 여기는 마음이 없었다.

그런데 우리도 그들보다 크게 나을 것이 없다. 종교적 위선-그리스도인들이 말하는 대로 실천하지 않는 것-은 여전히 하나님의 사람들이 받는 주요 혐의가 아닌가? 2천 년이 지났어도 달라진 것은 많지 않은 것 같다.

훌륭한 랍비처럼 덜 중요한 것부터 시작해 더 중요한 것을 논하시면서,[11] 예수님은 질문들을 연이어 발사하신다. 안식일에 소나 나귀를 외양간에서 풀어내어 이끌고 가서 물을 먹이는 것도 일을 하는 것인데, 어찌하여 "열여 덟 해 동안 사탄에게 매인 바 된 이 아브라함의 딸을 안식일에 이 매임에서 푸는 것"을 반대하는가? 치유 받은 사람은 짐을 나르는 짐승이 아니라 하 나님의 형상을 지닌 여자였다. 그녀는 생기를 되찾을 자격이 없었는가? 무 엇보다 그녀는 언약의 자녀였다. 그들도 그 언약의 상속자들이었다. 따라 서 이 동료 유대인들은 그녀를 도울 더 큰 의무가 있었다.

무엇보다, 월터 엘웰이 말했듯이 "안식일은 사탄의 일을 좌절시키기에 특 히 적절한 날이다."[12] 안식일은 사역을 그만두어야 하는 날이 아니라, 하나 님의 자비의 사역을 더 많이 행해야 하는 날이다. 사람들은 이 진리를 직관 적으로 이해하며, 이렇게 안식일에 정직한 신앙심이 억제되지 않고 나타나 는 것을 기뻐한다.

안식일에 자비를 보이시다

창세기에 나오는 창조 주간의 마지막 날 인간에게 주어진 안식일은 모든 피조물에 대한 하나님의 궁극적인 통치를 가리킨다. 또 이 거룩한 날 반복 해서 나타난 주님의 거룩한 자비의 행위들은 왕이신 예수님의 인격 안에서 하나님의 나라가 갑자기 도래하는 것을 가리켰다. 안식일에 나타난 예수님 의 많은 기적들은 마지막 때의 시작을 알렸다. "참으로 유대인들은 하나님 나라를 안식일의 시대로 여겼기에, 예수님이 안식일에 병을 고쳐주시는 것 은 특히 더 적절했다. 치유는 마지막 때의 시작을 선언하며 축하하는 것이 다."[13]

이 맥락에서 볼 때 예수님의 질문들은 우리의 마음을 훨씬 더 많이 드러내 고 있다. 다른 안식일에, 예수님은 손 마른 남자를 만나신다. 제자들은 깊 은 감명을 받았고, 그래서 그 사건은 모든 공관복음서에 기록되었다.[14] 각

이야기마다 조금씩 다른 부분들이 있지만-예를 들면 의사인 누가만 그 사람의 오른손이 병들었다는 사실을 기록한다- 주요 요지는 분명하다.

예수님이 안식일에 병 고치는 것을 좋아하신다는 사실을 잘 알고 있던 원수들은 곤란한 질문으로 예수님을 함정에 빠뜨리려 한다.

"안식일에 병 고치는 것이 옳으니이까?"

만일 예수님이 "그렇다"라고 답하시면 그들은 율법을 어겼다고 비난할 것이다. 또 만일 예수님이 "아니라"라고 말씀하신다면 그는 사람들 앞에서 체면을 잃으실 것이다. 그러나 예수님은 자신의 질문을 던지심으로써 반격을 가하신다. 이번에도 덜 중요한 것부터 시작해서 더 중요한 것을 말씀하시는데, 소나 나귀가 아니라 세상의 눈으로 볼 때 더 가치가 없는 짐승을 언급하신다. 그러면서 이렇게 말씀하신다.

"너희 중에 어떤 사람이 양 한 마리가 있어 안식일에 구덩이에 빠졌으면 끌어내지 않겠느냐? 사람이 양보다 얼마나 더 귀하냐!"

두 번째 문장이 감탄문인지 의문문인지는 그리 중요하지 않다. 어쨌든 대답은 분명하다. 힘없는 양을 구하는 것은 옳은 일이며, 그보다 '훨씬 더' 귀한 인간을 구원하는 것도 당연히 옳은 일이다. 그 다음에 예수님은 그 원리를 더 확장해 "그러므로 안식일에 선을 행하는 것이 옳으니라"라고 말씀하신다. 우리는 특별히 아픈 사람을 치유할 뿐만 아니라 일반적으로 선을 행할 것이다.

마가와 누가는 예수님의 대적들을 향한 이 비수 같은 말을 날카로운 질문으로 표현하는데, 우리도 그 질문에 답해야 한다.

예수님은 질문하신다.

"안식일에 선을 행하는 것과 악을 행하는 것, 생명을 구하는 것과 죽이는 것, 어느 것이 옳으냐?"

이 확장된 표현은 우리 모두를 위해 강수를 두는 것이다. 안식일에 선을 행하는 것은 허용될 뿐만 아니라 의무로 부과된 것이다. 선을 행할 수 있을 때 행하지 않는 것은 악을 행하는 것, 또는 심지어 생명을 파괴하는 것과 마찬가지다. 생명을 구하는 것은 권한이 아니라 우리의 책임이다. 우리는 눈길을 돌릴 수 없다. 우리는 우리 형제들을 지키는 자들이다.

주말의 전사들

우리 중에 프로축구나 그 외에 TV로 방송되는 스포츠 행사, 주말 숙제, 또는 어떤 형태의 휴식이나 오락을 '우리의' 일요일에 대한 권리로 여기는 사람들에게 이것은 어떤 의미가 있는가? 우리는 안식일에 다른 사람들을 섬기는 엄숙한 의무를 위해 그 모든 것을 포기해야 하는가? 무엇보다, 안식일-한 주의 일곱째 날, 토요일-이 유대인들에게 어떤 의미였든지, 첫째 날인 주일에 예수님이 죽은 자들 가운데서 부활하셨을 때 중요한 일이 일어난 것은 분명한 사실이다.

패러다임을 전환하는 이 사건은 새로운 시작과 변화를 가져왔고 낡은 부대를 터지게 했다. 주로 유대인들로 구성되었던 초대교회는 토요일이 아니라 일요일에 예배를 드리기 시작했다.[15] 그리고 오늘날 교회는 대체로 일요일에 부활을 기념하며 예배를 드린다. 길고 고된 한 주를 마치고 쉬는 것보다, 사실상 '주일'(Lord's Day)로 알려진 날에 우리의 초점은 재창조(recreation)에 맞춰져 있다.[16]

또한 일요일이 특별히 주의 날이라면, 예수님이 안식일에 행하신 긍정적인 사역들을 주일날 행하는 것이 이해가 된다. 이 초월적인 날을 지키기 위해 할 수 있는 일이 우매한 짐승을 돕는 것만은 아니다. 그것은 우리에게 그 순간 필요한 일이 무엇이든 간에 선한 일을 행할 것을 권면한다. 자비의 행위들은 약한 모습으로 조용히 역사 속에 들어왔다가 언젠가 정권을 잡아 취임하게 될 나라의 징조들이다.

"나라가 임하시오며 뜻이 하늘에서 이루어진 것같이 땅에서도 이루어지이다."

따라서 주일에 선을 행하는 것은 엄숙한 율법주의가 아니라, 하나님이 필요한 사람들과 하나님의 생명을 함께 나눌 즐거운 기회가 되어야 한다. 예수님은 하나님이 선한 의도로 만드신 것을 생명을 죽이는 율법주의로 바꾼 사람들의 마음이 완악함을 탄식하셨다. 그러므로 우리는 우리 자신의 순종에 대한 갈망을 똑같은 율법주의의 구실로 만들지 말아야 한다. 당신이 주일에 어떻게, 언제, 또는 얼마나 자주 선을 행해야 하는지는 내가 말할 수 없지만, 분명한 것은 선을 행해야 한다는 것이다. 어쩌면 단순히 예수님을 본받음으로써 시작할 수 있겠다. 즉 주일에 어떤 필요를 보면 우리가 그 필요를 충족시키기 위해 할 수 있는 일을 해야 한다. 걱정하지 말라. 하나님이 도와주실 것이다.

그러한 접근법은 아주 신나고 약간 두려울 수도 있다. 이 장을 쓰기 시작하면서 우리 동네에 사는 한 이웃이 뇌종양을 앓고 있다는 걸 알게 되었다. 나는 그를 찾아가고 싶은 마음이 강하게 들었지만 뭘 해야 할지 몰랐다. 나는 이 사람을 모르고 그와 공통점도 거의 없다. 그런 고민을 하는 것이 바보 같다는 생각이 들어, 그냥 간단히 생각하기로 했다.

어느 주일 오후에 작은 초콜릿 케이크를 하나 사서 내 딸과 함께 그 사람과 그의 아내에게 주러 갔다. 병과 치료 때문에 연약해진 그의 모습을 보고, 어설프지만 내가 줄 수 있는 도움을 주고 기도를 해주고 나왔다. 별것 아니었지만 이웃 사람들은 이 일에 감동을 받은 것 같았다. 나는 정기적으로 그들을 위해 기도해왔다. 그러면 내가 주일에 해야 할 일을 다 했다고 느낄까? 전혀 그렇지 않다. 하지만 적어도 한 걸음 나아갔다.

지긋지긋한 침묵

누가는 우리가 주일날 품어야 할 연민에 대해 또 다른 시험을 제시한다.

안식일에 예수께서 한 바리새인 지도자의 집에 떡 잡수시러 들어가시니 그들이 엿보고 있더라 주의 앞에 수종병 든 한 사람이 있는지라 예수께서 대답하여 율법교사들과 바리새인들에게 이르시되 안식일에 병 고쳐 주는 것이 합당하냐 아니하냐 그들이 잠잠하거늘 예수께서 그 사람을 데려다가 고쳐 보내시고 또 그들에게 이르시되 너희 중에 누가 그 아들이나 소가 우물에 빠졌으면 안식일에라도 곧 끌어내지 않겠느냐 하시니 그들이 이에 대하여 대답하지 못하니라

눅 14:1-6

예배 후 저녁식사 초대를 받으신 예수님은 또다시 곤경에 처한 사람을 만나신다. 그는 또한 전과 똑같은 냉담한 종교적 율법주의에 직면하신다. 이 사람들은 고통 받는 사람을 보고 도와주지 않은 채 양심의 가책 없이 먹고 마실 수 있었던 것 같다. 어쩌면 이 사람은 예수님을 드러낼 방편으로 청중 가운데 섞여 있었는지도 모른다. 문제는 예수님이 병을 고쳐주실 수 있는지의 여부가 아니었다. 그가 하실 수 있다는 걸 모든 사람이 알고 있었다. 문제는 그가 병을 고쳐주실 것인가, 그래서 안식일에 관한 그들의 율법을 어길 것인가 하는 것이었다.

답을 얻는 데는 오래 걸리지 않았다. 그리고 예수님은 실망시키지 않으셨다. 그들은 분명 음식을 즐기는 것이 아니라 불쾌한 일을 즐기는 사람들이었다! 예수님은 수종병 든 사람을 보셨다. 그것은 체액이 너무 많아서 몸의 조직과 체강에 들어가 붓게 만드는 병이다.[17] 손이나 발이 부은 경험이 있는 사람은 그에 수반되는 불편과 당혹감을 증명할 수 있을 것이다. 이 상태는 더 악화된 것이 틀림없었고, 누가는 조용히 그 기적을 묘사한다. 예수님은 단순히 그 사람을 치료하고 보내신다. 이 논란은 한 사람의 치유에 관한 것이 아니라 바리새인들의 치유 받지 못한 마음에 관한 것이었다.

이번에는 예수님이 논쟁을 시작하려 하신다. 첫 번째 질문-안식일에 병을 고치는 일이 허용되는가에 관한-은 예수님이 하신 질문이다. 하지만 그들은 그들의 저녁 초대 손님과 대화를 나눌 마음이 없다. 그들은 소도시의 검

사들처럼 증거를 모으느라 너무 바쁘다.

병 고침은 그들의 혀를 푸는 데, 혹은 그들의 마음을 부드럽게 하는 데 아무 도움이 되지 않는다. 그래서 예수님은 다른 질문을 던지신다. 비록 그들이 이 사람에게 아무 관심이 없더라도, 분명 그들 자신의 일에는 관심이 있지 않겠는가? 그들이 어떤 경우에 그 율법을 어길 거라고 확신할 수 있다면, 낯선 사람에게 그들의 마음을 열지 못하는 이유는 무엇일까? 그 질문의 논리는 흠 잡을 데 없다. 하지만 예수님이 전에 대화 상대들의 잘못을 어떻게 드러내시는지를 보았기 때문에 바리새인들은 아무 말도 하지 않았을 것이다. 그들은 자기가 놓은 덫에 걸렸다.

행위에 담긴 사랑

질문은 우리 자신의 마음도 조사한다. "네 이웃을 네 자신처럼 사랑하라"라는 성경의 반복된 명령이 중요한 것이라면, 구체적인 행동으로 표현되어야 하는 것은 바로 사랑이다.[18] 사도 요한은 사랑과 행동을 연결하는 다리가 예수님에 의해 가장 잘 드러난 연민이라는 걸 알았다.

> 그가 우리를 위하여 목숨을 버리셨으니 우리가 이로써 사랑을 알고 우리도 형제들을 위하여 목숨을 버리는 것이 마땅하니라 누가 이 세상의 재물을 가지고 형제의 궁핍함을 보고도 도와줄 마음을 닫으면 하나님의 사랑이 어찌 그 속에 거하겠느냐 자녀들아 우리가 말과 혀로만 사랑하지 말고 행함과 진실함으로 하자 요일 3:16-18

우리는 같은 집이나 도시가 아니라 멀리 떨어진 곳에서 우리의 이웃, 형제와 자매들을 발견하기도 한다. 《목적이 이끄는 삶》의 저자인 릭 워렌(Rick Warren) 목사의 아내, 케이 워렌(Kay Warren)은 텔레비전에서 악과 고난에 대한 영상들이 나올 때마다 채널을 돌리곤 했다. 하지만 워렌은 캄보디아에 가 있던 어느 날 연민의 행동에 대한 소명을 이해했고, 프놈펜 밖에 있는 스페이 팍이라는 곳으로 이끌려갔다. 거기에선 남자들이 일곱 살밖에 안 된 아이를 상대로 매춘을 했다.

"나는 성인 여성처럼 행동해야 하는 이 어린 소녀들의 고통을 보고 상처 받은 마음으로 스베이 팍을 떠났다"라고 워렌은 말한다. "채널을 돌리는 것은 더 이상 세상의 악에 대한 나의 반응이 될 수 없었다. 새롭게 알게 된 지식으로 인해 나는 그것에 맞서고, 그것을 미워하고, 저항할 준비가 되었다."[19]

참된 사랑은 언제나 연민을 낳는다. 그리고 때때로 연민은 부드럽고 감상적인 마음이 아니라 일상의 악과 고난에 대한 고지식한 증오를 낳는다.

하나님나라가 약속되었으나 부분적으로만 이루어진 세상에서 고난이나 악과 싸우는 '한 가지 옳은 길'이란 없다. 우리는 성매매나 노숙 문제, 가난이나 학대에 반대할 수 있다. 하나님의 부르심은 우리 각 사람마다 다를 것이다. 그러나 이 연민을 갖지 않고는 그 부르심에 답할 수 없다. 그리고 우리가 만일 바리새인들처럼 침묵한다면 우리에게 화가 있을 것이다.

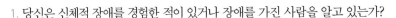

토론 질문

1. 당신은 신체적 장애를 경험한 적이 있거나 장애를 가진 사람을 알고 있는가?

2. 장애는 당사자의 성격에 어떤 영향을 미칠 것 같은가? 그것이 어떻게 장애가 없는 사람 안에 연민을 일으키는가?

3. 우리가 고통 받는 사람을 돕지 못하게 하는 신념이나 생각들은 무엇인가?

4. 당신은 어떤 식으로 주일을 특별하게 만들 수 있는가?

5. '행위가 없는 믿음은 죽은 믿음'이라는 말씀은 무슨 의미인가?

6. 연민은 어떤 식으로 믿음과 행위의 다리 역할을 하는가?

7. 주님은 당신을 어떤 봉사의 영역으로 부르고 계신가? 당신은 어떻게 당신의 부르심에 대해 더 탐색해볼 것인가?

감사,
그분을 영화롭게 하다

❝ 하나님께 영광을 돌리러 돌아온 자가 없느냐? ❞

사회는 아직 추수감사절을 이해하지 못하고 있다. 추수감사절은 미국에서 길고 자랑스러운 역사를 가지고 있음에도 불구하고 칠면조 몇 마리를 판매하는 것 외에는 아무 일도 일으키지 않는다. 많은 이들이 차라리 바로 크리스마스가 되길 원한다. 하버드 신학대학원의 피터 고메스(Peter Gomes)는 비꼬는 투로 이렇게 말한다.

"시내의 거리에 크리스마스 조명들이 걸리고 시어스(Sears) 매장 창문에 산타클로스가 보이면 추수감사절이 멀지 않았다는 걸 알았다."[1]

우리의 소비

우리는 항상 좀 더 많이 갖기를 원하므로, 이익을 목적으로 감사를 포장하기가 어렵다. 특히 많은 사람들이 단호한 개인주의라는 미국의 이상에서 벗어나기가 어렵기 때문에 더 그렇다. 그 모든 걸 다 우리가 했는데 왜 감사해야 하는가? 또는 단지 너무 바빠서 감사하지 못할 수도 있다. 데이비스에 있는 캘리포니아대학교의 심리학자인 로버트 에몬스(Robert Emmons)는 애석하게도 이렇게 말한다.

"요즘 우리는 철학적, 도덕적인 근거로 감사에 강력히 반대하는 것이 아니라, 다만 그것에 대해 그리 자주 생각하지 않는다."[2]

가정불화

'배은망덕'은 현대에 나타난 현상이 아니다. 어느 날 예수님은 매튜 헨리가 "사마리아와 갈릴리 사이의 경계 지역"[3]이라고 부르는 곳을 횡단하시던 중에 그것을 접하셨다. 예수님과 제자들은 남쪽으로 예루살렘을 향해 가고 있었다. 거기서 예수님은 종교적인 지식인들의 강력한 반대를 막아내시고 결국은 자신의 생명을 내주실 것이다. 물론 예루살렘은 유대인의 종교 생활의 중심지였다. 헤롯의 웅장한 성전은 로마의 점령 하에서도 압제당하는 사람들에게 큰 자부심을 주었고, 언젠가 하나님께서 새로운 다윗 왕이 다스리는 그의 백성을 다시 일으키실 거라는 희망을 가져다주었다. 그 도시는 늘 축제와 경제 활동으로 부산했고 반란의 조짐들이 있었다. 진정한 유대인이라면 하나님의 택한 백성의 명예가 회복되는 것 외에는 아무것도 바라는 것이 없었을 것이다.

물론 사마리아 주민들은 진정한 유대인들이 아니었다. 7세기 전 북왕국의 완전한 패배 후 그 지역의 유대인과 이방인 거주민들의 후손들, 혼합주의적인 사마리아인들은 자존심 강한 유대인들에게 골칫거리였다. 그들은 "신학적으로 유대인들과 비슷한 분리주의적 일신교 집단"이었다. 유대인들은 그들의 "하나님에 대한 예배를 단지 근본적인 우상숭배를 위한 허식으로" 여겼다. 그러나 그들은 그들 자신을 "혈통과 예배에 있어 참된 이스라엘 백성"으로 여겼다.[4]

그런 근접함과 차이점이 결합해 험악한 충돌이 일어났다. 중동 지방의 종교간 갈등의 근원을 찾으려 하는 사람들은 1세기 유대인들과 사마리아인들 간의 껄끄러운 관계를 살펴보기 원할 것이다. 어쩌면 '껄끄럽다'는 말이 너무 부드러운 표현일지도 모르겠다. 예수님이 사랑하셨던 사도는 "유대인이 사마리아인과 상종하지 아니함이러라"(요 4:9)라고 사무적으로 말했다. 요한은 예수님의 대적들이 그분을 사마리아인이라고 부름으로써 모욕했다고 말한다.[5]

제자들이라고 더 나을 것이 없었다. 사마리아의 어느 마을에서 예수님을 거부했을 때 제자들은 불을 명해 하늘로부터 내려 저들을 멸하게 해달라고 했다.[6] 그리고 그 감정은 상호적인 것이었다. 역사는 A. D. 52년 사마리아인들에 의한 갈릴리 유대인 순례자들의 대학살에 대해 이야기한다.[7] 실제로 이 멀어진 사촌들은 서로를 증오하고 있었다.

하지만 예수님은 그 긴 세월의 편견과 증오에 얽매여 있지 않으셨다. 자신의 신학적 신념들을 굳게 지키시면서,[8] 예수님은 사마리아인을 똑같이 궁핍하고, 똑같이 인간적이며, 똑같이 책임 있는 사람으로 대하실 수 있었다.

믿음의 경계선에서

예수께서 예루살렘으로 가실 때에 사마리아와 갈릴리 사이로 지나가시다가 한 마을에 들어가시니 나병환자 열 명이 예수를 만나 멀리 서서 소리를 높여 이르되 예수 선생님이여 우리를 불쌍히 여기소서 하거늘 눅 17:11-13[9]

예수님이 그 경계지역을 지나실 때 심한 피부병으로 고생하는 사람들이 애처롭게 예수님을 부른다. 현대 번역가들은 그것을 나병으로 표현한다. 성경학자들은 대체로 그들의 병이 현대의 나병과 같았다고 믿지 않지만, 전염병이 퍼지는 것을 막기 위한 구약 율법의 부적절한 제약을 받고 있었던 것은 분명했다.[10] 예수님 시대에 그 율법은 엄격하게 강요되었다. 어느 랍비는 나병환자들이 가까이 오지 못하게 하려고 돌을 던졌다. 또 어떤 사람은

나환자가 사는 동네에서 사온 달걀을 먹지 않았다.[11]

이런 상황에서 이스라엘 사람들이 두려워하는 육체적, 영적인 격리가 이루어졌고, 그 병을 가진 사람들은 의식적으로 부정하며 제사장이 다 나았다고 선언해주지 않으면 더 큰 공동체의 삶에 참여할 수가 없었다. 그들 자신의 격리를 강화하기 위해, 이 병으로 고통 받던 사람들은 건강한 사람들에게 큰소리로 경고의 말을 외쳐야만 했다. 그것은 살아 있는 사형 선고였다.

사마리아와 갈릴리 사이에 있던 이 열 사람은 그 법을 알고 있었다. 그래야만 했다. 그것은 삶과 죽음의 문제였다. 하지만 그들은 또한 예수님의 자비와 능력에 대해서도 알고 있었다. 이렇게 암울해 보이는 막다른 길에서도 그의 명성이 그보다 먼저 전해졌다. 분명히 그들은 이렇게 생각했을 것이다. 예수님이 눈먼 자와 절름발이를 고쳐주시고 죽은 자를 살리셨다면 그들도 도와주실 수 있지 않겠는가? 그들은 이미 고립된 자들이었고 더 잃을 것이 없었다. 그래서 간절한 희망을 가지고 목소리를 높였던 것이다.

그러나 그렇게 함으로써 그들은 하나님의 도움을 구하는 자들은 아무것도 요구하지 말아야 한다는 것을 암암리에 인정했다. 요청은 있지만 명령은 없다. 돕는 것은 주님의 은혜로운 특권이다. 헨리는 "그리스도로부터 도움을 기대하는 사람들은 그를 그들의 주인으로 여겨야 하며 그의 뜻에 맡겨야 한다"[12]라고 말한다. 예수님에게 의지하는 많은 사람들이 그렇듯이, 이 사람들에겐 다른 선택이 없었다. 그리고 예수님은 절대로 그 빈털터리들을 외면하지 않으신다.

거룩한 수줍음

보시고 이르시되 가서 제사장들에게 너희 몸을 보이라 눅 17:14

이 경우에 주님께선 그들을 만져주시기보다 말씀을 해주셨다. 왜 예수님이 다른 나병환자들처럼 그들을 만져주지 않으셨는지 나는 모른다. 예수님의 치료법은 언제나 상황에 적절했으며, 그 방법이 정말 다양했다. 한 번은 멀리서 말씀하심으로 죽은 종을 살리셨다. 어떤 때는 흙에 침을 뱉어 그 진흙을 맹인의 눈에 발라주셨다. 또 한 번은 어린 소녀의 손을 잡고 조용한 방으로 데려간 후 그녀의 부모에게 먹을 것을 주라고 말씀하셨다. 그러나 이 경우에 예수님은 그의 은혜를 받은 자들에게 단지 제사장들에게 가라고 말씀하신다. 제사장들은 치유가 되었는지 여부를 판단하는 1세기의 심판들이었다. 레위기에 따르면 어떤 치료법이든 '품질인증마크'에 상응하는 것이 필요했을 것이다. [13]

전에 병으로 고통 받던 사람이 의식에 따라 공동체에 복귀하고, 전염될 위험이 없음을 확인하고 공동체로부터 환영을 받으려면 이 인증이 필요했다. 예수님처럼 잘 알려진 치료자가 기적을 행했는지의 여부는 중요하지 않았다. 그 열 사람은 아직 처리해야 할 서류 업무가 있었다.

예수님은 악명을 얻기 위해 사역하지 않으셨고, 당연히 돈을 위해 사역하지도 않으셨다. 그는 자신의 자비의 행위들을 목격하도록 큰 무리를 모으신 적이 거의 없다. 병을 고쳐주신 사람들에게 흔히 하신 말씀은 "아무에게도 말하지 말라"라는 것이었다. 왼손이 하는 일을 오른손이 거의 몰랐다. 가식이 없고 거창한 의식도 없었다. 치유의 선언이라든가 훈계, 연설 같은 건 없었고, 새로운 제자들을 모으는 일도, 마케팅 캠페인도 없었다. 그는 단지 그들을 제사장들에게 보내셨을 뿐이다. 여기서 예수님은 참된 겸손, 거의 거룩한 수줍음을 보여주신다. 우리도 그와 같이 할 수 있을까? 아니면 스스로 자랑하는 것을 거부할 수 있을까?

순종의 시험

그들이 가다가 깨끗함을 받은지라 눅 17:14

구약성경에 나오는 시리아 장군, 나아만의 이야기가 떠오른다. 그는 엘리사에 의해 나병을 치유받았다.[14] 선지자가 나아만에게 요단강에 가서 목욕을 하라고 했을 때 처음에 그는 망설였다. 그 이상한 과제가 어리석게 보였고 이 훌륭한 장군의 품위를 떨어뜨리는 것 같았기 때문이다. 그러나 지혜로운 종이 나아만을 격려해 자존심을 굽히고 믿음으로 행동하도록 했다. 실제로 그렇게 하자 병이 금세 나았다.

여기 열 사람은 비슷한 시험에 직면한다. 그들은 그들의 치료를 인증해주어야 하는 제사장에게 갈 것인가? 예수님은 겉으로 보기에 그들의 치료를 확신시켜줄 만한 일을 아무것도 하지 않으셨는데 어떻게 그럴 수 있단 말인가? 그들이 실제로 나았다는 것을 어떻게 확신할 수 있겠는가?

헨리는 "이것이 그들의 순종의 시험이었다"라고 말한다.[15] 그들은 대신 예수님에게 반박을 할 수 있었을까? 분명히 어떤 표적이나 조금이라도 치료자의 개인적 관심을 요구할 수도 있었을 것이다. 귀신들린 사람들, 만성병을 앓던 사람들, 이미 죽은 자들까지, 많은 이들이 그것을 받았다. 그런데 왜 그들은 아닌가? 그들은 예수님의 관심을 받을 자격이 부족했을까?

아니면 예수님이 실제로 그들을 도와주실 거라는 사실을 그들이 의심했을까? 물론이다. 예수님은 자신의 고향에서 "그들이 믿지 않음을 이상히 여기셨다"라고 했다.[16]

예수님의 간결한 대답은 애매했다.

"가서 제사장들에게 너희 몸을 보이라."

예수님은 단지 그들의 병에 대한 책임을 다른 종교적 전문가들에게 떠넘기신 것일까? 그 사람들이 가서 치료되지 않았다는 걸 알게 될 수도 있었다. 그러면 얼마나 당혹스럽고 실망스럽겠는가! 어쩌면 거기까지 갔다가 그들의 병이 그대로인 걸 알고 원통해할 것이다. 그러면 갈릴리의 치유자를 믿은 것이 얼마나 바보 같은 일이겠는가! 게다가 당연히 그는 오래 전에 떠났을 것이다. 어쩌면 그분의 말은 단지 정중하게 그들을 거절하는 방식에 불과했던 걸까?

아니면 논의할 것도 없이, 그 사람들의 요청이 수락되었다는 걸 간단하게 시인하는 말이었을까? 예수님의 평판이나 그들의 눈을 바라보시는 모습이 어딘지 모르게 그들에게 용기를 주었다. 그들은 그날 길에서 하나님의 무관심이 아니라 하나님의 자비를 만난 것이다.

진행을 주목하라.

"그들이 가다가 깨끗함을 받은지라."

순종이 치유보다 먼저 와야 한다. 그것은 명백해 보인다. 즉 순종이 없으면 축복도 없다. 만일 그들이 가지 않았더라면 계속 나병환자로 살았을 것이다. 순종은 하나님의 은혜를 받기 위해 꼭 필요했다. 그런데 필요조건이지만 충분조건은 아니다. 하나님의 은혜는 언제나 그의 선택이다. 그렇지 않으면 그것은 은혜, 공 없이 얻는 호의가 아닐 것이다.

우리는 결코 노력으로 하나님의 은혜를 얻을 수 없지만, 매일의 삶 속에서 우리 자신의 자기 파괴적인 반항으로 그 은혜를 단절시킬 수 있다. 나의 영적인 롤모델 중 한 사람인 로버트슨 맥퀼킨은 항상 그리스도인의 삶의 중요한 두 가지 면을 강조했다. 그것은 믿음과 순종으로, 신앙생활에 꼭 필요한 것이라고 했다. 믿음이 한 단계이고, 순종은 또 다른 단계이다. 둘 다 있어야 우리는 그리스도인의 삶에서 앞으로 나아간다. 그러나 한 가지를 다른 한 가지보다 더 강조하는 것은 당신을 '몹시 화나게' 만들 것이다. 여기에 나오는 열 사람은 두 가지를 다 한다. 즉 믿고 순종한다.

단순하게 적용하면 이렇다. 하나님이 당신에게 순종하라고 명하시면 순종하라. 축복은 하나님의 적절한 때에, 하나님의 방법으로 올 것이다. 그러나 이것은 건강과 부의 복음이 아니다. 이것은 제자의 삶이다.

복 있는 사람은 악인들의 꾀를 따르지 아니하며 죄인들의 길에 서지 아니하며 오만한 자들의 자리에 앉지 아니하고 오직 여호와의 율법을 즐거워하여 그의 율법을 주야로 묵상하는도다 그는 시냇가에 심은 나무가 철을 따라 열매를 맺으며 그 잎사귀가 마르지 아니함 같으니 그가 하는 모든 일이 다 형통하리로다 시 1:1-3

때로 그 복은 천천히, 애매하게, 그리고 조용히 온다. 하지만 우리는 가만히 서서 그것을 기다리고만 있을 수 없다. 복은 우리가 믿음으로 나아갈 때 온다. 또는 야고보가 말한 것처럼 "이로 보건대 사람이 행함으로 의롭다 하심을 받고 믿음으로만은" 아니다(약 2:24).

돌아오라

그중의 한 사람이 자기가 나은 것을 보고 큰 소리로 하나님께 영광을 돌리며 돌아와 예수의 발 아래에 엎드리어 감사하니 그는 사마리아 사람이라 눅 17:15,16

사람들이 지시받은 대로 가자 치유가 이루어진다. 우리는 그들이 제사장들을 향해 얼마나 멀리 갔을 때 자신들이 낫게 된 사실을 깨달았는지 모른다. 다만 그렇게 멀리 가지 않았다는 것은 안다. 다시 돌아온 사마리아인이 예루살렘을 향해 가시는 예수님을 발견할 수 있었기 때문이다. 또 분명히 제자들은 그 사람이 예수님에게 이르기 전에 큰 소리로 찬양하는 것을 들을 수 있었다. 따라서 아마 그의 병이 나았을 때 그는 너무 멀리 가지 않았을 것이고, 그렇다고 제자들 옆에 있지도 않았을 것이다. 나는 이 사람이 돌아올 때 적잖이 걸었을 거라고 짐작해본다. 그렇지 않으면 다른 아홉 명 또한 돌아오지 않은 납득할 만한 이유가 없다. 예수님에게 돌아오는 길은 틀림없이 둘러가는 길, 계획의 변경을 수반한다.

이때까지 열 명의 나환자들은 일제히 행동을 같이 했다. 즉 그들은 함께 살아왔고, 함께 큰소리로 외쳤으며, 함께 떠났고, 함께 나음을 입었다. 그러나 이제는 한 사람만 대형을 벗어난 제트기처럼 떨어져 나와 예수님에게로 향한다. 뭔가가 달라졌다. 어쩌면 그의 피부가 깨끗해졌거나 늘 있던 가려움과 고통이 사라졌을 것이다. 무슨 일이 일어났든 간에, 그 사람은 자기가 복을 받았다는 것을 알게 되며 그 복은 반응을 요구했다. 제일 먼저 그는 보았고, 그 다음에 몸을 돌렸고, 그 다음에 찬양했다.

그런 반응은 당연히 1세기의 유대인에게 완전히 자연스러웠을 것이다. 시편을 포함한 히브리 성경은 찬양과 감사의 명령들로 가득하다.

* "주의 성도들아 여호와를 찬송하며 그의 거룩함을 기억하며 감사하라"(시 30:4).
* "우리는 주의 백성이요 주의 목장의 양이니 우리는 영원히 주께 감사하며 주의 영예를 대대에 전하리이다"(시 79:13).
* "감사함으로 그의 문에 들어가며 찬송함으로 그의 궁정에 들어가서 그에게 감사하며 그의 이름을 송축할지어다"(시 100:4).

병 고침을 받은 사람은 택한 백성에 속하지 않았다. 그렇지만 그 사실이 그를 멈추게 하지는 못한다. 그는 예수님을 찾기 위해 왔던 길을 돌아간다. 예수님을 발견하자 그의 발 앞에 엎드려 자기를 낮게 해주신 분께 진심으로 감사를 드린다.

에몬스에 따르면, '감사'와 그와 어원이 같은 말들이 성경에 150회 이상 나오며, 감사는 교회사에서 소중히 여겨온 가치이다.

"종교개혁가 마르틴 루터는 감사를 '기본적인 그리스도인의 태도'로 언급하며 신학자 칼 바르트는 '은혜와 감사는 하늘과 땅처럼 함께 간다. 목소리와 메아리처럼 은혜는 감사를 불러온다'라고 말했다."[17]

존 웨슬리는 "참된 신앙은 하나님을 향한 올바른 감정이자 사람을 향한 올바른 감정이다. 두 단어로 말하면, 감사와 자애다. 즉 우리의 창조주이자 최고의 은인에 대한 감사와 우리의 동료 피조물들에 대한 자애다"라고 말했다.[18]

조나단 에드워즈(Jonathan Edwards)는 그의 고전, 《신앙감정론》(A Treatise Concerning Religious Affections)에서 "하나님을 향한 감사의 마음이 은혜롭게 생겨나는 것"을 시인한다.[19]

사마리아인이 기쁨과 함께 나타낸 것이 바로 이런 감정이다.

그런데 그 사마리아인이 아직 겸손하게 예수님의 발 앞에 있을 때 날카로운 세 가지 질문이 잇달아 나오는데, 이것은 그 즐거운 장면에 그림자를 드리운다.

은혜와 감사

예수께서 대답하여 이르시되 열 사람이 다 깨끗함을 받지 아니하였느냐 그 아홉은 어디 있느냐 이 이방인 외에는 하나님께 영광을 돌리러 돌아온 자가 없느냐 하시고 눅 17:17,18

솔직히 고백하자면, 이 세 질문은 항상 나를 괴롭혀왔다. 언뜻 보기엔 그 질문들이 예수님 편에서 찬양과 인정을 바라는 유치한 요구를 나타내는 것 같다. 그는 기적을 행한 것으로 족하지 않으셨을까? 선을 행하는 것 자체가 보상이 아닌가? 왜 그는 감사를 받아야만 하셨을까?

그 장면은 내 아이들의 미성숙한 행동을 떠올리게 한다. 그 아이들은 사소한 집안일을 하거나 형제자매를 위해 작은 호의를 베풀었으면 내 앞에 서서 인정을 받으려고 안달을 한다. 혹은 솔직히 말하면, 나 자신도 사소한 일에 대해 인정을 받고 싶어 한다. 식기세척기에 그릇들을 넣는 일이든, 책을 쓰는 일이든. 그런데 하나님의 아들이 정말 그렇게 쩨쩨하고 자신감이 없단 말인가?

그들은 예수님이 시키신 대로 제사장들에게 가고 있지 않았는가? 그런데 돌아온다는 건 불순종 아닌가? 게다가 일부러 그를 다시 찾으려면 시간과 노력이 필요하고, 그들이 공동체로 돌아가는 것이 그만큼 늦어질 것이다. 따라서 그들이 돌아오지 않아도 예수님은 이해하실 것이다. 그들은 단지 명령을 따르고 있었을 뿐이다.

그런데 예수님만 이해하지 못하셨다. 그는 외적인 순종 이상의 무언가를 원하셨다. 그들의 마음에 감사의 옷을 입히길 원하셨다. 그리고 그들이 병이 나은 후에, 정말로 이것을 기대하셨을까? 에몬스는 이렇게 말한다.

"감사는 우리가 좋은 것을 받았다는 것을 알고 의식하는 것이다."[20]

이 사람들은 알았을까? 만약 소크라테스의 말처럼 반성하지 않는 삶은 살 가치가 없다면, 감사하지 않는 삶도 그와 마찬가지일 것이다. 배은망덕은 일종의 무지다. 감사하지 않은 아홉 사람은 그저 예의가 없는 것만이 아니었다. 그들은 무지했고, 우주의 진리와 조화를 이루지 못했다. 우리는 선의 창조자가 아니라 수혜자들이다. 감사하지 않는 것은 이 기본적인 사실에 대한 우리의 놀라운 무지를 드러내는 것이다.

그저 희미하게 하나님을 아는 사람들도 감사의 필요성을 인식할 수 있다. 인류 역사가 드러내는 사실이 있다면, 그것은 우리가 의존적인 피조물이라는 것이다. 우리는 내리는 비, 햇빛, 의사의 치료, 사라진 유성에 의존한다. 그러나 우리에게 감사는 자동적으로 나오는 것이 아니다. 나는 종종 무신론자들이 해돋이를 보고 누구에게 감사할까 궁금했다. 망막에서 이루어지는 임의적인 분자의 상호작용에 대해 우주에게 감사를 표현하는 것은 별로 설득력이 없어 보인다.

G. K. 체스터톤이 그리스도인이 되기 전에, 그 훌륭한 작가이자 저널리스트는 삶의 장엄함과 그 모든 것에 대해 감사할 하나님이 존재하지 않는다는 사실 간의 모순에 대해 골똘히 생각하며 머리를 쥐어짰다.

모든 행복에 대한 시험은 감사다. 나는 비록 누구에게 향한 것인지는 몰라도 감사를 느꼈다. 아이들은 산타클로스가 양말 속에 장난감이나 사탕을 넣어 주면 감사한다. 산타클로스가 내 양말 안에 두 개의 기적적인 다리를 선물로 넣어주었는데 나는 그에게 감사할 수 없는가? 우리는 담배나 슬리퍼를 생일선물로 주는 사람들에게 감사한다. 그런데 나는 탄생이라는 생일 선물에 대해 아무에게도 감사할 수 없는가?[21]

체스터톤의 감사를 향한 충동은 지극히 자연스러운 것이다. 에몬스는 이렇게 말한다.

"나는 우리가 받은 선한 것들에 대해 감사를 표현하고자 하는 강력한 욕구가 우리 내면에 나타나고 있다고 믿게 되었다."[22]

은혜로운 명령

존 파이퍼는 C. S. 루이스의 에세이 〈찬양에 관한 이야기〉(A Word about Praise)를 읽기 전까지, 하나님께서 우리의 찬양을 갈망하실 뿐만 아니라 그것을 명령하신다는 사상과 씨름했다.

그러나 찬양-그 대상이 하나님이든 다른 무엇이든 간에-에 관한 가장 명백한 사실은 이상하게도 나를 피해 갔다. 나는 그것을 칭찬, 인정, 경의를 표하는 것과 관련해서 생각했다. 부끄러움이나 다른 사람들이 지루해할 거라는 두려움이 고의적으로 그것을 막지 않는 한, 모든 즐거움은 자연히 찬양으로 넘쳐 흐른다는 것을 알지 못했다. 세상은 찬양 소리로 가득하다. 즉 연인들은 사랑하는 사람을, 독자들은 제일 좋아하는 시인을, 걷는 사람은 전원을, 게임하는 사람은 자기가 제일 좋아하는 게임을 찬양한다. 날씨, 포도주, 요리, 배우, 자동차, 말, 대학, 나라, 역사적 저명인사, 어린아이들, 꽃, 산, 희귀한 우표, 희귀한 딱정벌레, 심지어 때로는 정치인이나 학자들도 찬양의 대상이다. 가장 겸손한 사람들, 그리고 균형을 유지하는 동시에 가장 마음이 넓은 사람들이 가장 많이 찬양을 하는 반면에, 화를 잘 내는 사람들, 부적응자들과 불평분자들은 가장 적게 찬양을 한다는 사실을 알아채지 못했다 … 우리가 즐기는 것을 기쁘게 찬양하는 이유는 찬양이 단지 즐거움의 표현일 뿐만 아니라 그 즐거움을 완성하기 때문이라고 생각한다. 찬양은 기쁨의 완성이다. 연인들이 계속해서 서로 아름답다고 말해주는 것은 그냥 듣기 좋은 칭찬이 아니다. 기쁨은 그것이 표현되기 전까지는 완성된 것이 아니다.[23]

가장 먼저, 우리가 하나님을 찬양하는 이유는 그분이 가치가 있기 때문이다. 두 번째로 우리가 하나님을 찬양하는 것이 우리에게 유익하기 때문이다. 하나님께 감사하는 것은 우리에게 복이 된다. 우리에게 찬양을 명하지 않으시는 하나님은 사랑이 없으실 것이다. 파이퍼는 이렇게 요약한다.

"하나님은 우주에서 유일하게, 그 자신이 찬양받고자 하시는 것이 궁극적인 사랑의 행위이다."[24]

우리뿐 아니라 하늘에 계신 사랑하는 우리 아버지께서 창조하신 우주는 그 자체가 찬양을 위해 만들어졌다. 다윗은 "하늘이 하나님의 영광을 선포하고 궁창이 그의 손으로 하신 일을 나타내는도다"(시 19:1)라고 경탄했다. 피조물의 선포와 나타냄은 분명 하나님의 존재에 대한 설득력 있는 주장이다. 하지만 그것들은 단순한 변증론에 그치지 않는다. 그것들은 찬양의 본래 형태이다. "하늘은 기뻐하고 땅은 즐거워하며 바다와 거기에 충만한 것이 외치고 밭과 그 가운데에 있는 모든 것은 즐거워할지로다 그때 숲의 모든 나무들이 여호와 앞에서 즐거이 노래하리니"(시 96:11,12)라고 시편 기자가 말했다.

예수님이 지상사역의 마지막 주에 예루살렘으로 들어가실 때 제자들에게서 시편 말씀을 되풀이하는 찬양이 터져 나왔다.[25]

"찬송하리로다 주의 이름으로 오시는 왕이여 하늘에는 평화요 가장 높은 곳에는 영광이로다!"

그러나 일부 바리새인들은 "선생이여 당신의 제자들을 책망하소서!"라고 으르렁거리듯 말했다. 그러자 예수님은 "내가 너희에게 말하노니 만일 이 사람들이 침묵하면 돌들이 소리 지르리라"라고 대답하셨다. 찬양은 선택이 아니다. 그것은 기쁨에서 나오는 필연적인 것이다. 유일한 질문은 우리가 성가대에 우리의 목소리를 더할지 말지에 관한 것이다.

우리가 할 수 있는 최소한의 일

내가 병원에 있을 때 있었던 일이다. 사랑하는 사람이 사망의 음침한 골짜기를 바라보는 수술대 위에 있었다. 우리는 복도에서 초조하게 의사의 말을 기다리고 있었다. 과연 우리가 사랑하는 사람이 뇌의 압력을 완화하기 위한 수술을 잘 건뎌냈는지에 관해서였다. 진단은 암울했다. 즉 쉽게 제거할 수 없는 종양이었다. 그곳에서 기다리는 몇 분간이 마치 몇 시간 같았다. 우리는 의사가 다가오는 것을 보기가 두려웠다. 하지만 결과를 알아야만 했다. 기다리는 건 고통스러운 일이었다. 모퉁이를 도는 발소리가 들릴 때마다 마치 우리가 두려워하는 소식을 가져오는 것 같았고, 그게 아니라는 걸 확인할 때마다 깊은 숨을 내쉬었다.

마침내 의사가 왔다. 하지만 그는 흥분한 표정이었다. 그는 믿을 수 없는 이야기를 우리에게 해주었다. 종양이 없다는 것이다. 문제는 감염 때문에 생긴 것이었고 치료할 수 있다고 했다.

우리는 말없이 서서 그가 한 말을 이해하려고 애썼다. 암이 아니었다. 마침내 사실을 인지한 나는 갑자기 소리쳤다.

"하나님을 찬양합시다!"

그것은 의무가 아니었다. 기적은 찬양을 요구하며, 우리는 그런 상황에서 기쁘게 찬양을 드린다. 하나님의 복들-우리가 가끔씩 경험하는 거창한 복들만이 아니라 매일 일어나는 기적들-을 생각할 때 우리가 할 수 있는 최소한의 일은 "감사합니다"라고 말하는 것이다. 우리는 매일, 모든 일에 감사해야 한다. 맑은 공기, 햇빛, 우정, 결혼생활 같은 것들에 대해. 그런데 우리는 너무나 자주 우리가 가질 수 있는 것보다 가질 수 없는 것에 초점을 둔다. 우리가 모든 삶을-힘든 부분들까지도- 선물로 여길 때 감사는 자연스럽게 생겨난다.

회복시키는 믿음

그에게 이르시되 일어나 가라 네 믿음이 너를 구원하였느니라 하시더라

눅 17:19

내가 어릴 때 우리 어머니와 아버지는 크리스마스에 우리 할머니, 할아버지와 다른 이들에게 감사하는 편지를 꼭 쓰게 하셨다. 나는 대개 불평하며 마지못해 이 임무를 수행했다. 하지만 그럼에도 불구하고 이것은 좋은 훈련이었다. 나의 이기심에서 벗어나게 해주고 내가 얼마나 다른 이들의 친절에 의존하며 살았는지를 깨닫게 해주었기 때문이다. 에몬스의 말에 의하면, "자아는 행복이나 삶의 의미를 발견하기엔 매우 부족한 장소이다."[26] 그러니 궁극적으로 모든 것을 주시는 하나님께 감사드리고 오직 그만이 가져다 주시는 영원한 기쁨을 발견한다면 얼마나 더 좋겠는가?

그 사람이 예배를 드리고 일어나 마침내 나머지 아홉 명을 찾아내어 예수님에게 감사드렸던 것을 말하고 예수님이 왜 그들이 돌아오지 않았는지 궁금해하셨다는 얘길 전했을 때 그 아홉 사람이 어떤 기분이었을지 궁금하다. 어쩌면 다른 사람들이 나중에 예수님이 그들을 배은망덕의 예로 삼으셨다는 얘기를 해주었을지도 모른다. 분명히 누가가 그들의 이야기를 자신의 복음서에 포함시켰을 때 생존해있던 사람들은 즉시 그것이 자신들의 이야기인 것을 알아차렸을 것이다. 그들은 감사함으로써 그들의 기쁨을 더 깊

고 확고하게 만들 기회를 이미 놓쳤다. 그들의 감사하지 않는 마음을 알게 되었을 때 그들이 치유받을 때 느꼈던 기쁨도 사라져 버리지 않았을까?

헨리는 감사드린 사람이 다른 아홉 명보다 더 많은 것을 받았다고 말한다. 왜냐하면 "그는 특별히 '네 믿음이 너를 구원하였느니라'라는 찬사로 그의 치료를 확인받았기 때문이다. … 믿음의 기도로 복을 받고 믿음의 찬양으로 화답할 때 일시적인 복들이 배가 되고 더 감미로워진다."[27] 아홉 사람은 치료를 받았고, 그 한 사람은 치료와 함께 예수님과의 관계도 얻었다.

이 믿음을 행사한 사람이 선택받은 백성 중 한 사람이 아니라 미움 받던 사마리아인이었다는 사실을 주목하라. 하나님나라에 다가갈 때 영적인 이점들이 오히려 불리한 점이 될 수 있다. 가난한 자들은 복이 있다.

핑계는 없다

하나님의 은혜를 경험하는 데 장애물이 없는 것처럼, 핑계도 없다. 우리가 더 많이 받기 원한다면 우리가 가진 것을 사용해야 한다. 우리가 감사할 일이 많지 않아 보이더라도, 감사하는 마음은 언제나 더 많은 복을 받게 한다. 나는 직장을 잃었을 때 실업이 나쁜 일이라 하더라도 나에게 일어날 수 있는 최악의 일은 아니라는 걸 곧 깨달았다. 나는 그보다 더 나쁜 두 가지 일을 떠올릴 수 있다. 그것은 죽음과 이혼이다. 하나님의 은혜로, 그 두 가지 일은 우리 가정에 일어나지 않았다. 그래서 나는 솔직히 다행이라 여긴다. 하나님은 때때로 그런 일들도 허락하시고, 그래도 여전히 선하시지만, 나의 경우엔 그렇지 않으셔서 나는 매우 감사하다. 감사는 우리에게 또 다른 축복을 가져다주었다. 그것은 바로 평안이다.

예수님은 "무릇 있는 자는 받아 풍족하게 되고 없는 자는 그 있는 것까지 빼앗기리라"(마 25:29)라고 말씀하셨다. 우리가 감사함으로 받는다면 누구나 하나님의 복을 누릴 수 있다.

병 고침을 받은 사람은 계속 땅에 엎드려 있지 않았다. 대신 그는 일어나 그의 사랑하는 주님의 권유로 새 삶을 시작했다. 그것은 감사하는 삶이다. 감사는 우리를 겸손하게 할 뿐만 아니라 자유롭게 해준다. 참으로 자신을 낮추는 사람은 높임을 받을 것이다.[28]

토론 질문

1. 당신은 서구 사회가 더 많이 감사하는 사회가 되어가고 있다고 생각하는가? 혹은 그 반대라고 생각하는가? 그렇게 생각하는 이유는 무엇인가?

2. 감사드린 사람이 사마리아인이었다는 사실에서 어떤 의미를 찾을 수 있는가?

3. 왜 예수님은 그 열 사람을 제사장에게 보내셨을까?

4. 당신이 복을 받기 전에 순종했던 일이 있는가? 그래서 결과는 어떻게 되었는가?

5. 당신은 공개적으로 하나님께 감사드리는 것이 어려운가 쉬운가? 그 이유는 무엇인가?

6. 당신은 무엇에 감사하는가?

7. 감사하는 태도는 어떻게 기를 수 있는가?

사랑,
그분을 비추는 거울

> **너희가 만일 너희를 사랑하는 자만을 사랑하면
> 칭찬 받을 것이 무엇이냐?**

18세기 프랑스 철학자 장 자크 루소(Jean-Jacques Rousseau)는 오늘날 소위 말하는 낮은 자존감과 씨름하지 않았다. 역사가 폴 존슨(Paul Johnson)은 루소가 오히려 '아주 심한 자기중심주의'에 빠져 있었다고 말한다. 실제로 그의 말들이 그 사실을 증명해준다. 루소는 자칭 인류의 특별한 친구였다. 그는 부끄러움 없이 말했다.

"나만큼 나를 사랑할 수 있는 사람은 아직 존재하지 않는다. 더 많은 사랑의 재능을 가진 사람은 아직 없었다."

그러나 실제로 그를 알던 사람들의 의견은 매우 달랐다. 존슨은 말한다.

"그는 일반적으로 인류를 사랑하긴 했지만, 특정한 사람들과 말다툼을 하는 성향이 매우 강했다. 그의 피해자 중 한 명인 예전 친구이자 의사인 제네바의 트롱상(Tronchin)은 이렇게 반론을 제기했다. '어떻게 인류의 친구라는 사람이 더 이상 사람들의 친구가 아닐 수가 있는가?'"[1]

루소는 또 다른 유명한 철학자를 연상시킨다. 바로 라이너스 반 펠트 (Linus Van Pelt)다. 그는 이런 말을 했다고 전해진다.

"나는 인류를 사랑한다. 그런데 사람들은 질색이다."

사랑을 극찬하기는 쉽지만 실천하는 것은 훨씬 더 어렵다.

사랑과 율법

사랑은 궁극적인 인격의 시험이다. 사도 바울은 믿음과 소망보다 더 고귀한, 가장 큰 미덕이 사랑이라고 했다.[2] 또한 당신은 그것에 동의하지 않는 철학자나 시인, 성직자, 정치인을 찾기 어려울 것이다. 그러나 사랑은 결코 단독으로 존재하지 않는다. 바울은 사랑 다음에 희락, 화평, 오래 참음, 자비, 양선, 충성, 온유, 절제를 성령의 열매로 열거한다. 그 다음에 "이 같은 것을 금지할 법이 없느니라"라고 덧붙인다.[3] 참으로 율법은 사랑이 없는 곳에서만 활동을 한다. 우리가 모두 온전히 사랑한다면 십계명이 필요하지 않을 것이다. 이미 본능적으로 그 일들을 행하고 있을 것이기 때문이다. 우리의 문을 걸어 잠그고, 자녀들에게 낯선 사람들을 조심하라고 하고, 자기 방어 기술을 배우고, 심지어 컴퓨터에 암호를 걸 필요도 없을 것이다. 사랑이 없기 때문에 율법이 필요한 것이다.

그러나 율법은 단지 우리의 죄악 된 성향을 억누르기 위한 것만이 아니라, 잃어버린 미덕을 되살리도록 불을 붙이기 위한 것이다. 그 미덕의 상실이 애초에 율법이 주어진 원인이었다. 앞으로 살펴보겠지만, 율법은 우리를 사랑으로 돌아가게 하기 위한 것이었다. 사실 사랑은 역동적이고 에너지가 충전된 핵처럼 하나님의 율법의 심장부에 있다. 율법의 궁극적인 목적은 단순한 순종이 아니다. 그것은 사랑의 관계다. 바울의 말처럼 "이같이 율법이 우리를 그리스도께로 인도한다"(갈 3:24).

나는 이 책에서 주로 예수님이 동시대인들에게 하신 질문들에 초점을 맞추어왔고, 더 나아가 그분이 우리에게 하시는 질문들을 다루었다. 하지만 그분의 말씀을 듣는 자들이 그분에게 던진 모든 질문들은 어떠한가? 지금 당신이 예수님 앞에 서 있을 수 있다면 무엇을 질문하겠는가? 당신이 가장 알고 싶은 것 한 가지는 무엇인가? 분명 여러 가지 가능성이 있다. 천국의 본질, 삶의 의미, 국가에 대한 그리스도인의 의무, 또는 복음을 듣지 못한 사람들의 운명에 대한 질문들이 있을 것이다.

하지만 나에게 가장 중요한 질문은 명백히 이것이다. 내가 영생을 얻었다는 걸 어떻게 알 수 있는가? 이것보다 더 중요한 것이 있을 수 있을까? 나는 그렇게 생각하지 않는다. 다행히 예수님의 동시대인들 중에 침착하게 이 중요한 질문을 던진 사람들이 있었고, 그 덕에 우리는 예수님이 그들에게 하신 대답들을 연구함으로써 많은 것을 배울 수 있다.

어느 날 한 부자가 예수님에게 묻는다.[4]

"선생님이여 내가 무슨 선한 일을 하여야 영생을 얻으리이까?"

그 사람은 분명 자기가 영생을 얻기 위해 할 수 있는 간단한 임무가 있기를 바랐을 것이다. 빠르고, 깔끔하며, 간단한 거래를 기대했을 것이다. 나는 예수님이 그에게 천천히 가라고 하실 때 그가 고개를 떨구는 것을 상상해볼 수 있다. 예수님은 다시 율법을 가리키며 그에게 "네가 생명에 들어가려면 계명들을 지키라"라고 말씀하신다. 그 사람은 (아마 떨리는 목소리로) 이렇게 대답한다.

"어느 계명이오니이까?"

요구사항들이 갑자기 도덕적 빅뱅처럼 폭발하기 시작했다. 그리고 그것이 어디로 인도할지 누가 알겠는가? 분명 예수님은 그가 600개가 넘는 구약의 규정들을 모두 지켜야 한다는 뜻으로 말씀하신 것은 아니지 않겠는가? 그것을 모두 행한다는 것은 불가능한 일이다!

예수님은 그에게 두 번째 돌 판에 새겨진 6가지 계명을 제시하신다. 그것은 우리의 동료 인간들에 대한 의무를 다루는 것들이다. 예수님은 하나님에 대한 우리의 의무를 다루는 첫 번째 돌 판의 계명들로 청년의 관심을 끄실 수도 있었지만, 두 번째 돌 판의 계명들로 자신의 주장을 관철하기에 충분하다고 생각하셨던 것 같다. 그래서 예수님은 그 계명들을 나열하신다.

"살인하지 말라, 간음하지 말라, 도둑질하지 말라, 거짓 증언 하지 말라, 네 부모를 공경하라, '네 이웃을 네 자신과 같이 사랑하라.'"

이웃 사랑에 관한 마지막 계명은 사실상 십계명에 포함되어 있지 않지만,5 그것은 두 번째 돌 판을 잘 요약해주고 있다. 6

자존심이 많이 상한 듯, 그는 진지하게 말한다.

"이 모든 것을 내가 지키었사온대 아직도 무엇이 부족하니이까?"

이에 예수님은 이렇게 대답하신다.

"네가 온전하고자 할진대 가서 네 소유를 팔아 가난한 자들에게 주라 그리하면 하늘에서 보화가 네게 있으리라 그리고 와서 나를 따르라."

이 새로운 요구조건에, 그 사람은 슬그머니 물러선다. 그가 가진 모든 것을 주라고? 그것은 거래에 포함시킬 만한 것이 아니었다. 그렇지 않은가? 그 사람은 좀 전에 이웃을 자기 자신처럼 사랑했다고 말했지만, 그의 사랑은 사실상 그의 수표장에서 멈추었다. 왜일까? 그것은 진짜 사랑이 아니기 때문이다. 그는 분명 율법을 문자적으로 지켰지만, 율법의 정신에 의한 시험에서 비참하게 실패한다. 하나님과 함께 영원히 살 거라는 기대도 그의 사랑 없는 마음을 녹이고 그의 지갑을 열지 못했다.

또 한번은 어떤 율법교사가 예수님에게 이렇게 묻는다.

"선생님, 내가 무엇을 하여야 영생을 얻으리이까?"

그는 부자 청년이 예수님에게 바로 그 질문을 했을 때 그 자리에 없었던 것 같다. 이번에도 예수님은 그 서기관이 성경으로 돌아가게 함으로써, 율법을 잘 알고 있던 그 사람이 스스로 자신의 질문에 답하게 하신다. 그리고 그는 옳게 대답한다. 아주 좋은 대답이었다.

> 예수께서 이르시되 율법에 무엇이라 기록되었으며 네가 어떻게 읽느냐 대답하
> 여 이르되 네 마음을 다하며 목숨을 다하며 힘을 다하며 뜻을 다하여 주 너의
> 하나님을 사랑하고 또한 네 이웃을 네 자신같이 사랑하라 하였나이다 예수께
> 서 이르시되 네 대답이 옳도다 이를 행하라 그러면 살리라 하시니 눅 10:26-28

그 서기관은 부자 청년과 달리 사랑이 우주의 중심에 있다는 걸 알고 있
었다. 그는 구약의 모든 법과 규정들 아래 사랑하는 아버지의 뛰는 심장이
있다는 걸 알고 있었다. 더 나아가, 우리가 사랑할 때 하나님의 율법을 완
성한다는 것을 알았다. 게다가 우리의 사랑이 단지 수평적으로 우리의 동
료 인간들에게 향할 뿐만 아니라 수직적으로 하나님을 향해야 한다는 것도
이해하고 있었다. 하나님과 다른 사람들을 사랑하는 자들만이 온전히, 조
건 없이 하나님나라에 적합하다. 궁극적인 것은 율법이 아니라 사랑이다.

또 한 번은 어떤 사람이 예수님에게 가장 큰 계명이 뭐냐고 묻자, 예수님
이 똑같이 그 두 가지를 말씀하셨다. 둘 다 사랑과 관련된 것이다. 전심으
로 하나님을 사랑하고 네 이웃을 네 자신과 같이 사랑하라. 가장 중요한
인간의 의무는 사랑하는 것이다. "이 두 계명이 온 율법과 선지자의 강령이
니라"라고 예수님은 선언하신다.[7]

서기관에겐 이러한 식견들이 있었다. 우리는 그가 나중에 실패한 것을 폄
하해선 안 된다. 왜냐하면 많은 현자와 현인들이 영적 통찰을 향한 길에서
그러한 고지에 도달하지 못했기 때문이다. 예수님은 그것을 인정하시지만,
그 후에 속히 적용으로 옮겨가신다.

"이를 행하라 그러면 살리라."

우리는 지식이 없어서도 안 되지만 단지 옳은 것을 아는 것만이 아니라[8]
옳은 것을 행함으로써[9] 영생을 얻을 수 있다는 걸 안다. 그것에 관해 논쟁

의 여지가 있을까? 그렇지 않을 것이다.

그러나 서기관은 자기가 사랑의 삶을 살지 못했다는 걸 안다. 그는 우리가 때때로 망각하는 것을 알고 있다. 사랑은 단지 '사랑하는 감정' 이상의 것이라는 사실이다. 그는 진정한 사랑은 활동적이고 구체적이며, 지나치게 감상적인 것이 아니라는 걸 안다. 그러나 당신은 어떻게 사랑하는가?

문맥을 보자. "네 이웃을 네 자신과 같이 사랑하라"라는 명령은 따로 떨어뜨려 읽으면 안 된다. 본래 성경 문맥을 보면, 그 명령은 레위기 19장에서 우리 이웃을 사랑하라는 기본 뼈대와 같은 명령에 살을 붙이는 긴 글의 끝 부분에 나오는 것이다. 예수님과 율법교사는 둘 다 이 문맥을 알고 있으며, 그것은 틀림없이 그들의 나머지 대화에 영향을 끼친다. 레위기의 이 본문에 의하면 이웃 사랑은 다음과 같다.

* 우리가 가진 것을 가난한 사람과 거류민들과 함께 나누는 것을 포함한다(9,10절).
* 도둑질하고 거짓말하는 것을 금한다(11,12절).
* 사기, 착취, 임금 체불을 금한다(13절).
* 장애인을 조롱하거나 해치는 것을 금한다(14절).
* 공의와 관련이 있다(15절).
* 비방이나 누군가의 생명을 위험에 빠뜨리는 것을 금한다(16절).
* 마음속으로 미워하는 것을 금하지만 죄에 대한 의로운 견책을 명한다(17절).
* 보복이나 동포에 대해 원망을 품는 것을 금한다(18절).

사랑의 수고

사랑의 사회적 의무들을 구체적으로 나열한 이 포괄적인 목록을 보면, 율법교사가 면책조항을 찾으려 하는 이유를 쉽게 알 수 있다. 사랑은 힘든 일이다. 그는 학문적인 질문을 던지고 개인적인 도전을 받는다. 그는 자신이 덫에 걸렸다는 것을 너무 늦게 깨닫고는 거미줄에 걸린 파리처럼 교묘히 빠져나오려고 안간힘을 쓴다.

어쩌면 그는 자신의 사랑을 받을 자격이 있는 사람들을 매우 좁게 규정함으로써 그 명령의 영향에서 빠져나갈 수 있을 것이다. 즉 모든 실용적인 이유로, 그의 의무는 무효가 되는 것이다. 어쩌면 그 명령은 그의 동료 유대인들에게만, 또는 더 작은 부분집합인 '그와 같은 부류의 사람들'에게만 적용되는 것 아닐까?

그래서 그의 다음 질문은 이것이다.

"그러면 내 이웃이 누구니이까?"

다시 말해서, 그 서기관은 자기가 누구를 사랑할 의무가 있는지, 특히 누구를 사랑하지 않아도 되는지 알고 싶은 것이다. 아마도 그는 레위기 19장 18절의 첫 부분에 나오는 '동포'라는 단어를 염두에 두었을 것이다. 적어도 그 명령에서 탈출할 길을 찾고 있는 자들에게, 이 문구의 한 가지 의미는 그것이 우리의 동족에게만 제한되며 우리의 이웃이 아닌 자들은 사랑할 필요가 없다는 뜻이었을 것이다.

그런 제한적 해석은 대부분의 사람들에게 이해가 될 것이다. 자기들끼리 격하게 사랑하는 종족들은 또한 같은 집단에 속하지 않았다는 이유로 다른 종족들을 격하게 공격할 것이다. 앞 장에서 보았듯이, 유대인은 사마리아인과 상종하지 않는다. 오늘날 우리도 다른 정치적 견해나 라이프 스타일을 지지하거나 다른 인종과 종교, 또는 계층에 속한 사람들을 무시하며 그와 똑같이 행하지 않는가?

그러나 예수님은 이런 난해한 해석에 동의하지 않으신다. 사랑하라는 명령은 미움의 핑계거리가 아니다. 그러나 그는 이웃의 정체에 대해 묻는 이 사람의 질문에 직접적으로 대답해주지 않으신다. 대신 한 이야기를 들려주시는데, 세계 역사상 가장 많이 사랑받는 이야기 중 하나이다. 그것은 바로

선한 사마리아인으로 알려지게 된 한 여행자에 대한 얘기다.[10]

진정한 이웃은 누구인가

예수께서 대답하여 이르시되 어떤 사람이 예루살렘에서 여리고로 내려가다가 강도를 만나매 강도들이 그 옷을 벗기고 때려 거의 죽은 것을 버리고 갔더라 마침 한 제사장이 그 길로 내려가다가 그를 보고 피하여 지나가고 또 이와 같이 한 레위인도 그곳에 이르러 그를 보고 피하여 지나가되 어떤 사마리아 사람은 여행하는 중 거기 이르러 그를 보고 불쌍히 여겨 가까이 가서 기름과 포도주를 그 상처에 붓고 싸매고 자기 짐승에 태워 주막으로 데리고 가서 돌보아 주니라 그 이튿날 그가 주막 주인에게 데나리온 둘을 내어 주며 이르되 이 사람을 돌보아 주라 비용이 더 들면 내가 돌아올 때에 갚으리라 하였으니 네 생각에는 이 세 사람 중에 누가 강도 만난 자의 이웃이 되겠느냐 이르되 자비를 베푼 자니이다 예수께서 이르시되 가서 너도 이와 같이 하라 하시니라

눅 10:30-37

여기서 예수님이 하시는 질문은 우리의 이웃이 누구인지를 규정하는(또는 한정하는) 것에 관한 것이 아니다. 그 정보는 더 이상 중요하지 않다. 그것은 사회가 피해야 한다고 말하는 자들에게조차 이웃이 되는 것에 대해 말한다. 또다시 우리는 사랑이 실제적인 행동으로 표현될 것이며 그래야 한다는 것을 보게 된다. 또 이런 행동들은 우리의 기준에 부합하는 몇몇 사람들에게만 인색하게 나누어주는 것이 아니다. 어떠한 민족적 배경을 가졌든지, 모든 사람이 우리의 이웃이며, 우리의 자비를 필요로 하는 자들이다. 이방인들을 위한 유대인 사도였던 바울은 "그리스도 예수 안에서는 할례나 무할례나 효력이 없으되 사랑으로써 역사하는 믿음뿐이니라"(갈 5:6)라고 시인한다. 그리스도인의 믿음은 사랑을 통해 역사한다.

물론 자비의 행위로는 그 누구도, 우리 자신도 구원하지 못한다. 그러나 그러한 행동의 부재는 경고의 징후로 여겨야 한다. 참된 믿음은 사랑을 낳고, 그것은 사랑의 행위를 낳는다. 이것은 필연적이다. 행위가 없으면 믿음도 없다. 믿음이 없으면 행위도 없다. 요한의 말을 인용한다.

"누가 이 세상의 재물을 가지고 형제의 궁핍함을 보고도 도와줄 마음을 닫으면 하나님의 사랑이 어찌 그 속에 거하겠느냐 자녀들아 우리가 말과 혀로만 사랑하지 말고 행함과 진실함으로 하자"(요일 3:17,18).

원수를 사랑하라

그것은 그 서기관만의 문제가 아니었다. 산상설교에서 예수님은 얼마나 많은 그의 동시대인들이 성경을 왜곡하고 있는지를 직접 보여주신다. 그들이 하나님의 말씀을 왜곡하는 것이 너무 흔해져서, 사랑의 명령을 미움의 허가로 바꾸는 것이 악한 전통이 되어 버렸다. 예수님은 "또 네 이웃을 사랑하고 네 원수를 미워하라 하였다는 것을 너희가 들었으나"[11]라고 말씀하셨다. 그것은 명령을 회피할 뿐만 아니라 완전히 뒤엎으려는 뻔뻔한 시도였다. 어떤 사람을 사랑하고 싶지 않으면 그를 원수로 부르면 되는 것이다. 매튜 헨리는 이렇게 말한다.

"그들은 내키는 대로 어떤 사람들을 원수로 간주했고, 따라서 그들의 관습으로 하나님의 중요한 명령을 무효로 만들었다."[12]

선한 사마리아인의 이야기에서 예수님은 우리에게 모든 사람을 이웃으로 대하라고 말씀하시지만, 그의 사상은 막연한 이상주의가 아니다. 예수님은 진짜 원수가 무엇인지 아셨다. 많은 종교적 기득권자들이 그를 무시하고, 굴욕감을 주고, 사기를 꺾고, 궁극적으로 죽이려 했다. 물론 예수님은 레위기의 이웃 사랑의 본을 완전히 보여주시며, 그 죄를 올바로 꾸짖으셨다. 그러나 우리가 보았듯이, 그는 늘 반대자들에게 지지를 호소하셨고, 그들을 이웃으로 사랑하려고 애쓰셨다. 그리고 그를 따르는 자들에게도 그와 같이 할 것을 명하신다. 우리는 원수를 미워하지 말아야 할 뿐만 아니라 적극적으로 그들을 사랑해야 한다.

나는 너희에게 이르노니 너희 원수를 사랑하며 너희를 박해하는 자를 위하여 기도하라 이같이 한즉 하늘에 계신 너희 아버지의 아들이 되리니 이는 하나님이 그 해를 악인과 선인에게 비추시며 비를 의로운 자와 불의한 자에게 내려주심이라 마 5:44,45

예수님은 우리가 원수들을 사랑해야 한다고 말씀하신다. 원한이 대대로, 천 년까지도 전해 내려오는 중동지방에서 원수를 사랑하라는 명령은 아마 성경에서 가장 불쾌한 명령일 것이다. 물론 그러한 사랑의 필수 요소가 바로 용서다. 우리는 용서하지 않으면 사랑할 수 없다.

그러나 용서의 요건이 곧 사람들 사이에서, 사회 안에서, 국가들 간에 일어나는 매우 실제적인 악을 못 본 체 넘어가라는 뜻은 아니다. 루이스 스메데스(Lewis Smedes)는 이렇게 말했다.

"용서는 오직 우리가 처음으로 우리의 상처를 인정하고 우리의 증오를 크게 외칠 때에만 일어난다."[13]

용서하는 것은 범죄자가 완전히 처벌을 면하게 해주는 것도 아니다. 개인적 차원에서의 용서는 법적 차원에서 잘못을 잊어주는 것이 아니다. 물론 집단학살로 갈가리 찢긴 나라들은 종종 죄는 인정하나 범죄자들은 사면해 주는 절차를 확립해야 하지만 말이다.

예일대학교 신학 교수인 미로슬라브 볼프(Miroslav Volf)는 자신의 고국인 크로아티아에서 민족간 다툼을 목격한 자로서 용서는 정의를 뒤집지 않는다고 말한다. "하나님의 은혜는 정의가 이루어지지 못하게 하는 것이 아니다." 9.11 테러가 일어난 바로 다음날 그가 〈크리스처니티 투데이〉에서 한 말이다. "그 행위들을 악으로 명명하고 무고한 자들을 보호하는 것은 특히 중요하다. 그러나 이러한 것들이 범죄자를 용서하고 그와 화해하려고 애쓰지 말아야 한다는 것을 의미하진 않는다."[14]

그러나 우리의 관용과 자비를 자랑하는 서양인들도 반복되는 민족 분쟁의 온상들보다 거의 나을 것이 없다. 인종 차별, 성차별, 범죄, 명예훼손 등이 우리 나라와 동네와 가정에 만연하다. 그러나 우리는 더 큰 악이 아니라 선으로 악을 이겨야 한다.[15] 마크 트웨인(Mark Twain)은 "나를 괴롭게 하는 것은 성경에서 내가 이해할 수 없는 부분들이 아니라 내가 이해하는 부분들이다"[16]라고 말했다.

우리는 원수를 사랑해야 한다는 것을 지적인 차원에서 이해한다. 하지만 상처 받은 사람에게 이 말을 해보라. 때로는 우리의 원수들을 용서하는 것이 너무 힘들게 느껴진다. 특히 우리가 깊이 상처를 받았을 때 더 그렇다. 그렇지만 예수님은 이 도덕적 에베레스트 산의 아랫부분에 우리를 남겨두시고 올라가지 못하게 하시는 분이 아니다.

그는 우리에게 거의 알려지지 않은 도구를 주시는데, 그것은 우리 자신의 관성에 저항하는 것이다. 그것은 바로 기도다. 당신은 어떤지 모르겠으나, 나는 나 자신의 마음이 부드러워지지 않고 나의 태도가 바뀌지 않으면 누군가를 위해 기도하는 것이 거의 불가능하다는 것을 깨닫는다. 어떤 사람을 사랑하기가 힘들다면 그 사람을 위해 기도해보라. 우리의 사랑은 외적으로 표현되어야 하는 것만이 아니다. 그 사랑은 또한 내적으로도 역사해야 한다. 우리 자신의 마음이 변화될 때까지. 기도가 그 과정에서 도움이 된다.

그러나 원수를 위해 기도하는 것 또한 간단한 일이 아니다. 세미스 아이딘(Semise Aydin)에게 물어보라. 2007년 4월에 터키 동부에서 이슬람 광신도 5명이 그녀의 남편 네카티(Necati)와 다른 두 남자를 때리고, 고문하고, 처형했다. 그들이 살해하기 전에 희생자들은 손가락 끝이 잘리고 기관과 식도가 절단되는 고통을 견뎌야만 했다. 그들의 죄는 무엇이었을까? 그들은 이슬람 신자가 대부분인 나라에서 하나님의 말씀을 전하는 일에 관심이 있는 그리스도인들이었다.

네카티 아이딘을 살해한 사람들이 보기에 그의 죄는 특히 악랄했다. 그는 이슬람교도였다가 예수 그리스도를 믿고 충성하게 된 사람이었다.

"나는 예수님을 믿음으로써 이 구원을 받았다."

아이딘은 결심을 한 후에 두려워하는 그의 가족에게 말했다.

"또한 그 누구도, 가난과 고난, 질병, 악과 죽음도 나를 구원에 이르는 믿음에서 떠나게 할 수 없다."

그는 아내와 어린 두 딸을 남겨두고 순교자의 죽음을 받아들였다.

어느 날 그의 여섯 살 된 딸이 물었다.

"엄마, 아빠가 너무 보고 싶어요. 예수님이 아빠를 우리에게 다시 돌려보내주실 순 없어요?"

아이 엄마인 세미스는 더듬거리며 상황을 설명했다.

"에스더, 예수님은 아빠를 하늘나라로 데려가서 그분 곁에 두기로 결정하셨어."

그녀는 애써 안심시키려는 목소리로 말했다.

"그러니까 예수님이 우리를 하늘나라로 데려가서서 아빠를 다시 보게 해주실 때까지 기다려야 돼."

이때 어린 에스더의 대답은 그리 놀라운 것이 아니었다.

"아빠가 다시 오시지 않는다면, 그럼 저도 천국에 가고 싶어요!"

남편이 처참하게 살해된 후 세미스 아이딘은 너무나 고통스러운 삶에 직면했다.

"네티카의 부재는 매일매일 저에게 십자가예요."

그녀가 〈컴퍼스 다이렉트 뉴스〉(Compass Direct News)에서 한 말이다.

"그것은 우리 모두에게 날마다 스트레스예요."

하지만 살해된 지 이틀 뒤, 세미스는 범인들을 공적으로 용서했다. 뿐만 아니라, 그녀의 원수들에 대한 사랑은 다음 단계로 넘어갔다. 바로 기도였다. 그녀는 그 광신도들 중 한 사람이라도 회개하고 예수님을 믿게 해달라고 기도하고 있다. 그녀는 이렇게 말했다.

"그것이 궁극적인 복수가 아니겠어요?"[17]

우리가 바라보고 따를 분

그러나 예수님은 한 걸음 더 나아가, 십계명의 저자이자 우리 기도의 대상을 바라보게 하신다. 곧 하늘에 계신 우리 아버지다. 우리는 하늘 아버지의 자녀가 되어, 그분이 하시는 일을 행해야 한다. 예수님은 "아버지처럼, 아들처럼"이라고 말씀하고 계신 듯하다. 하나님이 각각의 자녀를 독특하게 만드시는 것은 사실이다. 정확히 똑같은 사람은 아무도 없다. 아무리 일란성 쌍둥이라도 다른 점이 있다. 부모와 자녀들은 성격, 재능, 관점에 있어 중대한 차이점들이 있을 것이다.

하지만 더 심오한 공통점들도 있다. 부모와 자녀의 이런 공통점들은 처음엔 분명히 드러나지 않지만 나중에 오랜 세월이 지난 뒤에 나타날 것이다. 딸이 한쪽 눈썹을 치켜 올리는 모습이 그녀의 아버지와 묘하게 닮을 것이다. 아들이 스트레스에 대응하는 방식이 어머니의 모습과 비슷할 것이다. 한 남자가 자기 자녀들을 훈육하는 방식은 그의 아버지가 그를 다루신 방법을 그대로 반영할 것이다. 우리는 하늘에 계신 우리 아버지와 여러 가지 면에서 다르지만, 그가 하시는 일을 행함으로써 우리가 그의 자녀임을 나타낸다.

주 하나님이 새로운 율법의 돌 판을 주실 때 모세 앞으로 지나시며 자신을 "자비롭고 은혜롭고 노하기를 더디하고 인자와 진실이 많은 하나님이라 인자를 천대까지 베풀며 악과 과실과 죄를 용서하리라"(출 34:6,7)[18]라고 묘사하셨다. 예수님의 말씀을 듣는 자들은 이 이야기를 넌지시 알고 있을 것이며, 그 다음에 자신들의 모습을 돌아볼 수밖에 없을 것이다. 하나님은 악한 자들과 회개하지 않는 자들을 축복하시니, 우리도 그래야 한다. 예수님은 용서하지 않는 종의 예화에서 이렇게 물으신다.

"내가 너를 불쌍히 여김과 같이 너도 네 동료를 불쌍히 여김이 마땅하지 아니하냐?"(마 18:33).

보상이 따르는 사랑

하늘에 계신 아버지를 본받으라는 말로는 동기를 부여하기에 부족한지, 예수님은 자기중심적인 제자들의 수준에 맞게 낮춘 네 가지 질문을 던지신다.[19]

"너희가 너희를 사랑하는 자를 사랑하면 무슨 상이 있으리요?"

언뜻 보기에, 우리의 상에 대해 생각하는 것은 아무리 좋게 보아도 터무니없어 보인다. 옳은 일을 행하는 것은 그 자체가 '상'이지 않은가? 우리는 해야 할 일을 하고 있을 뿐이다. 상이 그것과 무슨 상관이 있을까? 사실상 굉장히 많다. 산상설교의 다른 부분에서 예수님은 땅의 보물을 중요시하지 말라고 말씀하신다.[20] 그러나 당신이 생각하는 이유 때문은 아닐 것이다. 랜디 알콘의 말을 들어보자.

"예수님이 하시는 말씀을 잘 생각해보라. '너희를 위하여 보물을 땅에 쌓아 두지 말라.' 왜 그러지 말아야 하는가? 땅의 보물들이 나쁜 것이기 때문인가? 아니다. 그것들이 영원하지 않을 것이기 때문이다."[21]

예수님은 여기서 우리에게 영원히 지속될 상을 위해 일하도록 권면하시며, 그 상을 얻기 위한 가장 빠른 길은 우리의 원수를 사랑하고 그들을 위해 기도하는 것이다.

예수님은 우리를 또 다른 비유로 이끄시는데, 이번에는 부정적인 비유다. 처음에 그는 고상한 비유에서 하나님을 바라보라고 명하시지만, 지금은 사회의 밑바닥을 내려다보게 하신다.

세리도 이같이 아니하느냐 또 너희가 너희 형제에게만 문안하면 남보다 더하는 것이 무엇이냐 이방인들도 이같이 아니하느냐 그러므로 하늘에 계신 너희 아버지의 온전하심과 같이 너희도 온전하라 마 5:46-48

우리 자신을 사회에서 가장 멸시받는 부류들과 비교하는 예수님의 질문들이 무신경한 것처럼 보일 수 있지만, 사실상 그 질문들은 은혜로운 경종이다. 여기서 예수님은 잃어버린 자들의 내재된 선에 대해 행복한 이야기를 하고 계신 것이 아니다. 그는 마음을 판단하시는 거룩하신 하나님 앞에서는 세리와 이방인들의 친절도 이기적이며 아무 소용없다고 말씀하신다. 그러한 행위들은 인간쓰레기들에게 아무 상도 가져다주지 않을 뿐만 아니라 예수님의 제자라고 주장하는 이들에게도 아무 유익이 되지 않을 거라고 말씀이다. 매튜 헨리는 이렇게 말한다.

"우리는 세리들의 선행보다 더 높이 올라가지 않으면 그리스도인들의 상을 기대할 수 없다."[22]

그와 비슷한 평지의 설교에서,[23] 예수님은 같은 주장을 하시는데 강조점만 약간 다르다. 그는 재정적인 문제들을 염두에 두고 말씀하시는 것 같다.

너희가 만일 너희를 사랑하는 자만을 사랑하면 칭찬 받을 것이 무엇이냐 죄인들도 사랑하는 자는 사랑하느니라 너희가 만일 선대하는 자만을 선대하면 칭찬 받을 것이 무엇이냐 죄인들도 이렇게 하느니라 너희가 받기를 바라고 사람들에게 꾸어 주면 칭찬 받을 것이 무엇이냐 죄인들도 그만큼 받고자 하여 죄인에게 꾸어 주느니라 오직 너희는 원수를 사랑하고 선대하며 아무것도 바라지 말고 꾸어 주라 그리하면 너희 상이 클 것이요 또 지극히 높으신 이의 아들이 되리니 그는 은혜를 모르는 자와 악한 자에게도 인자하시니라 너희 아버지의 자비로우심같이 너희도 자비로운 자가 되라 눅 6:32-36

여기서 우리는 다시 참된 사랑이 역사하는 것을 본다. 그것은 돌려받을 것을 기대하지 않고 꾸어주는 것 같은 세속적인 활동들과 관련이 있다. 가장 최근에 돌려받지 못할 수도 있는 돈을 빌려주는 것에 대해 생각해본 때가 언제였는가? 나는 예수님이 자본주의를 정죄하신다고 믿지 않는다. 그것은 주로 대출금을 상환할 거라는 기대에 근거해 효율적으로 운영된다. 그리고 많은 대출자들이 채무를 이행하지 않을 때 붕괴될 위험이 있다. 하지만 예수님은 어떤 사람이 도움을 청할 때 우리가 개인사를 사업처럼 엄격하게 처리할 순 없다고 말씀하신다.

우주에서도 은하계의 차원에 비해 아원자적 차원에서는 다른 법칙들이 작동을 하듯이, 우리의 사회적 사회 작용의 규모가 축소될 때 다른 법칙들이 적용될 수 있다. 우리의 이웃을 사랑하는 것은 은행의 일이 아니라 우리의 일이다. 그러한 사랑은 극단적이고 대가가 크다. 내가 실직을 했을 때 우리 가족은 정부에서 주는 실업수당에 매우 감사했다. 하지만 우리의 마음을 감동시킨 것은 같은 교회 신자들이 보내온 많은-정말로 많은-개인적인 선물들이었다. 어떤 선물에는 쪽지도 있었다. 또 익명으로 보내온 것들도 있었다. 수표로, 현금으로 보내온 것도 있었다. 큰 선물도 있고 작은 선물도 있었다. 그들 모두가 나눠준 것은 말뿐만 아니라 행동으로 보여준 사랑의 헌신이었다.

여기서 예수님의 부정적인 비유는 죄인들과 비교한 것이다. 이 구절에 담긴 명백한 의미는 우리가 흔한 보통의 죄인들보다 나을 것이 없다면 그들보다 더 많은 상을 기대할 수 없다는 것이다. 즉 상은 없다. 다른 설교에 비해, 이 설교에서는 보상의 순서가 바뀐다. 즉 처음에 큰 상을 약속하고, 그다음에 지극히 높으시고 인자하신 우리 아버지를 닮게 될 것을 약속한다.

어떤 보상이 더 큰가, 상인가 아버지를 닮는 것인가? 아니면 그것들은 같은 것의 다른 면들을 나타내는가? 살다 보면, 우리 중에 경제적 기회의 복을 충분히 받은, 그리고 좋은 두뇌와 그것을 잘 활용할 행운의 복을 받은 사람들에게 물질적인 면에서 정말로 필요한 것을 모두 갖게 되는 때가 온다. 그 다음엔 어떻게 되는가? 어쩌면 우리는 나이가 들수록 우리가 가진 물질의 중력이 점점 더 작아져서 거의 만족을 주지 못한다는 걸 깨닫게 될 것이다. 그때 다른 세계로부터 오는 중력이 더 커지기 시작하고, 우리는 점점 더 그 방향을 바라보기 시작한다. 즉 위를 바라보게 되는 것이다. 예전보다 사람들이 더 중요해지기 시작하고, 하나님이 더 중요해진다.

존 파이퍼가 말했듯이, 하나님 자신-그가 주시는 어떤 혜택이 아니라-이 복음이다. 그는 "가장 좋고 최종적인 복음의 선물은 우리가 그리스도를 얻는 것이다"라고 말한다.[24] 천국은 우리의 갈망이 이루어지는 곳일 뿐만 아니라 우리의 고통이 사라지는 곳이기도 하다. 그곳은 하나님이 계신 곳이다. 우리는 물질로 가득하지만 견고한 관계들이 없는 삶의 공허함을 보며, 어쩌면 몇 십 년 동안 억눌려 있던 열망이 모습을 드러내기 시작한다. 그것은 하나님을 향한 열망이다. 단지 하나님과 함께 있고 싶은 열망이 아니라, 그의 성품을 닮고자 하는 열망이다. 우리는 지극히 높으신 분의 아들, 딸이 되기 원한다. 더 이상은 필요한 것도, 원하는 것도 없다. 하나님을 닮는 것으로 충분하다.

토론 질문

1. 사회는 '사랑'을 무엇이라고 말하는가?

2. 성경 계명들의 중심에는 무엇이 있는가?

3. 성경적인 사랑은 어떤 모습으로 나타나는가?

4. 우리가 처한 상황에서 이러한 사랑을 어떻게 나타낼 수 있는가?

5. 당신에게 잘못한 사람에 대한 사랑과 정의에 대한 성경적 요구의 균형을 어떻

게 맞추는가?

6. 하나님의 말씀은 우리가 지속적으로 사랑하도록 어떻게 격려해주는가?

7. 다른 사람들을 사랑하는 것에 대한 보상은 어떤 모습으로 나타날 것 같은가? 하나님을 사랑하는 것에 대한 보상은 어떤가?

ALL THAT JESUS ASKS

중요한
교리들은
무엇인가?

What Are Some Critical Doctrines?

ALL THAT JESUS ASKS

말씀을
이해하라

❝ 너희가 성경도, 하나님의 능력도 알지 못하는 고로
오해하였도다. ❞

2008년 12월 15일자 〈뉴스위크〉(Newsweek)에 실린 리사 밀러(Lisa Miller)의 표지 기사, "우리의 상호적인 즐거움"은 동성 결혼의 성경적 사례를 제시하겠다고 주장한다.[1] 하지만 그녀의 해석학적 여행은 금세 궤도를 벗어난다. 밀러는 성경에서 동성애 행위에 반대하는 직접적인 진술들은 무시하고,[2] 대신 그런 성경 인물들의 삶만을 중점적으로 바라보기 때문이다. 그러나 옛 시절을 살던 거친 사람들을 생각할 때 그것은 결코 현명한 해석학적 과정이 아니다.

잠시 보수주의자들의 말을 들으며 성경적인 결혼을 정의해보자. 사랑하는 아내 사라가 임신할 수 없다는 것을 알고 여종과 동침했던 위대한 족장 아브라함을 살펴보겠는가? 또는 네 명의 여자들(두 자매와 그 여종들)에게서 자녀를 얻은 야곱을 보겠는가? 아브라함, 야곱, 다윗, 솔로몬, 그리고 유다와 이스라엘의 왕들, 이 모든 아버지이자 영웅들은 일부다처론자들이었다. 신약성경의 결혼 모델도 더 나아진 것이 거의 없다. 예수님 자신은 독신이셨고, 세상적인 애착관계, 특히 가족에 대해 무관심할 것을 설교하셨다. 사도 바울은 정욕을 억제하지 못하는 자들의 최후 수단이 결혼이라고 여겼다.

밀러의 기사를 옹호하는 편집자 존 미첨(Jon Meacham)의 글은 언론의 편향성에 대한 모든 의혹을 없애준다. 그는 성경적인 이유들로 동성 결혼에 반대하는 모든 사람들의 의견을 묵살하며 이렇게 말한다.

"동성애자의 권리에 대해 어떻게 생각하든-찬성하든 반대하든, 그 중간쯤이든 간에- 이렇게 보수적으로 성경의 권위에 의존하는 것은 가장 나쁜 형태의 근본주의다. 성경 제작의 역사와 천 년 동안 히브리 성경과 기독교 신약성경에서 우리에게 전해진 이야기들과 명령들에 대해 비판적인 관심을 가져온 학자들과 다른 이들의 견해를 고려할 때, 어떤 것이 단지 성경에 나와 있기 때문에 그렇다고 주장하는 것은 지적인 결핍일 뿐만 아니라 진지하지 못하고 유대교-기독교의 위대한 전통에 적합하지 못한 것이다."

그의 말대로 성경을 믿고 따르는 것이 '가장 나쁜 형태의 근본주의'라면, 과연 미첨은 9.11 사태를 일으킨 이슬람 테러리스트들에 대해선 어떻게 생각할지 궁금하다. 나는 엄격한 근본주의에 반대하고, 관대하며 사려 깊게 시사 문제들을 다루는 지적인 믿음에는 찬성하지만, 기록된 하나님의 말씀에 대한 분명한 이해 없이는 견고한 교리가 설 수 없다는 것을 잘 알고 있다.

말씀에 대한 괴리현상

미국인들의 의견은 미첨의 견해와 상당히 다르다. 우리는 생각 있는 사람들 중 다수가 66권의 신구약 성경을 과학 이전 시대의 유물로 여기고, 시대에 뒤처진 소수, 남에게 잘 속는 촌놈들만 그것에 동의한다고 생각할지 모르지만, 많은 사람들이 그와 다르게 말한다. 갤럽 뉴스 서비스(Gallup News Service)의 프랭크 뉴포트(Frank Newport)에 따르면, "미국 성인 인구의 약 3분의 1은 성경이 실제 하나님의 말씀이며 정확히 글자 그대로 받아들여야 한다고 믿는다"라고 한다.[3]

그러나 그에 비해 성경을 주기적으로 읽는 사람들은 매우 적다. 성경이 하나님의 말씀이라고 믿는 사람들도 그만큼 신경 써서 성경을 읽지 않는다는 말이다.[4] 성경이 다루는 영역들-결혼생활, 자녀 양육, 돈, 질병 등-에서 많은 사람들이 부딪히는 골치 아픈 문제들을 생각하면, 더 많은 사람들이 일부러 시간을 내어 이 비할 데 없는 책을 펼쳐볼 거라고 생각할 것이지만 말이다.

신구약 성경이 주장하듯이, 하나님은 우리가 성경을 읽을 때 어떤 일을 행하신다.[5] J. I. 패커와 캐롤린 나이스트롬은 사람들이 성경을 읽거나 묵상할 때 "그들이 새 신자들이고 성스러운 본문을 아직 잘 모른다 하더라도, 하나님으로부터 오는 메시지가 그들의 마음에 와 닿아서 그들을 깜짝 놀라게 하고 격려해준다. 성경을 읽는 사람들은 하나님이 그들에게 의미 있게 말씀하고 계신다는 것을 거듭 느낀다"라고 말한다.[6]

그러나 우리는 종종 성경책의 가죽 커버 지퍼를 잘 닫아서 선반 위에 올려만 둔다. 우리는 성경을 믿지만 읽지는 않는다. 그 이유는 여러 가지가 있을 수 있다. 시간이 없다는 인식, 게으름, 읽은 말씀에 순종하기 싫은 마음, 이해하지 못할 것에 대한 두려움 등. 그러나 이러한 괴리현상이 가증스럽게 보이긴 해도, 그다지 새로운 현상은 아니다.

핵심을 놓쳤다

예수님 시대에도 비슷한 문제에 직면했다. 대부분의 사람들이 자기 성경책을 갖고 있지 못했지만, 어릴 때부터 시작해서 그 성스러운 본문을 반복해서 배웠다. 무지함은 상상도 할 수 없는 일이었다. 하나님의 말씀-율법서와 선지서-은 유대인들로부터 시작해서 인류에게 주시는 하나님의 선물, 생명을 유지시켜주는 선물이었다.

하나님의 말씀은 그분의 보살핌을 받는 공동체 안에서의 삶의 요건들을 분명히 보여주었다. 그것은 죄의 끔찍함과 하나님과 교제하는 삶의 복들을 자세히 설명한다. 그 말씀은 사람들에게 하나님께 다가가는 법, 재앙을 피하는 법, 부를 창출하는 법, 지혜를 기르는 법, 그리고 이 세상의 존재 너머에 무엇이 있는지를 가르쳐주었다.

이스라엘은 사람이 "떡으로만 사는 것이 아니요 여호와의 입에서 나오는 모든 말씀으로 사는"7 것을 알았다. 그러나 대체로 이스라엘은 하나님의 말씀에 불순종하거나 무시했고, 결국 심판을 받아 바벨론의 폭군 느부갓네살에 의해 약속의 땅에서 쫓겨났다. 하나님은 그 후 몇 백 년에 걸쳐 은혜를 베푸심으로 그 백성이 그 땅으로 돌아오게 되지만, 바벨론에는 중요한 것이 남게 되었다. 바로 하나님의 말씀에 대한 사람들의 이해였다.

법과 전통

예수님 시대에 사람들은 하나님의 호의를 얻기 위해 의욕적으로 성경에 순종하려 했다. 그들은 미첨과 그 일행들이 조롱하는 근본주의자들과 매우 비슷하다. 서기관들과 바리새인들은 로마인들로부터 자유를 얻기 원하는 사람들에게 용의주도하게 율법을 가르쳤고, 누군가가 우연히 계명을 어기는 일이 없도록 많은 안전장치들을 부가했다. 이것들은 "대대로 전해내려온 모세 율법의 해석과 적용이었다. 예수님 당시에 이 '장로들의 유전'은 구술적 형태였다. A. D. 200년이 되어서야 그것은 미슈나(Mishnah)에 기록되었다."8

불행히도 처음엔 좋은 의도로 부가되었던 이러한 것들이 율법 주위에서 성장해 결국은 율법을 억눌러버렸다. 전통이 실제 성경 말씀만큼 권위적인 것으로 여겨지게 되었고, 마치 성스러운 본문과 인간의 해설을 구분하는 선이 지워져버린 성경을 공부하는 것 같았다. 월터 엘웰에 의하면 "몰라서 모세 율법을 위반하는 일을 방지하기 위해 구전이 생겨났지만, 그것들이 결국

짐이 되었고 율법 조문에 빛을 비추기보다는 더 모호하게 만드는 경향이 있었다."[9]

예수님은 그것을 기뻐하지 않으셨다. 참된 제자는 하나님의 말씀을 제일 우선시하지 우리의 해석을 더 우선시하지 않는다. 어떤 글이나 기관, 또는 책이 아무리 훌륭하거나 통찰력이 있다 하더라도, 하나님의 말씀과 같은 구속력을 가질 수는 없다.

그러한 전통 중 하나가 의식적으로 부정해지는 것을 막기 위해 손을 씻는 것과 관련이 있었다.[10] 어느 날 서기관들과 바리새인들이 예루살렘에서 와서 예수님에게 그의 제자들이 전통을 따르지 않은 이유를 말해달라고 한다. 예수님은 곧 그를 공격하는 자들에게 역공격하신다.

> 대답하여 이르시되 너희는 어찌하여 너희의 전통으로 하나님의 계명을 범하느냐 하나님이 이르셨으되 네 부모를 공경하라 하시고 또 아버지나 어머니를 비방하는 자는 반드시 죽임을 당하리라 하셨거늘 너희는 이르되 누구든지 아버지에게나 어머니에게 말하기를 내가 드려 유익하게 할 것이 하나님께 드림이 되었다고 하기만 하면 그 부모를 공경할 것이 없다 하여 너희의 전통으로 하나님의 말씀을 폐하는도다 외식하는 자들아 이사야가 너희에 관하여 잘 예언하였도다 일렀으되 이 백성이 입술로는 나를 공경하되 마음은 내게서 멀도다 사람의 계명으로 교훈을 삼아 가르치니 나를 헛되이 경배하는도다 하였느니라 하시고 마 15:3-9

예수님은 그들의 질문-왜 그의 제자들이 특정한 전통을 따르지 않느냐는 질문-에 자신의 질문으로 답하신다. 아무리 의도가 선하더라도, 어떻게 그들은 전통을 하나님의 명령보다 더 우선시할 수 있었을까? 예수님의 질문에 담긴 의미는 하나님의 말씀이 인간의 전통보다 중요하다는 것이다. 예수님의 말씀에 따르면, 좋은 전통들도 있지만 우리로 하여금 하나님의 명령을 어기게 하는 전통은 없어져야 한다.

예수님이 말씀하시는 예를 보자. 당시에는 어떤 사람이 일정한 액수의 돈을 하나님께 드리기로 했으면 그 돈으로 부모를 부양할 필요가 없었다. 그 법은 하나님을 가장 우선시했고, 어머니와 아버지는 그 다음이었다. 그것은 거룩하게 들린다. 과연 그런가? 그것은 사실 실생활에서 부모를 공경해야 하는 명백한 의무를 회피하기 위한 율법적인 요령이 불과했다.

문자와 정신

우리가 율법의 정신을 이해하지 못하면 율법의 문자를 이해하는 것은 아무 도움도 되지 않는다. 예수님은 우리에게 새로운 눈으로 성경을 읽으라고 요구하신다. 그분은 우리에게 성경을 알 뿐만 아니라 바르게 해석하고 우리의 삶에 적용하라고 하신다. 우리의 마음을 감동시키는 새로운 해석학으로 우리를 부르신다. 로버트슨 맥퀼킨은 이렇게 말한다.

"모든 성경 공부의 목적은 성경의 진리를 삶에 적용하는 것이다. 그러한 적용이 이루어지지 않으면, 저자의 의도를 확인하려는 모든 노력은 아무 소용이 없을 것이다."[11]

예수님은 이 담론을 계속하시면서, 율법의 참된 핵심을 발견하자는 생각을 일으키신다. 그렇게 하심으로써 몇 백 년 전에 모세에게 전해진 음식에 관한 규정들을 폐기하신다. 모세는 하나님께서 이스라엘 백성이 '깨끗한' 음식만 먹기를 원하신다고 말했다.[12] 예수님은 그로써 다른 중요한 해석학적 원리를 드러내시는데, 그것은 점진적 계시의 원리이다.

무리를 불러 이르시되 듣고 깨달으라 입으로 들어가는 것이 사람을 더럽게 하는 것이 아니라 입에서 나오는 그것이 사람을 더럽게 하는 것이니라 이에 제자들이 나아와 이르되 바리새인들이 이 말씀을 듣고 걸림이 된 줄 아시나이까 예수께서 대답하여 이르시되 심은 것마다 내 하늘 아버지께서 심으시지 않은 것은 뽑힐 것이니 그냥 두라 그들은 맹인이 되어 맹인을 인도하는 자로다 만일 맹인이 맹인을 인도하면 둘이 다 구덩이에 빠지리라 하시니 베드로가 대답하여 이르되 이 비유를 우리에게 설명하여 주옵소서 예수께서 이르시되 너희도 아직까지 깨달음이 없느냐 입으로 들어가는 모든 것은 배로 들어가서 뒤로 내버려지는 줄 알지 못하느냐 입에서 나오는 것들은 마음에서 나오나니 이것이야말로 사람을 더럽게 하느니라 마음에서 나오는 것은 악한 생각과 살인과 간음과 음란과 도둑질과 거짓 증언과 비방이니 이런 것들이 사람을 더럽게 하는 것이요 씻지 않은 손으로 먹는 것은 사람을 더럽게 하지 못하느니라

마 15:10-20

여기서 예수님은 음식 규정이 일시적인 명령으로서, 사람들이 그 의도를 이해하면 폐기해야 한다는 것을 시사하신다. 그것의 본래 의도는 내적인 거룩함에 있다. 음식 규정은 그것이 의도하는 내적 실체를 외적으로 표현한 것이다.

예수님의 질문들은 성경의 계시-인간에 대한 하나님의 의사소통-가 점진적이라는 것을 깨닫도록 도와준다. 좋은 부모처럼, 하나님은 우리에게 한 번에 모든 것을 말씀해주지 않으신다. 그분은 우리가 알아야 할 것을, 알아야 할 때에 말씀해주신다. 시간이 갈수록 우리는 그분으로부터 더 많은 것을 배운다. 음식에 관한 규정들은 어떤 때와 장소에 적합한 것이었으나, 그리스도가 오심으로써 낡은 부대처럼 더 이상 필요 없는 것이 되었다. [13] "계시는 점진적 활동이다. 그리스도 안에 있는 하나님의 계시는 따로 떨어져 있는 것이 아니라, 오랫동안 이어진 계시적 폭로들의 절정으로 등장하는 것이다"[14]라고 패커는 말한다.

여기서 예수님은 사람이 입으로 들어오는 것(음식) 때문에 더러워지는 것이 아니라 입에서 나가는 것(악한 마음에서 나오는 말) 때문에 더러워진다는 단순해 보이는 사실을 주장하신다. 그 의미는 이와 같다. 하나님은 음식보

다 마음에 더 관심이 있으시다는 것이다. 음식에 관한 규정들은 일시적인 것들로, 사람들이 거룩해지고 여호와께 헌신하도록 훈련시키기 위한 것이었다. 그러나 그것들이 변화된 마음을 대신할 수는 없었다.

예수님은 단지 성경을 주입식으로 이해하는 것이나 성경의 명령들을 기계적으로 적용하는 것에 만족하지 않으셨다. 하나님의 말씀을 알아도 마음의 변화와 거룩한 삶으로 이어지지 않으면 소용이 없었다. 부서져야 하는 것은 우상이었다. 윌리엄 라킨(William Larkin) 교수는 "성경 해석은 적용을 포함해야 한다"라고 말한다.[15]

안과 밖의 정결함

내적 변화의 목적은 다른 구약의 율법들에도 적용된다. 간음하다 붙잡힌 여자의 사건에서, 예수님은 율법에 순종하는 외적인 정결함뿐만 아니라 내적인 정결함도 요구하신다. 또한 이 거룩함의 요구는 예수님 앞에 끌려온 불행한 여자뿐만 아니라 그녀를 비난하던 독선적인 사람들에게도 적용된다. 그들은 분명 차갑고 의기양양한 어조로 말했을 것이다.

"선생이여 이 여자가 간음하다가 현장에서 잡혔나이다 모세는 율법에 이러한 여자를 돌로 치라 명하였거니와 선생은 어떻게 말하겠나이까?"

이번에도 역시 예수님을 비난하는 자들은 사람들 앞에서 그의 신임을 떨어뜨리려 한다. 그들은 자신들이 본 것을 하나님의 율법과 단순히 인간적인 동정심 간의 갈등으로 이용하려 한다. 그러나 그들이 곧 알게 되겠지만, 그런 갈등은 존재하지 않는다. 하나님의 율법은 하나님의 사랑의 표현이기 때문이다. "인애와 진리가 같이 만나고 의와 화평이 서로 입 맞추었으며"(시 85:10)라는 시편 기자의 말처럼 말이다.

그들의 집요한 율법주의적 질문에, 예수님은 마침내 일어나 "너희 중에 죄 없는 자가 먼저 돌로 치라"라고 말씀하신다. 그들은 자신의 잘못을 깨닫고 한 사람씩 돌을 내려놓고 슬그머니 떠난다. 이 말씀을 따라 우리도 우리 자신의 결점을 생각하고, 다른 사람의 잘못을 지적하기 전에 우리 눈의 들보를 먼저 빼는 것이 좋을 것이다.

"여자여 너를 고발하던 그들이 어디 있느냐? 너를 정죄한 자가 없느냐?"라고 예수님이 여자에게 물으신다. 그 여자는 약간 충격받은 상태에서 "주여 없나이다"라고 대답한다. 목격자가 없으니 사건이 성립되지 않는다. 그녀는 결국 모든 책임을 면할 것인가? 아니다. 예수님은 그녀가 그 죄를 범한 적이 없었던 것처럼 행동하지 않으신다. 그러면서 "나도 너를 정죄하지 아니하노니 가서 다시는 죄를 범하지 말라"라고 말씀하신다.[16]

예수님은 인간의 삶 속에서 죄의 어마어마한 힘과 대가를 부인하지 않으신다. 우리는 죄가 우리를 휘어잡고 파멸시키는 힘을 상실하는 경지에 결코 이르지 못할 것이다. 그러나 예수님은 진리와 은혜의 균형을 완벽하게 유지하신다.[17] 그 여자는 죄를 범했다. 하지만 그녀는 이제 죄 없이 자유롭게 살 수 있다. 예수님은 율법의 첫째 목적이 처벌이 아니라는 것을 우리에게 상기시켜주신다. 율법의 첫째 목적은 회복이다. 예수님은 우리의 곤경을 이해하신다. "그가 시험을 받아 고난을 당하셨은즉 시험 받는 자들을 능히 도우실 수 있느니라"(히 2:18).

신앙에 투자하라

어느 날 사두개인들이 그들의 계략적 질문으로 예수님을 함정에 빠뜨리려 한다. 히브리 성경을 이용해서 사후세계의 실재를 부인하려는 뻔뻔한 시도였다.[18] 그리고 그 교리는 구약성경에서 신약성경처럼 명백하게 제시되지 않는다. 전에도 내세에 대한 암시들이 있기는 했지만,[19] 예수님이 부활하시기 전까지는 완전히 드러나지 않는다. 예수님은 "잠자는 자들의 첫 열매"가 되셨다.[20] 그럼에도 불구하고 예수님은 사두개인들과의 논쟁에서 신약성경에 등장할 내세의 계시에 호소하지 않으시고 구약성경의 말씀에 호소하신다.

그 다음에 예수님은 질문자들에게 가장 희한한 질문을 하신다.

"너희가 성경도 하나님의 능력도 알지 못하므로 오해함이 아니냐?"(막 12:24).

그들이 성경을 알았다면 이생이 끝이 아니라는 걸 알았을 것이다. 게다가 성경에 대한 그들의 무지는 성경의 궁극적 저자이신 하나님에 대한 무지와 병행한다. 이것은 단순한 우연의 일치가 아니다. 창조 세계는 우리에게 하나님의 능력과 위엄을 보여주지만,[21] 성경은 하나님이 자신을 드러내시는 주요 수단이다.[22] 우리가 하나님의 말씀을 모르면 하나님을 알 거라고 기대할 수 없다. 마음의 지식은 머리의 지식과 함께 간다.

우리가 예수님의 제자로 성장하고자 한다면 성경에 대한 지식이 필요하지만, 그것으로 충분한 것은 아니다. 그러나 반드시 필요한 것은 사실이다. 그러려면 단지 경건한 성경 읽기나 매일 성경 읽기뿐 아니라 하나님의 기록된 계시를 올바로 이해하기 위한 실제적인 노력이 필요할 것이다. 이것은 우리가 모두 성경의 본래 언어를 배워야 한다는 뜻이 아니다. 우리는 단순히 제일 좋아하는 장이나 설교 본문을 깊이 파고드는 것부터 시작할 수 있다. 그러다보면 훌륭한 성경 해석의 도구들을 원하게 될 것이다. 좋은 주석성경 외에, 주석, 해석학 기본서, 히브리어와 헬라어에서의 미묘한 의미 차이를 이해하기 위한 용어색인, 성경 지도, 신학 사전, 성경백과사전에 투자를 해야 한다.[23]

예수님 당시의 신자들은 하나님의 말씀을 이해하는 데 도움이 될 만한 것이 훨씬 더 적었으나 대부분 우리보다 훨씬 더 많은 것을 알고 있었다는 사실이 흥미롭다. 우리는 하나님이 주신 두 번째 큰 선물인 그의 기록된 말씀을 충실히 배워서, 그것이 우리의 마음을 변화시키도록 해야 한다.

믿음은 말씀과 연결된다

마지막으로, 히브리 성경은 그분의 백성이 왕을 바라보도록 하기 위해 쓰여졌다. 예수님은 여러 번 청중의 관심을 사로잡고 그분의 주장을 결론짓기 위해 하나님의 말씀에 대한 그들의 경외심에 호소하셨다. 당신이 지금 들고 있는 이 책에서도 우리는 이것을 여러 번 목격했다. 그러나 예수님이 삶과 믿음의 문제에 있어서 히브리 성경이 얼마나 중요하다고 믿으셨는지를 우리 스스로 상기하는 것이 좋을 것이다. 그는 의심하는 자들에게 "너희가 성경을 읽어보지도 못하였느냐?"(막 12:10,11)라고 물으셨다. "다윗이 한 일을 읽지 못하였느냐?"(눅 6:3)라고 회의론자들에게 물으셨다. "너희가 율법에서 읽지 못하였느냐?"(마 12:5).

그들은 정말로 읽지 않았을까? 성전을 정화하시기 전에 예수님은 이렇게 물으셨다.

"기록된 바 내 집은 만민이 기도하는 집이라 칭함을 받으리라고 하지 아니하였느냐?"(막 11:17)

결혼에 관한 질문에 예수님은 "모세가 어떻게 너희에게 명하였느냐?"[24]라고 대답하셨다. 죽음이 다가올 때에도 예수님의 입에선 성경 말씀이 떠나지 않았다. 예수님은 십자가 위에서 시편 22편을 인용해 "나의 하나님, 나의 하나님 어찌하여 나를 버리셨나이까?"[25]라고 부르짖으셨다. 예수님은 그의 말씀을 듣는 자들이 그들의 성경을 알고 있기를 온전히 기대하셨다. 그분은 분명 성경을 알고 계셨다. 유대인의 믿음과 하나님이 말씀은 서로 뗄 수 없는 것이었다. 어떻게 성경을 모르면서 하나님이 기대하시는 바를 알 수 있었겠는가?

궁극적인 목적지

그러나 하나님의 말씀은 단지 무엇, 언제, 왜, 어떻게를 묻는 질문에 답하기 위해 기록된 것이 아니다. 물론 그것들도 매우 중요하지만. 말씀은 사람들을 그 궁극적인 '누구', 즉 하나님 자신에게로 이끌기 위한 것이었다. 예수님은 유대인 지도자들에게 이렇게 말씀하셨다.

"또한 나를 보내신 아버지께서 친히 나를 위하여 증언하셨느니라 너희는 아무 때에도 그 음성을 듣지 못하였고 그 형상을 보지 못하였으며 그 말씀이 너희 속에 거하지 아니하니 이는 그가 보내신 이를 믿지 아니함이라 너희가 성경에서 영생을 얻는 줄 생각하고 성경을 연구하거니와 이 성경이 곧 내게 대하여 증언하는 것이니라"(요 5:37-39).

예수님의 말씀에 따르면, 유대교는 예수님 없이는 불완전하다. 그것은 십자가 사건 전에 메시아를 부인하는 유대교가 아무리 도덕적이고, 가족 중심적이고, 유일신교라 해도, 모든 성경에서 자신을 계시하신 하나님께 이르는 적합한 길로 간주될 수 없다는 뜻이다. 예수님은 믿지 않는 무리에게 말씀하셨다.

"모세를 믿었더라면 또 나를 믿었으리니 이는 그가 내게 대하여 기록하였음이라 그러나 그의 글도 믿지 아니하거든 어찌 내 말을 믿겠느냐?"(요 5:46,47).

예수님을 밀어내면서 모세를 받아들일 수는 없다. 그것은 세트 상품과 같다. 예수님은 그의 동료 유대인들에게 그의 권위를 의심하는 자들은 모세도 따르지 않고 있다는 걸 기억해야 한다고 말씀하신다.

"모세가 너희에게 율법을 주지 아니하였느냐 너희 중에 율법을 지키는 자가 없도다"(요 7:19).

모세의 율법에 순종하려고 노력하지도 않은 그들이 어떻게 예수님을 의심할 수 있는가? 그들이 더 작은 선지자도 따르지 않았다면 어떻게 더 큰 자를 따를 수 있겠는가? 변화산에서 성부 하나님은 모세보다 예수님이 더 높다는 것을 분명히 밝히셨다. [26]

이러한 것들은 어려운 말씀, 고통스러운 말씀이다. 그것을 말하는 것이 내게는 전혀 즐겁지 않다. 다른 일을 할 수 있으면 좋겠다. 하지만 내가 이 말을 해야 하는 것은 성경 말씀 때문이지, 유대인들에 대한 어떤 반감 때문이 아니다. 참으로 나는 자신을 '히브리인 중의 히브리인'이라고 묘사한 바울에게 공감한다. [27] 그는 유대 백성이 예수님을 그들의 메시아로 받아들이

지 않기 때문에 "나에게 큰 근심이 있고 마음에 그치지 않는 고통이 있다"라고 외쳤다.[28]

그러나 기독교의 반유대주의가 무섭게 폭발했던 역사를 볼 때-십자군 전쟁이든 독일의 나치 시대든-왜 유대 백성이 이 말에 노여워하는지 쉽게 알 수 있다. 예수아(Yeshua, 예수의 유대식 이름)를 따르는 자들이 너무 자주 그의 백성을 핍박했다. 내가 유대인 복음전도에 찬성하는 공식 입장을 표명했을 때 유명한 시카고 랍비인 예히엘 포우프코(Yehiel Poupko)는 나를 몹시 비난하며 유대교는 나사렛 예수 없이 홀로 서 있다고 말했고, 유대인 전도는 유대인들을 깎아내리는 것이라고 주장했다.

> 유대인-복음주의자의 관계는 이제 막 초기 단계에 있다. 우리는 여전히 서로 대화하는 법과 궁극적인 문제들에 대해 서로 존중하며 우호적인 대화를 나누는 법을 배우고 있다. 이 대화의 목적은 합의가 아니다. 종교간 대화의 기본은 상호간의 종교적 거부, 신앙 공동체들 간에 타협할 수 없는 차이점들에 대한 명백한 이해가 되어야 한다. 하나님이 우리 조상들과 맺으신 언약에 충실한 유대인으로서 나는 그리스도인에게 가장 성스러운 것을 거부한다. 나의 조상들이 그랬듯이 나는 그것을 위해 죽을 각오가 되어 있다. 반면 그리스도인은 나에게 가장 성스러운 것을 거부하며, 마찬가지로 그것을 위해 죽을 각오가 되어 있다. 상호간의 공손한 종교적 거부가 이루어진 후에야 우리가 공동으로 가지고 있는 신념들을 확인할 수 있다. 그것은 유일한 하나님에 대한 것이다. 즉 하나님은 모든 인류를 하나님의 형상으로 창조하셨고, 공의와 의와 거룩과 순결의 길을 보여 주셨다.[29]

유대인에게 가장 성스러운 것이 시내 산에서 하나님과 맺은 언약이 아니라 예수님을 메시아로 인정하지 않는 것이라면, 우리는 반대하기로 동의해야 할 것이다. 하지만 하나님의 택함과 사랑을 받는 백성으로 남아 있는 유대인들을 나는 결코 거부할 수 없었다. 바울은 "복음으로 하면 그들이 너희로 말미암아 원수 된 자요 택하심으로 하면 조상들로 말미암아 사랑을 입은 자라 하나님의 은사와 부르심에는 후회하심이 없느니라"(롬 11:28,29)라고 말했다.

그러므로 우리는 부드럽게 유대인들의 메시아이신 그분의 사랑을 그들과 함께 나누면서, 그들을 사랑하고 받아들이자. 예수님을 따르던 자들도 그분을 알아보는 데 한참 걸렸다는 사실을 기억하자. 부활 후에 엠마오로 가는 길에서 두 제자는 부지중에 자신의 신분을 숨긴 주님께 그의 삶과 죽음에 대해 이야기했고, 결국 빈 무덤의 수수께끼로 이야기를 마쳤다. 그들은 부활을 이해하지 못했다. 그들의 무지함과 믿음의 결핍은 분명 예수님에게 이해가 안 되는 일이었을 것이다.

> 이르시되 미련하고 선지자들이 말한 모든 것을 마음에 더디 믿는 자들이여 그리스도가 이런 고난을 받고 자기의 영광에 들어가야 할 것이 아니냐 하시고 이에 모세와 모든 선지자의 글로 시작하여 모든 성경에 쓴 바 자기에 관한 것을 자세히 설명하시느라 눅 24:25-27

질문은 강력한 효과가 있다. 만일 이 제자들이 그들의 성경(그리스도인들의 구약성경)을 이해했더라면 그리스도의 수난과 부활이 하나님의 계획에 반드시 필요한 부분이었다는 걸 알았어야 했다. 그러나 그들은 그렇지 못했고, 예수님의 판결은 냉혹하게 들린다. 즉 그들은 미련했다. 성경에 대한 무지, 특히 그리스도 중심적인 성경의 특성을 모르는 것은 그저 안타까운 일이 아니다. 그것은 비난 받을 일이다.

예수님은 성경을 아셨을 뿐만 아니라 성경에 호소하셨다. 즉 성경 말씀대로 사셨다. 그리고 자신이 율법을 폐하러 온 것이 아니라 완성하러 왔다고 말씀하셨다.[30]

* 그의 삶과 죽음, 부활은 성경에 이미 예언되었다. [31]
* 성경에 예언된 대로, 그는 다윗의 동네, 베들레헴에서 태어나셨다. [32]
* 그는 이스라엘 백성처럼 애굽으로 이끌려갔다가 돌아오셨다. [33]
* 이스라엘 백성은 그렇게 하지 못했지만, 그는 유혹을 뿌리치셨고 하나님의 율법에 완전히 순종하셨다. [34]
* 다윗처럼 그는 버림받았다가 구원을 받으셨다. [35]
* 이사야서의 고난받는 종처럼, 그는 하나님의 백성을 대신해 벌을 받으셨다. [36]
* 예수님은 이스라엘의 궁극적인 선지자, 제사장, 왕으로서 구약의 중요한 직무들을 모두 수행하셨다. [37]

예수님이 열쇠다

예수님이 배신당하셨던 날 밤에 베드로가 예수님을 보호하려는 잘못된 시도로 칼을 뽑았을 때 예수님은 그에게 무기를 넣으라고 하신다. [38]

"너는 내가 내 아버지께 구하여 지금 열두 군단 더 되는 천사를 보내시게 할 수 없는 줄로 아느냐?"

그리고 결정적인 질문을 하신다.

"내가 만일 그렇게 하면 이런 일이 있으리라 한 성경이 어떻게 이루어지겠느냐?"

예수님의 죽음은 꼭 필요한 일이었다. 그것은 오래 전 구약성경에서 예언된 일이었다. 예수님을 떠나서는 히브리 성경을 온전히 이해할 수 없다.

예수님은 성경에 대한 우리의 이해를 여는 열쇠다. 그러면 성경의 목적은 무엇인가? 왜 하나님은 우리에게 말씀하시기 위해 그렇게 애쓰시는가? "참으로 충격적인 답은 우리와 친구가 되기 위해서라는 것이다"라고 패커는 말한다. [39]

앞에서도 보았듯이, 사랑은 율법의 목적이며, 관계는 규칙의 목적이다. 하나님은 그의 도움으로 우리가 들을 수 있기 때문에 말씀하시는 것이다. 그리고 우리가 들으면 회개하고, 믿고, 살 수 있다. 따라서 적절한 훈련과 수단을 동반한 성경 읽기는 하나님과 함께하는 삶으로 나아가는 데 꼭 필요한 단계이다. 나의 예전 목사님이었던 켄트 휴즈는 이 말씀을 좋아했다.

"그것은 오직 사느냐 죽느냐의 문제다!"

토론 질문

1. 현대 문화 속에서 성경 지식에 방해가 되는 요인들에는 어떤 것이 있는가?

2. 당신이 따르는 어떤 전통들이 당신을 하나님의 계명들로 더 가까이 이끄는가?

3. 하나님의 율법의 주요 목적은 무엇인가?

4. 성경 지식과 하나님에 대한 지식은 어떻게 함께 가는가?

5. 점진적 계시의 교리가 성경에 접근하는 우리의 자세에 어떤 영향을 미치는가?

6. 어떻게 예수님이 성경의 중심이 되시는가?

7. 어떤 면에서 성경은 인간의 책인 동시에 하나님의 책인가?

결혼에 대한
그분의 계획을 신뢰하라

❝ 본래 그들을 남자와 여자로 지으시고 말씀하시기를 …
그 둘이 한 몸이 될지니라 하신 것을 읽지 못하였느냐? **❞**

2008년의 마지막 주간에 많은 남녀들이 결혼을 하려고 맨해튼의 우중충한 결혼사무소를 찾았다. 평상시 주간보다 약 두 배 정도 많았고, 특히 그해의 마지막 날에는 사람이 더 몰렸다. 왜 하필 마지막 날일까? 〈뉴욕타임즈〉(New York Times)에 따르면 그들이 말한 이유에는 다음과 같은 것들이 포함되었다.

* 새 신부의 말: "기억하기 쉽잖아요."

* 다른 신부의 말: "8(2008년에서 온 숫자)이 행운의 숫자여서요."

* "세금 때문이에요." 다른 여자가 인터뷰에서 말했다. "그 사람은 가진 게 없거든요. 아마 큰 차이가 있을 거예요." 그런 다음 그녀는 신랑을 쳐다보며 그를 안심시키듯이 말했다. "당신을 정말로 사랑해요."[1]

옛 결혼식에서는 반지를 선물하고, 신부가 얼굴을 붉히고, 성직자가 "하나님이 짝지어주신 것을 사람이 나누지 못할지니라"라고 엄숙하게 선언했다. 지금도 여전히 반지를 교환하지만, 신부가 얼굴을 붉히는 일은 것의 없다. 만일 여기에 하나님을 끌어들인다면, 주로 마음을 편안하게 해주는 버팀목 역할일 것이다. 하나님이 보시기에 결혼은 남자와 여자 간의 어마어마한 언약으로 보이지 않는다. 그것은 전적으로 선택적인 것이며, 두 사람 간의 일시적인 계약상 합의로서, 단지 상호간의 자기 충족을 이유로 가볍게 들어갔다가 마찬가지로 가볍게 나온다.

결혼식 도중 하나님이 거론된다 해도, 그는 우리의 사람 중심적인 협약에 약간의 기분 좋은 진지함을 더해주기 위한 천상의 산타클로스로 묘사될 뿐이다. 결혼식 때 뿌린 쌀을 치우고 나면, 하나님은 다시 상자 안으로 들어간다. 그러나 두 결혼 상대자는 다시 그에게 조언을 구할 수도 있다. 아마 그들이 자녀를 가지려고 할 때 즈음일 것이다. 혹은 그렇지 않을 수도 있다.

스스로 그리스도인이라 칭하는 자들은 아마 하나님 중심으로 결혼에 접근하겠지만, 그래도 크게 다르진 않다. 론 사이더(Ron Sider)는 이렇게 말한다. "복음주의적인 그리스도인들도 일반 사람들만큼 많이 이혼한다. 복음주의자들의 3분의 1은 혼전 성관계-예전엔 간음으로 알려졌던 것-를 가져도 괜찮다고 말한다. 복음주의자들의 15퍼센트는 간음을 용인한다."[2]

사이더는 내게 말했다. "문제의 핵심은 우리가 설교하는 대로 살지 못한다는 것이다. 우리의 성경적인 믿음과 실제 행위의 분리는 너무도 가슴 아픈 일이다."[3]

이렇게 결혼에 대해 '네가 알아서 하라'는 식의 접근은 더 큰 문화에서도 마찬가지다. "모든 믿음과 도덕성의 문제들은 이제 대다수의 미국인들이 단지 개인적인 선호의 문제로 간주한다"라고 남침례신학대학원 총장인 앨 몰러(Al Mohler)가 말한다.

"모든 진리는 내적이고 개인적인 것이다. 이렇게 순수한 개인주의를 받아들이는 것이 현재의 문화적 혼란의 바탕이 되고 있다."[4]

그러나 명백하게 생각해보면, 결혼생활은 단지 개인의 행복에 관한 것만이 아니다. 연구원인 글렌 스탠턴(Glenn Stanton)과 빌 마이어(Bill Maier)에 따르면, 결혼생활에는 두 가지 중요한 측면이 있다.

결혼은 항상 성인 남자와 여자를 하나가 되게 해 성적, 가정적으로 헌신적인 관계를 맺게 한다. 이는 성생활을 규제하고 일상의 필요들을 공급해주기 위함이다. 아내들은 남자들이 그들의 성적 에너지를 사회적으로 생산적이고 비공격적인 쪽으로 쏟도록 도와준다. 남편들은 여자들을 다른 남자들의 착취로부터 보호하는 것을 돕는다. 결혼은 아이들이 어머니와 아버지로부터 각각 독특한 방법으로 유익을 얻을 수 있게 해준다.[5]

교회와 국가는 둘 다 결혼에 중대한 관심을 갖고 있다. 교회가 관심을 갖는 것은 하나님이 결혼 제도를 만드셨기 때문이다. 그것은 구원받은 자들의 더 넓은 공동체 안에서 실행되어야 하는 제도다. 국가가 관심을 갖는 이유는 결혼이 사회의 기본 구성요소이기 때문이다. 사실 결혼한 부부에게 주어지는 의무들은 중요한 의미를 가지며, 가볍게 다루거나 버려서는 안 되는 것들이다. 특히 신앙을 고백하는 그리스도인들이라면 더욱더 그렇다. 켄트 휴즈는 "그리스도인의 결혼은 하나님과 교회, 가족, 국가 앞에서 공적인 언약을 요구한다"라고 말한다.[6] 그는 "결혼은 사적인 문제가 아니다 그것은 의지의 맹세와 관계의 개편을 수반한다. 순전히 사적인 결혼의 개념은 최근에 개인주의 문화와 공동체의 종말에 의해 생겨난 일탈이다"라고 말한다.[7]

예수님 vs. 모세?

오늘날 결혼생활의 실태를 보며 혀를 차기 쉽지만, 예수님 시대에도 크게 다르지 않았다는 사실을 명심하는 게 좋을 것이다. 어느 날 바리새인들이 예수님을 모세와 겨루게 함으로써 예수님의 권위에 도전했다. 간음하다 잡힌 여자의 사례에서, 그들이 동정심 많은 예수님이 모세 율법에 약하다는 것을 드러내려는 것을 보았다. 이 경우에, 그들은 예수님이 너무 엄격하시다는 것을 증명하려 했다. 예수님이 나중에 산헤드린 앞에서 재판을 받으실 때처럼, 그분을 비난하는 자들은 효과적인 공격 방식을 정해 그들의 이야기를 정확히 정리하지 못했던 것 같다.[8] 앞으로 살펴보겠지만, 그들은 잘 기획된 그들만의 확실한 함정 질문을 예수님에게 던졌다가 결국 그들 자신의 질문에 기습 공격을 당하고 말았다.

마태와 마가는 그 사건에 주목하는데, 주된 요점들에는 동의하지만 각자 강조하는 부분이 조금씩 다르다.[9] 이 두 본문은 너무도 명백하게 같은 사건을 언급하고 있기 때문에 나는 현재의 학문적 유형을 거슬러 여기서 그 두 본문을 조화시켜 보려 한다. 필시 복음서 저자들은 각 책의 주제와 목적을 위해 서로 다른 세부사항들을 선택해 제시했을 것이며, 각 책의 구성은 그 방식대로 읽고 받아들여야 한다. 하지만 그들이 묘사한 사건들이 실제로 일어난 일들이라고 믿는다면, 우리는 현대에 같은 사건들에 대한 목격담을 대하듯이 그 이야기들을 신중하게 조합할 수 있어야 할 것이다.

이 경우에 마태와 마가는 예수님의 다른 질문을 소개하는데, 이것은 예수님이 두 가지 질문을 하셨거나 아니면 그분의 본 질문이 적어도 두 가지 양상을 갖고 있었음을 나타낸다. 공통된 부분이 거의 일치하는 한 예를 인용해보겠다. 나는 이 이야기를 나 자신의 해설과 함께 제시할 것이다.

마태와 마가는 둘 다 예수님과 그의 제자들이 북쪽에서 와서 요단강 동편에 있는 유대 지역으로 들어갔다고 기록한다. 베드로의 젊은 동료였던 마가는 예수님이 전례대로 그들을 가르치셨다고 말한다. 반면에 세리였던 마태는 예수님이 그를 따라온 큰 무리의 병을 고쳐주셨다고 말한다. 물론 이것은 서로 모순되지 않는다. 분명 예수님은 가르치고 병을 고쳐주셨을 것이며, 두 연민의 행위-말씀과 행위의 사역-는 서로를 더 강화시켜 주었다.

"바리새인들이 예수께 나아와 그를 시험하여 이르되 사람이 어떤 이유가 있으면 그 아내를 버리는 것이 옳으니이까?"

여기서 '어떤 이유가 있으면'이라는 표현이 중요하다. 어떤 성경학자들은 상당히 많은 랍비들, 힐렐파들이 어떤 이유로든지 아내를 버려도 된다고 주장했다고 믿는다.[10] 이것은 굉장히 강력한 감옥 탈출 카드였다! 그것은 랍비들에 의해 '어떤 이유'의 이혼으로 알려졌는데, 다음과 같은 신명기 말씀의 특별한 해석에 근거한 것이었다.

사람이 아내를 맞이하여 데려온 후에 그에게 수치되는 일이 있음을 발견하고 그를 기뻐하지 아니하면 이혼 증서를 써서 그의 손에 주고 그를 자기 집에서 내보낼 것이요 신 24:1

데이비드 인스톤-브루어(David Instone-Brewer)의 말에 의하면, 힐렐파들은 '수치되는 일'로 번역된 문구가 간음의 일반적인 해석을 넘어서 "이혼의 다른 근거-'어떤 명분을 위한' 이혼을 의미한다고 믿었다. 그들은 음식을 태웠다거나 결혼할 때 없었던 주름이 생겼다든가, 그 어떤 것도 이유가 될 수 있다고 주장했다! 그들은 그 본문이 간음과 '어떤 이유'로도 이혼이 허용됨을 가르친다고 말했다."[11]

적어도 남자를 위한 무과실 이혼에 대해 이야기해보자. 마가는 바리새인들의 질문을 좀더 대략적으로 기록한다.

바리새인들이 예수께 나아와 그를 시험하여 묻되 사람이 아내를 버리는 것이 옳으니이까? 막 10:2

마가복음의 경우, 강조점은 혹 있을지 모르는 예외들이 아니라 결혼의 영속성에 있다. 그래서 '어떤 이유로'라는 말이 생략된 것이다. 주된 관심은 먼저 결혼과 이혼에 대한 법을 제정하는 것이지, 율법주의적인 예외 조항들을 찾는 것이 아니다. 두 이야기에서 예수님은 바리새인들을 그들이 사랑하는 율법으로 이끌어 그 뒤에 감춰져 있는 하나님의 은혜로운 의도를 보게 하신다.

> 대답하여 이르시되 모세가 어떻게 너희에게 명하였느냐 이르되 모세는 이혼 증서를 써주어 버리기를 허락하였나이다 막 10:3,4

예수님은 모세가 어떻게 명했는지 물으신다. 그들은 모세가 허락한 것을 이야기한다. 그리고 실제로 예수님은 모세가 이혼, 즉 결혼생활의 법적인 파경을 허락한 것을 수긍하신다. 하지만 그의 대답은 이 허락이 부부에 대한 하나님의 가장 높은 이상을 나타내는 것이 아님을 보여준다. 여전히 부부 간 결합의 영속성이 표준이다. 예수님은 그들이 신명기보다 먼저 나오는 결혼에 관한 성경 구절로 돌아가게 하신다. [12]

> 예수께서 대답하여 이르시되 사람을 지으신 이가 본래 그들을 남자와 여자로 지으시고 말씀하시기를 그러므로 사람이 그 부모를 떠나서 아내에게 합하여 그 둘이 한 몸이 될지니라 하신 것을 읽지 못하였느냐 그런즉 이제 둘이 아니요 한 몸이니 그러므로 하나님이 짝지어 주신 것을 사람이 나누지 못할지니라 … 모세가 너희 마음의 완악함 때문에 아내 버림을 허락하였거니와 본래는 그렇지 아니하니라 마 19:4-8

처음으로 돌아가라

여기서 예수님의 질문은 창세기의 처음 두 장에 나오는 결혼에 관한 기본적인 두 구절을 언급한다.

첫 번째는 남자와 여자가 똑같이 존엄하나 서로 다르다는 역설적인 사실을 이야기한다. "하나님이 자기 형상 곧 하나님의 형상대로 사람을 창조하시되 남자와 여자를 창조하시고"라고 창세기의 성스러운 본문은 말한다. 두 번째 구절은 이 똑같이 존엄하나 독립적인 존재들이 결혼을 통해 '한 몸'이라는 특별한 결합에 이르게 된다고 말한다.

휴즈는 창세기 2장 말씀이 "결혼 서약에 대한 모든 성경적 가르침을 이끌어내는 깊은 우물"이라고 말한다.[13] 결혼은 실로 단순한 계약이 아니라 언약이며, 남자와 여자 간의 언약일 뿐만 아니라 보증인이자 심판자이신 하나님과의 언약이기도 하다. 따라서 결혼은 항상 최소한 세 사람이 연관되어 있다고 할 수 있다. 즉 남자와 여자, 그리고 하나님이다.

피닉스 신학교(Phoenix Seminary)의 스티브 트레이시(Steve Tracy)는 '합하여'로 번역된 히브리어 단어가 이스라엘이 여호와와의 언약 관계를 유지하는 것을 나타낼 때 사용된 용어와 같다고 말한다. 휴즈는 이렇게 덧붙여 말한다.

"이스라엘 백성이 거듭 언약 관계 안에서 하나님께 충실하라는 권면을 받은 것처럼, 정확한 의미는 '그의 아내에게 충실하다'라는 뜻이다."[14]

트레이시는 계속해서 이렇게 말한다.

"두 사람이 혼인 서약을 할 때 그들은 단지 서로에게만 맹세하는 것이 아니라 전능하신 하나님께도 맹세하는 것이다. 그래서 말라기에서는 여자가 '서약'에 의해 아내가 되는 것에 대해 하나님이 증인이라고 말하는 것이다."[15]

육체의 정조와 결실

'아내에게 충실하라'는 것은 물론 언약에 충실하는 것 이상의 의미가 있다. 그것은 또한 성적인 정조를 가리킨다. 여자를 남자에게서 취했다는 창세기의 기사는 성적인 이미지를 연상시킨다.

아담이 돕는 배필이 없으므로 여호와 하나님이 아담을 깊이 잠들게 하시니 잠들매 그가 그 갈빗대 하나를 취하고 살로 대신 채우시고 여호와 하나님이 아담에게서 취하신 그 갈빗대로 여자를 만드시고 그를 아담에게로 이끌어 오시니 아담이 이르되 이는 내 뼈 중의 뼈요 살 중의 살이라 이것을 남자에게서 취하였은즉 여자라 부르리라 하니라 이러므로 남자가 부모를 떠나 그의 아내와 합하여 둘이 한 몸을 이룰지로다 아담과 그의 아내 두 사람이 벌거벗었으나 부끄러워하지 아니하니라 창 2:20b-25

성경이 성행위를 반대한다고 비난하는 사람들은 성경을 읽어보지 않은 것이 분명하다! 이 짧은 구절에서 보여주듯이, 성은 하나님의 선한 창조질서의 한 부분이며 하나님의 축복의 표시이다. 남자와 여자는 서로 완전히 하나가 되었기 때문에 부끄러움이 없었던 것이다. 완전한 친밀감이 본래 계획이었고, 그 모든 것 가운데 하나님이 계셨다. 물론 죄와 이성간의 멀어짐, 그리고 창조주와의 단절이 너무 빨리 와버렸다. 아담이 금지된 열매를 먹은 후에 하나님을 원망하는 듯한 말을 했던 것을 기억해보라.

"하나님이 주셔서 나와 함께 있게 하신 여자 그가 그 나무 열매를 내게 주므로 내가 먹었나이다"(창 3:12).

그러나 이것은 결코 하나님의 본래 의도가 아니었다. 그러므로 예수님의 중요한 말씀은 이것이다.

"본래는 그렇지 아니하니라."

'본래'가 기준이다. 나중에 생긴 변화들은 유감스럽지만 어쩔 수 없는 예외들이다. 하나님께서 서로를 위해 남자와 여자를 만드셔서 인간의 관계가 시작되었을 때 이혼은 전혀 고려 대상이 아니었다. 목적은 소위 '한 몸'이 되는 것이었다. 이 상태는 단지 성적인 행위를 하는 동안 일어나는 결합이 아니었다. 분명 그것도 반드시 필요하고 중대한 부분이지만 말이다.

성적인 관계는 남자와 여자가 한 몸이 되는 상태를 상징할 뿐만 아니라 그 상태를 강화하기도 한다. 우리 문화에서는 성과 친밀감이 안타깝게도 서로 분리되었다. 이것이 의심스럽다면 도나 프레이타스(Donna Freitas)의 《섹스와 영혼》(Sex and the Soul)을 확인해보라. 여기서는 가톨릭 캠퍼스에서도 만연하고 있는 '훅업(hook up)' 문화[16]를 묘사한다.[17] 하나님의 의도는 남자와 여자가 서로 육체적인 친밀감을 경험하는 것이다. 그것은 영적인 친밀감에서 흘러나오고, 또 영적인 친밀감을 강화하며, 오늘날 소위 성적인 바람둥이들이 장려하는 재미를 훨씬 능가하는 것이다. "성은 결혼생활에 부수적인 것이 아니라 기본 구조 안에 정교하게 짜여 있는 것이다"라고 트레이시는 말한다.[18]

또 정상적인 과정 속에서 자녀들은 이 깊은 친밀감의 복된 결과다. 자녀 양육이 부부간의 친밀감에 중대한 장애물을 제공하기도 하지만, 또한 자녀들이 하나님과 동료 인간들을 알고 사랑하는 사람이 되도록 길러야 할 성스러운 의무 속에서 남편과 아내가 서로 더 가까워질 수 있다.

삶을 변화시키는 것들

처음 병원에 갔을 때 나는 우리 딸과 아들들이 우리의 삶을 얼마나 많이 바꾸어놓을지 거의 알지 못했다. 어떤 의미에서, 우리의 삶은 더 이상 우리의 것이 아니었다. 우리의 삶은 그 무력하면서도 독립된 작은 존재들의 지시대로 움직였다. 신기하게도 그 아이들은 우리와 닮았으면서도 뚜렷이 달랐고, 하나님이 우리의 친밀한 관계의 결과로 우리에게 보내주신 아이들이었다. 그런데 적어도 한동안은 이 친밀감이 없어졌다. 아기의 배앓이, 새벽 2시의 수유, 걱정하며 병원 드나들기, 그 외에도 자주 진을 빼는 사건들 덕에 우리가 함께하는 편안한 시간은 해체되었다. 우리는 더 이상 우리의 것이 아니었다.

그리고 크리스틴과 나는 다른 방도가 없었을 것이다. 우리는 둘 다 더 일찍 아이를 낳기 시작했으면, 그리고 아이를 더 많이 낳았으면 더 좋았을 거라고 말한다. 만일 당신이 다른 사람들에게 영향을 끼치기 원한다면, 엄마나 아빠가 되는 것보다 더 좋은 기회는 없을 것이다. 우리는 항상 행복한 결혼생활을 즐겼지만, 자녀 양육은 -비록 좌절과 심적 고통을 가져다주었음에도 불구하고- 우리가 꿈도 꾸지 못했던 높은 도전과 만족에 이르게 해주었다.

삶의 많은 것들이 그와 같다. 아장아장 걷는 아이는 자기의 유아용 의자나 모래통 너머를 볼 수 없다. 초등학교에 다니는 아이는 장난감을 행복의 열쇠로 여긴다. 중학교나 고등학교에 다니는 여자아이는 자기가 모든 걸 알고 있다고 생각한다. 그 다음엔 대학교, 첫 직장, 어쩌면 대학원에 가게 된다. 다음에는 결혼을 하고 자녀를 낳는다. 각 단계마다 우리는 극치에 도달했다고 생각하지만, 언제나 모퉁이를 돌면 더 많은 축복이 기다리고 있다. 우리가 받아들이기만 한다면 말이다.

더 가면 더 많은 즐거움이 있다. 나는 어느 날 일찍 잠이 깼다. 그런 날은 보통 짜증이 난다. 일어나니 나의 불안한 마음이 크리스틴과의 말다툼으로 이어졌다. 나는 어떻게든 마음속에서 나 자신의 잘못을 최소화하면서 해결되지 않은 문제들에 초점을 두기 시작했다. 아침식사를 하기 전에 나의 언짢은 기분이 우울하고 차가운 분노로 바뀌기 시작했다. 나는 아내에게 좋은 말이든 나쁜 말이든, 거의 아무 말도 하지 않은 채 출근을 했다. 아내는 분명 무언가가 나를 괴롭히고 있다는 걸 알았을 것이다. 하지만 그녀는 압박을 가하지 않았다.

그날 오전에 그녀는 사무실로 전화해서 나에게 집에 와서 점심을 먹으라고 했다. 여전히 안 좋은 감정을 품고 있던 나는 망설였다. 내가 아내에게 화가 나 있는데 아내와 친밀한 시간을 보내는 것이 무슨 소용이 있겠는가? 하지만 그녀는 분명히 그것을 원했고, 나는 그녀의 잘못에 대해 계속 속을 끓이고 있는 것보다는 뭐든 하는 게 더 나을 거라는 생각을 했다. 그래서 집으로 갔다. 우리가 육체적으로 다시 결합한 후 놀랍게도 나의 태도가 달라졌다는 걸 알게 됐다. 우리 둘에게서 비롯된 문제들은 여전히 남아 있었지만, 어쩐지 더 작아지고 더 다루기 쉬워진 것 같았다. 크리스틴에 대한 나의 애정은 다시 되살아났고, 나는 지난 몇 달보다 더 그녀에게 가까워진 것을 느꼈다. 우리는 우리 몸으로 한 몸이 되는 신비를 표현하고 또 경험했다.

"하나님은 육체를 가진 사람들을 만드셨고, 그들이 좋았더라고 말씀하셨다." 로렌 위너(Lauren Winner)의 말이다. "때때로 우리 현대 그리스도인들은 그 중요한 사실을 이해하기 어렵다. 몸은 단순히 장식이나 전시를 위한 가구들이 아니다. … 그것은 그저 좋은 것이다."[19]

한 몸이 되는 것은 단지 몸뿐만 아니라 영혼, 야망, 의지, 계획, 꿈들도 하나가 되는 것을 말한다. 둘 다 하나님의 형상으로 창조된 남자와 여자는 신비롭지만 매우 실제적인 의미에서 하나가 되어, 그들의 삶의 연합 속에서 하나님의 형상을 더욱 온전히 나타낸다. 휴즈는 "한 몸은 가장 깊은 친밀감을 표현한다. 모든 것을 함께 나누는 것이다"라고 말한다.[20]

그러나 이 친밀감은 노력을 필요로 한다. 친밀감을 아주 당연하고, 쉽고, 자연스러운 것으로 나타내는 영화들은 현실을 왜곡한다. 텔레비전이나 영화에서는 성적인 좌절이 없다. 항상 두 선수가 올림픽 체조선수의 기를 죽일 만한 성적 위업을 이룬다. 물론 감정적, 영적, 육체적 친밀함은 많은 행복한 그리스도인 부부들의 유산이며, 일부 연구에 따르면 신앙적으로 헌신된 부부들이 세속적인 사람들보다 더 깊고 만족스러운 관계를 경험한다고 한다. 하지만 결혼을 위해 자기 몸을 아껴온 사람들이라도 남편과 아내의 성관계가 항상 만족스러울 거라는 보장은 없다. 때로는 마음에는 원이로되 육신이 약할 때도 있다. 특히 마음이 산만할 때 더 그렇다.

정신적 순결

예수님은 그 시대에 절제가 부족한 것을 다루셨다. 그는 성적인 죄, 음행의 주요 조짐은 마음에서 시작된다는 유명한 말씀을 하셨다.

"나는 너희에게 이르노니 음욕을 품고 여자를 보는 자마다 마음에 이미 간음하였느니라"(마 5:28).

순결에 대한 그런 높은 기준은 물론 하나님의 도움 없이는 달성할 수 없다. 예수님에게 이혼에 대해 물은 바리새인들이 한 남자와 한 여자가 평생 함께 살아야 한다는 하나님의 기준에 저항한 것도 놀라운 일이 아니다.

예수님이 말씀하셨다. "내가 너희에게 말하노니 누구든지 음행한 이유 외에 아내를 버리고 다른 데 장가 드는 자는 간음함이니라." 그들은 예수님에게 이렇게 말했다. "그러면 어찌하여 모세는 이혼 증서를 주어서 버리라 명하였나이까?"21

우리는 결혼의 영속성에 대한 하나님의 뜻을 이해하기 위한 성경 지식이 부족하지 않다. 다만 그 뜻에 순종하는 헌신이 없을 뿐이다. J. R. R. 톨킨 (J. R. R. Tolkien)은 결혼생활에 충실하려면 오늘날 유행에 뒤쳐진 것이 필요하다고 말했다. 그것은 곧 계속적인 자기 부인이다. "그리스도인은 도망칠 길이 없다." 톨킨이 말했다. "결혼은 만족감을 주고 그의 성욕이 올바른 대상을 향하도록 도와줄 것이나, 싸움은 여전히 남아 있다."22

제자들도 그 기준과 씨름했다.

집에서 제자들이 다시 이 일을 물으니 이르시되 누구든지 그 아내를 버리고 다른 데에 장가드는 자는 본처에게 간음을 행함이요 또 아내가 남편을 버리고 다른 데로 시집가면 간음을 행함이니라 막 10:10-12

많은 이들이 그것을 힘들어하는 이유는 우리가 이기적이고 비현실적인 기대를 갖고 있기 때문이다. 결국 강렬한 풋사랑은 사그라지기 마련이다. 이것은 절대 그 사랑이 끝났음을 의미하는 것이 아니다. 우리가 그 사랑을 죽게 하지 않는 한. 이혼을 하게 되는 이유는 자기 중심적인 마음이나 고난 때문만이 아니라 또한 남의 떡이 더 커 보이기 때문이다. 이에 톨킨은 이렇게 말했다.

"매력이 사라지거나 약간 떨어지면, 그들은 자기가 실수를 했다고 생각한다. 진짜 영혼이 통하는 상대는 아직 찾지 못했다고 생각하는 것이다. 그리고 진짜 영혼이 통하는 상대는 다음에 성적 매력을 느끼는 사람으로 판명될 때가 너무나 많다."[23]

톨킨의 친구였던 C. S. 루이스도 이렇게 조언했다.

"흥분을 유지하려고 노력해봐야 소용없다. 그것은 당신이 할 수 있는 최악의 일이다. 흥분을 떠나 보내라―서서히 사라지게 하라. 그 죽음의 기간을 지나 더 조용한 관심과 그 뒤에 오는 행복으로 들어가라. 그러면 당신이 언제나 새로운 흥분의 세계에서 살고 있다는 것을 발견할 것이다."[24]

우리는 한 남자와 한 여자가 평생 함께 살아야 한다는 예수님의 기준이 제한적이라고 생각하고 싶은 유혹을 느낀다. 마치 하나님이 우리에게 좋은 것을 주지 않고 계신 것처럼 말이다. 에덴동산에서 뱀은 이런 의심을 이용해서 하와에게 물었다.

"하나님이 참으로 너희에게 동산 '모든' 나무의 열매를 먹지 말라 하시더냐?"(창 3:1).

우리는 더 좋은 사람, 혹은 적어도 우리에게 더 좋은 사람이 나타날지도 모른다고 생각한다. 그래서 마음속으로 선택을 유보한다. 불안한 현대의 소비자들이 가장 최근의 세일 상품을 찾아 계속 인터넷 검색을 하는 것처럼, 우리는 더 많은 선택이 주어지면 어떻게든 우리의 삶이 더 만족스러워질 거라고 믿는다.

결혼에 대한 이런 접근은 심한 영적 근시안을 나타낸다. 우리는 새로운 흥분을 찾아 여기저기를 살피지만, 정작 우리 자신의 정원을 가꾸는 일을 소홀히 한다. 게다가 우리 자신의 결혼생활의 경이로움과 특권을 잊어버린다. 마치 우리가 우리의 유익을 위해 만들어진 상호보완적인 이미지를 가진 사람과 친밀하게 연합하는 것이 당연한 일인 것처럼 여기는 것이다. 사실은 우리의 완전히 이기적인 모습을 생각하면 결혼을 한 것이 전적인 행운이다.

체스터톤은 "한 여자에게 충실한 것은 한 여자를 바라보는 것에 대한 적은 대가다. 한 번밖에 결혼할 수 없다고 불평하는 것은 마치 내가 한 번밖에 태어날 수 없었다고 불평하는 것과 같았다. 그것은 누군가가 말했던 끔찍한 흥분과 어울리지 않았다"[25]라고 말했다.

살아 있는 상급

물론 흥분은 결혼의 의미를 간신히 묘사하기 시작한다. 사도 바울은 결혼을 단지 두 사람의 삶의 결합으로 보지 않고, 하나님의 백성을 향한 언약적 사랑을 비추는 살아 있는 상으로 여겼다. 창세기에 나오는 최초의 결혼은 세 사람-남자, 여자, 창조주-을 포함하는 언약이었지만, 그리스도인의 결혼은 훨씬 더 심오한 것을 보여준다. 그것은 하나님이 그의 백성과 깰 수 없는 혼인서약을 하시는 것이다. 이스라엘은 구약성경 역사에서 거듭 여호와께 등을 돌렸지만, 하늘나라의 신랑 안에 있는 우리의 구원이 영적인 의미에서 완성될 때 부정함은 없을 것이다.

이때 결혼은 완전히 깨끗해질 것이다. "또 내가 보매 거룩한 성 새 예루살렘이 하나님께로부터 하늘에서 내려오니 그 준비한 것이 신부가 남편을 위하여 단장한 것 같더라 내가 들으니 보좌에서 큰 음성이 나서 이르되 보라 하나님의 장막이 사람들과 함께 있으매 하나님이 그들과 함께 계시리니 그들은 하나님의 백성이 되고 하나님은 친히 그들과 함께 계셔서"(계 21:2,3)라고 사도 요한이 기록했다. 이 세상에서 우리의 연합은 장차 올 이런 현실을 나타내기 위한 것이다. 만약 세속적인 결혼의 목적이 평생 서로에게 충성하는 것이라면, 더 위대하고 훨씬 더 친밀한 이 연합의 목적은 영원히 서로에게 충성하는 것이다.

따라서 결혼한 우리는 이 밝아오는 현실을 감안해 처신해야 한다. 우리를 지켜보는 세상 앞에서 그리스도와 그의 교회 간의 언약을 입체적으로 보여주어야 한다. 바울 사도는 이렇게 명령했다.

"남편들아 아내 사랑하기를 그리스도께서 교회를 사랑하시고 그 교회를 위하여 자신을 주심 같이 하라 이는 곧 물로 씻어 말씀으로 깨끗하게 하사 거룩하게 하시고 자기 앞에 영광스러운 교회로 세우사 티나 주름 잡힌 것이나 이런 것들이 없이 거룩하고 흠이 없게 하려 하심이라"(엡 5:25-27).

20여 년 전에 중북부 플로리다의 작은 교회에서 크리스틴과 나의 결혼식 주례를 해주었던 G. 데일 린더(G. Dale Linder) 목사는 아내의 복종에 대해 말하는 것은 사람들에게 인기가 없지만 아내를 위해 죽어야 하는 남편의 임무는 사실상 더 어려운 것이라고 바르게 말해주었다.

그러므로 결혼은 어떤 경제적, 육체적, 또는 법적인 혜택을 누리기 위해 하나가 되는 두 사람보다 훨씬 더 많은 것을 포함하고 있다. 결혼은 평생 서로에게 헌신하는 남자와 여자의 하나됨을 축복하시고 보호하시는 창조주 하나님을 포함한다. 이 연합은 단지 여자들을 보호하고 자녀를 기를 수 있는 안정적인 환경을 제공하기 위한 것만이 아니라, 종종 눈에 보이지 않는 하나님의 백성을 향한 사랑의 실체를 보여주기 위한 것이다. 자녀들에게, 또 우리를 지켜보는 세상 사람들에게.

토론 질문

1. 현대에 그리스도인들과 비그리스도인들 사이에서 이혼율이 그렇게 높은 이유는 무엇인가?

2. 언약에 대한 사상이 결혼에 대한 우리의 관점에 어떤 영향을 미치는가?

3. 어떤 면에서 결혼은 단지 두 사람 간의 합의인가? 어떤 면에서 그것은 이보다 더 중요한 의미를 갖는가?

4. 창세기의 창조 기사가 어떻게 결혼을 위한 견고한 기초를 제공해주는가?

5. 결혼의 영속성을 위해 주어진 성경적인 예외들은 무엇인가? 학대나 무시의 현장에서 행해져야 할 일은 무엇인가? 그렇게 말하는 근거는 무엇인가?

6. 성경은 그리스도인의 결혼생활을 위해 성적인 만족을 약속하는가?

7. 정신적 간음과 육체적 간음은 서로 어떤 관련이 있는가?

그분의 심판을
두려워하라

> " 너희가 어떻게 지옥의 판결을 피하겠느냐? "

유명한 시카고 라디오 쇼에 출연 요청을 받고 나는 조금 망설이다 수락했다. 이 생방송 전화 인터뷰 프로그램에 출연한 적이 있는 동료들이 나에게 주의를 주었다. 그 프로의 진행자는 종교가 없는 유대인인데, "제가 지옥에 갈 거라고 생각하십니까?"라는 질문으로 종종 그리스도인 게스트들을 함정에 빠뜨린다고 했다. 그는 직접 얼굴을 맞댄 상태에서 심판에 대한 성경의 무서운 경고들을 말로 표현하는 것이 매우 어려운 일이라는 걸 알고 있다. 게다가 나는 박식한 랍비인 다른 게스트와 신앙 문제를 토론할 예정이어서 수적으로 불리했다.

그럼에도 불구하고 공개적으로 나의 신앙을 나타낼 기회였기에 나는 약간 불안한 마음으로 그 제안을 받아들였다. 그리고 그 질문에 대해 가능한 대답들을 따져보기 시작했다.

단순히 "그렇다"라고 답하면 너무 직설적이고 하나님의 은혜를 배제시키는 것이었다. 하지만 내가 생각한 대안들은 모두 너무 길고 복잡해서, 라디오 생방송의 압력에 다 바스라질 것 같았다. 마침내 인터뷰 날이 되어, 나름 주도면밀한 질문을 생각해냈고, 그 질문을 다시 진행자에게 던지기 위해 준비를 했다. 그리고 정말 그렇게 했다.

나의 대답은 이런 식이었다.

"만약 예수님이 정말로 만물의 주요 구세주이시고, 영원히 그를 경배하고 숭배할 모든 이들이 천국에 들어간다면, 진짜로 해야 할 질문은 이것입니다. '당신은 그곳에 가길 원하십니까?'"

결국 상대의 질문은 내가 답해야 하는 것이 아니다. 오직 그만이 자기가 죽은 뒤에 어디로 가고 싶은지를 결정할 수 있다. 나는 그를 어떤 곳으로 보낼 힘이 없다. 나의 질문은 그들이 있고 싶은 곳이 유일한 천국인지 아니면 그것의 유일한 대안인지를 결정할 책임을 적절한 곳에, 즉 이 두 친구들에게 부여했다고 믿었다. 그리고 결정타를 날리기 위해 통찰력 있는 C. S. 루이스의 말을 인용했다.

"천국의 문은 안에서 잠겨 있다."[1]

불가피한 것을 무시한다

안타깝게도 나는 방송 중에 말이 가로막힐 때도 이 대답을 반복할 수 있었지만 대화는 신속히 다른 주제들로 옮겨갔다. 이 사람들은 우리가 죽어서 어디로 갈 것이냐는 그 궁극적인 문제를 정말 냉정하게 다루었다. 대부분의 현대인들이 그렇듯이 그들은 그것을 무시했다. 사실 우리들 대부분은 '죽음'을 다른 사람의 문제로 여기는 듯하다. 신학자 밀러드 에릭슨(Millard Erickson)은 이렇게 말한다.

"모든 사람이 적어도 지적으로는 죽음의 현실과 확실성을 인정하지만, 그럼에도 불구하고 자신의 죽음의 필연성을 직면하지 않으려 할 때가 종종 있다. … 사람들은 죽지 않는다—그들은 숨을 거두거나 잠이 드는 것이다. 우리에게 더 이상 묘지는 없고 잠자는 곳, 추모공원만 있다."[2]

마틴 마티(Martin Marty)는 말한다.

"지옥은 사라졌다. 아무도 그것을 주목하지 않았다."[3]

마티의 말이 좀 과장되긴 했지만, 퓨포럼(Pew Forum on Religion & Public Life)이라는 연구단체에 따르면 2008년 조사에서 미국인의 59퍼센트만 "나쁜 인생을 살고 뉘우치지 않고 죽은 사람들이 영원히 벌을 받는" 지옥을 믿는다고 말한 것으로 밝혀졌다. 이것은 2001년 조사에서 71퍼센트가 그렇게 응답한 것과 비교된다(한편, 2008년 조사에서 74퍼센트가 천국을 믿는다고 말했다).[4]

그러한 추세는 지난 몇 세기 동안은 생각도 할 수 없는 일이었다. "서양 문명의 몇 세기 동안 대다수의 사람들은 아침에 깨어나 밤에 잠들 때까지 지옥에 대한 두려움이 의식에서 떠나질 않았다. 지금까지는 그랬다"[5]라고 앨 몰러(Al Mohler)는 말한다. 오늘날 현대인들의 마음속에서 지옥의 교리는 거의 유물이나 불편한 호기심에 가깝다. 우리는 "한 번 죽는 것은 사람에게 정해진 것이요 그 후에는 심판이 있으리니"(히 9:27)라는 성경의 경고를 잊어버렸다.

지옥과 교회

그러나 정확히 지옥은 무엇인가? 몰러는 전통적인 이해를 말로 표현한다.

전통적인 지옥의 교리는 기독교 역사에서 가장 초기의 몇 세기 동안 생겨났다. 지옥, 심판, 내세에 관한 신약성경 본문에 근거해, 초기의 기독교 설교자들과 신학자들은 지옥이 단지 그리스도를 믿지 않는 죄인들에 대한 하나님의 심판이라고 이해했다. 지옥은 공간적이고 영원한 것으로 이해되었으며, 불과 고통에 대한 가장 끔찍한 성경의 비유들이 특징이었다.[6]

몰러는 자신의 주장을 뒷받침하기 위해 히포의 어거스틴 같은 권위자들의 말을 인용한다. 어거스틴의 경우, 마태복음 25장에 나오는 예수님의 양과 염소 이야기를 보면서, 저주받은 자들에게 의식적이고 영원한 형벌이 주어지는 것은 구원받은 자들에게 의식적이고 영원한 생명이 약속된 것만큼 이상한 일이 아니라고 했다.

"그리스도께서 '그들은 영벌에, 의인들은 영생에 들어가리라'라고 말씀하셨을 때 그 한 문장 안에 형벌과 생명이 모두 포함되어 있었다."[7]

단테는 지옥으로 들어가는 아치형 입구 위에 이런 글이 쓰여 있을 거라고 상상했다.

"여기로 들어가는 너희는 모든 희망을 버려라."[8]

몰러는 또한 위대한 청교도 설교자이자 신학자인 조나단 에드워즈의 말을 인용한다. 그는 자신의 교구민들에게 이렇게 경고했다.

"한 번 지옥에 들어가면 절대로 나올 수 없다는 것을 생각하십시오. … 그런 극한의 고통을 영원히 겪는 것이 얼마나 끔찍한 일일지 생각해보십시오. 30분간 그 고통을 겪는 것도 말로 표현할 수 없이 끔찍한 일입니다."[9]

많은 사람들이 너무 늦기 전에 회개하라는 그의 경고를 들었고, 그것이 첫 번째 신앙부흥운동으로 이어졌다.

오늘날 지옥의 개념은 회개와 믿음으로 이끄는 중요한 동기 요인이 아니다. 심지어 신앙을 고백하는 그리스도인들 사이에서도 그렇다. 많은 사람들에게 그것은 단지 매력을 떨어뜨리는 요인일 뿐이다. 작가인 크리스토퍼 모건(Christopher W. Morgan)과 로버트 피터슨(Robert A. Peterson)은 이렇게 말했다.

"역사적인 지옥의 교리에 대한 공격이 예전에는 교회 밖에서부터 왔는데 지금은 교회 안에서부터 온다."[10]

이 교리를 믿는다고 주장하는 보수적인 교회들도 실제로 그것을 설교하는 경우는 거의 없다. 연구원인 키몬 하울랜드(Kimon Howland)는 구도자에게 초점을 맞춘 교회들 안에서 "오늘날의 문화적 다원주의가 예수 그리스도를 통해 얻는 개인적인 만족에 관한 '온화한 설득'을 지나치게 강조하는 반면에 지옥에 관한 '강한 설득'은 강조하지 않는 분위기를 조성한다"[11]라고 말했다.

어떤 사람들은 하나님의 명성을 보호하기 위해 영원한 형벌의 교리를 부인한다. 신학적으로 진보적인 그리스도인들은 모든 사람이 구원을 받을 것이므로 지옥은 없다고 주장하는 반면에(만인구원론), 하나님이 없는 자들은 존재가 사라질 것이기 때문에 최종적으로 텅 빈 지옥을 믿는다고 말하는 보수적인 그리스도인들도 점점 더 많아지고 있다(조건주의론 또는 영혼멸절설). 보수적인 변호사이자 신학자인 에드워드 윌리엄 퍼지(Edward William Fudge)는 이렇게 말한다.

"성경 어디에서도 하나님이 영원한 고문자임을 암시하지 않는다. 저주받은 자들이 끊임없는 고문으로 몸부림칠 거라든가, 지옥에서 들려오는 비명소리에 천국의 영광이 영원히 손상될 거라고 말하지 않는다. 의식적이고 영원한 고문에 대한 사상은 중대한 실수였고, 끔찍한 오류였으며, 하늘 아버지에 대한 무례한 비방이었다. 우리는 참으로 나사렛 예수의 삶 속에서 그 하나님의 성품을 본다."[12]

예수님과 지옥

그러나 어떤 사람들은 불안감을 덜어주는 이 모든 진부한 의견들을 예수님에게 말씀드리는 걸 잊었다. 하나님을 '영원한 고문자'라고 비방하는 사상들에도 불구하고, 예수님은 구원받지 못한 자들을 기다리고 있는 무서운 현실에 대해 엄숙하게 경고하셨다.

"죽인 후에 또한 지옥에 던져 넣는 권세 있는 그를 두려워하라 내가 참으로 너희에게 이르노니 그를 두려워하라"(눅 12:5).

많은 사람들이 성경에서 예수님이 다른 누구보다 더 지옥에 대해 많이 말씀하셨다고 했다. 분명히 하나님의 심판-이 세상과 다음 세상의 심판 둘

다-은 예수님의 질문의 지속적인 주제이며, 때로는 어디에서 세상의 심판이 끝나고 세상에 속하지 않은 심판이 시작되는지 말하기가 어렵다. 우리가 보았듯이, 이스라엘은 하나님의 심판에 대한 사상을 편안하게 받아들였다. 적어도 심판의 대상이 그 나라의 적들일 때는 그랬다. [13]

하지만 N. T. 라이트는 예수님이 유대인들에게도 하나님의 진노가 임할 수 있다는 것을 확실히 알게 하셨다고 말한다.

"이스라엘은 재정립되고 있었고, 예수님의 경고에 주의를 기울이지 않은 자들은 이교도들의 몫이라고 생각했던 자리에 자신들이 있는 것을 발견할 것이다." [14]

로마 제국에 의한 그 나라의 심판이 다가오고 있었다. 그리고 예수님을 죽인 이들에게는 훨씬 더 끔찍한 보상이 기다리고 있었다.

그것은 중대한 결과가 달린 일이었고, 예수님은 사람들이 영적으로 안주하지 않도록 그들을 흔드시는 경향이 있었다. 그것은 지금도 마찬가지다. 오늘날 그는 일반적으로 평화의 왕자로 존경을 받지만, 지상에 계실 때는 평화와 기쁨을 가져오는 것만큼 논쟁이나 혼란을 일으키는 경우도 많았다.

물론 예수님이 문제를 일으키시지는 않았다. 그는 그럴 필요가 없으셨다. 다만 그가 가시는 곳마다 문제가 생겼다. 마치 온도계처럼, 그의 존재는 주변의 모든 영혼들 안에 보이지 않게 퍼져 있는 영적인 병을 한 치의 오차도 없이 드러냈다.

내가 불을 땅에 던지러 왔노니 이 불이 이미 붙었으면 내가 무엇을 원하리요 나는 받을 세례가 있으니 그것이 이루어지기까지 나의 답답함이 어떠하겠느냐 내가 세상에 화평을 주려고 온 줄로 아느냐 내가 너희에게 이르노니 아니라 도리어 분쟁하게 하려 함이로라 이후부터 한 집에 다섯 사람이 있어 분쟁하되 셋이 둘과, 둘이 셋과 하리니 아버지가 아들과, 아들이 아버지와, 어머니가 딸과, 딸이 어머니와, 시어머니가 며느리와, 며느리가 시어머니와 분쟁하리라

하시니라 눅 12:49-53

과거와 미래의 지옥

예수님은 평화를 주러 오셨지만, 세상의 분열이 먼저 온다. 그것은 때때로 예수님을 따르는 자들이 자기 가족과 민족과 나라와 격돌하게 하는 분열이다. 이러한 분열은 세상 끝에 있을 더 큰 심판을 가리키며, 그것은 구원받은 자와 잃어버린 자, 양과 염소를 나누는 것이다.

최후의 심판은 갑자기 임할 것이지만, 경고 없이 오지는 않을 것이다. 실제로 그 심판의 확실한 전조들이 우리 주변에서 매일 나타나고 있다. 예를 들면, 하나님의 사람들을 핍박하는 자들은 하늘나라의 왕에 대한 독단적인 반항을 드러내고 있다. "하나님의 진노가 불의로 진리를 막는 사람들의 모든 경건하지 않음과 불의에 대하여 하늘로부터 나타나나니"(롬 1:18)라는 바울의 말을 주목하며, 신학자 더글라스 J. 무(Douglas J. Moo)는 최종 심판은 어떤 의미에서 이미 시작되었다고 말한다.

"바울에게 지옥의 심판은 새로운 상황의 도입이 아니라 이미 존재하는 상황의 연속과 강화이다."[15]

하나님에 대한 반항은 단지 미래의 일만이 아니라, 지금 어떤 사람이 매일 내리는 크고 작은 결정들 안에서 나타난다. 하나님의 뜻이 아니라 자기 뜻대로 하려는 결정은 건강한 독립의 징조가 아니다. 그것은 하늘에 계신 인자한 왕에 대한 가장 음흉한 반항이다. 하지만 조만간 심판이 임할 것이다.

그리스도를 구주로 영접하는 많은 이들은 예전에 섬기던 신들을 그대로 고수하는 가족으로부터 오는 반대를 증명할 수 있다. 넓은 이슬람 세계에서 예수님을 주로 고백하면 배척을 당하고, 직장을 잃으며, 어떤 경우에는 순교를 당하기도 한다. 인도의 힌두 우익파들은 정기적으로 궁핍하고 멸시받는 이들을 강제로 재개종시키려 하는데, 이들은 평생 처음으로 예수님 안에서 존엄성을 발견한 자들이다. 종교적인 허식 속에서 편안히 지내던 세속적인 부모들은 자녀들이 살아 계신 주님을 만났다고 하면 화를 낸다. 라디오로 예수님에 대해 듣는 북한 주민들은 때때로 세뇌교육을 받은 자녀들에 의해 고발을 당하기도 한다.

이러한 분열은 단순히 안타까운 일이 아니라 하나님의 심판을 요하는 일이다. 또한 심판은 우리의 경건치 못한 선택의 결과라는 형태로, 즉시 나타날 수도 있다. 이를테면 체포되거나 성적으로 병이 전염되는 것이다. 또는 대부분의 경우에 그렇듯이, 하나님의 자비로 심판이 미루어질 것이다. 베드로는 "주께서는 너희를 대하여 오래 참으사 아무도 멸망하지 아니하고 다 회개하기에 이르기를 원하시느니라"(벧후 3:9)라고 말했다.

하지만 하나님의 뜻을 거역하는 자들은 조만간 그들이 갈망하는 것을 얻게 될 것이다. 즉 하나님과 하나님의 축복들로부터 단절되는 것이다. 어떤 의미에서는 지옥문이 안에서 잠겨 있지만, 또 다른 의미에서는 하나님이 도덕적인 반역자들을 모두 바깥 어두운 데로 쫓아내시며 "내가 너희를 도무지 알지 못하니"(마 7:23)라는 무서운 말씀을 남기신다.

물론 이것이 가혹해 보이지만, 우리는 정말로 아돌프 히틀러, 오사마 빈라덴, 테드 번디의 잔학한 행위를 눈감아주시는 하나님을 숭배하기 원하는가? 혹은 무방비 상태의 자녀들이 더럽고 불결한 상태로 살도록 방치하는 부모들에 대해서는 어떠한가? 하나님이 심판하신다면 누구도 안심할 수 없을 것이다. 아니, 온전한 정신을 가지고 있을 때 우리는 도덕적인 세계에서 심판이 꼭 필요한 삶의 한 부분이라는 것을 인정한다. 하늘에서 순교자들이 이렇게 외치는 것도 당연한 일이다.

"거룩하고 참되신 대주재여 땅에 거하는 자들을 심판하여 우리 피를 갚아 주지 아니하시기를 어느 때까지 하시려 하나이까?"(계 6:10).

모든 사람은 심판을 받는다

그러나 우리는 세상의 고난이 특정한 사람이나 그룹에 대한 하나님의 특별한 불만을 나타낸다고 추정할 수 없다. 우리는 모두 심판자 앞에서 해명할 의무가 있다. 어느 날 예수님은 당대의 유대인들에게 닥친-정치적, 자연적인- 유명한 재앙들을 언급하시며, 그 진리를 너무나 명백히 밝히셨다.

> 그때 마침 두어 사람이 와서 빌라도가 어떤 갈릴리 사람들의 피를 그들의 제물에 섞은 일로 예수께 아뢰니 대답하여 이르시되 너희는 이 갈릴리 사람들이 이같이 해 받으므로 다른 모든 갈릴리 사람보다 죄가 더 있는 줄 아느냐 너희에게 이르노니 아니라 너희도 만일 회개하지 아니하면 다 이와 같이 망하리라 또 실로암에서 망대가 무너져 치어 죽은 열여덟 사람이 예루살렘에 거한 다른 모든 사람보다 죄가 더 있는 줄 아느냐 너희에게 이르노니 아니라 너희도 만일 회개하지 아니하면 다 이와 같이 망하리라 눅 13:1-5

여기서 예수님은 랍비 해롤드 쿠시너(Harold S. Kushner)처럼 왜 선한 사람들에게 나쁜 일들이 일어나는지 묻지 않으신다.[16] 대신 그는 단지 나쁜 사람들에게 그런 일들이 일어나는 이유를 생각해보라고 하신다. 그들이 그런 벌을 받을 만큼 나쁘지 않았다고 눈물을 흘리거나 바트 어만처럼 '하나님의 문제'에 대한 신학적 억측을 해서는 안 된다.[17] 동정심이 많으신 예수님이 그들이 받을 만한 벌을 받았다고 말씀하신다. 이것은 분명 오늘날 대부분의 주일학교에서 가르치는 예수님이 아니다.

이것은 우리가 그러한 모든 재앙을 죄에 대한 하나님의 즉각적인 심판 탓으로 돌릴 수 있다는 뜻인가? 전혀 그렇지 않다. 예수님은 이미 갈릴리와 예루살렘의 희생자들이 다른 사람보다 더 악하지 않았다고 말씀하셨다. 사실 그들은 우리와 비슷했다. 그것이 문제다. 회개하지 않고 반항하는 죄인들에 대한 하나님의 기본적인 반응은 자비가 아니라 심판이다. 따라서 우리는 하나님의 심판이 아니라 그의 자비에 놀라야 한다.

예수님은 그의 말씀을 듣는 자들에게도 그것이 가차없이 적용된다는 사실을 두 번이나 분명히 말씀하신다.

"너희도 만일 회개하지 아니하면 다 이와 같이 망하리라."

그것은 무시무시한 말씀이다. 우리는 하늘나라의 통치자를 향해 불안정한 자세를 취하고 있다. 에드워즈가 말한 것처럼, 우리는 진노한 하나님의 손에 붙들린 죄인들이다. 그렇다. 예수님은 우리가 상상할 수 없고 받을 자격도 없는 자비를 우리에게 주시지만, 먼저 심판이 충족되어야 한다.

빛과 심판

그 다음에 예수님은 그의 유대인 청중이 즉시 이해할 만한 유명한 성경의 비유를 사용해, 온 나라에 대한 심판이 오고 있다고 경고하신다. 그것은 A. D. 70년에 예루살렘의 멸망과 함께 일어났다.

이에 비유로 말씀하시되 한 사람이 포도원에 무화과나무를 심은 것이 있더니 와서 그 열매를 구하였으나 얻지 못한지라 포도원지기에게 이르되 내가 삼 년을 와서 이 무화과나무에서 열매를 구하되 얻지 못하니 찍어버리라 어찌 땅만 버리게 하겠느냐 대답하여 이르되 주인이여 금년에도 그대로 두소서 내가 두루 파고 거름을 주리니 이후에 만일 열매가 열면 좋거니와 그렇지 않으면 찍어버리소서 하였다 하시니라 눅 13:6-9

앗수르, 바벨론, 바사, 그리고 지속적인 로마의 압제와 연관된 그 나라의 역사를 생각할 때 편안하게 사는 21세기의 많은 미국인들과 달리 1세기의 유대인들에게는 심판이 생소한 개념이 아니었을 것이다. 그때나 지금이나 진짜 부끄러운 일은 마음이 없는 단순한 신앙 고백이 일시적 혹은 영원한 심판으로부터 우리를 보호해주지 않는다는 것을 이해하는 것과 관련이 있다. 실제로 유대인들처럼 단지 하나님의 율법과 성전을 소유하는 것은 다가올 심판을 훨씬 더 끔찍하게 만들었다. 믿지 않는 유대인들은 주변의 이교도들보다 훨씬 더 무서운 운명에 직면했다. 이는 그들이 마땅히 그들의 메시아를 알아봤어야 했기 때문이다.

성경은 더 많은 빛이 비칠수록 책임이 커진다는 것을 우리에게 거듭 상기시킨다. 예수님은 니고데모와 밤에 만났을 때 이렇게 말씀하셨다.

"그 정죄는 이것이니 곧 빛이 세상에 왔으되 사람들이 자기 행위가 악하므로 빛보다 어둠을 더 사랑한 것이니라"(요 3:19).

예수님의 빛과 그의 왕국을 거절한 사람들은 모두 심판을 받았다.

때로 사람들은 이렇게 묻는다. "복음을 전혀 듣지 못한 사람들을 하나님이 심판하실까요?" 그 말의 의미는 예수님을 주로 영접할 기회가 없는 사람들을 하나님이 벌하셔서는 안 된다는 것이다. 이 질문은 토론의 주제를 우리의 죄에서 무지로 교묘하게 전환하는 것이다. 또한 그것은 뱀의 영역이다. 하나님이 정말로 너희가 그 나무 열매를 먹으면 죽게 될 거라고 말씀하셨느냐? 너희는 죽지 않을 것이다! 하나님은 너희 눈이 밝아질 거라는 사실을 알기 때문이다.[18]

물론 무지는 중대한 영적 문제가 될 수 있다. 우리가 전세계로 선교사들을 보내는 이유가 그것이다. 하지만 그것이 유일한 문제는 아니며, 주된 문제도 아니다.

C. S. 루이스는 핵심 문제는 무지가 아니라 우리가 양심과 도덕법을 통해 받은 빛에 불순종하는 것이라고 지적한다. 그는 그것을 자연법칙이라고 부른다. 그는 이렇게 말한다.

"첫째, … 인간은 온 세상에서 자신이 어떤 식으로 행동해야 한다는 이 특별한 사상을 갖고 있으며, 실제로 그 생각을 없애지 못한다. 둘째, … 그들은 사실 그렇게 행동하지 않는다. 그들은 자연법칙을 알고 있는데 그것을 어긴다. 이 두 가지 사실이 우리 자신과 우리가 살고 있는 세상에 대한 모든 분명한 사고의 기초이다."[19]

이 도덕법에 대한 불순종은 사람이 아는 것이 많든 적든 간에 사실이다.

그리고 지구 반대편에 있는 가상의 인물을 모른다고 해서 결코 우리가 가진 빛에 불순종한 책임을 면제받을 수는 없다. 우리는 그들의 운명을 하나님의 손에 맡길 수 있다. 아브라함처럼, 온 세상을 심판하시는 이가 옳은 일을 행하실 거라고 믿을 수 있다.[20]

어쩌면 우리가 초점을 두어야 할 질문은 이것일 것이다.

"복음을 들은 사람들은 어떠한가?"

공의와 자비의 하나님이 아기 때 죽는 사람들이나 복음을 듣지 못한 사람들을 위해 어떤 계획을 갖고 계신지 확실히 모르지만(속속들이 설명해주지 않으셨기 때문에), 고의로 하나님을 거부하는 사람들이 어떻게 되는지는 알고 있다. 예수님이 명백히 밝히셨던 것처럼, 우리는 우리가 아는 것에 대한 책임이 있다. 예수님을 직접 대하고, 그의 가르침을 듣고, 그의 기적들을 보았던 유대인들은 핑계댈 수 없었다.[21] 그의 말씀과 성령의 거룩한 증거를 가진 우리도 역시 책임이 있다.[22]

우리의 곤고함을 직시하라

때로 우리는 시간이나 거리상 단절된 상태에서 다른 사람들의 죄를 목격하고는 우리가 거기에 연루되지 않았다고 믿는다. 그런데 우리는 크게 잘못 생각하고 있다. 5부의 첫 부분에서 언급한 랍비 예히엘 포우프코는 현대의 그리스도인들이 몇 세기 동안 유대인들을 박해했던 소위 그리스도인들의 후계자들임을 상기시켜준다. 그는 내가 그의 머리카락 하나도 상하게 하지 않으리란 것을 안다고 했고, 당연히 그의 말이 옳다. 그렇지만 나는 반유대주의 선조들에 대해 불편한 연대감과 책임감을 느낀다. 나는 그들보다 나을까? 그렇게 되길 기도한다. 하지만 내가 만일 1차 십자군 전쟁 때 살아 있었다면 "소처럼 살해당하고 양처럼 시장과 거리로 끌려가 도살당했던"[23] 무방비 상태의 유대인들을 죽이지 않았을 거라고 마음속으로 확신할 수 있을까? 아니, 그렇지 않다. 흑인을 차별하던 가증스러운 시대에 자기 분수를 모르는 흑인들의 공개 처형을 내가 반대했을 거라고 일말의 의심도 없이 확신하는가? 과연 내가?

겉으로 보기에는 서기관들과 바리새인들이 이스라엘에서 제일 좋은 사람들인 것 같았다. 그들은 경건하고, 율법에 대한 열심이 있었으며, 확실히 존경할 만했다. 그러나 예수님은 그런 종교적인 모습에 결코 속지 않으셨다.

화 있을진저 외식하는 서기관들과 바리새인들이여 너희는 선지자들의 무덤을 만들고 의인들의 비석을 꾸미며 이르되 만일 우리가 조상 때에 있었더라면 우리는 그들이 선지자의 피를 흘리는 데 참여하지 아니하였으리라 하니 그러면 너희가 선지자를 죽인 자의 자손임을 스스로 증명함이로다 너희가 너희 조상의 분량을 채우라 뱀들아 독사의 새끼들아 너희가 어떻게 지옥의 판결을 피하겠느냐 마 23:29-33

우리도 독사들이 아닌가? 우리는 때로 히틀러를 잔인하고 비인간적인 괴물로 묘사하며 그의 말할 수 없는 행위들로부터 거리를 두려 한다. 물론 히틀러는 잔인했다. 하지만 그는 매우 인간적이었다. 그 인간의 죄성은 모든 사람이 볼 수 있도록 충격적이고 비극적으로, 미칠 듯이 드러났다. 제3제국의 지도자로서 히틀러는 자신의 증오와 옹졸한 질투, 불안감을 마음껏 발산할 기회를 얻었고, 6백만 명의 유대인들과 그 외 수많은 이들이 죽었다. 그러나 그와 같이 발산할 기회가 없더라도 악감정을 품고 할 수 있다면 살인을 저지를 사람들-교사들, 배우자들, 사무직 근로자들-이 많이 있다.

예수님은 분노와 살인-그리고 지옥의 보이지 않는 연관성을 잘 보셨다.[24] 바울은 "오호라 나는 곤고한 사람이로다 이 사망의 몸에서 누가 나를 건져내랴?"(롬 7:24)라고 울부짖을 때 우리 모두를 대변했다. 우리는 모두 아담의 아들들이요 하와의 딸들이다. 우리는 모두 죄인들이다.

행동과 말의 일치

예수님은 그의 제자들을 주변 마을로 보내실 때 그들이 두 팔 벌려 환영을 받을 거라는 착각에 빠져 계시지 않았다.

예수께서 권능을 가장 많이 행하신 고을들이 회개하지 아니하므로 그때에 책망하시되 화 있을진저 고라신아 화 있을진저 벳새다야 너희에게 행한 모든 권능을 두로와 시돈에서 행하였더라면 그들이 벌써 베옷을 입고 재에 앉아 회개하였으리라 내가 너희에게 이르노니 심판 날에 두로와 시돈이 너희보다 견디기 쉬우리라 마 11:20-22

이 마을들은 예수님의 홈그라운드에 있었다. 초대교회 교부였던 제롬(Jerome)에 의하면 고라신은 갈릴리에 있었고, 회당의 폐허는 그곳이 매우 중요하고 밀로 유명한 곳이었음을 나타낸다.[25] 벳새다는 갈릴리해 북동쪽의 도시로서 예수님의 제자 안드레, 빌립, 베드로의 고향이었다. 뿐만 아니라 예수님은 거기서 5천 명 넘는 사람들을 먹이시고 눈 먼 자를 고쳐주셨다.[26] 고라신과 벳새다는 메시아를 가까이서 보는 특권을 가졌기 때문에 그들이 예수님을 거절했다는 것은 이교도였던 블레셋의 도시 두로와 시돈의 역사적 심판을 아무것도 아닌 것처럼 보이게 만들었다. 그리고 예수님은 가버나움을 겨냥해 말씀하신다.

가버나움아 네가 하늘에까지 높아지겠느냐 음부에까지 낮아지리라 네게 행한 모든 권능을 소돔에서 행하였더라면 그 성이 오늘까지 있었으리라 내가 너희에게 이르노니 심판 날에 소돔 땅이 너보다 견디기 쉬우리라 하시니라
마 11:23,24

가버나움은 물론 '예수님의 많은 사역의 본부'로 알려져 있으며, 예수님

이 나사렛에서 배척당하신 후에 자신의 본거지로 삼으신 곳이다. 나훔의 마을, 가버나움에서 예수님은 백부장의 하인과 베드로의 장모의 병을 고쳐주셨고, 더러운 영을 쫓아내셨다. 마가는 예수님이 가버나움에서 많은 기적을 행하셨다고 말한다. [27]

그러나 예수님은 그가 너무도 잘 알고 계셨던 가버나움을 위해 탐조등 같은 질문을 남겨두신다. 많은 이들이 예수님을 동네 꼬마로 여겼던 그곳 주민들은 아마 고라신과 벳새다에 사는 이웃들의 운명을 피해갈 거라고 예상했을 것이다. 어쨌든 그들은 연고가 있었다. 예수님은 그들 중 한 사람이었다. 하지만 현실은 달랐다. 사실상 예수님은 "나는 너희를 몰랐다"라고 말씀하시는 것이다. 그들의 오만한 추정을 말로 표현하는 질문으로, 예수님은 특별 대우를 바라는 그들의 근거 없는 기대를 무참히 내던지신다. 불과 유황의 큰 화재로 멸망한 악한 이교도의 도시 소돔이 존경받는 가버나움보다 벌을 면하기가 더 쉬웠을 것이다. [28] 왜 그런가? 가버나움은 더 많은 빛을 거슬러 죄를 범했기 때문이다.

우리 서양인들은 빛을 더 적게 가졌는가? 그렇게 말하기는 어려울 것이다. 데이비드 배렛(David Barrett)과 토드 존슨(Todd Johnson)에 의하면, 우리는 거대한 복음의 바다 속에서 기회가 넘쳐난다. 2009년에 전세계적으로 기독교에 관한 책이 660만 권 출판되었고, 8,300만 권의 성경책이 새롭게 배부되었으며, 2천억 시간 동안 복음 전도를 했고, 그리스도의 제자가 될 기회가 한 사람당 209번이 주어졌다. [29] 이 풍요의 딜레마는 많은 부분이 서양에서 발견된다. 세계의 방대한 지역에서 아직 복음의 증인들이 너무 부족하지만, [30] 사실 서양 사람들은 불평할 일이 거의 없다.

상황은 점점 더 불편해진다. 우리 중에 그리스도를 주와 구세주로 부르는 자들도 우리의 신앙 고백이 우리를 구원해줄 거라고 생각해선 안 된다. 성경이 우리에게 말해주듯이, 우리는 말이 아니라 행위에 근거해서 심판을 받을 것이며, '두렵고 떨림'으로 우리의 구원을 이루어가야 한다. [31] 물론 구원은 믿음으로 얻지만, 믿음은 행함으로 나타난다. 행함이 없는 믿음은 단지 빈약한 증거가 아니라 죽은 것이다.[32]

지금 우리의 운명을 아는 것

예수님은 A. D. 70년 예루살렘의 멸망과 날짜는 명시되지 않았지만 앞으로 올 더 큰 최후 심판에 대해 말씀하시면서, 우리가 구원을 받을지 지옥에 떨어질지를 지금 알 수 있다고 말씀하신다.

> 그러나 그날과 그때는 아무도 모르나니 하늘의 천사들도, 아들도 모르고 오직 아버지만 아시느니라 … 충성되고 지혜 있는 종이 되어 주인에게 그 집 사람들을 맡아 때를 따라 양식을 나눠 줄 자가 누구냐 주인이 올 때에 그 종이 이렇게 하는 것을 보면 그 종이 복이 있으리로다 내가 진실로 너희에게 이르노니 주인이 그의 모든 소유를 그에게 맡기리라 만일 그 악한 종이 마음에 생각하기를 주인이 더디 오리라 하여 동료들을 때리며 술친구들과 더불어 먹고 마시게 되면 생각하지 않은 날 알지 못하는 시각에 그 종의 주인이 이르러 엄히 때리고 외식하는 자가 받는 벌에 처하리니 거기서 슬피 울며 이를 갈리라

마 24:36, 45-51

예수님을 부인하는 자들에게, 슬피 울며 이를 가는 일은 어떤 의미에서 이미 시작되었다. 우리를 괴롭히는 악몽, 불안, 외로움, 우리가 이 세상에서 경험하는 고통들은 끔찍하긴 하지만 우리가 하나님을 거부했기 때문에 받게 되는 영원한 배척의 전조에 불과하다. 만일 우리가 지옥처럼 산다면 천국을 기대해선 안 된다. 모든 소망이 사라지는 그 끔찍한 곳에 가지 않도록 우리를 지켜주실 수 있는 유일한 구세주에 대해 마음속에 품은 경멸을 말이나 행동으로 나타내는 사람들에겐 지옥이 기다리고 있다.

우리는 "그를 믿는 자마다 멸망하지 않고 영생을 얻게 하려 하심이라"라

는 예수님의 귀한 약속을 쉽게 기억해낸다. 하지만 "믿지 아니하는 자는 벌써 심판을 받은 것이니라"라는 똑같이 명백한 그의 경고는 잊어버린다.[33] 믿음이 없고 어리석은 종들은 하나님의 진노에 직면한다. 스스로 그리스도인이라 칭하는 자들도 마찬가지다. 우리가 주의 자비를 구하지 않는다면 그의 심판을 면하지 못할 것이다.

토론 질문

1. 지옥에 대해 말하는 것이 왜 어려운가?

2. 지옥이 존재한다면 하나님이 사랑이시라고 할 수 있는가?

3. 영원한 형벌의 교리에 대한 대안들을 어떻게 생각하는가? 그것들은 성경의 어떤 부분들을 강조하고 어떤 부분들을 그냥 지나치는가?

4. 왜 우리에게 지옥이 필요한가?

5. 모든 사람은 똑같은 상이나 벌을 받는가? 그렇게 생각하는 이유는 무엇인가? 또는 그렇지 않은 이유는 무엇인가?

6. 정말로 당신 자신을 지옥에 가야 마땅한 죄인으로 여기는가?

7. 우리가 믿음을 통해 은혜로 구원을 받는 것이라면 왜 우리의 행위로 심판을 받는가?

8. 당신의 행위가 믿음의 고백과 일치하지 않는다면, 지금 당신이 해야 할 일은 무엇인가?

그분의 대적과
싸우라

" 네 이름이 무엇이냐? "

새뮤얼 패리스(Samuel Parris) 목사의 집에서 두 젊은 여자가 이상한 행동을 하기 시작했다. 의사, 성직자, 지역 법학자들이 조사를 시작했고, 그들은 두 여자가 주문을 걸고 미래를 예언하는 비밀 모임에 참석했었다는 사실을 알고 경악했다. 때는 1692년 3월, 장소는 메사추세츠주 세일럼 빌리지(Salem Village)였다.

뒤이어 공포가 고조되어 있던 기간에 20명의 사람들이 마녀로 처형을 당했고, 27명이 유죄판결을 받았으며, 50명 넘는 사람들이 자백을 했고, 100명이 감옥에 갇혀 재판을 기다리고 있었으며, 또 다른 200명이 고발을 당했다.

그러나 훌륭한 목사 코튼 매더(Cotton Mather)가 그 과잉반응에 대해 형세를 역전시켰고, 곧 모든 피고인들이 풀려났다. 그 당시 몇몇 주도자들이 공포를 확산시킨 죄를 시인했고, 1711년 마녀로 지목된 자들의 후손들에게 배상금이 지급되었다.[1] 그리고 그 이후로 줄곧 세일럼 마녀 재판은 종교적 광신에 대한 경고 역할을 해왔다.

믿음과 불신

종교적 과잉 흥분의 시대로 돌아가는 걸 보기 원하는 사람은 아무도 없지만, 믿음이 오늘날 마귀에 관한 회의론으로 변화된 것도 전혀 건강한 것이라고 확신하지 않는다. C. S. 루이스가 말했듯이, 사탄은 자기에 대한 불신이나 "과도하고 건전하지 못한 관심"을 자기에게 유리하게 이용할 수 있다.[2]

그러나 사탄에 관한 한 불신은 비교적 새로운 현상이며, 특히 스스로 여호와를 따르는 자라고 여기는 사람들 사이에서는 더 그렇다. 유대인들은 일신교도들이었으나, 그들에게 하늘나라는 텅 비어 있는 곳이 아니었다. 많은 중간적 존재들이 있었고, 그들의 요구를 들어줄 필요는 없더라도 그들에 대한 설명은 필요했다. 하나님 편에는 천사들이 있었는데, 그들은 종종 여호와께서 그의 종들에게 보내는 특별한 메시지를 맡았다. 다른 편에는 이교의 신들이 있었는데, 그들은 이스라엘의 원수들의 삶을 지배했다. 즉 몰렉, 다곤, 바알 같은 무자비한 신들이었다.

히브리 성경은 이런 이방 신들에 대한 유대인들의 영적 싸움에 대해 이야기한다. 그 신들은 때때로 단순한 악령으로, 또는 마귀와 함께 하나님의 통치에 반항한 천사들로 일축되었다.[3] 에덴동산에 있었던 말하는 뱀부터 욥기에 나오는 사탄의 존재까지, 히브리인들은 마귀를 인격적이고 살아 있는 존재로 알고 있었다. 여호와의 통치에 끊임없이 반대하는 그들 자신의 타락한 죄성 이상의 어떤 존재로 여겼다.

이러한 세계관은 자연스럽게 유대인들로부터, 그들의 성경을 받아들이고 그들의 예수를 유대인의 메시아로 받아들인 자들에게 퍼져갔다. 일반 사람들은 대대로 인격화된 마귀의 존재를 아무 의심 없이 받아들였다. 작가인 데이비드 카일리(David M. Kiely)와 크리스티나 매케나(Christina M. McKenna)의 말에 의하면, "17세기에 살았던 그리스도인들 중에는 지옥과 그곳의 통치자들의 존재를 의심하는 이가 거의 없었다. … 마귀는 두 갈래로 갈라진 꼬리에 뿔이 달린 생물이며 때로는 뱀으로 나타날 거라는 데 대체로 동의했다."4

모든 역사상 가장 위대한 지성인들 중에도 거리낌없이 마귀의 존재를 믿은 이들이 있었다. 어거스틴, 토마스, 루터, 칼빈이 그들 중에 속한다.

과거와 미래의 세계관

우리는 때로 이 세계관이 과학과 이성의 필연적인 행진에 의해 역사의 쟁더미로 밀려났다고 생각한다. 정신적, 육체적 질병들은 자연주의적 용어들로 완전히 설명할 수 있다고 했다. 전에 악령에 사로잡힌 것으로 여겨졌던 사람은 대신 뇌 속의 화학적 불균형이나 아니면 어떤 삶의 경험들 때문에 우울증을 앓는 것으로 진단될 것이다. 또 원인이 본래 영적인 것이 아니라면, 치료법도 영적인 방법이 아닐 것이다. 하늘나라에 영적인 독립체들이 없어지게 된 그 동일한 기간에 의학과 심리학의 영향력이 점점 더 커졌다.

그러나 우리가 계몽되는 과정에서 이상한 일이 일어났다. 우리 시대에 세속주의가 인간의 자유와 존엄이 있는 무한한 하늘로 이어지는 철학이 아니라, 우리의 존재에서 신비와 목적을 빼내는 무미건조하고 기계론적인 삶에 대한 접근법으로 알려지게 된 것이다. 무신론 제국들과 사회복지국가들에 의해 비슷하게 실행되었던 세속주의는 또한 삶에 적합하지 않은 것으로 드러났다. 그것은 모든 인간의 마음속에 있는 하나님 모양의 공백을 채워주지 못하기 때문이다. 그러나 하나님이 그 공간을 채워주지 않으시면 다른 세력들이 기꺼이 몰려든다. 아직 명목상으로 왕위에 있긴 하지만, 세속주의는 포스트모더니즘, 뉴에이지 운동, 음모이론, 주술에 대한 강한 흥미로 대체되었다. 우리는 신문기사들이 나타내는 것만큼 합리적이지 못하다.

작가인 필립 젠킨슨은 이렇게 말한다.

자세히 살펴보면, 유럽-미국인의 과학적 객관성에 대한 선언들은 보기보다 진실하지 않다. … 가장 합리주의적인 차원에서 볼 때 인간의 마음은 본래 사건들을 초자연적인 방법으로 해석하고, 자연 세계에서 인과관계와 작인을 찾으려 한다. 우리는 자동차와 컴퓨터에게 탄원하고 언쟁을 벌인다. … 9월 11일 이후, 그 사건의 수적인 의미에 관한 신화들이 급증하는 것을 보면서 몹시 당황스러웠다. 언어와 전자기기를 통해 전달되는 도시형 전설이 점점 더 증가함에 따라, 모든 재앙은 전조와 조짐, 신비한 수적 패턴들로 둘러싸였다. … 복잡한 웹사이트를 구축할 만큼 많이 배우고 논리 정연한 개인들이 그것들을 이용해 재앙의 책임을 불길한 어둠의 세력들의 숫자에 떠넘기는 터무니없는 음모이론을 퍼뜨렸다. 그에 비하면 귀신들은 거의 타당하게 보인다.[5]

인격적인 마귀의 존재를 믿는 '미신'이라고 성경이나 그리스도인들을 경멸하는 것-특히 인류가 범하는 극악무도한 악행들을 종교적 신념과 완전히 별개로 생각할 때-은 참으로 근거가 박약해 보인다. 문서에 기록된 대로, 계몽된 20세기는 역사상 가장 유혈이 낭자한 시기였고, 21세기는 처음부터 악하게 시작했다. 히틀러부터 스탈린, 사담까지, 무수한 소아성애자들과 연쇄살인범들부터 연쇄 소포 폭탄테러범과 이슬람 테러리스트들까지, 어떤 이유로 서로 죽이고 괴롭히는 우리의 성향은 확실히 악이 실제로 존재하고 개인적이며 우리 가운데 있을 가능성을 열어준다. 비록 어떤 방면에선 그것이 널리 인정되지 않지만 말이다.

C. S. 루이스의 《스크루테이프의 편지》(The Screwtape Letters)에서 한 악마가 신참 악마에게 이렇게 말한다.

너는 환자가 너 자신의 존재를 모르게 하는 것이 꼭 필요한 일인지 나에게 물어야 할 거야. 적어도 싸움의 현 단계에서는 최고사령부가 우리에게 그 질문에 대한 답을 해주었어. 당분간 우리의 방침은 우리 자신을 감추는 거야.[6]

세 가지 적

그러나 그리스도인들은 대대로 다른 해로운 영향력들과 함께 인격적인 마귀의 존재를 믿는 데 아무 문제가 없었다. 이것은 균형 잡히고 성경적인 믿음과 조화를 이룬다. 성경을 주의 깊게 읽어보면 마귀들이 인간들과 대면하고 있는 것을 볼 수 있고, 분명히 모든 악이 인격적인 마귀에게서 비롯되는 건 아니라는 것을 알 수 있다. 사실 그리스도인들은 그들의 영적 성장을 방해하는 세 가지 주요 원인을 인정한다. 그것은 세상, 육신, 마귀다.[7] 이 세 가지 인류의 적들을 차례로 살펴보자.

1. 세상

사도 요한은 이렇게 경고한다. "이 세상이나 세상에 있는 것들을 사랑하지 말라 누구든지 세상을 사랑하면 아버지의 사랑이 그 안에 있지 아니하니"(요일 2:15). 이것은 지구나 단지 인류를 통틀어 말하는 것이 아니라, "하나님을 반대하고 세상적인 것들로 이루어진 악한 체제"이다.[8]

신학자 밀러드 에릭슨은 세상을 "사실상의 영적 세력, 하나님나라의 정반대"로 정의한다. 그는 계속해서 이렇게 말한다.

세상은 하나님나라와 균형을 이루는 조직적인 세력, 힘, 또는 질서를 나타낸다. 에베소서 2장에서 바울은 불신자를 지배하는 구조를 묘사한다. 에베소인들은 허물과 죄로 죽었었고, 그 가운데서 "행하여 이 세상 풍조를 따르고 공중의 권세 잡은 자를 따랐으니 곧 지금 불순종의 아들들 가운데서 역사하는 영이라"라고 했다. … 세상에 스며 있는 질서, 인류에 영향을 끼치고 지배하는 구조가 있다.[9]

이 질서는 여러 가지 차원에서 나타난다. 마귀는 그것을 이용해 사고 체계와 철학을 통제하고, 사람들의 마음의 눈을 가려 하나님을 보지 못하게 만든다.[10] 참으로 그는 "교활하고 간사한 음모를 통해 세상에 대한 하나님의 통치의 재건을 막으려 한다."[11]

2. 육신

'육신'은 우리의 피부나 물리적인 몸을 뜻하는 것이 아니라, 자연적인 인간의 악한 본성을 뜻한다. 그것은 우리의 삶 속에서 하나님에 대한 온갖 종류의 불순종을 낳는다. 즉 태만, 이기심, 정욕, 탐심, 다른 사람들의 고난에 대한 무관심, 그 외에 생각할 수 있는 고약한 태도나 행동들이 있다. 게다가 우리는 우리 자신의 노력으로 이 죄성을 버릴 수가 없다.[12]

사도 바울은 자신의 육신, 즉 '지체'와 강력하게 싸웠고, 그것이 그를 하나님의 은혜에 더 가까이 가게 했다.

> 선을 행하기 원하는 나에게 악이 함께 있는 것이로다. … 내 지체 속에서 한 다른 법이 내 마음의 법과 싸워 내 지체 속에 있는 죄의 법으로 나를 사로잡는 것을 보는도다 오호라 나는 곤고한 사람이로다 이 사망의 몸에서 누가 나를 건져내랴? 롬 7:21-25

3. 마귀

'마귀', 즉 사탄, 벨리알, 루시퍼라고도 불리는 이 어둠의 영은 그의 역할로 잘 알려져 있다. 즉 그는 고발하는 자, 비방하는 자, 귀신의 왕, 이 세상의 왕, 대적, 악한 자, 살인자, 거짓의 아비이다.[13] 많은 그리스도인들은 그가 하나님의 통치에 반항한 착한 천사였으며 천군이 그와 함께했다고 믿는다.[14]

예수 그리스도의 이름으로 귀신을 쫓아낸 경험이 있었던 사도 바울은[15] 계속되는 왕국들 간의 싸움을 강조했다.

"우리의 씨름은 혈과 육을 상대하는 것이 아니요 통치자들과 권세들과 이 어둠의 세상 주관자들과 하늘에 있는 악의 영들을 상대함이라"(엡 6:12).

예수님과 제자들에게, 마귀와 그의 하인들과의 작은 충돌들은 훨씬 더 큰 전쟁의 징후들이었다. 젠킨슨에 따르면 "그것들은 훨씬 더 심오한 일이 일어나고 있다는 걸 암시했다. 그것은 사역의 실제 전투로서, 정통을 지키는 자들과의 한 차례 격렬한 논쟁이 아니라 사탄의 정면 충돌이었다."[16]

3장에서 보았듯이, 예수님은 인격적인 마귀가 존재한다고 가정하셨다. 거기서 우리는 사탄의 왕국에 대한 예수님의 권위와 관련해, 예수님의 몇 가지 질문들을 살펴보았다. 그러나 여기서 우리가 영적인 어두움에 대해, 또 그리스도의 궁극적인 승리에 대해 어떻게 생각해야 하는지를 알려주는 사건을 한 가지 더 살펴보겠다. 어느 날 갈릴리에서 예고도 없이 그것을 촉발시키는 사건이 발생했다.

예수님과 '군대'

이날 예수님과 열두 제자는 배에서 내렸는데 갑자기 악령의 난폭한 지배를 받고 있는 무시무시한 사람과 마주쳤다.[17] 그 사람은 옷을 벗은 채 돌아다녔는데, 어떤 음탕한 의도가 있는 것은 아니었고 다만 그가 소외되고 타락했음을 나타내는 것이었다. 근처 도시에 사는 사람들이 그를 쇠사슬에 매어 지켰다. 아마 그를 보호하기 위해서뿐만 아니라 그들 자신을 위한 일이었을 것이다. 하지만 여러 번 초인적인 힘으로 그 맨 것을 끊고 광야로 달아났다. 산 것보다 죽은 것에 더 가까워 보였던 그는 집에서 살지 않고 "무덤 사이에서" 살았다.

그는 예수님을 보자 그를 향해 달려갔으나, 마치 보이지 않는 벽에 부딪힌 것마냥 갑자기 무서워하며 그의 발 앞에 엎드린다.

"지극히 높으신 하나님의 아들 예수여 당신이 나와 무슨 상관이 있나이까 당신께 구하노니 나를 괴롭게 하지 마옵소서."

예수님은 사람들에게 자신이 누구인지 알리는 데 관심이 있으셨으나, 이 끔찍한 순간에는 자신의 정체를 알리려 하지 않으신다. 하지만 마귀가 사람의 몸에서 즉시 나가지 않은 것에 놀라셨는지, 예수님은 질문으로 대답을 하신다.

"네 이름이 무엇이냐?"

그는 사교적인 소개를 하고 계신 것이 아니었다. 성경이 기록된 시대에 어떤 사람의 이름을 안다는 것은 곧 그의 인격에 관한 중요한 사실을 알고 있다는 뜻이었다. 그의 약점을 안다는 것이었다. [18]

귀신 들린 사람의 입에서 "군대라" 하는 애매한 대답이 나왔다.

"이는 많은 귀신이 들렸음이라."

당시 로마 군대는 6천 명의 군인들과 120명의 기병으로 구성되어 있었다. 그 사람을 괴롭히는 마귀들이 문자 그대로의 사실을 말한 것인지 우리는 모르지만, 마귀의 무리가 엄청 많았을 거라고 추측해볼 수 있다. [19] 그들의 수가 얼마나 되었든 간에, 지금 드러난 마귀들은 싸울 의지가 없었다. "무저갱으로 들어가라 하지 마시기를 간구하더니." 대신 그들은 가까이 있던 많은 돼지 떼에게 들어가게 해달라고 했다.

예수님이 그들의 계획을 허락하시자 돼지떼가 비탈로 내리달아 갈릴리 호수에 빠져 몰사했다. 문제가 해결되었다. 즉 또 한 명의 포로가 해방되었다. 사탄 왕국의 궁극적인 파멸이 예시되었다. C. S. 루이스는 많은 그리스도인의 삶이 이와 같다고 말한다. 즉 지금 사탄과의 싸움이 투쟁과 진보로, 앞으로 올 하나님의 궁극적인 승리로 완성되는 것이다.

왜 하나님은 적이 점령한 이 세상에 변장한 모습으로 오셔서 마귀의 기반을 약화시키기 위한 일종의 비밀 결사를 시작하시는가? 그는 왜 무력을 행사해 그 땅을 침략하지 않으시는가? 그는 충분히 강하지 않으신가? 물론 그리스도인들은 그가 강한 세력으로 오실 거라고 생각한다. 우리는 그때가 언제인지 모른다. [20]

어떤 사람들은 심리학이나 사회적 이론들을 사용해 호숫가에서 일어난 그 사건을 설명하려 하겠지만, 어떻게 심리학이 돼지 떼를 갈릴리 호수에 빠지게 했는지는 알기가 어렵다. 곧 "옷을 입고 정신이 온전하여 예수의 발치에 앉아 있던" 그 사람은 그를 두려워한 사람들에게 예수님의 권위와 은혜에 대해 말해줄 준비가 되어 있었다.

돼지떼 이야기는 이해하기 어려운 사실들로 가득하다. 우선 예수님은 귀신들을 천천히 쫓아내셨다. 언뜻 보니 그들이 어느 정도로 침입해 있는지 알지 못하시는 듯하고, 돼지떼의 파멸에 대해 거의 관심이 없으셨던 것 같다. 따라서 이 사건은 이상한 우여곡절로 가득하지만, 초대교회는 세 공관복음서에서 모두 증언하고 있는 이 초자연적인 능력의 사건이 실제로 일어난 일이라는 걸 믿는 데 아무 문제가 없었다.

기독교의 신뢰성

앞에서 보았듯이 분명히 그리스도인들에게는 충분한 성경의 보증이 있었다. 태초에 관한 책, 창세기는 지능적이고 의욕적인 뱀에 대한 하나님의 심판을 이야기한다. 그 뱀은 아담과 하와를 유혹해 죄에 빠지게 했다. 뱀은 "모든 가축과 들의 모든 짐승보다 더욱 저주를 받았다." 하나님은 뱀에게 이렇게 말씀하신다.

"내가 너로 여자와 원수가 되게 하고 네 후손도 여자의 후손과 원수가 되게 하리니 여자의 후손은 네 머리를 상하게 할 것이요 너는 그의 발꿈치를 상하게 할 것이니라"(창 3:15).

그것은 잘 알려지지 않은 이 악한 자의 궁극적인 패배의 선언이며, 성경의 나머지 부분에서 다방면으로 이 선언을 더 자세히 부연한다.

예를 들어, 시편 91편은 주님을 따르는 자는 "밤에 찾아오는 공포와 낮에 날아드는 화살과 어두울 때 퍼지는 전염병과 밝을 때 닥쳐오는 재앙을 두려워하지 아니하리로다. … 화가 네게 미치지 못하며 재앙이 네 장막에 가까이 오지 못하리니 ⋯ 네가 사자와 독사를 밟으며 젊은 사자와 뱀을 발로 누르리로다"(시 91:5-13)라고 했다. 창세기 3장 15절에 나오는 하나님의 구원 약속을 더 자세히 설명한 시편 말씀은 지구 남반구의 많은 지역에서 영적인 의미로 해석되고 있으며, 사람들이 제일 좋아하는 본문으로 꼽힌다.[21]

예수님의 십자가에서의 대속적 죽음과 부활, 승천은 교회 역사를 통해 사탄의 종말을 알리는 사건으로 간주되었다.[22] 사도 베드로와 바울은 둘 다 예수님과의 관계를 통해 사탄의 세력과 맞선 것으로 유명했다.[23] 초대교회 교부인 오리겐(Origen)과 순교자 저스틴(Justin Martyr)은 "평범한 그리스도인이 중요한 주술을 익혀서가 아니라 기도와 단순히 예수님의 이름을 부름으로써 귀신을 쫓아낼 때마다" 믿음이 입증되었다고 주장했다.[24]

위대한 3세기의 신학자 그레고리 타우마투르구스(Gregory Thauma-sturgus)는 이렇게 말했다.

"특별히 은사를 받은 퇴마사이자 치유자로서, 거듭 마귀와 이방 신들을 이겼다. ⋯ 그 영적 전투에서의 업적들에 관한 기록은 그의 삼위일체 교리의 신빙성을 크게 증대시켰다."[25]

그러나 우리는 더 회의론적인 시대에 살고 있다. 젠킨스의 말처럼, 전형적인 반응을 다른 말로 표현하면 이와 같다.

"초대 기독교의 전통은 마귀의 개념을 확실히 받아들였으나, 우리는 이런 개념들을 잊어버려. 정말로 우리는 어두움을 두려워해야 하는가? 현대 세계에서 정신이 온전한 사람이 마술이나 조상의 저주를 진지하게 믿는 것이 가능한가?"[26]

마귀를 진지하게 받아들이라

성경, 역사, 현재 사건들의 세 갈래 증거는 분명히 사람들이 거의 이해하지 못하는 이 사실을 우리가 진지하게 받아들여야 함을 시사한다. 비록 그리스도인 자신들은 두려워할 필요가 없지만 말이다. 그럼에도 불구하고 우리가 마귀를 진지하게 받아들이기로 결심하면 자연적, 초자연적인 위험에 직면할지도 모른다는 것을 또한 인정해야 한다.

이런 위험들은 잘 알려져 있다. 즉 마귀의 압박(또는 '군대'의 괴롭힘을 당했던 사람처럼 귀신 들리는 것), 유혹, 친구들 간의 불화, 거짓, 그 외 마귀의 책략들이 있다. 우리는 또한 부지불식간에 죄를 통해 그를 우리의 삶 속에 끌어들일 수도 있다. 바울이 말한 것처럼, 우리는 "마귀에게 틈을 주지 말아야" 한다.[27] 예수님이 귀신 쫓아내시는 것을 많이 목격했던 사도 베드로는 그럼에도 불구하고 이렇게 경고한다. "근신하라 깨어라 너희 대적 마귀가 우는 사자같이 두루 다니며 삼킬 자를 찾나니"(벧전 5:8).

마귀는 우습게 볼 대상이 아니다. 우리는 준비해야 한다. 사탄이 속이는 자라면, 우리는 반드시 그가 우리를 속이지 못하게 해야 한다. 때로는 그 기만이 그를 너무 많이 존중하는 형태로 온다. 루이스는 그것을 "과도하고 건강하지 못한 관심"이라고 표현했다. 마귀에게 맞춰진 우리의 초점은 실제로 순식간에 흐트러질 수 있다. 세일럼 마녀 재판은 한 예에 불과하다. 〈엑소시즘 오브 에밀리 로즈〉(The Exorcism of Emily Rose)라는 영화는 잘못된 악령 쫓기 의식 중에 사망한 아이에 관한 실화를 들려준다. 그런 끔찍한 사건들이 미디어에서 너무 자주 보도되고 있다. 그것은 관련된 자들에게 해를 끼치는 것 외에도, 스스로 교회에 불명예를 안기는 것이다. 하지만 광신은 마귀를 믿을 때 따라오는 필연적인 부작용이 아니다.

《사악한 영을 대적하라》(Defeating Dark Angels)라는 책에서 선교학자 찰스 크래프트(Charles Kraft)는 그리스도인들이 귀신들린 사람들 사이에서 사역하는 것을 생각하기 전에 직면해야 할 열두 가지 신화들을 나열한다. 당신이 지금 읽고 있는 이 책에서는 영적 전쟁의 방법을 자세히 다루지 않지만, 크래프트의 목록은 적어도 무엇을 예상해야 하는지에 관한 일반적인 개념을 심어줄 것이다. 더 자세히 알기 원한다면 그의 책과 클린턴 아놀드(Clinton Arnold)의 《영적 전쟁에 관한 3가지 중요한 질문》(3 Crucial

Questions about Spiritual Warfare)를 참고하라. 당신은 이 책들의 모든 내용에 동의하지 않겠지만(나는 동의하지 않는다), 그것은 당신이 생각을 하게 해줄 것이다. 하나님의 기록된 말씀인 성경의 변함없는 기준으로 모든 것을 평가하는 것을 잊지 말라.

다음은 크래프트가 언급한 신화들이다. 당신이 어떤 것들을 믿고 있는지 보라.[28]

1. 그리스도인들은 귀신이 들릴 수 없다.
2. 사람들은 마귀들에게 홀려 있다.
3. 구원은 일회적인 것이다.
4. 귀신들리는 것은 단순히 심리적인 병이다.
5. 모든 정서적인 문제의 원인은 마귀들에게 있다.
6. 그런 문제들은 마귀에 의한 것이거나 감정적인 것이다.
7. 귀신 들리는 것은 미국에서 흔치 않은 일이다.
8. 귀신 들린 사람들은 영적인 반역의 죄를 범했다.
9. 특별한 은사를 가진 사람들만 귀신을 쫓을 수 있다.
10. 내면의 음성과 성격의 변화는 귀신이 들렸다는 확실한 증거다.
11. 구원은 언제나 큰 싸움을 수반한다.
12. 귀신 들린 사람은 다른 음성으로 말한다.

주목할 것은 예수님이 귀신을 쫓아내신 기록 어디에도 육체적인 힘에 의지해 귀신을 쫓아내셨다는 얘기가 없으며, 우리도 그렇게 하지 말아야 한다는 것이다. 성자 하나님으로서 예수님의 권위만으로 충분했으며 지금도 그렇다. 마르틴 루터가 〈내 주는 강한 성이요〉라는 찬송가에 사탄에 관해 쓴 가사처럼 "한 작은 말씀이 그를 넘어뜨릴 것이다."

사탄에 대한 예수님의 질문들을 깊이 생각할 때 기억해야 할 것은 성경이 선과 악의 이원론이나 어떤 신비로운 세력의 빛과 어두움의 균형을 가르치지 않는다는 것이다. 아니다. 예수님은 마귀의 이름을 알고 계시며, 권위와 그의 백성을 위한 궁극적인 승리가 그 지식 안에 있다. 다른 한편으로는 마귀들이 비록 큰소리를 치고 있지만 마음속으로는 고통이 그들을 기다리고 있다는 것을 안다. 야고보는 단지 지적이고 변화를 가져오지 않는 믿음에 대해 경고할 때 "네가 하나님은 한 분이신 줄을 믿느냐 잘하는도다 귀신들도 믿고 떠느니라"(약 2:19)라고 말했다.

크래프트가 말한 것처럼, 능력의 대결이 반드시 공포영화의 폭력적인 장면과 같을 필요는 없다.

"우리는 예수님 당시처럼 지금도 귀신을 쫓아내는 것이 그리스도의 제자가 되고자 하는 자들에게 정상적인 신앙생활의 한 부분이라는 것을 알게 됐다. 또한 귀신 들림이 매우 흔한 일이며, 종종 눈에 띄지 않게 애정 어린 방법으로 구원할 수 있다는 걸 알게 됐다."[29]

성경은 그리스도 안에서 우리의 승리를 장담한다. 사도 요한의 말을 들어보자.

하늘에 전쟁이 있으니 미가엘과 그의 사자들이 용과 더불어 싸울새 용과 그의 사자들도 싸우나 이기지 못하여 다시 하늘에서 그들이 있을 곳을 얻지 못한지라 큰 용이 내쫓기니 옛 뱀 곧 마귀라고도 하고 사탄이라고도 하며 온 천하를 꾀는 자라 그가 땅으로 내쫓기니 그의 사자들도 그와 함께 내쫓기니라 내가 또 들으니 하늘에 큰 음성이 있어 이르되 이제 우리 하나님의 구원과 능력과 나라와 또 그의 그리스도의 권세가 나타났으니 우리 형제들을 참소하던 자 곧 우리 하나님 앞에서 밤낮 참소하던 자가 쫓겨났고 또 우리 형제들이 어린 양의 피와 자기들이 증언하는 말씀으로써 그를 이겼으니 그들은 죽기까지 자기들의 생명을 아끼지 아니하였도다 그러므로 하늘과 그 가운데에 거하는 자들은 즐거워하라 그러나 땅과 바다는 화 있을진저 이는 마귀가 자기의 때가 얼마 남지 않은 줄을 알므로 크게 분 내어 너희에게 내려갔음이라 하더라

계 12:7-12

좋은 소식은 사탄의 때가 참으로 얼마 남지 않았고 그가 최종 심판을 기다리고 있다는 것이다. 나쁜 소식은 그가 그 전까지 할 수 있는 한 많은 해를 가하려고 한다는 것이다. 마귀는 여러 모습으로 위장하고 여러 가지 전략들을 사용해 인간들 사이에 덫을 놓고 고통을 퍼뜨리기 위해 안간힘을 쓰고 있다. 그에게 여러 이름이 있으나, 신자들에 관한 한 궁극적으로 중요한 이름은 단 하나뿐이다. 바로 패배자이다.

토론 질문

1. 당신은 사탄에 관해 '불신'과 '과도하고 건강하지 못한 관심' 중 어느 쪽으로 더 기우는 경향이 있는가?

2. 과학기술의 시대에 사탄에 대한 믿음을 지지하는 이유는 무엇인가?

3. 그에 따르는 위험에는 어떤 것이 있는가?

4. 오늘날 세상에서 사탄은 어떻게 일할 것인가?

5. 그리스도인의 성장에 관해, 마귀 외에 다른 중요한 장애물들은 무엇인가?

6. 우리는 이 주제를 연구할 때 어떻게 화를 내지 않을 수 있을까?

7. 성경과 교회사에 관해, 사탄에 관해 좋은 소식은 무엇인가?

하나님나라를
선포하라

> 66 하나님의 나라가 무엇과 같을까? 99

예수님은 그의 공적 사역을 시작하실 때 이렇게 선포하셨다.

"하나님의 나라가 가까이 왔으니 회개하고 복음을 믿으라"(막 1:15).

여기서 우리는 몇 가지 사실을 알게 된다. 첫째, 하나님의 나라가 가까이 왔다. 둘째, 예수님과 세례 요한이 설교한 대로, 그 나라에 들어가려면 회개와 믿음이 필요하다. 셋째, 그 나라는 틀림없이 좋은 소식이었다.

그러면 하나님나라는 과연 무엇이었고, 또 무엇인가? 예수님의 질문들이 당신의 삶과 세상을 바꿀 수 있는 답들을 제시해줄 것이다.

이 세상에 속한 나라?

우리는 예수님이 하신 질문들을 연구하면서 그 나라를 잠깐 보았다. 5장에서 브라이언 맥라렌을 만났는데, 그는 예수님이 말씀하신 나라를 주로 이 세상적인 관점에서 본다. 맥라렌에 따르면, 그 나라는 예수님이 지금 이곳에서 우리에게 명하시는 행동, 모습과 전적인 관련이 있으며, 교회는 죽은 후에 가는 천국만 강조함으로써 심각하게 궤도를 벗어났다고 한다.

맥라렌은 사후세계를 부정하지 않지만, 그의 열정은 다른 곳에 있다. "나는 예수님의 메시지가 모두 일반적인 공공의 문제, 특히 정치와 관련이 있다는 것을 확신하게 되었다. 거기에는 경제와 원조, 개인의 권한과 선택, 외교 정책과 전쟁이 포함된다." 예수님이 전한 하나님나라의 메시지는 다음과 비슷했다고 맥라렌은 말한다.

철저히 혁명적인 하나님나라가 여기 있다. 그 나라는 화해와 평화에 의해 발전하고, 믿음과 소망과 사랑에 의해 확장된다. 가장 가난한 사람들, 약한 사람들, 온유한 사람들, 또 가장 작은 사람들로부터 시작된다. 이제는 너희의 생각을 바꿔야 한다. 모든 것이 변할 때가 되었다. 새로운 삶을 살아야 한다. 내 말을 믿으라. 나를 따르라. 복음에 따라 살고 그 혁명에 동참하는 법을 배우려면 이 복음을 믿으라.[1]

혁명. 화해. 평화. 사랑. 믿음. 소망. 변화된 생각. 여기. 지금.

그것은 오늘날 '냉담한 청년'에 대한 낡은 고정관념들을 무색하게 만드는 많은 젊은 그리스도인들이 받아들이는 상쾌한 비전이다. 그리고 맥라렌이 그 나라에 대한 새로운 이해를 주장하는 유일한 선지자는 아니다. 롭 벨 (Rob Bell)도 그런 사람 중 하나다. 그랜드 래피즈에 있는 마르스힐바이블교회(Mars Hill Bible Chuch)의 창립 목사인 벨은 지금 여기서 시작되는 '만물의 회복', 샬롬을 추구하는 자들을 위해 우리의 '대피 신학'을 버려야 한다고 말한다.

그 이야기는 새 하늘과 새 땅을 이루시려는 하나님의 의도에 관한 것이다. 그리고 그 이야기는 샬롬에서 시작한다. 서로간의 샬롬, 우리의 창조주와, 또 이 땅과의 샬롬이다. 줄거리는 하나님이 이곳에서 새 창조를, 새 하늘과 새 땅을 이루려 하신다는 것이다. 그리고 예수님의 부활은 본질적으로 미래의 시작이다. 이 위대한 부활이 속히 현재로 들어왔다.[2]

그림의 떡?

그동안 하나님나라에 대한 나 자신의 이해가 훨씬 더 내세적이었다는 사실을 고백해야겠다. 물론 예수님이 이 땅에서 행하실 때 그의 동시대인들에게 하나님나라가 가까이 왔다, 혹은 그들 가운데 있다고 말씀하신 것은 알고 있었다.[3] 하지만 예수님이 떠나셨을 때 그 나라-본질적으로 영적인 실체였던-도 떠났다고 생각했다. 어쨌든 예수님은 빌라도에게 그의 나라는 이 세상에 속한 것이 아니라고 하시지 않았는가?[4]

부활하신 그리스도께서 아버지께로 올라가려 하실 때 그의 제자들은 성급하게 물었다.

"주께서 이스라엘 나라를 회복하심이 이때니이까?"

그런데 그의 대답은 그들의 희망과 달리 아직 때가 아니라는 걸 보여주었다.[5] 나는 그 나라가 다른 때, 다른 장소를 위한 것이라고 믿었다. 교회가 지상명령을 완수하고 "세상 나라가 우리 주와 그의 그리스도의 나라가 될" 때까지, 그 왕국은 아직 왕관을 쓰지 못하고 배척당하신 왕, 예수님과 함께 그 감춰져 있을 거라고 생각했다.[6]

어쨌든 교회가 몇 세기 동안 교회 자체를 하나님의 나라로 착각했을 때 십자군이나 종교재판 같은 치명적인 오류에 빠졌던 것은 사실이지 않은가? 교도소선교회(Prison Fellowship)의 설립자인 찰스 콜슨은 이것이 "기독교 역사상 반복해서 나타났던 유토피아적인 사고의 중압감이다. 그것은 항상 교회와 국가, 종교와 정치의 관계 속에서 끔찍한 역기능을 일으킨다"라고 했다.[7] 종교적 우파에 속한 많은 이들은 지난 30년 넘게 바로 이렇게 행하는 것 때문에 비판을 받아왔는데, 종교적 좌파, 그리고 브라이언 맥라렌 같은 사람들이 훨씬 뒤에 있을 수 있는가?[8]

하나님께서 이 땅에 그 나라를 출범시키기에 적합하다고 보실 때까지 그 나라를 불가능한 이상(Ideal)으로, 우리의 손이 닿을 수 없는 곳에 두는 것이 더 나을 것이다. 내가 주기도문에서 "나라가 임하시오며"라고 기도했을 땐 하나님께 어려운 일을 해달라고 부탁한 것이다. 내가 할 일은 기도하고, 충성하며, 복음을 전하고, 의로운 일들을 행하는 것이었다. 하나님나라가 임하게 하는 것은 하나님의 일이었다. 나는 그것에 동의했다.

지속적인 약속

이상하게도 나의 접근법은 어떤 면에서 예수님의 동시대인들이 갖고 있던 종말론적 세계관을 반영했다. 그들은 하나님이 세상에서 그의 백성을 다스리신다는 구약성경의 지속적인 약속을 일종의 그림의 떡 같은 희망으로 만들어버렸다. 하지만 그 개념을 그들이 어떻게 이해했든 상관없이, 존 브라이트(John Bright)라는 학자의 말에 따르면 하나님나라는 예수님의 동시대인들의 귀에 이상한 교리로 들리지 않았다.

실제적 의미에서 하나님나라의 개념은 성경의 전반적인 메시지를 포함하고 있기 때문이다. 그것은 예수님의 가르침 속에서만 부각된 것이 아니라, 성경 전체에 걸쳐 어떤 형태로든 발견된다. 적어도 우리가 신약성경의 믿음의 눈으로 성경을 본다면 말이다. 즉 "하나님이 계획하시고 지으실 성"을 바랐던 아브라함부터 … "하나님께로부터 하늘에서 내려오는 거룩한 성 예루살렘"에 가까워진 신약성경까지 다 포함된다.[9]

그리고 실제로 예수님 당시의 사람들은 하나님나라의 개념에 몰두해 있었다. 우주의 의로운 통치자이신 하나님이[10] 이스라엘의 언약의 왕으로서 그 백성을 애굽에서 이끌어내시고 성막을 통해 그들과 만나셨으며 거듭 그들을 환난에서 구해주셨다. 나중에는 그의 직접적인 통치를 그만두고 그들에게 세상의 통치자를 달라는 경솔한 요구를 들어주셨다. 그 세상 통치자의 전형이 다윗이었다. 그는 구속된 피조물 안에서 영원한 왕위를 약속받았다.[11]

그 미래를 생각할 때 유대인들은 지금 하나님나라의 백성답게 살아야만 했다. 성경학자 조지 엘던 래드(George Eldon Ladd)는 선지자들이 사람들의 윤리에 영향을 미치고 실제로 모든 삶을 변화시킬 수도 있는 종말신학을 제시했다고 말한다.

"예언자적 종말론의 특징적인 요소는 역사와 종말론 간의 갈등이다. 이것은 선지자들이 미래를 바라볼 때 임박한 역사적 심판과 좀더 먼 종말론적 재앙을 보았다는 뜻이다. 아모스에게 주의 날은 이스라엘의 임박한 심판이자 마지막 때의 종말론적 구원이다."[12]

앗수르와 그 후 바벨론에 의한 신권정치의 해체와 궁극적인 파멸은 임박한 심판에 대한 경고가 실현된 것이었다. 그러나 언젠가 하나님이 다시 오셔서 한번 더 그의 나라를 세우실 것이며 이번에는 완전할 거라는 지속적인 약속들이 있었다. 브라이트(Bright)는 그 왕국의 개념이 신구약 성경 어디에나 나타나 있다고 말한다.

"그것은 하나님의 백성에 대한 통치의 전반적인 개념을 포함하며, 특히 역사의 마지막에 그 통치와 백성에 대한 변호를 포함한다. 그것이 유대인들이 기다리던 하나님나라였다."[13]

1세기의 침체

그러나 래드에 따르면, 1세기의 유대교는 영적 침체에 시달렸다. 유배되었다가 돌아온 후에도 몇 세기 동안 하나님은 여전히 그들이 포로로 살게 하셨기 때문이다. 기대했던 국가적 구원은 오지 않았다. 여호와께 불순종한 자들로서 유대인의 망명은 이해할 수 있는 일이었다. 그런데 그들이 순종하려고 최선을 다해 노력하고 있는데도 계속 노예로 살아야 하는 이 새로운 현실은 이해할 수 없었다. 그래서 그들은 그 이유를 이해하기 위해 '묵

시록'이라는 정경에 포함되지 않은 종교적 문서들을 기록했다.

"이스라엘은 전과 달리 율법에 순종했다"라고 래드는 말한다. "유대인들은 우상숭배를 싫어하고 신실하게 하나님을 예배했다. 그런데 여전히 그 나라는 오지 않았다. … 하나님은 어디 계셨는가? 왜 그는 신실한 그의 백성을 구원하지 않으셨는가? 왜 하나님나라는 오지 않았는가?"[14]

예수님 시대에 '왜'라는 질문에 대한 답은 하나님에 대한 일반적인 이해의 변화를 수반했다. 구약의 선지자들은 역사 속에 나타난 하나님의 심판과 마지막 때의 심판 사이의 연관성을 보았고, 그로써 사람들에게 하나님의 오심을 기대하며 지금 삶을 개혁하라고 격려했지만, 1세기 유대인들의 희망은 시들해져서 그림의 떡이 되어 버렸다. 역사 속에서 사람들과 나라들을 축복하시고 심판하시는 구약성경의 인격적인 하나님보다 신구약 중간기의 하나님은 많은 사람들의 상상 속에서 인간사와 동떨어진 분이 되셨다. 거의 이신론자들의 하나님 개념과 비슷했다. 미국독립혁명 즈음에 현존했던 이신론자들은 세상을 만들고 거의 기계처럼 돌아가도록 내버려두는 신을 지지하고 적극적이고 인격적인 하나님에 대한 성경적인 개념들을 거부했다. 이신론자들이 믿는 하나님은 더 이상 인간사 속에서 활동할 필요가 없었다.

예수님 시대의 유대인들은 물론 이렇게까지 생각하지는 않았다. 그들은 여전히 여호와께서 역사의 끝에 자신의 존재를 입증하실 것이며, 그때 메시아의 왕국이 갑자기 도래해 로마인들을 몰아낼 거라고 믿었다. 그러나 대개 그들은 하나님이 지금 여기서 행하실 거라는 희망을 버렸다. 랍비 해롤드 쿠시너의 말을 다른 말로 표현하면, 그들은 하나님이 이해할 수 없는 이유들로 역사 속에서 행하는 것을 중단하셨기 때문에 선한 사람들에게 나쁜 일들이 일어난다고 믿었다.[15] 이 권력의 공백에 들어온 것이 사탄과 그의 부하들이었다.

"현 시대는 악한 천사와 마귀의 세력이 지배하고 있으므로 악할 수밖에 없다." 래드는 나라의 분위기를 요약하며 이렇게 말한다. "하나님이 이 세대를 악에게 넘기셨다. 구원은 다음 시대에나 기대할 수 있다."16

현재에 대한 그런 시각은 믿음을 일으키지 않았다. 적어도 구원하시는 하나님에 대한 믿음을 불어넣진 않았다. 대신 그것은 운명론, 율법주의, 그리고 스스로 문제를 해결하려는 인간 중심적인 열망을 낳았다. 즉 스스로 로마인들에게 대항해 무력으로 그 나라를 세우려 했다.

주류 언론에서 복음주의자들은 임박한 지구 멸망의 예언들에 사로잡혀 이 세상의 문제들에 무관심한 자들로 묘사되어 왔다. 그나마 콜라스 크리스토프(Nicholas D. Kristof) 같은 뉴욕타임즈의 칼럼니스트들이 우리를 '새로운 국제주의자들'이라고 지명함으로써 이런 부당한 고정관념들이 허위임을 보여주었다. 그들이 그렇게 부르는 이유는 우리가 아프리카의 성매매와 에이즈 확산에 명백히 반대하기 때문이다.

그러나 이 고정관념 안에 적어도 약간의 진실이 담겨 있다. 혹은 최소한 내 경우엔 그랬다. 어쩌면 내가 믿음을 갖게 된 것도 핼 린드세이(Hal Lindsey)의 《대유성 지구의 종말》(The Late Great Planet Earth)과 《새로운 세계가 온다》(There's a New World Coming) 같은 책들을 통해 복음을 들었기 때문이다. 이 책들은 인간이 길을 잃었음을 강조하며, 세상이 곧 멸망해 심판을 받게 된다는 사실을 힘주어 말했다. 그런 신학은 확실히 세속에 관심이 쏠려 있던 내 마음을 사로잡았다. 하지만 하나님이 만드신 세상에 대해 깊은 관심을 갖게 되는 데는 도움이 되지 않았던 것 같다. 그것은 린드세이의 책이 아니라 내가 부끄러워해야 할 일이다. 나는 어차피 모든 것이 불에 타 없어질 것이므로 중요한 것은 그 큰 불을 피하는 것이라고 생각했다.

이것이 전부입니까?

당연히 세례 요한의 회개 메시지는 1세기에 500파운드의 폭탄 소리처럼 크게 울려 퍼졌다.17 심판의 불이 갑자기, 압도적인 힘으로 임할 것이었다. 그 시대는 갑작스러운 종말을 맞이할 것이다. 회개하고 기다리는 것밖에는 할 수 있는 일이 없었다. 얼른 도망쳐야만 했다.

분명히 이런 시나리오가 요한의 마음속에 있었을 것이다. 그는 예수님의 사역이 그의 기대를 다 충족시키지 못하는 것을 보고 충격을 받았다. 나중에 그가 감옥에서 했던 질문은 예수님이 모두가 기대했던 정복자로 오시지 않았다는 사실에 근거한 것으로, 단순하지만 심오했다.

"오실 그이가 당신이오니까 우리가 다른 이를 기다리오리이까?"(마 11:3).

그의 질문은 예수님이 승천하신 날 제자들의 혼란 속에서 반복되었다.

"주여, 하나님나라는 어떻게 된 겁니까? 이게 다입니까?"

예수님은 그의 말씀을 듣는 자들에게 그 나라를 명백하게 정의해주신 적은 없지만, 그것에 대해 계속 말씀하셨다. 그의 고향 나사렛에서는 이사야의 메시아에 관한 예언을 인용하셨다. 그것은 가난한 자에게 복음을 전하고, 포로된 자에게 자유를, 눈먼 자에게 다시 보게 함을 전파하며, 눌린 자를 자유롭게 하고, 주의 은혜의 해를 전파하실 거라는 얘기였다. 거기에 "이 글이 오늘 너희 귀에 응하였느니라"라고 덧붙이셨다. [18]

래드에 의하면, "예수님은 메시아에 관한 약속이 실제로 그의 인격 안에서 성취되고 있다고 선포하셨다. 이것은 종말론적인 왕국이 아니라 현재의 구원이다. … 그는 하나님나라가 이미 임하였다고 담대히 선언하신 것이다. 그 나라의 임재는 하나의 사건이요, 하나님의 은혜로운 행위였다." [19]

그것은 진정한 의미에서 급진적인 메시지였다. 예수님은 사람들에게 진정한 의미에서 하나님나라가 이미 시작되었음을 알고, 구약성경의 뿌리로 돌아가 영원한 관점을 가지고 지금 윤리적으로 살라고 명하셨다. 예수님 안에서 아모스서 4장 12절 말씀이 실현되었다. "이스라엘아 네 하나님 만나기를 준비하라!" [20] 하나님나라에 관한 예수님의 질문들은 그때나 지금이나 그를 따르는 자들에게, 이미 임했지만 또 아직 완성되지 않은 그 나라를 위해 일하도록 격려해준다.

겨자씨 믿음

마가는 예수님이 다음과 같은 질문을 하신 것을 기록한다.

또 이르시되 우리가 하나님의 나라를 어떻게 비교하며 또 무슨 비유로 나타낼
까 겨자씨 한 알과 같으니 땅에 심길 때에는 땅 위의 모든 씨보다 작은 것으로
되 심긴 후에는 자라서 모든 풀보다 커지며 큰 가지를 내나니 공중의 새들이
그 그늘에 깃들일 만큼 되느니라 막 4:30-32

시편 기자가 "뭇 백성을 다스리시며", "그의 거룩한 보좌에 앉으셨도다"
라고 말하는[21] 하나님이 통치하시는 나라는 너무나 어마어마한 개념이어
서, 예수님은 듣는 자들의 수준에 맞게 그 개념을 축소시키셔야만 했다. 그
래서 그들의 관심을 끌 만한 비유를 찾으신다. 그는 하나님의 통치를 겨자
씨 만하게 압축하신다. 그것은 겨우 지금이 2밀리미터밖에 안 되는 씨앗으
로, 그 자체로는 거의 없는 것이나 마찬가지였고 쉽게 간과되었다.

그러나 우리는 크기가 중요성을 나타내는 지표가 아니라는 걸 안다. 또
는 알아야 한다. 인간의 삶을 연구해보면 이것이 분명해진다. 극히 작은 인
간의 배아가 자라서 작곡가가 되고, 과학자가 되고, 어머니, 아버지가 된
다. 닥터 수스(Dr. Seuss)의 캐릭터 호튼(Horton)이 힘주어 말하듯이, "아무
리 작아도 사람은 사람이다."[22] 초기 생명의 발달을 안내하는 유전적 정보,
인간 게놈은 훨씬 더 작다. 메이요 의과대학 신경학 부교수인 윌리엄 P. 체셔
(William P. Cheshire)는 이 작은 물질의 거대한 목적을 이렇게 묘사한다.

게놈은 단지 그 종에 대한 유전적 정보의 총합이다. DNA의 분자언어로 쓰여
지고 유전자로 체계화된 게놈은 유기체가 세포의 구성 요소들을 합성하고 배
아에서 성숙한 개인으로 성장하는 데 필요한 모든 지시들을 부호화한다. 성
숙한 개인은 뛰는 심장과 민감한 손가락, 유아기 때도 대부분의 고급 컴퓨터

들을 훨씬 능가하는 뇌를 가지고 있다. 인간 게놈은 크기는 미세하지만 그 안에 든 정보의 양은 어마어마하다. 31억 개의 뉴클레오티드 염기쌍이 DNA의 이중 나선 구조를 따라 배열되어 있다. 그래서 하나의 세포에서 빼내어 펼쳐놓으면 길이가 5피트가 넘지만 두께는 50분의 1인치밖에 안 된다. 책으로 쓴다면 인간 게놈은 천 페이지짜리 맨해튼 전호번호부 만한 책 200권 정도는 될 것이다. 쉬지 않고 초당 5자씩 큰소리로 읽는다 해도, 인간 배아의 세포핵 속에 든 게놈을 다 읽는데 19년이 걸릴 것이다.[23]

크기로 어떤 것의 중요성을 평가하는 것은 엄청난 실수다. 때로 우리는 수백억 개의 장엄한 은하계가 헤아릴 수 없을 만큼 먼 거리에서 우리 머리 위를 선회할 때 공기, 바위, 물의 이 외로운 전초기지에 앉아서 우리 자신이 얼마나 작고 하찮은 존재인지를 느낀다. 우리는 이 모든 공허함 속에서 인간은 무엇인지 묻는다. 철학자 자크 모노(Jacques Monod)는 이렇게 말했다.

"인간은 결국 무정한 우주의 방대함 속에서 자신이 혼자라는 걸 안다. 그는 그 우주에서 단지 우연히 나타난 것이다."[24]

하지만 우리는 천지창조가 시작될 때 우주는 믿기지 않을 정도로 뜨겁고 (섭씨 100조도) 원자보다 더 작게 고밀도로 압축되었다는 것을 생각해야 한다.[25] 이 크기가 우주를 덜 가치 있게 만드는가? 이 극히 작은 공간에서 은하계의 구조물, 물리학 법칙, 별, 행성, 나무, 꽃, 물고기, 고래, 새, 그리고 사람들을 위한 모든 잠재력들이 부호화되었다. 크기는 중요성을 나타내는 하나의 지표일 뿐이며, 가장 중요한 지표가 아니다.

작은 것이 아름답다

예수님은 "작은 것이 아름답다"라는 것을 설명하실 때 겨자씨를 증거물 1호로 제시하셨다. 이 씨앗은 극히 작다고 예수님은 과장되게 말씀하신다. 그러나 그것은 가능성, 거의 무한한 잠재력을 품고 있다. 이 평범하고 작은 구체에서 때때로 나무로 오인할 만큼 큰 식물이 나온다. 너무 작아서 거의 그림자를 드리울 수 없는 씨앗이 튼튼하고 잎이 무성한 가지들을 내어 끊임없이 찾아오는 새들을 위해 정오의 햇빛을 피할 수 있는 시원하고 그늘진 피난처를 만들어준다.

못 보고 지나치기 쉬운 겨자씨는 건조한 팔레스타인의 땅에서 때가 되면 나타날 그 무성한 초목과 완전히 달라 보인다. 그러나 그 둘은 서로 연결되어 있다. 농부는 씨앗 없이 그 초목을 얻을 수 없다. 사실상 그 씨앗이 초목을 낳는 것이다. 그 둘은 같은 물질이다. 같은 유전적 구조, 같은 본질을 가지고 있다. 그것들은 둘 다 겨자다. 하나는 잠재적인 것이고 다른 하나는 실제적인 것이다.

누가는 그 비유를 더 짧게 제시한다.

그러므로 예수께서 이르시되 하나님의 나라가 무엇과 같을까 내가 무엇으로 비교할까 마치 사람이 자기 채소밭에 갖다 심은 겨자씨 한 알 같으니 자라 나무가 되어 공중의 새들이 그 가지에 깃들였느니라 눅 13:18,19

예수님은 그 나라가 먼저 겨자씨처럼 와서 나무처럼 되어야 한다고 말씀하신다. 그것은 씨앗인 동시에 나무이다. 그 나라는 이미 여기에 있지만, 온전한 나라는 아직 오지 않았다. 하나님나라는 당신들 가운데, 은밀하게 있다. 지금. 눈을 뜨라. 지금 보이는 것이 비록 미천하더라도 앞으로 올 것과 뗄 수 없게 연결되어 있다.

그것은 모든 영광 가운데 있는 태양을 보기 전에 수평선 위로 나타난 첫 새벽의 빛줄기와 같다. 또 앞으로 올 것은 헤아릴 수 없을 만큼, 명백히 더 클 것이나 그래도 같은 것이다. 지금 우리는 씨앗 형태의 하나님나라를 보고 있다. 그것은 아마 땅 속에서 인내하며 밖으로 나올 때를 기다리고 있을 것이다. 그리고 우리는 그것이 완전히 자란 모습을 보게 될 것이다. 종말은 어떤 의미에서 이미 시작되었다. 훨씬 더 큰 수확을 기대하며 그 일은 지금 시작된다.

예수님은 그의 제자들에게 이렇게 말씀하신다.

"너희는 넉 달이 지나야 추수할 때가 이르겠다 하지 아니하느냐 그러나 나는 너희에게 이르노니 너희 눈을 들어 밭을 보라 희어져 추수하게 되었도다"(요 4:35).

우리는 눈을 들어 보기만 하면 된다. 하나님은 작고 하찮은 것을 사랑하신다. 그는 기드온의 군대의 병력을 1퍼센트도 안 되게 축소하시고, 그 군대로 미디안 군대를 완패시키신다. 그는 한 소년의 점심으로 수천 명을 먹이신다. 잃어버린 양 한 마리를 찾기 위해 아흔아홉 마리의 양을 언덕에 두고 가신다. 하찮은 것이 하나님께는 절대 하찮은 것이 아니다.

그리스도를 따르는 자들이 "나라가 임하시오며"라고 기도할 때 우리는 그 나무를 위해 기도하는 것이다.[26] 그러나 우리는 또한 씨앗을 위해 기도하고 있다. 그 둘이 신비롭게 결합되어 있다는 것을 안다. 씨앗 없이는 나무를 가질 수 없다. 우리는 나무 그늘을 갈망하지만, 먼저 씨앗을 심기 위해 한낮의 열기와 자외선을 용감히 대면해야 한다. 하나님나라의 잔치를 경험하기 원한다면 하나님나라의 일을 해야 한다. 뜻이 하늘에서 이룬 것같이 땅에서도 이루어지이다.

구약의 선지자들처럼 우리는 오늘 우리의 수고와 내일의 보상이 서로 연결되어 있음을 알고 희망으로 씨를 뿌린다. 그러나 선지자들과 달리, 우리는 그들이 부러워할 만큼 명백하게 그 왕을 보았다. 그뿐만 아니라 우리는 그의 장엄한 임재 안에서 살고 있다.

그 왕은 떠났지만 아직 여기에, 그의 나라 백성 안에 계신다.

* "내가 세상 끝 날까지 너희와 항상 함께 있으리라"(마 28:20).
* "두세 사람이 내 이름으로 모인 곳에는 나도 그들 중에 있느니라"(마

18:20).

* "항상 우리를 그리스도 안에서 이기게 하시고 우리로 말미암아 각처에서 그리스도를 아는 냄새를 나타내시는 하나님께 감사하노라"(고후 2:14).

왕이 우리와 함께 계시므로, 한 알의 겨자씨처럼, 보이지 않게 그 왕국은 우리를 통해 확산된다.

말과 행동

그리고 비록 지체되더라도 그 결과는 부인할 수 없을 것이다. 그러나 그것들은 겨자씨처럼 지금 시작된다. 예수님의 이름으로 냉수 한 그릇을 대접하는 것은 그 나라를 확산시킬 뿐만 아니라[27] 그 나라를 씨앗의 형태로 보여주는 것이다. 우리는 이 단순한 긍휼의 씨앗에서 자라는 영광스러운 나무가 어떤 모습이 될지 모르지만, 그것이 씨앗과 같은 종류라는 건 안다. 틀림없이 물 몇 모금이 주는 자와 받는 자 모두에게 축복의 폭포로 변할 것이다. 이것이 드러나는 하나님나라다.

그러나 그 나라는 단지 선한 행위들을 모아놓은 것이 아니다. 하나님나라의 존재는 회개와 믿음을 요구한다. 이것은 복음 전도, 하나님나라를 말로 전하는 것을 포함한다. 그러나 그것은 말 이상의 것이다. 예수님에 관한 대화는 동료 여행자에게 그 나라에 들어가도록 격려해줄 뿐만 아니라, 새로운 영역에서 그 나라를 증진시킨다. 우리는 우리의 증언이 어떤 결과들을 가져올지 모르지만, 완성된 그 나라가 왕의 대사들의 겸손한 말에 응답한 사람들로 가득 차게 되리라는 것을 확신할 수 있다.

나사렛에서 예수님이 보여주신 하나님나라의 표적들은 육체적인 사역만큼, 어쩌면 그보다 더 언어적 증거와 관련이 있었다. 예수님은 억눌린 자들을 자유롭게 하실 때 많은 설교를 하셨다. 그는 가난한 자들에게 복음을,

포로된 자에게 자유를, 눈먼 자에게 다시 보게 함을, 모두에게 주의 은혜의 해를 전파하셨다.[28] 그 나라와 함께 필연적으로 오는 것이 회개하고 복음을 믿으라는 부르심이다. 소식이 없으면 나라도 없다.

불행히도 하나님나라에 대한 현대의 많은 대화에는 겨자씨의 언어적 특성이 빠져 있다. 우리의 전체론에 구멍이 있는 것 같다. 즉 복음 전도가 부족하다.[29] 이 말을 듣고 놀라지 말아야 한다. 항상 우리가 주의 이름으로 냉수 한 그릇을 줄 때 그분에 대해 이야기하는 것보다 냉수를 주는 것이 더 쉽다. 그러나 우리는 둘 다 해야 한다. 하나님나라는 우리가 연민을 갖고 행할 때, 또한 우리가 연민을 가지고 우리의 왕을 대변할 때 온다.

우리 왕국의 말과 행동이 작더라도 결코 연약하거나 하찮은 것은 아니다. 그들은 이 어두운 세상의 단단한 땅에 깃발을 꽂으며, 빛의 군대와 함께 나팔을 불고 기를 흔들며 의로운 왕이 그 땅을 장악하러 오신다고 담대하게 말한다. 그리고 언젠가 그가 오실 것이다. 오늘 우리가 그 왕을 위해 하는 모든 행위와 모든 말들이 비록 작을지라도, 그가 이 땅을 통치하신다고 주장하며 그가 그에게 속한 자들을 구하러 오실 것을 재촉하는 것이다. 또한 그 모든 것은 하나님께 속한 것이다. "나라와 권세와 영광이 아버지께 영원히 있사옵나이다."

누룩의 가치

예수님은 하나님나라에 대해 또 다른 질문을 하셨고, 또 다른 일상의 비유를 드셨다. 그리고 또 다시 이렇게 말씀하셨다. "내가 하나님의 나라를 무엇으로 비교할까 마치 여자가 가루 서 말 속에 갖다 넣어 전부 부풀게 한 누룩과 같으니라"(눅 13:20,21).

하나님나라는 다시 보잘것없는 것에 비유된다. 적어도 처음엔 그렇다. 이번에는 누룩인데, 빵을 부풀게 하는 살아 있는 재료다. 그것은 흔한 것이지만, 그것이 없으면 빵이 엉망이 된다. 겨자씨처럼 누룩이 하는 일은 지대한 영향을 미치지만 시간이 걸린다. 인내심을 갖고 주물러서 반죽을 만들어야 한다. 그러나 그것은 일단 있으면 퍼진다. 다만 너무 은밀하게 퍼져서, 나중에서야 그 존재를 인식하게 된다.

누룩은 돌 위에 뚝뚝 떨어지는 물처럼 결국엔 자국을 남긴다. 반죽에 누룩이 너무 많이 들어가면 오븐 문짝이 날아갈 수도 있다. 누룩은 침범하는 세력이다. 그러나 일부 성급한 사람들에게는 그것이 너무 느리다. 우리는 지금 하나님나라를 원하며, 학교에서 기도를 재도입함으로써 "그리스도께 아메리카를 돌려드리기" 위해, 또는 사회 프로그램을 위해 정부가 쓰는 돈의 양으로 '정의'를 규정하며 "가난한 자에게 정의를 가져다주기" 위해 거창한 계획들을 세운다. 이런 방법들은 당신의 정치적 확신에 따라 좋을 수도 있고 좋지 않을 수도 있지만, 하나님나라는 아니다.

하나님나라는 조용하고, 강력하며, 기독교적이다. 왕이 선포되고 알려지지 않으면 왕국은 없다. 맥라렌의 말과 반대로, 그것은 분명히 정치적 프로그램이 아니다. 비록 하나님나라는 정치를 비롯해 그와 접하는 모든 것을 변화시킬 것이지만 말이다. 또 그 나라는 모든 것에 영향을 미치며, 아무것도 변화되지 않은 채 남겨두지 않는다. 그 나라는 작게 시작하지만 누룩처럼 거침없이 퍼진다.

그리고 그것은 안에서부터 효과가 나타난다. 처음에는 보잘것없어 보인다. 그러나 나중에는 그 자애로운 존재가 모든 곳에 있게 되며, 평범한 반죽을 생명을 지탱하는 음식으로 변화시킨다. 신학자 존 프레임(John Frame)은 네덜란드의 신학자이자 수상이었던 아브라함 카이퍼(Abraham Kuyper)가 과거에 이렇게 말했던 사실을 지적한다.

"온 우주에 그리스도가 '이것은 내 것이다'라고 말씀하지 않으시는 땅은 하나도 없다."[30]

하나님나라는 그리스도의 영광을 위해 인간이 열심히 일하는 모든 분야로 확산된다.

하나님나라의 시작을 알리는 예수님의 지상 사역은 누룩과 같았다. 그는 12명의 평범한 사람들을 제자로 택하시며, 작게 시작하셨다. 3년 동안 말과 행동으로 그들에게 하나님나라에 대해 가르치셨다. 병든 자를 고쳐주시고, 눈 먼 자를 보게 하시며, 귀머거리의 귀를 열어주시고, 굶주린 자들을 먹이시고, 억압받는 자들에게 존엄과 희망을 주셨다. 산상설교는 하나님나라의 의에 대해 말했고, 예수님 안에 있는 그 나라의 비밀을 비유로 말씀하셨으며, 성만찬은 미래에 완성될 하나님나라를 보여주었다.[31] 그러나 예수님이 아버지께로 올라가셨으니, 어떻게 그 나라가 겨자씨처럼 자라서 우리 시대에 누룩처럼 퍼지겠는가?

하나님나라의 백성

제자들이 그들의 부활하신 주님께 그 나라가 시작될 것인지 묻자, 예수님은 그들에게 누룩을 건네주신다. 복음은 먼저 예루살렘에서, 사마리아에서, 그리고 땅 끝까지 전파되고 삶으로 나타나야 한다. 유대 나라에 심판이 임하더라도 하나님나라는 계속 확산될 것이다. 그러나 지금 그 나라의 특사들은 유대인과 이방인 모두 참된 하나님나라의 백성이다. 그리고 그 나라 백성이 교회를 구성하고 있다.[32] 교회는 하나님나라가 아니지만, 교회 없이는 하나님나라가 전파되지 않는다.

신약성경학자인 스캇 맥나이트(Scot McKnight)는 맥라렌이 하나님나라를 강조하는 것을 인정하지만 교회에 대해 더 특별한 것을 요구한다. 신약성경에 따르면, 하나님나라에 대한 예수님의 비전은 오직 교회를 통해서만 시행되는 듯하다. 오직 예수님의 공동체 안에서만 우리는 아담과 하와의 반역의 문제에 대해, 예수 그리스도의 삶과 죽음과 부활을 통한 해결의 필요성과 성령의 은사에 대해 듣는다. 나는 예수 그리스도를 따르는 자들이 복음을 삶으로 실천하고, 복음 전도와 연민과 정의를 통해 하나님의 구원의 복음을 널리 퍼뜨릴 때 맥라렌이 강조하는 세계적 위기들의 해결책이 나타날 거라고 믿는다. 그러나 그 해결책은 성령이 일으키신 하나님나라의 복음을 통해서만 나타날 것이다. 교회는 그 복음을 구체적으로 나타내고 선포하도록 부르심을 받았다.[33]

콜슨(Colson)은 그리스도의 오심에 대해 '지구의 침략'과 하나님나라의 공표라고 이야기한다. 콜슨은 오늘날 그리스도인들이 이 땅에 하나님나라를 세울 수 있다고 생각하거나, 단순히 체념하고 미래의 왕국을 기다리기로 하는 극단을 피해야 한다고 말한다. 대신 그는 교회를 향해 "이 세상에 관여하고 하나님의 진리와 의를 가져와 타락한 세상의 불의와 맞서라"라고 요구한다.[34]

그 일은 처음에 보잘것없는 겨자씨처럼 시작해서, 누룩처럼 조용하고 가차없이 퍼져간다. 마침내 하나님나라가 피할 수 없는 능력과 영광 가운데 영원히 임할 때까지. 그것이 혁명적인 비전이다.

토론 질문

1. 하나님나라에 대해 세속적인 관점을 갖고 있다는 것은 무엇을 의미하는가? 그림의 떡과 같은 관점은? 당신은 어느 것이 더 설득력이 있다고 생각하며, 그 이유는 무엇인가?

2. 하나님나라에 대한 예수님의 이해와 현대적 관점의 같은 점과 다른 점은 무엇인가?

3. 당신이 생각하는 겨자씨 비유의 의미를 설명해보라.

4. 하나님나라를 이중으로 강조하는 것이 우리가 하나님의 일을 수행하는 데 어떤 도움이 되는가?

5. 누룩 비유와 겨자씨 비유의 다른 점은 무엇인가?

6. 당신은 하나님나라의 일이 언어적 증거와 비언어적 증거를 다 포함한다는 데
   동의하는가?

7. 인간의 삶에서 하나님나라가 확산되어야 하는 영역은 어디인가?

8. 그리스도인들은 왕국 신학의 양극단을 어떻게 피해야 하는가?

부활의 선물을
기대하라

❝그렇지 않으면 너희에게 일렀으리라
내가 너희를 위하여 거처를 예비하러 가노니**❞**

초등학생이던 내 눈에는 외할아버지가 항상 늙어 보였다. 확실히 그는 요즘 그 나이의 사람들보다 더 늙어 보였다. 대공황을 겪고, 중세의 앨라배마 시골에서 자랐다면 당신도 그랬을 것이다. 그는 머리카락이 얼마 없었고, 그나마 있는 머리카락은 은백색이었다. 얼굴에 주름이 가득하고 눈은 움푹 들어갔었다. 이름도 옛날 사람답게 '헤이드'(Hade)였다.

나는 그를 호리호리하고 강한 사람으로 기억한다. 밭과 공장에서 육체 노동을 하는 동안 다져진 그의 현실감각과 권위는 다른 시대에 태어난 응석받이 아이인 나도 알아볼 수 있었다. 어머니는 그가 얼마나 강인한 사람이었는지를 나에게 이야기해주었다. 헤이드와 그의 아내 이네즈(Inez)가 힘들게 일한 덕에 그의 집은 풍족하진 않아도 늘 있을 것이 충분히 있었다.

그들이 세 들어 살던 집에 불이 난 후에는 함께 가족을 추스르고 이겨나갔다. 그들은 정기적으로 교회에 출석했고, 그는 규율을 엄격하게 지키는 사람이었다. 이모나 외삼촌이 못된 짓을 하면 '아빠'가 그들을 밖으로 내보내 직접 회초리를 골라서 가져오게 했다. 헤이드는 벌을 주었고, 그것으로 끝이었다.

그러나 나는 헤이드의 부드럽고 할아버지다운 면만 보았다. 할아버지는 하모니카를 연주했고, 의미 없는 짤막한 노래를 부르는 걸 좋아했다. "아침에 설탕, 저녁에 설탕, 저녁 먹을 때 설탕" 같은 노래였다. 매해 여름 우리 가족은 델라웨어(Delaware)에서 우리의 어두운 녹색 폰티악 카탈리나(Pontiac Catalina)를 타고 이틀에 걸쳐 할아버지와 나머지 우리 앨라배마 친척들을 보러 갔다. 우리는 헤이드와 이네즈의 나무로 지은 작고 하얀 농가 밖에 닭들이 돌아다니는 광경, 매일 아침 들리는 수탉 울음소리, 자갈로 된 차도, 사탕 그릇에서 항상 꺼내 먹을 수 있었던 스카치캔디, 직접 구운 비스킷, 그리고 거기서 느끼는 소속감을 좋아했다. 나는 그 시간들을 조용하고 평화롭고 행복했던 날들로 기억하고 있다. 거기서 유대감을 느꼈고, 오늘날의 사회에서는 거의 되살릴 수 없는 정착감을 느꼈다.

그 화창했던 날, 그날 우리 할아버지가 돌아가셨다는 걸 알게 됐다. 우리 부모님은 전화 통화중이었는데 문을 닫고 숨죽인 목소리로 말을 하고 있었다. 많은 아이들이 그렇듯이, 나는 자기에게만 몰두해 있었고 기본적으로 그 상황을 의식하지 못했다. 그날 오후에 엄마와 아빠가 우리에게 방으로 들어오라고 하더니 소식을 들려주었다. 할아버지가 갑자기 돌아가셨다는 거였다. 장례식이 다음 주에 치러질 예정이어서 우리는 비행기를 타고 가려 했다. 누나와 남동생은 그 즉시 부모님의 침대에서 벌떡 일어나 울면서 뛰어나갔다. 나는 그 자리에 그대로 앉아 있었다. 육체적, 감정적으로 아무 움직임이 없었다. 전혀 현실 같지가 않았다.

'어떻게 할아버지가 죽을 수 있나? '대체 죽음이란 무엇인가?'

비행기에서 내리면서 나는 혹시라도 어두침침한 표정의 다른 친척들 사이에서 할아버지가 보일까, 반쯤 기대하는 마음으로 목을 길게 빼고 보았다.

그때까지도 눈물은 나오지 않았다. 장례식은 전혀 기억나지 않는다. 다만 헤이드와 이네즈의 주방에서 있었던 장례식의 여파는 기억난다. 어찌된 일인지 마침내 현실이 인식이 되었다. 죽음은 우리 할아버지가 떠나서 다시 돌아오지 않는 것을 의미했다. 할아버지의 하모니카는 영원히 고요할 것이다. 그때서야 눈물이 왈칵 쏟아져 나왔다. 목소리가 완전히 쉬어서 도저히 제어할 수 없는 상태가 되었다. 방금 할아버지를 잃었다는 걸 알게 된 친척들 사이에 있어 본 적이 없다면 잘 모를 것이다.

하지만 나는 그 모든 일이 최종적인 것이라는 사실에 반기를 들었다. "우리는 할아버지를 다시 보게 될 거예요"라고 반항적으로 울부짖었다. 왜 그랬는지는 모르겠다. 나는 천국에 대해 들은 적이 있었지만 어떻게 갈 수 있는지는 몰랐다.

이미, 그리고 아직

앞 장에서 우리는 이미 이루어졌으면서 아직 완성되지 않은 하나님나라의 관점들을 살펴보았다. 유대인 서기였던 마태는 하나님의 이름에 대한 뿌리 깊은 존경심에, '하늘나라'라고 칭했다. 우리는 하나님나라가 현재와 미래의 측면을 모두 갖고 있으며, 미래의 상태는 우리가 현재 어떻게 사느냐에 영향을 끼쳐야 한다는 걸 살펴보았다. 그렇다. 하나님나라는 피할 수 없는 윤리적 요소를 갖고 있다. 우리는 지금 하나님나라의 백성으로 살아가며, 내일의 나무를 기다리면서 오늘 씨를 뿌린다.

브라이언 맥라렌과 이머징 운동(emerging movement)에 가담한 다른 이들이 이미 이루어진 하나님나라를 강조하는 것을 옳다. 그러나 안타깝게도 그들은 오늘날 우리의 윤리적 의무들을 상기시켜주려는 열정 때문에 가끔 신학적인 추를 다른 방향으로 너무 멀리 보내서, 아직 완성되지 않은 하나님나라를 적절히 다루지 않는다.

칼 마르크스는 종교를 "사람들의 아편"이라 부르고, 압제자들에게 신앙심이 깊은 사람들을 착취할 기회를 주면서 종교를 비방했다. 그와 비슷한 방침을 취하는 다른 이들은 우리가 땅보다 하늘을 더 강조하는 데 있어서 너무 멀리 갔다고 말한다.

톰 라이트(Tom Wright)는 그의 훌륭한 책 《마침내 드러난 하나님나라》 (Surprised by Hope)에서 이것이 잘못된 선택이라고 말한다. 라이트는 "너무 신앙심이 깊으면 세상에선 쓸모가 없다"라는 오래된 지적을 검토하며, 우리가 같이 놔둬야 할 것을 둘로 나눌 때가 너무 많다는 것을 알게 된다. 하지만 성경에선 하늘과 땅이 서로를 위해 만들어진다. 그것들은 서로 맞물려 있는 두 영역으로서, 하나님이 창조하신 하나의 실체를 나타낸다. 우리는 하늘에 똑같이 익숙해질 때에만 진정으로 땅을 이해할 수 있다.[1]

실제로 예수님은 하늘나라에 대해 말씀하실 때 보통 땅에 대해서도 말씀하신다. 그 두 실체는 서로 연결되어 있다. 또는 라이트의 말처럼 서로 맞물려 있다. 예수님은 이 세상에 대한 선의의 무관심을 부추기기보다는 하늘나라를 자극제로 사용해 더 큰 경건함과 믿음, 기독교 행동주의로 나아가게 하셨다. 산상설교에 언급된 몇 가지 예를 들어보겠다.[2]

* 박해를 받는 자들은 하늘나라의 큰 상급을 기대하며 기뻐해야 한다.
* 그리스도를 따르는 자들은 선을 행해 하늘에 계신 아버지께서 찬양을 받으시게 해야 한다.
* 그리스도인들은 원수를 사랑하고 그들을 위해 기도해야 한다. 그러면 하늘에 계신 아버지의 아들들이 될 것이다.
* 제자들은 하늘에 계신 아버지가 온전하신 것같이 온전해야 한다.
* 그리스도를 따르는 자들은 하늘에 계신 아버지가 그들을 먹여주실 것을 믿고 염려하지 말아야 한다.
* 그들은 하늘에 계신 아버지께서 그들의 필요를 알고 계신 것을 믿고 먼저 하나님나라를 구해야 한다.

* 그리스도인들은 하늘에 계신 아버지께서 그들에게 복 주실 것을 믿고 기대하며 기도해야 한다.

하늘나라는 그들이 상을 받는 곳이다. 더 중요한 것은 그곳이 그들의 궁극적인 사랑의 아버지, 그들이 본받고 영광 돌려야 할 아버지의 거처라는 사실이다. 그런 거룩한 마음자세가 우리를 자유롭게 해, 우리가 세상적으로 유익한 일을 많이 하면서 하늘에 계신 우리 아버지를 닮아갈 수 있다.

천국에 대한 의심

그러나 복음주의자들은 종종 이러한 삶의 양식을 나타내지 않는다. 우리는 원수들을 위해 기도하기보다는 그들을 악마처럼 여긴다. 우리의 결혼 생활이 안에서부터 붕괴되고 우리가 개인적으로나 직업적으로 행한 무분별한 행동이 사람들에게 알려질 때 온전하라는 명령은 불가능한 이상처럼 보인다. 우리 자신의 왕국을 구하면서, 이교도들처럼 미래를 염려하며 어떻게 은퇴 자금을 충분히 모아둘까 궁리한다. 기도는 거의 하지 않고, 사실은 하나님이 우리를 위해 많은 일을 해주실 거라고 기대하지 않는다.

최근 연구에 따르면 신앙이 있는 사람들이 몸이 아프면 다른 세속적인 사람들보다 호흡기 같은 침습성 치료를 선택할 확률이 훨씬 더 높다고 한다. 그런 조치들이 장기적으로 도움이 되지 못하더라도 말이다.[3] 마크 갤리는 솔직하게 이 연구가 천국에 대한 우리의 실제 믿음에 대해—우리가 믿는다고 말하는 것이 아니라—드러내는 사실에 놀란다. 그는 그것을 "장수에 대한 집착"이라고 부른다. "다시 말하면, 앞날에 대한 전망과 상관없이 가장 종교적인 사람들이 생명을 가장 꼭 붙잡고 싶어 하는 듯했다."[4]

그리스도인들이 죽는 모습을 연구한 저널리스트 랍 몰(Rob Mall)은 그리스도인들이 사후 세계를 믿기 때문에 죽음에 대해 두려움이 없을 거라고 생각하지만, "많은 그리스도인들이 내리는 결정에는 그런 담대함이 전혀 나타

나지 않는다"라고 말한다.[5]

이 모든 것이 우리가 너무 세속적인 마음을 갖고 있어서 천국에 소망이 없기 때문일까? 정말로 우리는 죽음을 두려워하는 걸까?

죽음에 대한 건강한 관심

얼굴에 여드름이 나던 십대 때 나는 내 건강에 대해 아무 생각이 없었다. 그냥 그 상태가 변함없이 계속될 거라고 생각했다. 고등학교 때 그리스도인이 되고는 물론 영원히 사는 것에 관심이 생겼고, 그래서 예수님의 영생에 대한 약속이 확실히 나의 관심을 사로잡았다. 하지만 돌아보면, 더 큰 동기는 단지 하나님을 알고 삶 속에서 목적을 갖는 것이었다고 고백할 수밖에 없을 것 같다. 죽음에 대한 두려움이 매일 내 존재의 일부분은 아니었다.

하지만 나이가 들면서, 정확히 죽음을 두려워하는 건 아니더라도 확실히 죽음에 대한 건강한 관심이 생겨났다. 사람들은 나에게 나이에 비해 젊어 보인다고 말한다. 하지만 시간의 할아버지가 나를 따라오기 시작했다는 건 부인할 수 없는 사실이다. 주름살, 드문드문 보이는 흰 머리, 그리고 설명할 수 없는 통증과 아픔들이 내가 예전 같은 아이가 아니라는 걸 말해 준다. 거의 매일 나는 이 땅에서의 남은 시간들이 얼마나 짧은가에 대해 생각한다. 전도서의 저자는 하나님이 "사람들에게는 영원을 사모하는 마음을 주셨느니라 그러나 하나님이 하시는 일의 시종을 사람으로 측량할 수 없게 하셨도다"(전 3:11)라는 수수께끼 같은 말을 했다.

아마 제명보다 앞서 저승사자를 만나지 않으려는 열망을 나타내듯, 나는 주로 앉아서 지내는 작가다운 삶의 방식을 포기하고, 내가 좋아하는 정크 푸드를 대부분 끊고, 수영을 성실하게 하게 되었다. 우리 가족에게는 암 병력이 있기 때문에 나는 어떤 문제들에 대해 더 집요하게 의사와 상담을 해 왔고, 내게 도움이 될 만한 건강보조식품들을 섭취하기 시작했다.

물론 우리 중 누구도 장담할 수 없다. 나는 점점 더 많은 친구들과 동료들이 암과 싸우는 것을 보아 왔다. 한 친구는 희귀하고 생명을 위협하는 혈액질환과 싸워 살아남았다. 하지만 내가 존경했던 세 사람이 예기치 않게 수술 후에 사망했다. 나는 아이들이 욕조에 빠져 죽었거나 학교에서 급사한 이웃들의 가슴 아픈 이야기들을 들었다. 어느 모로 보나 나처럼 살아 있어야 할 사람들이 매일 범죄로 목숨을 잃고 있다.

그 수치는 우리를 완전히 두려움에 빠뜨릴 수 있다. 국립보건통계센터(National Center for Health Statistics)에 따르면 2004년 한 해 동안 미국에서 사망자가 240만 명 정도, 또는 인구 10만 명당 816.5명이었다. 불편한 사실이지만 100명당 1명에 가깝다. 우리 연령대는 그나마 좀 낫다. 사망률이 10만 명당 427명이기 때문이다. 하지만 8년만 지나면 10만 명당 910명이 될 것이다. 그때는 죽음을 향한 비탈길이 무서울 정도로 미끄러워진다. 내가 75세가 되면 10만 명당 2,164.6명이 될 것이고, 85세가 되면 10만 명당 13,823.5명이 될 것이다.[6] 그것은 고무적인 추세라고 할 수 없다.

우리는 고대인들보다 죽음에 대해 훨씬 더 많이 알고 있다. 그러나 그런 지식은 있더라도 우리의 두려움을 더 고조시키기만 했다. 우리는 음식, 햇빛, 술, 장시간의 비행, 실제로 다른 모든 활동들이 죽음을 초래할 가능성에 대해 알고 있다-혹은 알고 있다고 생각한다. 하지만 우리가 죽음을 통제하려 하면 피할 수 없는 죽음에 대한 두려움이 우리를 지배한다. 갤리는 이렇게 말한다.

"이제 나는 폴란드 소시지나 햄버거를 먹으려고 앉을 때마다 그것을 즐기지 못할 것이다. 내 앞에 근사하게 놓여 있는 뉴욕스테이크는 하나님의 선물이 아니라 건강을 해치는 마귀나 저승사자의 유혹을 나타낼 것이다."[7]

히브리서 저자는 "죽기를 무서워하므로 한평생 매여 종노릇하는 모든 자들"이라고 잘 표현하고 있다.[8] 우리는 모두 두려움의 종들이다.

이것이 사실이라면, 우리는 어떻게 성경적인 하늘나라의 마음자세를 길러서 두려움 없이 살며, 이미 이루어진 나라에서 하나님을 기쁘게 섬기고, 또

한편으로 아직 완성되지 않은 나라를 간절히 기다리며 살 수 있을까? 예수님의 질문들이 좋은 출발점이 된다.

근대 이전의 회의론자들

어쩌면 우리의 문제는 사두개인들과 비슷하다는 데 있을 것이다. 그들은 부활을 믿지 않았기 때문에 하나님나라에 합당하지 않았다.[9] 20장에서 우리는 예수님이 그들에게 이렇게 물으시는 것을 보았다.

"너희가 성경도 하나님의 능력도 알지 못하므로 오해함이 아니냐?"(막 12:24).

그때 초점은 성경에 있었다. 이제는 특별히 사후세계에 초점을 맞춘 다른 렌즈를 통해 그 만남을 살펴보도록 하자.

사두개인들이 예수님과 그의 신뢰성을 겨냥해 약간 목회자를 당황시키는 류의 질문을 했던 것을 기억할 것이다. 그들은 실제로 진리에 관심이 없었다. 이 점에서 그들은 신무신론자들과 같았고, 항상 어려운 질문을 던지지만 대답은 받아들이지 않았다. 한번은 공적인 토론에서 《신은 위대하지 않다》의 저자 크리스토퍼 히친스에게 질문을 했다. 어떤 증거가 있으면 그가 하나님의 존재를 믿을 것이냐는 질문이었다. 히친스는 내가 아마 그를 편협한 사람으로 생각할 것이나, 대답은 "아니오"라고 했다.[10] 사두개인들처럼, 그는 듣는 것보다 주장하는 것에, 배우는 것보다 가르치는 것에 더 관심이 있었다.

이날 사두개인들은 그들이 생각하는 부활 교리의 전적인 비합리성을 보려주려고 시도했다. 앞 장에서 보았듯이, 문화의 많은 부분이 현재 세상과 앞으로 올 세상 간에 큰 괴리가 있다고 믿었지만, 대부분의 사람들은 적어도 앞으로 올 세상을 믿었다.

예를 들면 유대인들은 헬라인들과 달리 마지막 때에 사람들이 어둡고 형체가 없는 상태에서 살지 않을 거라고 믿었다. 그것은 틀림없이 사람들이 죽음 직후에 가게 되는 일시적인 목적지로 여겨졌다.[11] 그들은 단순히 무덤에서 유령들처럼 일어나지는 않을 것이나 부활해 그 몸이 재구성되고 변화될 것이다. 어쨌든 아직까지는 육체적인 몸일 것이다. 히브리 성경은 항상 하나님이 "심히 좋다"라고 말씀하셨던 창조물에 대한 확신에 찬 관점을 가지고 있었다.[12] 대부분의 유대인들에게는 하나님이 창조하신 만물의 영장, 인간의 몸이 궁극적으로 재창조될 거라는 사실이 겨우 이해가 될 뿐이었다. 이 다가올 현실에 대한 흥미로운 암시들이 있지만-예를 들어 욥은 "내 가죽이 벗김을 당한 뒤에도 내가 육체 밖에서 하나님을 보리라"(욥 19:26)라고 선언한다- 대체로 구약성경의 초점은 확실히 이 세상에, 지금 하나님의 공동체 안에서의 삶에 있다는 것을 인정해야 한다.

사두개인들은 성경이 그 중간 상태와 미래의 부활에 대해 비교적 조용한 것을 증거로, 이런 옛 교리들이 죽음에 직면해 희망적인 생각을 하는 예를 보여준다고 해석했다. 어쩌면 이렇게 잘 아는 엘리트들이 결국 '종교는 사람들의 아편'이라는 마르크스의 말에 동의했을지도 모른다.

그들이 오직 모세오경만 권위적인 책으로 여겼다는 사실도 그들의 회의적인 주장에 도움이 되었다. 창세기, 출애굽기, 레위기, 민수기, 신명기는 많은 것들을 다루고 있다. 그중에는 창조, 아브라함과 그의 후손들에 대한 하나님의 언약, 애굽으로부터의 구원, 백성을 위한 하나님의 율법이 포함되어 있다. 그러나 그들은 아마 사후세계에 대해서는 할 말이 없었던 것 같다.

그래서 사두개인들은 예수님에게 한 여자에 대한 이야기를 한다.[13] 그녀는 한 남자와 결혼했는데 그 남자가 죽었다. 그 다음에 그의 여섯 형제들과 차례로 결혼했으나, 그들도 나중에 다 죽고 말았다. 그래서 그녀는 일곱 남자의 과부가 되었다. 그 이야기가 사실이라면, 우리는 그녀가 연쇄살인범이고 죽은 남편들은 믿을 수 없을 정도로 순진했던 것이 아닐까 의심할 것이다. 그러나 사두개인들은 예수님의 순진함을 입증하려 애쓰는 자들이다. 그들은 잘난 체하며 예수님에게 묻는다.

"그들이 다 그를 취하였으니 부활 때에 일곱 중의 누구의 아내가 되리이까?"

그것은 어이없는 질문이었고, 그들도 그것을 알고 있었다. 그들은 부활 자체가 터무니없는 거라는 사실을 말하려 했다.

그 질문은 우리 모두가 들어본 적이 있는 말도 안 되는 신학적 질문들을 상기시킨다. 이를테면 이런 것이다.

"하나님이 전능하시다면, 그가 들 수 없을 만큼 무거운 바위를 만드실 수도 있는가?"

이런 질문들은 진리를 찾는 마음이 아니라 닫힌 마음의 증거다. 신무신론자들처럼 사두개인들은 정보를 찾고 있지 않다. 그들은 논쟁에서 이기고 싶을 뿐이다.

예수님은 대개 그런 사람들을 받아주지 않으신다. 내가 그의 은혜로운 대답에 깜짝 놀라는 이유가 거기에 있다.[14] 부활의 교리가 너무나 중요해서, 예수님이 그들의 회의론에 대응하기 위해 말장난을 참아 주시는 것이 분명하다. 어쩌면 그것이 일반 사람들 사이에 퍼지지 않도록, 허울만 그럴 듯한 그들의 질문에 공식적으로 답을 해주려 하시는지도 모른다. 분명히 이것은 윌리엄 레인 크레이그(William Lane Craig)와 디네시 디수자(Dinesh D'Souza) 같은 기독교 변증가들이 완고한 무신론자들과 논쟁을 하는 주된 동기일 것이다. 그들의 소망은 실제로 그들을 개종시키려는 것이 아니라, 그것을 듣고 있는 세상에 진리의 씨앗을 뿌리는 데 있다.

삼진아웃

메이저리그 투수처럼 예수님은 바로 그들 옆으로 두 개의 속구를 던지신다. 그들의 지적인 배트는 아무 쓸모없이 그들의 어깨 위에 머물러 있다. 제일 먼저 예수님은 사두개인들에게 성경에 대한 그들의 무지를 깨우쳐주신다.

"너희가 성경도 하나님의 능력도 알지 못하므로 오해함이 아니냐?"

그들은 할 말이 없었다. 원 스트라이크!

그 다음에 예수님은 신속히 그들의 부정확한 전제를 지적하신다. 즉 부활이 있다면 결혼생활이 다음 세계에서도 계속되어야 한다는 것이다. 하지만 예수님은 결혼이 이 세상만을 위한 일시적인 제도라는 점을 지적하신다. "부활 때에는 장가도 아니 가고 시집도 아니 가고 하늘에 있는 천사들과 같으니라." 투 스트라이크!

물론 몰몬교 신자들은 다른 몇몇 종교들처럼 결혼의 지속성을 믿는다. 결혼생활이 다음 생애에도 계속되길 바라는 것은 자연스러운 일이다-행복한 결혼생활을 하는 부부에게 물어보라. 하지만 결혼의 두 가지 주요 목적-친밀감과 자녀들-은 부활했을 때 더 이상 필요하지 않을 것이다. 생육하고 번성해 땅에 충만하고 땅을 정복하라는 명령[15]은 결국 다르게 변형될 것이다. 물론 이 생에서 행복하고 친밀한 결혼생활에 나타나는 모습, 서로의 연약함을 받아주고 자기를 희생하는 모습들은 없어지는 것이 아니라 다음 생에서 더 뚜렷해질 것이다. 우리는 전 배우자와의 관계뿐 아니라 하나님의 백성과 우리의 창조주와도 친밀함을 경험하게 될 것이다. 그것은 세상의 가장 황홀한 친밀감을 더 이상 필요치 않게 만들 것이며, 또는 C. S. 루이스의 표현을 빌리자면 "물 탄 우유"처럼 싱겁게 만들 것이다. 우리는 천국에서 이 세상 삶의 어떤 부분들도 그리워하지 않을 것이다. 그것들은 없어지는 것이 아니라 완성될 것이다.

이 땅에서 이성과 교제하도록 지어진 사람들에게 이상하게 들릴지도 모르지만, 저 세상에서 우리는 하나님으로 충만해져서 더 이상 이 땅에서 우리를 만족시키지 못했던 것들을 갈망하지 않게 될 것이다. 가장 좋은 결혼생활도 결국은 저 세상에서 우리를 기다리고 있는 것을 위한 준비일 뿐이다. 루이스의 말처럼 "하나님은 모든 영혼의 첫 사랑이기 때문에 첫 사랑 상대처럼 그들을 바라보실 것이다. 하늘나라에서 당신이 거할 처소는 당신만을 위해 지어진 것처럼 보일 것이다. 실제로 당신이 그곳을 위해 지어졌기 때문이다. 장갑이 손에 맞게 만들어졌듯이, 당신도 한 땀 한 땀 그곳에 맞게 지어졌다."[16] 우리는 천사들과 같이 될 것이며, 서로 사랑하고 섬기되 하나님을 가장 사랑하고 섬길 것이다.

사두개인들에게 두 번의 속구를 던지신 예수님은 이제 커브볼로 그들을 삼진 아웃시키신다. 그의 질문은 하나님이 모세에게 그 자신을 어떻게 소개하셨는지에 근거한 것이다.

> 죽은 자의 부활을 논할진대 하나님이 너희에게 말씀하신 바 나는 아브라함의 하나님이요 이삭의 하나님이요 야곱의 하나님이로라 하신 것을 읽어 보지 못하였느냐 하나님은 죽은 자의 하나님이 아니요 살아 있는 자의 하나님이시니라 하시니 무리가 듣고 그의 가르치심에 놀라더라 마 22:31-33

사두개인들도 마찬가지였다. 여기서 예수님은 부활에 대한 그의 주장의 근거를 동사의 시제에 두신다(이는 예수님이 성경의 축자영감설을 믿으신다는 걸 보여준다). 모세오경에서 "스스로 있는 자"로 계시된 하나님은 "내가 그 족장들의 하나님이었다"라고 말씀하지 않으신다.[17] 그는 여전히 그들의 하나님이시다. 단지 역사적인 신원확인을 통해서만이 아니라, 그들이 영원한 생명을 공유하고 있기 때문이다. 아브라함, 이삭, 야곱은 비록 죽음을 통해 일시적으로 우리 눈에 보이지 않지만 하나님께는 여전히 살아 있다.

가장 작은 아메바나 거대한 대왕고래나, 미국 대통령이나 엄마 배 속에서 다운증후군을 갖고 있는 태아나, 모든 생명은 하나님으로부터 온다. 그는 "만민에게 생명과 호흡과 만물을 친히 주시는 이"[18]이시기 때문이다. 그리고 하나님의 자비로 부활의 선물을 받는 자들은 또한 생명의 왕께 감사해야 한다. 왕의 국민들이 모두 죽는다면 그는 어떤 왕이 될 것인가?

"하나님은 죽은 자의 하나님이 아니요 산 자의 하나님이시라."

쓰리 스트라이크!

이것은 학문적인 논쟁이 아니다. 우리 할아버지는 단지 오래 전 어린 시절의 흐릿한 기억이나 사진첩 속의 빛 바랜 사진, 또는 가족의 족보에 기록된 짧은 한 줄이 아니다. 그는 이론적으로가 아니라 실제로, 진짜 생각과 기쁨을 가지고 살아 있다-아마도 기도하고, 기억하고, 안식하며, 나를 기다리고, 또 예수님이 약속하신 몸의 부활을 기다리실 것이다. 젊을 때 뇌종양에 걸려 아름다운 가족을 두고 떠난 내 친구 제프는 지금 살아 있고, 훨씬 더 좋은 미래를 기다리고 있다.

"그는 죽은 자의 하나님이 아니요 산 자의 하나님이시다."

우리를 위한 처소

물론 우리에겐 고대인들보다 훨씬 더 명백한 부활의 소망이 있다. 그것은 단지 우연히 발견한 동사의 시제가 아니라, 예수님의 육체적, 시공간적인 부활이다. 정말로 부활이 있을 것인지 궁금해하는 신자들에게 바울은 장차 있을 그들의 부활이 그리스도의 역사적인 부활과 연결되어 있다는 걸 확신시켜주었다.

그러나 이제 그리스도께서 죽은 자 가운데서 다시 살아나사 잠자는 자들의 첫 열매가 되셨도다 사망이 한 사람으로 말미암았으니 죽은 자의 부활도 한 사람으로 말미암는도다 아담 안에서 모든 사람이 죽은 것 같이 그리스도 안에서 모든 사람이 삶을 얻으리라 그러나 각각 자기 차례대로 되니 먼저는 첫 열매인 그리스도요 다음에는 그가 강림하실 때에 그리스도에게 속한 자요 그 후에는 마지막이니 그가 모든 통치와 모든 권세와 능력을 멸하시고 나라를 아버지 하나님께 바칠 때라 그가 모든 원수를 그 발 아래에 둘 때까지 반드시 왕 노릇 하시리니 맨 나중에 멸망 받을 원수는 사망이니라 고전 15:20-26

정상적인 의심

신무신론자들은 적어도 의심이 일상생활의 정상적인 부분이라는 사실에 대해서는 옳다. 독실한 사람들도 믿는 가운데서 의심을 한다. 신앙적인 문제에 있어서, 우리는 모두 '의심' 속에서 살고 있다. 우리는 도마 사도와 같은 물질주의자들이다. 그는 예수님이 정말로 부활하셨다는 육적인 증거를 요구했던 사람이다.[19] 무신론자들의 중대한 실수는 의심하는 것이 아니라, 믿음보다 의심을 더 존중한다는 것이다. 실은 정반대여야 하는데 말이다.

모든 건강한 삶의 기반은 의심이 아니라 믿음이다. 우리는 하나님이 우리를 사랑하시고, 우리의 삶에 대한 목적이 있으며, 우리의 고난에 대한 궁극적인 위로가 있다고 믿는다. 그러한 믿음은 정상적인 삶의 한 부분이며, 믿음이 없이는 살 수가 없다. 우리는 타당한 증거에 입각해서, 우리를 태우고 국토를 횡단하는 비행기가 안전하게 논과 밭을 지나 우리를 목적지에 데려다줄 것이며 또 집으로 무사히 돌아오게 해줄 거라고 믿는다. 의심을 자기 존재의 궁극적인 기반으로 여기는 사람들은 반대로 어떤 것도 확신하지 않으며 두려움에 꼼짝 못하게 될 수 있다. 그들이 삶을 약화시키는 부정의 철학을 가지고 계속 살아갈 수 있다면 말이다. 대부분은 그럴 수 없다. 그들은 이유를 모른 채 다른 사람들을 사랑한다. 타당한 근거 없이 그들의 이성을 믿는다. 우편물을 가지러 차도를 걸어가면서 그들은 뇌졸중에 걸리지 않을 거라고 생각한다.

그러나 비록 의심이 포괄적인 인생 철학으로서 지속될 순 없다 하더라도, 종말 때까지 늘 우리와 함께할 것이다. 찰스 테일러(Charles Taylor)는 "우리는 또한 의심과 불확실성 속에서도 믿음으로 살며, 때때로 위험을 경계하며 어깨 너머로 살필 수밖에 없다"[20]라고 지적한다. 이생에서 우리는 결코 의심의 그림자가 도사리고 있지 않은 완전한 양지에 도달하지 못할 것이다. 마더 테레사, 마르틴 루터 등과 같은 훌륭한 사람들도 의심을 경험했다면, 우리도 그럴 것이다. 우리는 보이지 않는 것을 믿으려고 애쓴다.[21] 예수님의 제자들도 의심했다. 예수님의 부활 전에도, 후에도. 그러므로 그들이 부활 자체를 의심할 수밖에 없었던 것은 놀라운 일이 아니다.

의심에 대한 답

예수님이 배신당하신 날 밤에, 그의 제자들에게 그가 떠날 것이나 그들을 위해 다시 돌아올 거라고 말씀하셨다.

> 너희는 마음에 근심하지 말라 하나님을 믿으니 또 나를 믿으라 내 아버지 집에 거할 곳이 많도다 그렇지 않으면 너희에게 일렀으리라 내가 너희를 위하여 거처를 예비하러 가노니 가서 너희를 위하여 거처를 예비하면 내가 다시 와서 너희를 내게로 영접하여 나 있는 곳에 너희도 있게 하리라 내가 어디로 가는지 그 길을 너희가 아느니라 요 14:1-4

예수님은 제자들에게 그가 개인적으로 신뢰할 만하고 또 하나님과 동등한 분이시니 앞으로 일어날 모든 일들을 두려워하지 말라고 하신다. 예수님은 하나님 아버지만큼 믿을 수 있고 능력 있는 분이시다. 첫째, 예수님의 신뢰성은 그 자신이 우리 눈에 보이지 않더라도 그의 뜻이 항상 선하다는 것을 우리에게 상기시켜준다. 둘째, 예수님의 능력은 그가 무엇을 계획하시든 간에 이루어질 것임을 확신시켜준다. 그는 원하시는 일을 모두 하실 수 있다. 그리고 그는 언젠가 우리와 함께 있길 원하신다.

더 나아가, 예수님은 하나님을 믿는 것과 그 자신을 믿는 것을 동일시하신다. 그를 믿는 것은 하나님을 믿는 것과 질적으로 같은 행위다. 또한 이것은 주로 마음을 포함하는 믿음이다. 의심 가운데서도 신뢰하는 믿음이다. 예수님은 원소 주기율표를 믿는 것처럼 관념적이고 지적인 동의를 요구하지 않으신다. 그는 화학 문제에 대한 해답이 아니다. 그는 신뢰해야 할 분이며, 친구이다. 그에 대한 믿음은 에녹, 아브라함, 다윗, 요한이 경험했던 우정과 같은 것이며, 인격적인 하나님과 함께하는 개인적인 믿음이다. 옛 찬송가는 욥의 말을 따라서 이렇게 말한다. [22]

> 그는 살아 계시네, 나의 친절하고 지혜로우며 변함없는 친구
> 그는 살아 계시며 나를 끝까지 사랑하시네

그런 우정은 죽음의 차가운 손이 건드리지 못할 것이다. 우리는 그의 아버지의 집으로 갈 것이다. 사실 우리는 스스로 길을 찾아야 하는 것처럼 어딘가에 갈 필요가 없으며, 다만 그를 따라가기만 하면 된다. 본문은 예수님이 친히 우리를 그의 아버지 집으로 인도하실 거라고 말한다. 예수님이 하나님의 집에 방이(또는 거할 곳이) 많다고 하실 때도,[23] 그의 말씀은 오로지 그의 신뢰성에 관한 것이다. "그렇지 않으면 너희에게 일렀으리라." 거짓말을 하지 않으시는 예수님의 말씀은 믿을 수 있다. 특히 죽음에 관해서는 더 그렇다. 또 그는 우리에게 무엇을 확신시켜 주시는가? 그가 우리를 위해 처소를 예비하실 거라는 사실이다.

여기서 루이스의 삼자택일논법을 약간 수정해보자.[24] 예수님이 하나님의 아들이라고 주장하신다면 오직 세 가지 설명만 가능하다. 즉 그는 거짓말쟁이거나 정신병자거나 아니면 주님이시다. 그리고 우리를 위해 처소를 예비하신다는 그의 약속 또한 세 가지 가능성만 갖게 된다. 즉 그것은 거짓말이거나, 미친 짓이거나, 사랑인 것이다. 예수님이 우리에게 우리의 죽음의 시간에 대한 믿음을 가지라고 호소하시는 것은 그의 논리에 근거한 것이 아니라 그의 사랑에 근거한 것이다.

나는 그가 '예비하다'(헬라어, 헤토이마조[hetoimazo])라는 단어를 사용하신 것이 굉장히 흥미로운 일이라고 생각한다. 우리는 이 책의 첫 부분에서 세례 요한이 사람들에게 "주의 길을 준비하라"라고 했을 때 이 단어를 접했다.[25] 세례 요한의 시대에 그러한 준비는 실질적이고 심히 개인적인 것이

었다. 예수님은 제자들에게 유월절 최후의 만찬을 위해 다락방을 준비하라고 하셨을 때 같은 단어를 선택하셨으며, 지금 그 방에서 말씀하고 계신다.[26] 그러한 준비는 상당한 일이었다. 성전에서 어린 양을 희생제물로 바치는 일, 그 양고기를 불에 굽는 일, 식사할 방을 준비하는 일, 곁들일 음식들을 요리하는 일 등을 포함했다.[27]

예수님은 여기서 이렇게 말씀하신다.

"나를 믿어라. 나는 떠나지만 너희를 위해 정성스럽게 준비를 하고, 그 다음에 너희를 그 잔치에 데려갈 것이다."

참으로 예수님은 이 슬픈 다락방의 식사 자리에서 제자들에게 이렇게 말씀하신다.

"너희에게 이르노니 내가 포도나무에서 난 것을 이제부터 내 아버지의 나라에서 새것으로 너희와 함께 마시는 날까지 마시지 아니하리라 하시니라"(마 26:29).

그러나 하늘나라의 잔치는 곧 열릴 것이다.

그는 또 처소를 예비하겠다고 말씀하신다. 그는 '장소'를 뜻하는 헬라어 '토포스'(topos)를 사용하시는데, 우리가 쓰는 '지형'(topography)이라는 단어가 여기에서 온 것이다. 이 또한 매우 흥미롭다. 그것은 기본적으로 분명하고 명확한 지역을 의미한다. '한적한 곳', '골고다라는 곳', '그가 계신 곳' 등.[28] 우리가 아버지 집에서 예수님과 함께 만찬을 나눌 '토포스'는 실제적이고 명확한 장소이며, 목수이신 주님께서 정성을 다해 준비하시는 곳이다. 또한 그는 지난 2천 년 넘는 기간 동안 우리를 위해 이 특별한 장소를 준비해 오셨다는 것을 기억하라. 어떤 세세한 부분들도 놓치지 않을 것이다.

어떤 그리스도인들은 천국이 단지 구름 위에 앉아서 영원히 하프만 연주하는 곳일까 봐, 그래서 그들이 영원히 지루하게 지낼까 봐 염려한다.[29] 하지만 천국은 이보다 훨씬 더 좋은 곳이다. 우리에게 완전히 맞고, 우리의 가장 깊은 갈망들을 영원히 만족시켜줄 것이다. 루이스의 말을 들어보자.

당신의 영혼을 깊이 사로잡은 모든 것들이 그것의 전조였다. 감질나게 하는 짧은 경험, 완전히 이루어지지 않은 약속들, 당신의 귀에 들리자마자 사라지는 메아리. 하지만 그것이 정말 분명해져야 한다면-사라지지 않고 더 커져서 소리 자체가 된 메아리가 들렸다면-당신은 그것을 알 것이다. 의심의 여지가 없이 당신은 '그러니까 내가 이걸 위해 지음받았구나'라고 말할 것이다. 우리는 그것에 대해 서로 말할 수 없다. 그것은 각 영혼의 비밀서명이며, 말로 표현할 수 없고 만족시킬 수도 없는 바람이며, 우리가 아내를 만나거나 친구들을 사귀거나 직장을 선택하기 전에 갈망했던 것이며, 아내나 친구나 일을 알아보지도 못할 임종의 자리에서도 여전히 갈망할 것이다.[30]

만약 그렇지 않았더라면 예수님이 우리에게 달리 말씀하셨을까?

토론 질문

1. 하늘나라와 하나님나라는 서로 어떤 관련이 있는가?

2. 왜 하늘나라는 중간상태로 불리는가?

3. 부활의 교리가 신자의 삶에 어떤 변화를 일으켜야 하는가?

4. 사두개인들과 신무신론자들은 어떤 공통점을 갖는가?

5. 하나님이 산 자의 하나님이시라는 것이 왜 중요한가?

6. 예수님이 당신을 위해 처소를 예비하고 계신다는 것을 알 때 당신의 죽음에 대한 관점이 어떻게 달라지는가?

7. 예수님이 우리를 위해 오실 거라는 말씀의 의미는 무엇인가?

사랑 안에서
기뻐하라

> 66 너희 중에 어떤 사람이 양 백 마리가 있는데
> 그중의 하나를 잃으면 아흔아홉 마리를 들에 두고
> 그 잃은 것을 찾아내기까지 찾아다니지 아니하겠느냐? 99

수백 명의 그리스도인들과 무신론자들이 댈러스의 무도회장으로 쏟아져 들어왔다. 모두들 유명한 '반유신론'의 권위자인 크리스토퍼 히친스가 네 명의 유명한 기독교 변증론자들과 이 주제에 대해 토론하는 걸 듣고 싶어 했다. 주제는 "기독교의 하나님은 존재하는가? 그것은 어떤 변화를 일으키는가?"였다. 나는 사회자로 봉사하기 위해 그곳에 있었다. 토론 전부터 무신론자들의 블로그가 매우 시끌벅적했다. 참석자가 별로 없었던 다른 행사들과 달리, 이곳이 분위기는 굉장히 뜨거웠다. 주최측은 혹시라도 감정이 너무 격해질 경우를 대비해서 경찰 두 명과 보안요원 두 명을 배치해 두었다.

탁월한 편집자이자 칼럼니스트인 히친스는 《신은 위대하지 않다》라는 책과 종교에 대해 비판하는 다른 책을 썼다. 듣기 좋은 영국식 억양, 매력적인 성격, 공격적이면서 절대 타협하지 않는 스타일에 결코 만만치 않은 히친스는 선동자이며, 이 화창한 이른 봄날 오후에 사람들을 실망시키지 않을 것 같았다.

전날 밤에 나는 그의 책 사인회에서 히친스를 잠깐 만났고, 그에게 진심으로 토론을 기대하고 있다고 말했다. 그가 나를 바라보는 표정을 보니 내가-어쩌면 나의 장애가-그를 깜짝 놀라게 한 듯했다. 때로 장애인은 '보통' 사람들이 우리를 어떻게 바라보는지를 직감으로 느낀다. 어떤 사람들은 그것을 과민성이라고 할 것이다. 어쨌든 그와 상관없이 그 만남은 내 마음속의 바퀴가 마구 돌아가게 했다.

패널이 기독교가 세상에 도움이 되었는지의 여부를 조사하려 했다면, 적어도 히친스에게 그의 무신론이 그와 비슷한 정밀 조사를 견뎌낼 수 있었을지 묻는 것이 타당할 것 같았다. 나는 그 토론이 단순한 학문적 행사를 넘어서 더 개인적이고 실제적인 것이 되길 원했다. 그래서 그에게 생각할 거리를 주고 싶었다. 아마도 그는 그것에 대해 생각해본 적이 없었을 것이다. 그리고 나는 내가 성공했다고 생각한다.

청중이 착석을 하고 게스트들이 개회 성명을 한 후에 나는 히친스를 바라보며 말했다.

저는 여기로 출장을 오기 전에 차가 밖에 세워져 있다는 전화를 받았습니다. 서둘러 가방을 가지러 가다가 순간 균형을 잃고 바닥에 넘어지고 말았습니다. 아무도 저를 보지 않기를 바라며 재빨리 일어났죠. 다행히 본 사람은 없는 것 같았습니다. 하지만 그런 일은 전에도 있었고, 앞으로도 다시 일어날 겁니다. 하지만 크리스토퍼, 제가 궁금한 것은 이것입니다. 제가 보기에 당신의 반유신론은 강한 자를 위한 철학이고, 지식인을 위한 철학이며, 집안이 좋은 사람들을 위한 철학입니다. 그리고 저의 경험상 기독교는 강하지 못한 사람들, 똑똑하지 못한 사람들, 약한 사람들을 위해 해줄 말이 있습니다. 기독교는 사람들에게 존엄성, 인간 존엄성의 이유를 제공해줍니다. 즉 우리는 모두 하나님의 형상으로 창조되었고, 예수님은 우리의 고난과 약함과 죄를 짊어지셨습니다. 그것은 또한 우리에게 소망의 이유를 줍니다. 예수님이 죽음을 이기셨기 때문입니다. 그는 우리를 억압하는 것들을 이기셨습니다. 또 저는 신자로서 장차 부활의 몸을 입게 될 것이며, 어떤 이유에선지 지금 제가 견뎌내야 하는 이런 한계들이 언젠가는 저를 떠나갈 거라는 사실을 압니다.

크리스토퍼, 그래서 저는 제 믿음이 사실인지 거짓인지를 떠나서, 당신의 반유신론이 당신만큼 똑똑하지 못하고 강하지 못하고 좋은 집안을 갖지 못한 사람들에게 존엄성이나 소망이라고 할 만한 무엇을 줄 수 있는지 알고 싶은 겁니다. 당신과 당신의 철학은 저 같은 사람들, 그리고 솔직히 저보다 훨씬 더 못한 사람들에게 어떤 희망을 줍니까?[1]

내 질문은 근본적으로 하나님의 사랑-그리스도와 그를 따르는 수많은 사람들이 소외된 자들과 잊혀진 자들을 향해 보여준 연민에 의해 입증된-과 무신론의 분명한 무작위성과 무의미함을 대조시키려는 시도였다. 그리스도인들은 그리스도의 영광을 위해 지어진 수많은 병원, 치료소, 고아원 등을 보여줄 수 있다. 무신론자들은 무엇을 보여줄 수 있는가? 사랑의 하나님이 없다면, 사람들은 참으로 무슨 소망이 있을까? 그것은 머리가 아니라 가슴을 향한 호소였다. 그런데 히친스가 제시한 답은 충격적인 관점의 차이를 드러냈다.

"첫째, 저는 기독교가 약한 자, 억눌린 자, 잃어버린 자, 비천한 자들-어쩌면 처음부터 삶이 불공평했던 자들-의 종교라는 것이 참이라고 믿지 않습니다."

히친스는 나의 전제를 공격하며 대답했다. 그리고 내 질문에 그 자신의 질문으로 대답했다.

"단지 창조주가 존재하는 것만이 아니라, 신처럼 감독하는 아버지가 존재한다고 믿는 것은 무엇을 의미합니까? 다시 말해서 반드시 제1원인이 존재해야 한다는 이신론자의 믿음이 아니라, 우리를 알고 보고 있으며 보살피는 존재가 있다는 유신론자의 믿음은 무엇을 의미합니까? 그것을 믿는다는 것은 과연 무엇을 의미할까요?"

대대로 수많은 그리스도인들이 우리와 같은 형상을 가지시고 우리를 보살펴주시는 인격적인 하나님을 아는 지식이 우리에게 놀라운 자유를 가져다준다고 말했다. 그러나 히친스에게 그 결과는 정반대다. 즉 북한의 김정일과 흡사한 천상의 독재자에 대한 두려움을 일으키는 것이다.

"우리는 항상 영원하고 끝이 없으며 늘 계속되는 감시를 받고 있습니다. 그것은 적어도 우리가 태어날 때-어떤 사람은 그 전이라고 말하겠죠-시작되어 우리가 죽을 때도 끝나지 않습니다. 사생활도, 자유도 없으며, 당신이 하는 일 중에 감시받지 않는 일이 없습니다. 게다가 생각 속에서 지은 죄까지도 유죄판결을 받을 수 있습니다. … 이것이 약자를 위한 것입니까? 아니, 그것은 C. S. 루이스의 말을 빌리면 "끔찍한 힘이 존재한다고 단정하는 겁니다. 즉 그것은 무시무시하고 감히 도전할 수 없는 폭정인데, 투표로 몰아내거나 타도하거나 초월할 수 없습니다. 그리고 아버지라는 개념에 대한 끔찍한 패러디입니다. … 그것은 절대 권력의 완전한 오만입니다."

그의 공격이 끝나자, 나는 히친스에게 실제로 내 질문에 답을 해달라고 압박했다. 즉 무신론은 어떤 존엄성과 소망을 주는가? 간접적으로 말한 그의 대답은 결국 우리가 '달갑지 않은 결론'을 받아들여야 하며, 단지 결과가 마음에 들지 않는다고 해서 어떤 것-무신론-을 거부하기로 선택하는 것은 유치한 행위라는 것이었다. 다시 말해서, 무신론은 약자를 위해 어떤 소망이나 존엄성의 근거도 제공해주지 않으며, 다른 결과를 바란다고 해서 그렇게 되진 않는다.

사실 히친스를 비롯한 대부분의 신무신론자들은 우리를 살피시고 돌봐주시는 하나님이 존재하지 않는다는 무신론의 결론을 많은 이들이 환영한다는 사실을 알 것이다. 그리고 히친스가 "무시무시하고 감히 도전할 수 없는 폭정"이라고 칭하는 기독교를 그들이 거부하는 이유는 정확히 그 안에 함축된 의미를 싫어하기 때문이다. 즉 그들과 그들의 자유는 그들을 만드신 하나님께 설명해야 할 책임이 있다는 것이다. 지성인의 정직함에 대해서는 더 이상 말하지 않겠다.

물론 신무신론자들의 가장 큰 문제는 그들의 머릿속에 있지 않다. 문제는 그들의 마음속에 있다. 그들로 하여금 따뜻함과 기쁨을 경험하게 해야 할 하나님의 사랑이 그들 안에 차가운 두려움만 낳고 있다. 하나님은 아버지로서 그들을 사랑의 관계 속으로 부르시는데, 용서받지 못한 그들이 보는 것은 그들의 심판자뿐이다. 하나님이 주시는 사랑이 숨막히는 독재로 왜곡되고 있는 것은 그들의 하나님의 사랑의 법을 따르지 않기 때문이다.

하나님의 동기

이렇게 말해도 될지 모르겠지만, 이것은 특히 하나님의 사랑을 악마처럼 왜곡하는 것이다. 스크루테이프는 믿기지 않는 하나님의 사랑의 깊이를 측량하려고 시도할 때 이렇게 말했다.

"사랑에 대한 그의 말씀은 모두 다른 것을 감추기 위한 위장이 틀림없다. 즉 그는 틀림없이 그들을 창조하시고 그들을 위해 노고를 아끼지 않으시는 진짜 동기가 있을 것이다."[2]

회심하지 않은 사람들은 우리와 우리의 유익을 위한 하나님의 갈망을 도저히 이해할 수 없다. 가톨릭 철학자 마이클 노박(Michael Novak)은 신무신론자들이 인간의 자율성에 열중하느라 그들의 자유에 대한 신의 목적을 망각했다고 말한다. 그들의 자유는 결국 하나님이 주신 것이다.

당신이 무신론자라고 해도, 하나님이 이 방대하고 고요하며 사실상 무한한 우주를 왜 창조하셨냐는 질문을 받았다면 "우정"이라는 한 단어에서 최선의 대답을 찾아냈을 것이다. 성경에 따르면, 창조주는 인간을 천사들보다 조금 못하게 만드시고 다른 동물들보다 좀더 복잡하게 만드셨다. 하나님은 인간들이 그가 하신 일들에 감탄하고 그에게 감사할 만큼 의식이 있고 사색할 수 있게 만드셨다. 그뿐 아니라 인간들이 자유롭게 하나님과의 우정과 사귐을 경험하도록 만드셨다.[3]

분명 우리는 성경 전체에 걸쳐 이 친절하고 사랑 많으신 하나님을 볼 수 있다. 관계를 다루는 7장에서 보았던 것처럼, 하나님은 에덴동산에서 아담과 하와와 함께 거니셨다. 하나님은 또한 아브라함에게 속마음을 털어놓으시고 모세와 얼굴을 맞대고 말씀하신 친구였다. 그리스도 안에서 그는 세리와 죄인들의 친구가 되셨고 그의 친구들을 위해 목숨을 버리셨다. 하나님은 단지 우리를 이끌기 원하실 뿐만 아니라 우리와 함께 걷기를 원하신다. 그의 손을 내미시며 우리를 노예의 삶에서 구원해주실 것을 약속하신다. 하지만 스크루테이프와 신무신론자들처럼 죄 가운데 있는 우리가 볼 수 있는 것은 불과 구름뿐이며, 우리가 만질 수 있는 것은 돌판뿐이다. 우리가 듣는 것은 "하지 말라"라는 명령과 나팔 소리뿐이다. 이 땅에서 누릴 수 있는 모든 것을 초월하는 친밀한 우정이 우리에게 주어지는데, 우리는 그것을 독재라고 부른다. 우리에게 화가 있을 것이다. 예수님이 그를 비난하는 자들에게 물으셨던 것처럼 "내가 아버지로 말미암아 여러 가지 선한 일로 너희에게 보였거늘 그중에 어떤 일로 나를 돌로 치려 하느냐?"(요 10:32)라고 물으실 것이다.

사실 이 책에서 많은 주제들을 다루었지만 그 모든 것을 하나로 요약한다면, 바로 하나님의 사랑이다. 예수님이 하셨던, 그리고 지금도 하시는 모든 질문은 그가 대답을 듣기 원하신다는 것을 전제로 한다. 물론 하나님은 신령한 입법자이자 심판자이시지만, 독재자는 아니시다. 독재자들은 질문을 하고 대답을 듣지 않는다. 그들은 그야말로 명령을 내릴 뿐이다. 하나님은 천상의 폭군이 아니며, 우리는 아무 생각 없는 노예가 아니다. 그의 입술은 단지 명령하기 위해서가 아니라 질문하기 위한 것이며, 그의 귀는 듣기 위한 것이다.

그리고 하나님은 우리가 대답하기를 기대하시며, 우리는 성령의 기운을 받아 대답만 하는 것이 아니라 우리의 무기를 내려놓고 그의 사랑하는 자녀로서 그와 하나가 될 수 있다. 하나님의 형상으로 지음받은 피조물로서 우리가 하나님께 응답할 수 있다는 것은 성경에 자세히 나와 있고 인간 역사를 통해 확증된 것으로, 성경적 신앙을 돋보이게 만든다.

노박은 이렇게 말한다.

"기독교와 유대교를 제외한 다른 세상의 종교들은 자유와 양심을 신앙생활의 중심에 그렇게 가까이 두지 않는다. 예를 들면, 이슬람교는 자연이나 논리와는 상관없이, 신의 뜻에 관해서만 하나님을 생각하는 경향이 있다. 이성과 상관없이, 뭐든지 알라신이 원하는 일이 일어나는 것이다. 유대교와 기독교는 하나님을 로고스(이성), 빛, 모든 법의 근원이자 모든 것을 이해하실 수 있는 분으로 여기는 경향이 있다. 이 하나님에 대한 근본적인 개념의 차이는 또한 인간의 근본적인 성향을 각 종교에 맞게 바꾼다. 즉 질문을 하거나 아니면 그냥 복종하는 것이다."[4]

인간을 향한 하나님의 첫 질문은 "네가 어디 있느냐?"(창 3:9)이다. 그리고 그 뒤의 모든 질문은 우리를 그 자신과의 관계 속으로 끌어들이려는 궁극적인 목적을 갖고 있다. 예수님은 그의 삶뿐만 아니라 그의 질문들을 통해 이 점을 분명히 보여주셨다.

하나님께 가치 있는 것

15장에서 예수님이 우리에게 하나님이 보살펴주실 것이니 염려하지 말라고 하시는 말씀을 들었다. 우리의 필요를 채워주신다는 이 약속은 하늘에 계신 우리 아버지와 우리의 사랑의 관계에 뿌리를 둔 것이다. 하나님은 그 자신의 선한 마음으로 자유롭게 그 관계를 시작하셨다. 때때로 사람들은 우리가 친구는 선택할 수 있어도 가족은 선택할 수 없다고 말하지만, 하나님은 둘 다 하셨다. 왜 그런가? 그는 우리를 사랑하시고 귀하게 여기시기 때문이다.

하나님의 사랑과 우리의 가치는 함께 간다. 우리가 귀하게 여기지 않는 것을 실제로 사랑할 수는 없다. 우리는 우리가 참으로 가치있게 여기는 것을 참으로 사랑할 수 있으며, 하나님은 우리의 죄를 위해 십자가에서 죽으심으로써 우리가 그에게 가치 있는 존재임을 입증해 보이셨다.[5] 하나님의 사랑은 소극적인 선의의 감정이 아니다. 그것은 적극적이며, 그가 우리의 창조자, 부양자, 구속자로서 무력한 죄인들의 필요를 계속 공급해주시는 것은 우리가 그에게 얼마나 중요한 존재인가를 증명해준다.

우리 교회에 다니는 한 여성은 그리스도가 죄를 짊어지고 죽으시고 부활하셨다는 복음을 듣고 머리로 이해했지만, 헌신하기는 주저했다. 그녀는 단지 완전하고 거룩하신 하나님이 왜 죄인들을 보살펴주시는지 이해할 수 없었다. 도무지 말이 되지 않았다. 물론 어떤 관점에서는 그녀가 옳았다. 완전하고, 완전히 행복하신 하나님이 왜 우리를 걱정하셔야 하는가? 분명 그는 그럴 필요가 없었다. 우리는 그의 완전함에 아무것도 덧붙일 게 없다. 그에게는 우리가 필요하지 않다.

우리 목사님은 하나님이 인간들을 필요로 하신다는 잘못된 인상을 그녀에게 남기고 싶지 않았기에, 답을 찾기 위해 노력했다. 그러나 찾지 못했다. 마침내 그는 하나님의 사랑이 알 수 없는 신비라는 것을 인정했다. 어떤 의미에선 그 말이 사실이다. 하나님은 순전한 은혜로 죄인들을 구원하기로 선택하신다. 우리 안에는 그의 선의를 이끌어낼 만한 것이 아무것도 없다. 우리의 창조주이신 하나님은 우리에게 빚진 것이 하나도 없다. 우리 모두가 지옥에 가게 내버려둔다 해도 그는 완전히 정당했을 것이다. 그래도 그의 선하심은 변함이 없다. 조나단 에드워즈는 이렇게 말했다.

"하나님의 정의의 칼이 매순간 그들의 머리 위에서 왔다갔다하고 있다.

오로지 하나님의 독단적인 자비의 손, 그의 순전한 의지만이 그 칼을 제지하고 있는 것이다."[6]

하나님의 자비는 값이 없다. 나는 그가 왜 어떤 사람들을 그의 자녀들로 선택하시는지 모른다. 하지만 이것이 전부일까? 나는 그렇게 생각하지 않는다. 나는 천사들도 밟기 두려워하는 곳에 감히 들어가, 이 여자에게 말했다. 어쩌면 하나님이 우리 중 어떤 사람들을 구원하기로 선택하시는 것은 하나님의 형상을 지닌 자로서 우리가 본질적으로 그에게 어떤 가치가 있기 때문일 것이다. 또 그 자신의 자유 의지로 우리를 구원하시고 새롭게 하시는 것, 우리를 너무나 아름다운 피조물로 거듭나게 하시는 것-그가 그렇게 하셔야 하기 때문이 아니라 그렇게 하길 원하시기 때문에-이 그에게 영광과 기쁨을 가져다주기 때문일 것이다. 하나님께는 우리가 필요치 않다. 하지만 무가치한 죄인들을 위한 그의 행위는 그의 본질적인 사랑을 나타낸다.

한 예로, 인간 부모들은 잘못된 길로 갔던 아들이나 딸이 돌아올 때 크게 기뻐하지 않는가? 당연히 그렇다. 그리고 우리는 모두 그런 사람들을 알고 있다. 그게 사실이라면, 우리의 성품을 만드신 하나님 또한 죄인이 회개할 때 기뻐하실 거라는 사실이 이해가 되지 않는가? 참으로 우리는 우리를 감정과 의지를 가진 존재로 창조하신 삼위일체 하나님이 우리보다 더 관계를 중시하시지 않고 더 기뻐하실 수 없을 거라고 생각하는가?

에드워즈는 앞의 인용문에도 불구하고 관계 속에서 나타나는 하나님의 사랑을 근본적으로 이해하고 있었다. 에드워즈의 전기 작가인 조지 마즈던(George M. Marsden)은 그 18세기의 신학자가 이런 핵심적인 통찰을 갖고 있었다고 말한다.

"창조주 하나님이 존재한다면, 우주에서 가장 본질적인 관계들은 개인적인 것이다. 에드워즈는 모든 연구를 하나님과 관련해 시작했다. 만일 우리가 우주를 이해하기 원한다면 왜 하나님이 그 우주를 창조하셨는지를 이해해야 한다. 그가 주장한 대로 … 완전한 사랑이신 삼위일체 하나님은 도덕적 책임이 있는 다른 존재들과 그 사랑을 나누기 위해 창조하셨을 것이다."[7]

다음에 이 귀한 여성을 만났을 때 그녀는 평온한 미소를 보이며 나에게 말했다. 단지 세상을 위해서만이 아니라 그녀를 위해 독생자를 희생시키신 하나님께 자신의 삶을 드리기로 했노라고. 그녀는 마침내 우리가 하나님께 귀중한 존재라는 것을 이해했고, 그것을 앎으로써 그녀를 먼저 사랑하신 분께 그녀의 사랑을 드리게 된 것이다.

참새와 인간의 머리카락

참새 두 마리가 한 앗사리온에 팔리지 않느냐 그러나 너희 아버지께서 허락하지 아니하시면 그 하나도 땅에 떨어지지 아니하리라 너희에게는 머리털까지 다 세신 바 되었나니 두려워하지 말라 너희는 많은 참새보다 귀하니라

마 10:29-31

어느 통계치에 의하면, 참새들은 23년을 살 수 있다고 한다. 물론 대부분의 참새들은 그보다 훨씬 더 수명이 짧다.[8] 참새의 수명이 길든 짧든 간에, 대부분은 아무도 모르게 땅에 떨어져 죽는다. 참새 한 마리가 죽어서 다른 피조물들을 위한 먹이나 비료가 되는 것을 아무도 주목하지 않는다. 이 조용한 비극은 날마다 일어나기 때문이다. 아무도 그것에 관심을 갖지 않는다. 그 참새들을 만드신 하나님 외에는. 노박은 내가 앞에서 인용한 책의 제목을 《아무도 하나님을 보는 이가 없다》(No One Sees God)이라고 지었다. 그것은 사실일 수도 있고 아닐 수도 있지만, 분명한 것은 하나님이 모든 것을, 모든 사람을 보고 계신다는 것이다.

우리가 말했듯이, 작은 일들도 하나님께는 작은 것이 아니다.[9] 다른 통계치를 보면, 평균적인 사람의 머리에는 대략 10만 개의 머리카락이 있다고

한다.[10] 각각의 머리카락은 거의 보이지도 않고 힘도 없다. 하지만 우리 창조주께서는 그 하나하나를 다 세실 정도로 그 모든 것을 잘 알고 계신다. "14,783개가 사라졌다! 101,622개가 되었다!" 그가 그렇게 하찮아 보이는 것들에도 관심을 가지신다면, 우리 삶의 다른 부분들도 보살펴주실 거라고 믿을 수 있을 것이다.

우리 안에 안정감과 상호간의 사랑을 일으켜야 마땅한 그런 보살핌이 무신론자들 안에서는 두려움과 혐오감만 일으키고 있다. 그들은 천상의 독재자를 두려워하며, 안타깝게도 하늘에 계신 아버지 대신 독재자의 모습을 받아들일 것이다. 그러나 문제는 하나님이 아니다. 하나님은 세상을 사랑하시며, 참으로 사랑이시기 때문이다.[11] 문제는 그들이다. 그들이 그리스도의 빛을 싫어하기 때문이다.[12] 그래서 하나님은 그들이 구하는 것을 주신다. 즉 영원히 그리스도 없이 사는 것이다. 루이스가 말했듯이 "지옥의 문들은 안쪽에서 잠겨 있다."[13]

반대로 그리스도를 따르는 자들은 우리가 구하는 것을 받는다. 바로 하나님이다. 우리는 그를 사랑하기 때문에 우리가 하나님께 속한 자임을 안다. 그의 사랑은 성령에 의해 우리의 마음속에서 나타난다.[14] 그러나 언젠가는 그 사랑을 완전히 경험하게 될 것이다. 내 생각에 천국 문은 안으로나 밖으로나 잠겨 있지 않을 것 같다. 하지만 그것은 정말로 중요하지 않다. 아무도 그곳을 떠나기를 원치 않을 것이기 때문이다.

얼마나 더하겠는가?

예수님은 때때로 그의 질문들을 이해시키기 위해 비유를 사용하시며, 종종 "얼마나 더"의 기법을 사용하신다. 우리에게 하늘에 계신 아버지의 사랑을 확신시키기 위해 그는 우리를 참새 같은 더 작은 존재들과 비교하신다. 요점은 하나님이 그 하찮은 참새들도 사랑하신다면 그의 형상으로 창조된 당신을 얼마나 더 사랑하시겠냐는 것이다. 예수님은 또한 우리를 하나님 자신과 같은 더 큰 존재와 비교하기도 하신다. 요점은 비슷하다. 당신처럼 악한 자도 다른 사람들을 사랑할 줄 아는데, 하물며 하나님은 얼마나 더 당신을 사랑하시겠느냐는 것이다. 예수님은 산상설교에서 이 두 번째 요점을 말씀하시며, 그를 따르는 자들에게 그들의 필요를 채워주시는 하나님을 의지하라고 권면하신다.

> 구하라 그리하면 너희에게 주실 것이요 찾으라 그리하면 찾아낼 것이요 문을 두드리라 그리하면 너희에게 열릴 것이니 구하는 이마다 받을 것이요 찾는 이는 찾아낼 것이요 두드리는 이에게는 열릴 것이니라 마 7:7,8

우리는 항상 원하는 것을 정확히 얻지 못하더라도 기도가 우리를 어떻게 변화시키는지를 이미 보았다.[15] 하지만 여기서 예수님은 구하는 자들이 정말로 응답을 받게 될 거라는 확신을 우리에게 주신다. 찾는 자들은 정말로 찾을 것이며, 문을 두드리는 자들은 정말로 하나님의 문이 열리는 것을 보게 될 것이다. 우리는 예수님의 이 엄청난-어떤 사람은 위험하다고 말할 것이다- 약속을 앞에서 살펴보았다.[16] 하지만 하나님이 실제로 이런 놀라운 일들을 행하실 것이며 이것이 단지 영적인 과장법이 아니라는 것을 어떻게 알 수 있는가? 이제 우리는 "하물며"라는 주장이 그의 질문 속에 어떻게 심겨져 있는지 볼 수 있다.

> 너희 중에 누가 아들이 떡을 달라 하는데 돌을 주며 생선을 달라 하는데 뱀을 줄 사람이 있겠느냐 너희가 악한 자라도 좋은 것으로 자식에게 줄 줄 알거든 하물며 하늘에 계신 너희 아버지께서 구하는 자에게 좋은 것으로 주시지 않겠느냐 마 7:9-11[17]

우리가 이 약속을 믿을 수 있는 이유는 하나님이 우리의 아버지이시기 때문이다. 우리가 자녀들을 공정하게 대하려고 노력한다면, 그는 얼마나 더 우리에게 잘해주시겠는가? 하나님은 말만 그럴 듯하게 하고 제품 보증기간이 만료되면 사라지는 판매원이 아니시다. 그는 얄팍한 인터넷의 유혹이 아니다. 참으로 우리를 보살펴주시고, 우리를 이해하시며, 우리의 필요에 맞춰주신다. 그는 우리를 보살펴주려 하시는 우리 아버지시다. 또한 그는 하늘에 계신 우리의 아버지이시기 때문에 능히 하실 수 있다.

우리의 아버지로서 그는 우리에게 좋은 것들을 선물로 주는 방법을 알고 계신다. 부모로서 누리는 단순한 즐거움 중 하나가 바로 우리 아이들의 생일이다. 우리 집 아이들은 자기 생일을 몇 주 전, 심지어 몇 달 전부터 기대하며 기다린다. 그들은 특정 선물을 노리는 어린 용병들이다. 그들은 전략과 계획을 세우고, 기대하며, 요구한다. 우리가 잊지 않도록 적어 두기도 한다.

나는 아버지로서 그들이 생일에 대해 그렇게 물질주의적인 모습을 보이지 않았으면 좋겠다. 하지만 우리 아이들은 우리의 관대함에 대해 걱정할 필요가 없다. 크리스틴과 나는 적절한 선물을 고르며 기뻐한다. 우리는 그들을 기쁘게 하고 그들의 재능을 발달시키며 우리의 사랑을 표현하고 또 그들의 세계를 확장시켜줄 만한 것들을 세심하게 찾는다. 왜 우리가 그 모든 수고를 아끼지 않는 걸까? 그들에게 선물을 주면서 우리도 그들의 기쁨을 함께 나누기 때문이다. 참으로 주는 것이 받는 것보다 더 복되다.[18] 우리가 우리 아이들에게 주는 것에 대해 이런 입장이라면, 하늘에 계신 우리 아버지께서는 그의 자녀들에게 얼마나 더 많은 것을 주려 하시겠는가?

찾고 기뻐한다

랍비 포우프코와 함께 라디오 방송을 할 때[19] 그는 나에게 그리스도인들이 굳이 유대인들을 개종시키려 하는 이유가 뭐냐고 물었다. 그들은 고작 세계 인구의 1퍼센트밖에 안 될 텐데 말이다. 왜 우리는 그들을 그냥 내버려 두고 다른 99퍼센트에게 집중하지 않았을까? 나는 그에게 예수님이 바리새인들과 서기관들에게 하신 이야기를 상기시켜주었다. 그들은 예수님이 죄인들과 함께 시간을 보내시는 것에 대해 불평하고 있었다.

> 너희 중에 어떤 사람이 양 백 마리가 있는데 그중의 하나를 잃으면 아흔아홉 마리를 들에 두고 그 잃은 것을 찾아내기까지 찾아다니지 아니하겠느냐
>
> 눅 15:4

이 질문을 통해 예수님은 그 종교적 엘리트들에게, 사람이 잃어버린 양을 필사적으로 찾으려 하는 것처럼 하나님도 죄인들에게 마음을 쓰신다고 말씀하신다. 그는 기꺼이-아니, 간절하게-아흔아홉 마리를 두고 잃어버린 한 마리를 찾으려 하신다. 하나님의 수학은 우리의 수학과 다르다. 우리는 한 마리를 잃어버린 것을 사업 비용으로 여길 것이다. 배아줄기세포 연구를 지지하는 사람들이 나중에 태어난 더 많은 인간의 생명을 구할 것을 기대하며 지금 태어나지 않은 작은 생명을 희생시키려 하는 것과 같다. 하나님은 물론 아흔아홉 마리의 양에게 관심을 가지시지만, 한 마리를 희생시켜 가며 그들을 보살피지는 않으신다. 하나님은 그 한 마리를 구하기 위해 특별히 애를 쓰시며, 불편을 감수하고 그것을 찾기 위해 노력하신다. 이것은 자기의 종들을 정렬해두려 하는 독재자가 아니라 사랑하는 이를 찾으려 하는 연인의 모습이다.

처음부터 그랬듯이 잃어버린 양-우리-을 향해 하나님이 가장 잘 하시는 질문은 여전히 이것이다.

"네가 어디 있느냐?"(창 3:9).

오늘날 세상의 많은 사람들은 자신들의 삶에 어떤 목적이나 의미가 있는지 의심하지만, 목자 되신 하나님이 그들을 찾고 계신다는 것은 다른 사실을 증명해준다. 즉 하나님이 우리 때문에 신경을 쓰시는 것은 우리가 그에게 중요하기 때문이다. 하나님은 잃어버린 양을 너무도 사랑하신다.

예수님 시대에 많은 유대인들이 로마의 압제자들에게 대항하는 혁명을 간절히 기다리고 있었지만, 우리를 사랑하시고 찾으시는 하나님이 존재하신다는 것을 이해하는 것이 어떤 무장 반란보다 더 큰 자유를 가져다준다. 일단 그 사랑이 우리를 발견하면 우리의 마음을 가득 채우고, 조금씩 조금씩 그와 같은 사랑을 만들어내 주변의 잃어버린 양들을 어루만지게 한다. 이 사랑이 병원을 세우고, 노예들을 자유롭게 해주고, 유대인들을 숨겨주고, 굶주린 자들을 먹이며, 헐벗은 자들을 입혀주고, 갇힌 자들을 찾아가고, 무지한 자들을 가르치고, 모든 사람에게 존엄성과 소망을 준다. 세상의 잊혀진 자들에게도 말이다. 예수님이 독선적인 비평가들에게 말씀하시는 것처럼, 이것이 우리의 세계를 변화시킨 왕국 혁명이며, 언젠가는 세상을 완전히 변화시켜 기쁘고 영원한 하나님의 사랑의 잔치가 열릴 것이다.

또 찾아낸즉 즐거워 어깨에 메고 집에 와서 그 벗과 이웃을 불러 모으고 말하되 나와 함께 즐기자 나의 잃은 양을 찾아내었노라 하리라 내가 너희에게 이르노니 이와 같이 죄인 한 사람이 회개하면 하늘에서는 회개할 것 없는 의인 아흔아홉으로 말미암아 기뻐하는 것보다 더하리라 눅 15:5-7

하늘나라의 잔치

그들이 요점을 이해했는지 확인하기 위해 예수님은 또 다른 질문을 던지신다.

어떤 여자가 열 드라크마가 있는데 하나를 잃으면 등불을 켜고 집을 쓸며 찾아내기까지 부지런히 찾지 아니하겠느냐 눅 15:8

내 아들 중 한 명은 레고 조립을 아주 잘한다. 고작 플라스틱으로 된 블록을 가지고 그 아이가 생각해내는 디자인들-요새, 우주선 등-은 어쩌나 정교하고 기발한지 넋을 잃고 바라볼 정도다. 그 아이는 '창조' 작업을 하며 만족스러운 시간을 보낼 수 있다. 나는 작게나마 그 아이가 참새 한 마리도 잊지 않으시는 하늘 아버지의 독창성과 꼼꼼함을 나타내고 있다고 믿는다.

하지만 작은 조각 하나라도 잃어버리면 모든 계획이 무효가 된다. 그 '하나'를 정신없이 찾다 보면, 아직 남아 있는 '아홉 개'가 주는 만족감도 사라져버린다. 그 아이에게 나머지는 그대로 있지 않냐고 말해봐야 위로가 되지 않는다. 그 아이는 아무리 오래 걸리더라도 반드시 그 하나를 찾아야만 한다. 그리고 보통 책꽂이 밑이나 구석에 숨겨져 있던 그 조각을 드디어 찾으면, 안도하는 모습이 명백히 드러난다. 여자와 동전의 이야기도 그와 같다- 그보다 훨씬 더하겠지만 말이다.

> 또 찾아낸즉 벗과 이웃을 불러 모으고 말하되 나와 함께 즐기자 잃은 드라크마를 찾아내었노라 하리라 내가 너희에게 이르노니 이와 같이 죄인 한 사람이 회개하면 하나님의 사자들 앞에 기쁨이 되느니라 눅 15:9,10

우리가 길을 잃었을 때 하나님이 그와 같이 우리를 걱정하신다고, 또는 우리를 찾았을 때 그렇게 안도하신다고 말할 수 있는가? 아마 그럴 수 없을 것이다. 이 이야기들은 한두 가지 요점을 전달하기 위한 비유이지 알레고리가 아니기 때문이다. 하지만 예수님이 양을 찾는 목자와 동전을 찾는 여자의 입장에 자신을 두시는 것은 분명하며, 두 경우 모두 잃어버린 것을 찾음으로써 하늘나라의 잔치가 시작된다. 우리는 그 잔치에 동참해야 한다.

몇 년 전에 아내와 나는 에콰도르 여행을 갈 예정이었다. 한 선교사와 그녀의 장애인 사역을 후원하고, 그 사람들을 만나 격려하며, 나를 위해 글을 쓰고 보고를 하기 위해서였다. 그것은 우리 두 사람에게 중요한 도전이었다. 그래서 우리는 성경공부모임의 친구들에게 우리를 위해 기도해 달라고 부탁했다. 그런데 떠나기 직전에 지독히도 추운 시카고의 11월 날씨에 그만 우리 둘 다 독감이 걸려 버렸다. 거의 꼼짝도 할 수가 없었다. 하지만 최선을 위해 기도하는 것 외에는 할 수 있는 일이 없었다. 그리고 우리는 비행기에 올랐다.

정말로 하늘에 계신 우리 아버지께서는 이 여행에서 우리를 보살펴주셨다. 키토(Quito) 외곽의 따뜻한 산 공기에 독감도 빨리 나았고, 우리는 너무나 기쁘게 여행을 즐기며 현지인들을 격려해줄 수 있었다.

하나님이 하신 모든 일들에 감사하며, 약 1주일 뒤에 돌아오는 비행기를 탔다. 마이애미의 미국 세관을 통과한 후, 다시 시카고의 오헤어 국제공항까지 날아왔다. 피곤했지만 행복했다. 어서 집에 가 우리 침대에서 잠을 자고 우리의 익숙한 일상으로 돌아갈 것을 기대하고 있었다.

그러나 우리가 게이트에서 나온 순간 우리의 계획은 가로막혔다. 그리고 감사하게도 그로 인해 피로가 싹 사라지고 예기치 못한 기쁨에 아드레날린 수치가 상승했다. 거기서 우리를 맞아준 것은 바로 우리 성경공부 그룹 멤버들의 미소 띤 얼굴이었다. 그들은 우리의 이름을 쓴 커다란 환영 팻말을 들고 있었다. 우리는 세계에서 가장 분주한 공항에서 성대한 대접을 받고 있었고, 우리를 위해 기도해준 친구들이 우리의 보고를 간절히 기다리고 있었다. 우리 여행의 마지막 여정-우리 집으로 가는-이 조금 더 지체되었고, 우리의 쉼도 늦춰질 수밖에 없었다. 하지만 그것은 내가 너무나 기쁘게 감당할 '희생'이었다. 솔직히 깜짝 놀라기도 했지만 내가 그렇게 사랑받고 있고, 특별하고, 중요한 사람이라고 느껴본 적이 없었다.

우리의 여행 끝에 마련된 즐거운 공항 축하행사는 그 어떤 불편함보다 훨씬 더 가치가 있었다. 그리고 우리의 재회는 하늘에 계신 우리 아버지께서 귀하게 여기시고 사랑하시는 이들을 위해 마련하실 잔치를 미리 조금 맛보는 것에 불과했다. 나는 많은 그리스도인 친구들과 사랑하는 이들에게 내가 죽으면 파티를 열어야 한다고 말해왔다. 내가 이미 나의 모든 질문에 대한 답이 되시는 분 안에서 기뻐하며 즐거워하고 있으리라는 것을 하나님은 아신다.

토론 질문

1. 그리스도인들과 무신론자들은 같은 자료를 보고도 왜 하나님에 대해 완전히 다른 개념들을 제시하는가?

2. 하나님의 사랑은 어떻게 인간의 존엄성과 소망의 견고한 기반을 제공해주는가?

3. 하나님이 인간들을 귀하게 여기신다는 말 속에 담긴 위험은 무엇인가?

4. 우리가 우리 자녀들을 사랑한다면 하늘에 계신 우리 아버지께서는 우리를 얼마나 더 사랑하시겠는가?

5. 당신의 삶의 어떤 부분들-좋은 것과 나쁜 것－을 하나님이 주목하고 계실지 궁금한가?

6. 전지전능하신 하나님이 우리를 찾고 계신다는 말은 무엇을 의미하는가?

7. 하나님의 사랑이 어떤 식으로 우리의 마음속에서 그와 같은 사랑을 일으키며, 또 우리는 어떻게 우리의 삶 속에서 이 사랑을 나타낼 수 있는가?

8. 하나님은 왜 우리를 위해 잔치를 여시는가? 우리는 그 은혜에 어떻게 보답할 것인가?

이제 이 책의 마지막에 이르렀다. 우리는 신약성경에 기록된 예수님의 모든 질문들을 살펴보았다. 이는 그 길에서 한 종류의 이정표에 불과하며, 다른 것들도 있다. 하지만 그것은 우리가 하나님이자 인간이신 분을 직접 대면하고, 또 우리 자신의 악한 마음을 깨닫도록 도와주기 위해 하나님이 정하신 수단이다. 이 질문들이 당신에게 그런 도움을 주었기를 기도한다.

2천 년 전이나 지금이나 늘 신선하고 날카로운 예수님의 질문들은 우리의 창조주와 구세주의 관점에서 본 우리의 측량할 수 없는 가치와 책임을 가리킨다. 주님은 물으셨고, 우리의 대답을 기다리고 계신다.

우리는 대답할 준비가 되었는가?

질문 색인

당신이 '예수님의 모든 질문'을 연구하는 데 도움을 주기 위해 신약성경에 기록된 질문들을 이 책에서 다루는 주제별로 나누어 정리해두었다. 이 색인은 각 질문이 나오는 성경구절로 당신을 안내해줄 것이다.

책의 본문에 295개의 질문들을 모두 언급하지 않은 것은 공관복음서들이 같은 사건을 묘사하고 있는 경우가 있어서다. 또 예수님의 비유에 나오는 인물들이 말한 질문 가운데 그들이 명백하게 예수님을 대변하고 있지 않는 것들은 다루지 않았다.

예수님은 이 땅에 계시는 동안 이 색인에 기록된 것들보다 더 많은 질문을 하셨을 것이다. 성경 기자들은 그분의 생애를 빠짐없이 기록하는 걸 목표로 하지 않았다. 그들의 불완전함은 예수님의 사역에서 중요한 면들을 다룰 때 서로 다르게 묘사하는 부분에서도 나타난다. 사도 요한이 "예수께서 제자들 앞에서 이 책에 기록되지 아니한 다른 표적도 많이 행하셨으나"(요 20:30)라고 말한 것처럼 말이다. 하지만 이 질문들은 성경의 다른 부분들과 함께 우리로 하여금 "그리스도 예수 안에 있는 믿음으로 말미암아 구원에 이르는 지혜가 있게"(딤후 3:15) 할 수 있다는 점에서 완전하다.

하나 이상의 주제에 해당해서 여러 장에서 다루었던 성경구절은 이 색인에서도 여러 번 등장한다. 어떤 질문들은 각 저자들이 어떻게 기록했느냐에 따라 표현이 조금씩 다르다. 이것은 성경의 무오류성 교리의 문제가 아니다. 예수님이 하나님께 가는 길임을 보여주려 했던 인간 저자들은 언어적 정확성의 노예가 아니라, 예수님의 생애 속의 사건과 말씀들을 통해 영적인 핵심을 전하려 했을 뿐이다.

우리는 그 질문들이 예수님의 말씀에 대한 믿을 만한 지표라는 걸 신뢰할 수 있지만, 21세기 저널리스트의 완전한 기준을 1세기 문헌에 적용하려 해서는 안 된다. 물론 때때로 예수님은 같은 질문을 여러 번 하기도 하셨다. 이런 경우에는 그것들이 서로 다른 사건들을 나타내기 때문에 두 예를 다 기록했다.

맹인이 맹인을 인도할 수 있느냐 둘이
다 구덩이에 빠지지 아니하겠느냐
누가복음 6:39

내가 내 제자들과 함께 유월절 음식
을 먹을 나의 객실이 어디 있느냐 마
가복음 14:14

너희가 이 모든 것을 보지 못하느냐
마태복음 24:2

네가 이 큰 건물들을 보느냐
마가복음 13:2

chapter **3 비할 데 없는 권위**
만일 사탄이 사탄을 쫓아내면 스스
로 분쟁하는 것이니 그리하고야 어떻
게 그의 나라가 서겠느냐 또 내가 바
알세불을 힘입어 귀신을 쫓아내면 너
희의 아들들은 누구를 힘입어 쫓아내
느냐 … 사람이 먼저 강한 자를 결박
하지 않고서야 어떻게 그 강한 자의
집에 들어가 그 세간을 강탈하겠느냐
마태복음 12:26,27,29 (13장에서도 다룬다)

너희는 이 갈릴리 사람들이 이같이 해
받으므로 다른 모든 갈릴리 사람보

다 죄가 더 있는 줄 아느냐 … 또 실
로암에서 망대가 무너져 치어 죽은 열
여덟 사람이 예루살렘에 거한 다른 모
든 사람보다 죄가 더 있는 줄 아느냐
누가복음 13:2,4

chapter **4 인간으로 오신 예수님**
어찌하여 나를 찾으셨나이까 내가 내
아버지 집에 있어야 될 줄을 알지 못
하셨나이까
누가복음 2:49

너는 이스라엘의 선생으로서 이러한
것들을 알지 못하느냐 … 내가 땅의
일을 말하여도 너희가 믿지 아니하거
든 하물며 하늘의 일을 말하면 어떻
게 믿겠느냐
요한복음 3:10,12

언제부터 이렇게 되었느냐
마가복음 9:21

너희에게 무엇을 하여 주기를 원하느냐
마가복음 10:36

네게 무엇을 하여 주기를 원하느냐
마가복음 10:51

너희가 무엇을 그들과 변론하느냐

마가복음 9:16

이는 네가 스스로 하는 말이냐 다른
사람들이 나에 대하여 네게 한 말이냐

요한복음 18:34

누가 내 옷에 손을 대었느냐

마가복음 5:30

내게 손을 댄 자가 누구냐

누가복음 8:45

그를 어디 두었느냐

요한복음 11:34

너희에게 떡 몇 개나 있느냐

마가복음 8:5; 마태복음 15:34

무엇이 보이느냐

마가복음 8:23

나의 하나님, 나의 하나님 어찌하여
나를 버리셨나이까

마가복음 15:34 (20장에서도 다룬다)

chapter 5 예수님의 사명

여자여 나와 무슨 상관이 있나이까

요한복음 2:4

내가 세상에 화평을 주려고 온 줄로
아느냐

누가복음 12:51

너희가 천지의 기상은 분간할 줄 알
면서 어찌 이 시대는 분간하지 못하
느냐

누가복음 12:56 (13장에서도 다룬다)

낮이 열두 시간이 아니냐

요한복음 11:9

어찌 인자에 대하여 기록하기를 많은 고
난을 받고 멸시를 당하리라 하였느냐

마가복음 9:12

내 말이 조금 있으면 나를 보지 못하
겠고 또 조금 있으면 나를 보리라 하
므로 서로 문의하느냐

요한복음 16:19

너는 내가 내 아버지께 구하여 지금
열두 군단 더 되는 천사를 보내시게

할 수 없는 줄로 아느냐 내가 만일 그렇게 하면 이런 일이 있으리라 한 성경이 어떻게 이루어지겠느냐

마태복음 26:53,54

아버지께서 주신 잔을 내가 마시지 아니하겠느냐

요한복음 18:11

chapter 6 예수님의 정체성

사람들이 인자를 누구라 하느냐

마태복음 16:13

사람들이 나를 누구라고 하느냐

마가복음 8:27

무리가 나를 누구라고 하느냐

누가복음 9:18

너희가 성경에 건축자들이 버린 돌이 모퉁이의 머릿돌이 되었나니 이것은 주로 말미암아 된 것이요 우리 눈에 기이하도다 함을 읽어 본 일이 없느냐

마태복음 21:42; 또한 마가복음 12:10,11을 보라

그러면 기록된 바 건축자들의 버린 돌이 모퉁이의 머릿돌이 되었느니라 함이 어찜이냐

누가복음 20:17

너희는 나를 누구라 하느냐

마태복음 16:15

혼인 집 손님들이 신랑과 함께 있을 때에 금식할 수 있느냐

마가복음 2:19

너희는 그리스도에 대하여 어떻게 생각하느냐 누구의 자손이냐 … 다윗이 그리스도를 주라 칭하였은즉 어찌 그의 자손이 되겠느냐

마태복음 22:41-45

어찌하여 서기관들이 그리스도를 다윗의 자손이라 하느냐 … 다윗이 그리스도를 주라 하였은즉 어찌 그의 자손이 되겠느냐

마가복음 12:35,37

사람들이 어찌하여 그리스도를 다윗의 자손이라 하느냐 … 다윗이 그리스도를 주라 칭하였으니 어찌 그의

자손이 되겠느냐

누가복음 20:41,44

예수께서 이르시되 다윗이 자기와 및 함께 한 자들이 먹을 것이 없어 시장할 때에 한 일을 읽지 못하였느냐 그가 아비아달 대제사장 때에 하나님의 전에 들어가서 제사장 외에는 먹어서는 안 되는 진설병을 먹고 함께 한 자들에게도 주지 아니하였느냐

마가복음 2:25,26

예수께서 대답하여 이르시되 다윗이 자기 및 자기와 함께 한 자들이 시장할 때에 한 일을 읽지 못하였느냐 그가 하나님의 전에 들어가서 다만 제사장 외에는 먹어서는 안 되는 진설병을 먹고 함께 한 자들에게도 주지 아니하였느냐

누가복음 6:3,4

너희가 어찌 떡이 없음으로 수군거리느냐 아직도 알지 못하며 깨닫지 못하느냐 너희 마음이 둔하냐 너희가 눈이 있어도 보지 못하며 귀가 있어도 듣지 못하느냐 또 기억하지 못하느냐 내가 떡 다섯 개를 오천 명에게 떼

어 줄 때에 조각 몇 바구니를 거두었더냐 … 또 일곱 개를 사천 명에게 떼어 줄 때에 조각 몇 광주리를 거두었더냐 … 아직도 깨닫지 못하느냐

마가복음 8:17-21

어찌하여 이것을 마음에 생각하느냐 중풍병자에게 네 죄 사함을 받았느니라 하는 말과 일어나 네 상을 가지고 걸어가라 하는 말 중에서 어느 것이 쉽겠느냐

마가복음 2:8,9

믿음이 작은 자여 왜 의심하였느냐

마태복음 14:31 (8장에서도 다룬다)

너희 중에 누가 나를 죄로 책잡겠느냐 내가 진리를 말하는데도 어찌하여 나를 믿지 아니하느냐

요한복음 8:46

네가 어찌하여 나를 선하다 일컫느냐

누가복음 18:19; 마가복음 10:18

어찌하여 선한 일을 내게 묻느냐

마태복음 19:17

어찌하여 나를 찾으셨나이까 내가 내
아버지 집에 있어야 될 줄을 알지 못
하셨나이까

누가복음 2:49 (4장에서도 다룬다)

빌립아 내가 이렇게 오래 너희와 함께
있으되 네가 나를 알지 못하느냐 나
를 본 자는 아버지를 보았거늘 어찌
하여 아버지를 보이라 하느냐 내가
아버지 안에 거하고 아버지는 내 안
에 계신 것을 네가 믿지 아니하느냐

요한복음 14:9,10

너는 내가 내 아버지께 구하여 지금
열두 군단 더 되는 천사를 보내시게
할 수 없는 줄로 아느냐

마태복음 26:53 (5장에서도 다룬다)

여기 무슨 먹을 것이 있느냐

누가복음 24:41

사울아 사울아 네가 어찌하여 나를
박해하느냐

사도행전 9:4, 또한 사도행전 22:7; 26:14
을 보라

PART 2

chapter **7 하나님이 인간을 만나시다**
네가 인자를 믿느냐

요한복음 9:35 (8장에서도 다룬다)

네게 무엇을 하여 주기를 원하느냐

누가복음 18:41 (4장에서도 다룬다)

누가 내 옷에 손을 대었느냐

마가복음 5:30 (4장에서도 다룬다)

누가 내게 손을 대었느냐

마가복음 5:31

내게 손을 댄 자가 누구냐

누가복음 8:45 (4장에서도 다룬다)

누가 내 어머니이며 내 동생들이냐

마태복음 12:48

누가 내 어머니이며 동생들이냐

마가복음 3:33

네가 낫고자 하느냐

요한복음 5:6

너희가 길 가면서 서로 주고받고 하

는 이야기가 무엇이냐

누가복음 24:17

여자여 어찌하여 울며 누구를 찾느냐

요한복음 20:15

무슨 일이냐

누가복음 24:19

애들아 너희에게 고기가 있느냐

요한복음 21:5

너희가 길에서 서로 토론한 것이 무엇
이냐

마가복음 9:33

요한의 아들 시몬아 네가 이 사람들
보다 나를 더 사랑하느냐 ⋯ 요한의
아들 시몬아 네가 나를 사랑하느냐
⋯ 요한의 아들 시몬아 네가 나를 사
랑하느냐

요한복음 21:15-17 (9장과 12장에서도 다
룬다)

너희가 어찌하여 이 여자를 괴롭게
하느냐

마태복음 26:10

너희가 어찌하여 그를 괴롭게 하느냐

마가복음 14:6

chapter **8 믿음의 길을 벗어나지 마라**

네가 인자를 믿느냐

요한복음 9:35 (7장에서도 다룬다)

이것을 네가 믿느냐

요한복음 11:26

내 말이 네가 믿으면 하나님의 영광
을 보리라 하지 아니하였느냐

요한복음 11:40

이제는 너희가 믿느냐

요한복음 16:31

믿음이 작은 자여 왜 의심하였느냐

마태복음 14:31 (6장에서도 다룬다)

너희가 어찌하여 떠들며 우느냐

마가복음 5:39

너희 중에 누가 염려함으로 그 키를
한 자라도 더할 수 있겠느냐

마태복음 6:27; 누가복음 12:25

무엇이 보이느냐

마가복음 8:23

내가 능히 이 일 할 줄을 믿느냐

마태복음 9:28

네가 낫고자 하느냐

요한복음 5:6

무엇을 원하느냐

마태복음 20:21

너희가 어찌하여 그를 괴롭게 하느냐

마가복음 14:6

내가 너를 무화과나무 아래에서 보
았다 하므로 믿느냐

요한복음 1:50

너희에게 떡이 몇 개나 있느냐

마태복음 15:34

우리가 어디서 떡을 사서 이 사람들
을 먹이겠느냐

요한복음 6:5

어찌하여 두려워하며 어찌하여 마음
에 의심이 일어나느냐

누가복음 24:38

너희 믿음이 어디 있느냐

누가복음 8:25

믿음이 작은 자들아 어찌 떡이 없으
므로 서로 논의하느냐 너희가 아직
도 깨닫지 못하느냐 떡 다섯 개로 오
천 명을 먹이고 주운 것이 몇 바구니
며 떡 일곱 개로 사천 명을 먹이고 주
운 것이 몇 광주리였는지를 기억하지
못하느냐 어찌 내 말한 것이 떡에 관
함이 아닌 줄을 깨닫지 못하느냐

마태복음 16:8-11

너희가 나와 함께 한 시간도 이렇게
깨어 있을 수 없더냐

마태복음 26:40

시몬아 자느냐 네가 한 시간도 깨어
있을 수 없더냐

마가복음 14:37

어찌하여 자느냐

누가복음 22:46

chapter 9 그가 이끄시는 제자도

내가 마시려는 잔을 너희가 마실 수 있느냐

마태복음 20:22

내가 마시는 잔을 너희가 마실 수 있으며 내가 받는 세례를 너희가 받을 수 있느냐

마가복음 10:38

너희 중의 누가 망대를 세우고자 할진대 자기의 가진 것이 준공하기까지에 족할는지 먼저 앉아 그 비용을 계산하지 아니하겠느냐 … 또 어떤 임금이 다른 임금과 싸우러 갈 때에 먼저 앉아 일만 명으로써 저 이만 명을 거느리고 오는 자를 대적할 수 있을까 헤아리지 아니하겠느냐

누가복음 14:28,31

무엇을 구하느냐

요한복음 1:38

앉아서 먹는 자가 크냐 섬기는 자가 크냐

누가복음 22:27

내가 너희에게 행한 것을 너희가 아느냐

요한복음 13:12

너희가 만일 불의한 재물에도 충성하지 아니하면 누가 참된 것으로 너희에게 맡기겠느냐 너희가 만일 남의 것에 충성하지 아니하면 누가 너희의 것을 너희에게 주겠느냐

누가복음 16:11,12

너희는 세상의 소금이니 소금이 만일 그 맛을 잃으면 무엇으로 짜게 하리요 후에는 아무 쓸 데 없어 다만 밖에 버려져 사람에게 밟힐 뿐이니라

마태복음 5:13

데리고 예수께로 오니 예수께서 보시고 이르시되 네가 요한의 아들 시몬이니 장차 게바라 하리라 하시니라

요한복음 1:42

요한의 아들 시몬아 네가 이 사람들보다 나를 더 사랑하느냐 … 요한의 아들 시몬아 네가 나를 사랑하느냐 … 요한의 아들 시몬아 네가 나를 사랑하느냐

요한복음 21:15-17

예수께서 이르시되 내가 올 때까지 그를 머물게 하고자 할지라도 네게 무슨 상관이냐

요한복음 21:22

chapter **10 주권에 순종하는 삶**
너희는 나를 불러 주여 주여 하면서도 어찌하여 내가 말하는 것을 행하지 아니하느냐

누가복음 6:46

네가 나를 위하여 네 목숨을 버리겠느냐

요한복음 13:38

이 형상과 이 글이 누구의 것이냐

마태복음 22:20

누구의 형상과 글이 여기 있느냐

누가복음 20:24

다윗이 자기와 그 함께 한 자들이 시장할 때에 한 일을 읽지 못하였느냐

마태복음 12:3

시몬아 네 생각은 어떠하냐 세상 임금들이 누구에게 관세와 국세를 받느

냐 자기 아들에게냐 타인에게냐

마태복음 17:25

너희가 어찌하여 마음에 악한 생각을 하느냐 네 죄 사함을 받았느니라 하는 말과 일어나 걸어가라 하는 말 중에 어느 것이 쉽겠느냐

마태복음 9:4,5

너희 마음에 무슨 생각을 하느냐 네 죄 사함을 받았느니라 하는 말과 일어나 걸어가라 하는 말이 어느 것이 쉽겠느냐

누가복음 5:22,23

충성되고 지혜 있는 종이 되어 주인에게 그 집 사람들을 맡아 때를 따라 양식을 나눠 줄 자가 누구냐

마태복음 24:45

지혜 있고 진실한 청지기가 되어 주인에게 그 집 종들을 맡아 때를 따라 양식을 나누어 줄 자가 누구냐

누가복음 12:42

너희 중 누구에게 밭을 갈거나 양을 치거나 하는 종이 있어 밭에서 돌아

오면 그더러 곧 와 앉아서 먹으라 말할 자가 있느냐 도리어 그더러 내 먹을 것을 준비하고 띠를 띠고 내가 먹고 마시는 동안에 수종들고 너는 그 후에 먹고 마시라 하지 않겠느냐 명한 대로 하였다고 종에게 감사하겠느냐

누가복음 17:7-9

어찌하여 무서워하느냐 믿음이 작은 자들아

마태복음 8:26

chapter 11 예수님을 따르는 기도

하물며 하나님께서 그 밤낮 부르짖는 택하신 자들의 원한을 풀어 주지 아니하시겠느냐 그들에게 오래 참으시겠느냐 … 그러나 인자가 올 때에 세상에서 믿음을 보겠느냐

누가복음 18:7,8

너희 중에 누가 벗이 있는데 밤중에 그에게 가서 말하기를 벗이여 떡 세 덩이를 내게 꾸어 달라 내 벗이 여행 중에 내게 왔으나 내가 먹일 것이 없노라 하면 그가 안에서 대답하여 이르되 나를 괴롭게 하지 말라 문이 이미 닫혔고 아이들이 나와 함께 침실에 누웠으니 일어나 네게 줄 수가 없노라 하겠느냐

누가복음 11:5-7

너희 중에 아버지 된 자로서 누가 아들이 생선을 달라 하는데 생선 대신에 뱀을 주며 알을 달라 하는데 전갈을 주겠느냐

누가복음 11:11,12

chapter 12 그가 주시는 우선순위

이 사람아 누가 나를 너희의 재판장이나 물건 나누는 자로 세웠느냐

누가복음 12:14

요한의 아들 시몬아 네가 이 사람들보다 나를 더 사랑하느냐 … 요한의 아들 시몬아 네가 나를 사랑하느냐 … 요한의 아들 시몬아 네가 나를 사랑하느냐

요한복음 21:15-17

사람이 무엇을 주고 제 목숨과 바꾸겠느냐

마태복음 16:26

사람이 무엇을 주고 자기 목숨과 바꾸겠느냐

마가복음 8:36,37

사람이 만일 온 천하를 얻고도 자기를 잃든지 빼앗기든지 하면 무엇이 유익하리요

누가복음 9:25

PART 3

chapter **13** 생각의 길을 새롭게 하라

율법에 무엇이라 기록되었으며 네가 어떻게 읽느냐

누가복음 10:26

너희 생각에는 어떠하냐 만일 어떤 사람이 양 백 마리가 있는데 그중의 하나가 길을 잃었으면 그 아흔아홉 마리를 산에 두고 가서 길 잃은 양을 찾지 않겠느냐

마태복음 18:12

너희 중에 아버지 된 자로서 누가 아들이 생선을 달라 하는데 생선 대신에 뱀을 주며 알을 달라 하는데 전갈을 주겠느냐

누가복음 11:11,12

푸른 나무에도 이같이 하거든 마른 나무에는 어떻게 되리요

누가복음 23:31

그러면 포도원 주인이 올 때에 그 농부들을 어떻게 하겠느냐

마태복음 21:40

포도원 주인이 어떻게 하겠느냐

마가복음 12:9

그런즉 포도원 주인이 이 사람들을 어떻게 하겠느냐

누가복음 20:15

사탄이 어찌 사탄을 쫓아낼 수 있느냐

마가복음 3:23

만일 사탄이 스스로 분쟁하면 그의 나라가 어떻게 서겠느냐

누가복음 11:18

만일 사탄이 사탄을 쫓아내면 스스로 분쟁하는 것이니 그리하고야 어떻게 그의 나라가 서겠느냐 또 내가 바알세불을 힘입어 귀신을 쫓아내면 너희의 아들들은 누구를 힘입어 쫓아내

느냐

마태복음 12:26,27

사람이 먼저 강한 자를 결박하지 않고서야 어떻게 그 강한 자의 집에 들어가 그 세간을 강탈하겠느냐

마태복음 12:29

내가 너희에게 행한 것을 너희가 아느냐

요한복음 13:12

이 모든 것을 깨달았느냐

마태복음 13:51

사람이 등불을 가져오는 것은 말 아래에나 평상 아래에 두려 함이냐 등경 위에 두려 함이 아니냐

마가복음 4:21

너희가 천지의 기상은 분간할 줄 알면서 어찌 이 시대는 분간하지 못하느냐

누가복음 12:56

그러나 너희 생각에는 어떠하냐 … 그 둘 중의 누가 아버지의 뜻대로 하

였느냐

마태복음 21:28,31

네 생각에는 이 세 사람 중에 누가 강도 만난 자의 이웃이 되겠느냐

누가복음 10:36

너는 이스라엘의 선생으로서 이러한 것들을 알지 못하느냐 … 내가 땅의 일을 말하여도 너희가 믿지 아니하거든 하물며 하늘의 일을 말하면 어떻게 믿겠느냐

요한복음 3:10,12

맹인이 맹인을 인도할 수 있느냐 둘이 다 구덩이에 빠지지 아니하겠느냐

누가복음 6:39

어찌하여 형제의 눈 속에 있는 티는 보고 네 눈 속에 있는 들보는 깨닫지 못하느냐 너는 네 눈 속에 있는 들보를 보지 못하면서 어찌하여 형제에게 말하기를 형제여 나로 네 눈 속에 있는 티를 빼게 하라 할 수 있느냐

누가복음 6:41,42

어찌하여 형제의 눈 속에 있는 티는

보고 네 눈 속에 있는 들보는 깨닫지 못하느냐 보라 네 눈 속에 들보가 있는데 어찌하여 형제에게 말하기를 나로 네 눈 속에 있는 티를 빼게 하라 하겠느냐

마태복음 7:3,4

너희도 아직까지 깨달음이 없느냐 입으로 들어가는 모든 것은 배로 들어가서 뒤로 내버려지는 줄 알지 못하느냐

마태복음 15:16,17

너희도 이렇게 깨달음이 없느냐

마가복음 7:18,19

혼인 집 손님들이 신랑과 함께 있을 때에 금식할 수 있느냐

마가복음 2:19

혼인 집 손님들이 신랑과 함께 있을 때에 너희가 그 손님으로 금식하게 할 수 있느냐

누가복음 5:34

너희 중의 누가 망대를 세우고자 할진대 자기의 가진 것이 준공하기까지에 족할는지 먼저 앉아 그 비용을 계산하지 아니하겠느냐 … 또 어떤 임금이 다른 임금과 싸우러 갈 때에 먼저 앉아 일만 명으로써 저 이만 명을 거느리고 오는 자를 대적할 수 있을까 헤아리지 아니하겠느냐

누가복음 14:28,31

너희가 이 비유를 알지 못할진대 어떻게 모든 비유를 알겠느냐

마가복음 4:13

chapter **14 나를 돌아볼 수 있는 용기**

어리석은 자들아 겉을 만드신 이가 속도 만들지 아니하셨느냐

누가복음 11:40

어찌하여 나를 시험하느냐

마가복음 12:15

어찌하여 이 세대가 표적을 구하느냐

마가복음 8:12

유다야 네가 입맞춤으로 인자를 파느냐

누가복음 22:48

너희가 강도를 잡는 것같이 검과 몽
치를 가지고 나를 잡으러 나왔느냐

마가복음 14:48

너희가 강도를 잡는 것같이 검과 몽
치를 가지고 나왔느냐

누가복음 22:52

너희가 누구를 찾느냐 … 누구를 찾
느냐

요한복음 18:4,7

어찌하여 내게 묻느냐

요한복음 18:21

바른 말을 하였으면 네가 어찌하여
나를 치느냐 하시더라

요한복음 18:23

사울아 사울아 네가 어찌하여 나를
박해하느냐

사도행전 9:4; 22:7; 26:14

어찌하여 형제의 눈 속에 있는 티는
보고 네 눈 속에 있는 들보는 깨닫지
못하느냐 보라 네 눈 속에 들보가 있
는데 어찌하여 형제에게 말하기를 나

로 네 눈 속에 있는 티를 빼게 하라
하겠느냐

마태복음 7:3,4

어찌하여 형제의 눈 속에 있는 티는
보고 네 눈 속에 있는 들보는 깨닫지
못하느냐 너는 네 눈 속에 있는 들보
를 보지 못하면서 어찌하여 형제에게
말하기를 형제여 나로 네 눈 속에 있
는 티를 빼게 하라 할 수 있느냐

누가복음 6:41,42

모세의 율법을 범하지 아니하려고 사
람이 안식일에도 할례를 받는 일이 있
거든 내가 안식일에 사람의 전신을
건전하게 한 것으로 너희가 내게 노
여워하느냐

요한복음 7:23

어리석은 맹인들이여 어느 것이 크냐
그 금이냐 그 금을 거룩하게 하는 성
전이냐 … 맹인들이여 어느 것이 크냐
그 예물이냐 그 예물을 거룩하게 하
는 제단이냐

마태복음 23:17,19

너희도 아직까지 깨달음이 없느냐 입

으로 들어가는 모든 것은 배로 들어
가서 뒤로 내버려지는 줄 알지 못하
느냐

마태복음 15:16,17

너희도 이렇게 깨달음이 없느냐 무
엇이든지 밖에서 들어가는 것이 능히
사람을 더럽게 하지 못함을 알지 못
하느냐

마가복음 7:18,19

또 어찌하여 옳은 것을 스스로 판단
하지 아니하느냐

누가복음 12:57

모세가 너희에게 율법을 주지 아니하
였느냐 … 너희가 어찌하여 나를 죽
이려 하느냐

요한복음 7:19

내가 아버지로 말미암아 여러 가지
선한 일로 너희에게 보였거늘 그중에
어떤 일로 나를 돌로 치려 하느냐

요한복음 10:32

무엇을 원하느냐

마태복음 20:21

갚을 것이 없으므로 둘 다 탕감하여
주었으니 둘 중에 누가 그를 더 사랑
하겠느냐

누가복음 7:42,44

chapter **15 염려에서 벗어나라**
혼인 집 손님들이 신랑과 함께 있을
때에 너희가 그 손님으로 금식하게
할 수 있느냐

누가복음 5:34

참새 다섯 마리가 두 앗사리온에 팔
리는 것이 아니냐

누가복음 12:6

목숨이 음식보다 중하지 아니하며 몸
이 의복보다 중하지 아니하냐

마태복음 6:25

공중의 새를 보라 심지도 않고 거두지
도 않고 창고에 모아들이지도 아니하
되 너희 하늘 아버지께서 기르시나니
너희는 이것들보다 귀하지 아니하냐

마태복음 6:26

또 너희 중에 누가 염려함으로 그 키
를 한 자라도 더할 수 있느냐 그런즉

가장 작은 일도 하지 못하면서 어찌
다른 일들을 염려하느냐 … 오늘 있
다가 내일 아궁이에 던져지는 들풀도
하나님이 이렇게 입히시거든 하물며
너희일까보냐 믿음이 작은 자들아

누가복음 12:25,26,28

참새 두 마리가 한 앗사리온에 팔리
지 않느냐

마태복음 10:29

예수께서 이르시되 어찌하여 무서워
하느냐 믿음이 작은 자들아

마태복음 8:26

PART 4

chapter **16 불신, 그분을 거부하다**
너희가 서로 영광을 취하고 유일하신
하나님께로부터 오는 영광은 구하지
아니하니 어찌 나를 믿을 수 있느냐

요한복음 5:44

이 세대를 무엇으로 비유할까

마태복음 11:16

어찌하여 이 세대가 표적을 구하느냐

마가복음 8:12

이 말이 너희에게 걸림이 되느냐 그러
면 너희는 인자가 이전에 있던 곳으
로 올라가는 것을 본다면 어떻게 하
겠느냐

요한복음 6:61,62

믿음이 없고 패역한 세대여 내가 얼마
나 너희와 함께 있으며 너희에게 참으
리요

누가복음 9:41

믿음이 없고 패역한 세대여 내가 얼마
나 너희와 함께 있으며 얼마나 너희에
게 참으리요

마태복음 17:17

독사의 자식들아 너희는 악하니 어떻
게 선한 말을 할 수 있느냐

마태복음 12:34

어찌하여 내 말을 깨닫지 못하느냐

요한복음 8:43

너희 중에 누가 나를 죄로 책잡겠느
냐 내가 진리를 말하는데도 어찌하여
나를 믿지 아니하느냐

요한복음 8:46

너희도 가려느냐

요한복음 6:67

내가 너희 열둘을 택하지 아니하였느냐

요한복음 6:70

chapter 17 연민, 그분의 본을 따르다

외식하는 자들아 너희가 각각 안식일에 자기의 소나 나귀를 외양간에서 풀어내어 이끌고 가서 물을 먹이지 아니하느냐 그러면 열여덟 해 동안 사탄에게 매인 바 된 이 아브라함의 딸을 안식일에 이 매임에서 푸는 것이 합당하지 아니하냐

누가복음 13:15,16

너희 중에 어떤 사람이 양 한 마리가 있어 안식일에 구덩이에 빠졌으면 끌어내지 않겠느냐

마태복음 12:11

안식일에 선을 행하는 것과 악을 행하는 것, 생명을 구하는 것과 죽이는 것, 어느 것이 옳으냐

마가복음 3:4

내가 너희에게 묻노니 안식일에 선을

행하는 것과 악을 행하는 것, 생명을 구하는 것과 죽이는 것, 어느 것이 옳으냐

누가복음 6:9

율법교사들과 바리새인들에게 이르시되 안식일에 병 고쳐 주는 것이 합당하냐 아니하냐 … 또 그들에게 이르시되 너희 중에 누가 그 아들이나 소가 우물에 빠졌으면 안식일에라도 곧 끌어내지 않겠느냐

누가복음 14:3,5

chapter 18 감사, 그분을 영화롭게 하다

열 사람이 다 깨끗함을 받지 아니하였느냐 그 아홉은 어디 있느냐 이 이방인 외에는 하나님께 영광을 돌리러 돌아온 자가 없느냐

누가복음 17:17,18

chapter 19 사랑, 그분을 비추는 거울

율법에 무엇이라 기록되었으며 네가 어떻게 읽느냐

누가복음 10:26

너희가 너희를 사랑하는 자를 사랑하면 무슨 상이 있으리요 세리도 이

같이 아니하느냐 또 너희가 너희 형
제에게만 문안하면 남보다 더하는 것
이 무엇이냐 이방인들도 이같이 아니
하느냐

마태복음 5:46,47

네 생각에는 이 세 사람 중에 누가 강
도 만난 자의 이웃이 되겠느냐

누가복음 10:36

너희가 만일 너희를 사랑하는 자만
을 사랑하면 칭찬 받을 것이 무엇이
냐 … 너희가 만일 선대하는 자만을
선대하면 칭찬 받을 것이 무엇이냐
… 너희가 받기를 바라고 사람들에게
꾸어 주면 칭찬 받을 것이 무엇이냐

누가복음 6:32-34

내가 너를 불쌍히 여김과 같이 너도
네 동료를 불쌍히 여김이 마땅하지
아니하냐

마태복음 18:33

chapter **20 말씀을 이해하라**
너희도 아직까지 깨달음이 없느냐 입
으로 들어가는 모든 것은 배로 들어

가서 뒤로 내버려지는 줄 알지 못하
느냐

마태복음 15:16,17

너희는 어찌하여 너희의 전통으로 하
나님의 계명을 범하느냐

마태복음 15:3

여자여 너를 고발하던 그들이 어디
있느냐 너를 정죄한 자가 없느냐

요한복음 8:10

너희가 성경도 하나님의 능력도 알지
못하므로 오해함이 아니냐

마가복음 12:24

너희가 성경에 건축자들이 버린 돌이
모퉁이의 머릿돌이 되었나니 이것은
주로 말미암아 된 것이요 우리 눈에 놀
랍도다 함을 읽어 보지도 못하였느냐

마가복음 12:10,11

다윗이 자기 및 자기와 함께한 자들
이 시장할 때에 한 일을 읽지 못하였
느냐 그가 하나님의 전에 들어가서
다만 제사장 외에는 먹어서는 안 되
는 진설병을 먹고 함께 한 자들에게

도 주지 아니하였느냐

누가복음 6:3,4

안식일에 제사장들이 성전 안에서 안식을 범하여도 죄가 없음을 너희가 율법에서 읽지 못하였느냐

마태복음 12:5

모세가 어떻게 너희에게 명하였느냐

마가복음 10:3

기록된 바 내 집은 만민이 기도하는 집이라 칭함을 받으리라고 하지 아니하였느냐

마가복음 11:17

나의 하나님, 나의 하나님 어찌하여 나를 버리셨나이까

마가복음 15:34

그의 글도 믿지 아니하거든 어찌 내 말을 믿겠느냐

요한복음 5:47

너는 내가 내 아버지께 구하여 지금 열두 군단 더 되는 천사를 보내시게 할 수 없는 줄로 아느냐 내가 만일

그렇게 하면 이런 일이 있으리라 한 성경이 어떻게 이루어지겠느냐

마태복음 26:53,54

모세가 너희에게 율법을 주지 아니하였느냐 … 너희가 어찌하여 나를 죽이려 하느냐

요한복음 7:19

그리스도가 이런 고난을 받고 자기의 영광에 들어가야 할 것이 아니냐

누가복음 24:26

chapter 21 결혼에 대한 그분의 계획을 신뢰하라
모세가 어떻게 너희에게 명하였느냐

마가복음 10:3

사람을 지으신 이가 본래 그들을 남자와 여자로 지으시고 말씀하시기를 그러므로 사람이 그 부모를 떠나서 아내에게 합하여 그 둘이 한 몸이 될지니라 하신 것을 읽지 못하였느냐

마태복음 19:4,5

chapter 22 그분의 심판을 두려워하라
내가 세상에 화평을 주려고 온 줄로

아느냐

누가복음 12:51

너희는 이 갈릴리 사람들이 이같이 해
받으므로 다른 모든 갈릴리 사람보
다 죄가 더 있는 줄 아느냐 … 또 실
로암에서 망대가 무너져 치어 죽은 열
여덟 사람이 예루살렘에 거한 다른 모
든 사람보다 죄가 더 있는 줄 아느냐

누가복음 13:2,4

뱀들아 독사의 새끼들아 너희가 어떻
게 지옥의 판결을 피하겠느냐

마태복음 23:33

가버나움아 네가 하늘에까지 높아지
겠느냐

마태복음 11:23; 누가복음 10:15

충성되고 지혜 있는 종이 되어 주인
에게 그 집 사람들을 맡아 때를 따라
양식을 나눠 줄 자가 누구냐

마태복음 24:45

chapter 23 그분의 대적과 싸우라

네 이름이 무엇이냐

마가복음 5:9; 누가복음 8:30

chapter 24 하나님나라를 선포하라

우리가 하나님의 나라를 어떻게 비교
하며 또 무슨 비유로 나타낼까

마가복음 4:30

하나님의 나라가 무엇과 같을까 내
가 무엇으로 비교할까

누가복음 13:18

내가 하나님의 나라를 무엇으로 비교
할까

누가복음 13:20

너희는 넉 달이 지나야 추수할 때가
이르겠다 하지 아니하느냐

요한복음 4:35

chapter 25 부활의 선물을 기대하라

죽은 자의 부활을 논할진대 하나님이
너희에게 말씀하신 바 나는 아브라
함의 하나님이요 이삭의 하나님이요
야곱의 하나님이로라 하신 것을 읽어
보지 못하였느냐

마태복음 22:31,32

죽은 자가 살아난다는 것을 말할진
대 너희가 모세의 책 중 가시나무 떨

기에 관한 글에 하나님께서 모세에게 이르시되 나는 아브라함의 하나님이요 이삭의 하나님이요 야곱의 하나님이로라 하신 말씀을 읽어보지 못하였느냐

마가복음 12:26

너희가 성경도 하나님의 능력도 알지 못하므로 오해함이 아니냐

마가복음 12:24 (20장에서도 다룬다)

chapter 26 사랑 안에서 기뻐하라

내가 아버지로 말미암아 여러 가지 선한 일로 너희에게 보였거늘 그중에 어떤 일로 나를 돌로 치려 하느냐

요한복음 10:32

참새 두 마리가 한 앗사리온에 팔리지 않느냐

마태복음 10:29 (15장에서도 다룬다)

너희 중에 누가 아들이 떡을 달라 하는데 돌을 주며 생선을 달라 하는데 뱀을 줄 사람이 있겠느냐

마태복음 7:9,10

너희 중에 아버지 된 자로서 누가 아

들이 생선을 달라 하는데 생선 대신에 뱀을 주며 알을 달라 하는데 전갈을 주겠느냐

누가복음 11:11,12 (11장에서도 다룬다)

너희 중에 어떤 사람이 양 백 마리가 있는데 그중의 하나를 잃으면 아흔아홉 마리를 들에 두고 그 잃은 것을 찾아내기까지 찾아다니지 아니하겠느냐

누가복음 15:4

어떤 여자가 열 드라크마가 있는데 하나를 잃으면 등불을 켜고 집을 쓸며 찾아내기까지 부지런히 찾지 아니하겠느냐

누가복음 15:8

RECOMMENDED BOOK

chapter 1

- Elwell, Wlater A., ed. "John the Baptist." *Baker Encyclopedia of the Bible.* 2 vols. Grand Rapids: Baker, 1988.
- Mother Teresa. *My Life for the Poor.* San Francisco: HarperSanFrancisco, 2005.

chapter 2

- Bruce, A.B. *The Training of the Twelve.* 4th ed. New Canaan, CT: Keats, 1979.
- Coleman, Robert E. *The Master Plan of Evangelism.* Old Tappan, NJ: Spire Books/Revell, 1964.
- McQuilkin, J. Robertson. *Understanding and Applying the Bible: An Inroduction o Hermeneutics.* Chicago: Moody, 2009.
- Perrin, Nicholas. *Lost in Transmission: What We Can and Cannot Know about the Words of Jesus.* Nashville: Thomas Nelson, 2007.
- Wright, N. T. *Jesus and the Victory of God.* Minneapolis: Fortress, 1996.

chapter 3

- Cuneo, Michael. *American Exorcism: Expelling Demons in the Land of Plenty.* New York: Doubleday, 2001.
- Jenkins, Philip. *The New Faces of Christianity: Believing the Bible in the Global South.* Oxford and New York: Oxford University Press, 2006.
- Kiely, David M., and Christina Mckenna. *The Dark Sacrament: True Stories of Modern-Day Demon Possession and Exorcism.* San Francisco: Harper One, 2007.
- Morelnad, J. P. *Kingdom Triangle: Recover the Christian Mind, Renovate the Soul, Restore the Spirit's Power.* Grand Rapids: Zondervan, 2007.

chapter 4

- Evans, Craig A. *Fabricating Jesus: How Modern Scholars Distort the Gospels.* Downers Grove, IL: InterVarsity, 2006.

- Hodges, Andrew G. *Jesus: An Interview Across Time: A Psychiatrist Looks at Christ's Humanit.* Grand Rapids: Kregel, 2003.

- Nichols, Stephen J. *For Us and for Our Salvation: The Doctrine of Christ in the Early Church.* Wheaton: Crossway, 2007.

- Strobel, Lee. *The Case for the Real Jesus: A Journalist Investigates Current Attacks on the Identity of Christ.* Grand Rapids: Zondervan, 2007.

chapter 5

- Dever, Mark. "Nothing But the Blood." *Christianity Today,* May 2006, 28-33.

- Piper, John. *Fifty Reasons Why Jesus Came to Die.* Wheaton: Crossway, 2006.

- _____. *The Future of Justification: A Response to N. T. Wright.* Wheaton: Crossway, 2007.

- Stott, John. *Basic Christianity.* Downers Grove, IL: InterVarsity, 2006.

chapter 6

- Bock, Darrell L., and Daniel B. Wallace. *Dethroning Jesus: Exposing Popular Culture's Quest to Unseat the Biblical Christ.* Nashville: Thomas Nelson, 2007.

- Bowman Jr., Robert M., and J. Ed Komoszewski. *Putting Jesus in His Place: The Case for the Deity of Christ.* Grand Rapids: Kregel, 2007.

- Frame, John M. *The Doctrine of God: A Theology of Lordship.* Phillipsburg, NJ:P&R, 2002.

chapter 7

- Holladay, Tom. *The Relationship Principles of Jesus.* Grand Rapids: Zondervan, 2008.

- Piper, John. *Desiring God: Meditations of a Christian Hedonist.* Sisters, OR: Multnomah, 1986.

- Stafford, Tim. *Personal God: Can You Really Know the One Who Made the*

Universe? Grand Rapids: Zondervan, 2008.

- Stott, John. *Why I Am a Christian.* Downers Grove, IL: InterVarsity, 2003.

chapter 8

- Little, Paul E. *Know Why You Believe.* Downers Grove, IL: InterVarsity, 1968.
- Packer, J. I. *Knowing God.* Downers Grove. IL: InterVarsity, 1973.
- Strobel, Lee. *The Case for Faith Visual Edition.* Grand Rapids: Zondervan, 2005.

chapter 9

- Bonhoeffer, Dietrich. *The Cost of Discipleship.* New York: Macmillan, 1963.
- Fernando, Ajith. *The Call to Joy and Pain: Embracing Suffering in Your Ministry.* Wheaton: Crossway, 2007.
- Hughes, R. Kent. *Disciplines of a Godly Man.* Wheaton: Crossway, 1991.

chapter 10

- Galli, Mark. *Jesus Mean and Wild: The Expected Love of an Untamable God.* Grand Rapids: Baker, 2006.
- Piper, John. *What Jesus Demands from the World.* Wheaton: Crossway, 2006.

chapter 11

- Keillor, Steven J., *God's Judgments: Interpreting History and the Christian Faith.* Downers Grove, IL: InterVarsity, 2007.
- White, John. *Daring to Draw Near: People in Prayer.* Downers Grove, IL : InterVarsity, 2008.

chapter 12

- Alcorn, Randy. *The Treasure Principle: Discovering the Secret of Joyful Giving.* Sisters, OR: Multnomah, 2001.
- Augustine. *The Confessions.* Translated by Sister Maria Boulding. Hyde Park, NY: New City Press, 1997.

chapter 13

- Plantinga. Alvin. *God and Other Minds: A Study of the Rational Justification of Belief in God*. Ithaca, NY: Cornell University Press, 1990.
- Stark, Rodney. *The Victory of Reason: How Christianity Led to Freedom, Capitalism, and Western Success*. New York: Random House, 2005.

chapter 14

- Mahaney, C. J. *Humility: True Greatness*. Sisters, OR: Multnomah, 2005.
- Sider Ron. *The Scandal of the Evangelical Conscience: Why Are Christians Living Like the Rest of the World?* Grand Rapids: Baker, 2005.

chapter 15

- Packer, J. I., and Carolyn Nystrom. *Guard Us, Guide Us: Divine Leading in Life's Decisions*. Grand Rapids: Baker, 2008.
- Phillips, Bob. *Overcoming Anxiety and Depression: Practical Tools to Help You Deal with Negative Emotions*. Eugene, OR: Harvest House, 2007.

chapter 16

- Chesterton, G. K. *Orthodoxy*. New York: Doubleday, 1908.
- Flew, Antony, with Roy Abraham Varghese. *There Is a God: How the World's Most Notorious Atheist Changed His Mind*. San Francisco: HarperOne, 2007.
- McKnight, Scot, and Hauna Ondrey. *Finding Faith: Losing Faith: Stories of Conversion and Apostasy*. Waco, TX :Baylor University Press, 2008.
- Packer, J. I. *Evangelism and the Sovereignty of God*. Downers Grove, IL : InterVarsity, 1991.
- Sproul, R. C. *Willing to Believe: The Controversy Over Free Will*. Grand Rapids: Baker, 1997.
- Tucker, Ruth A. *Walking Away from Faith: Unraveling the Mystery of Belief and Unbelief*. Downers Grove, IL: InterVarsity, 2002.

chapter 17

- Haugen, Gary A. *Good News About Injustice: A Witness of Courage in a Hurting World.* Downers Grove, IL: InterVarsity, 2009.
- Hubach, Stephanie O. *Same Lake, Different Boat: Coming Alongside People Touched by Disability.* Phillipsburg, NJ: P&R, 2006.

chapter 18

- Emmons, Robert A. *Thanks!: How the New Science of Gratitude Can Make You Happier.* Boston and New York: Houghton Mifflin Company, 2007.
- Piper, John. *Desiring God: Meditations of a Christian Hedonist.* Sisters, OR: Multnomah, 1986.

chapter 19

- Colson, Charles, with Ellen Santilli Vaughn. *God and Government: An Insider's View on the Boundaries Between Faith and Politics.* Grand Rapids: Zondervan, 2007.
- Haugen, Gary A. *Just Courage: God's Great Expedition for the Restless Christian.* Downers Grove, IL :InterVarsity, 2008.
- Shriver, Donald W. *An Ethic for Enemies: Forgiveness in Politics.* New York: Oxford University Press, 1995.

chapter 20

- Beale, G. K. *The Erosion of Inerrancy in Evangelicalism: Responding to New Challenges to Biblical Authority.* Wheaton: Crossway, 2008.
- McQuilkin, Robertson. *Understanding and Applying the Bible: An Introduction to Hermeneutics.* Chicago: Moody, 1983.
- Packer, J. I. *God Has Spoken.* Grand Rapids: Baker, 1979.
- Ryken, Leland. *The Word of God in English: Criteria of Excellence in Bible Translation.* Wheaton: Crossway, 2002.

chapter 21

- Lewis, C. S. "Christian Marriage." In *Mere Christianity*. San Francisco: HarperSanFrancisco, 2002.
- Wheat, Ed, and Gaye Wheat. *Intended for Pleasure: Sex Technique and Sexual Fulfillment in Christian Marriage.* 3rd ed. Grand Rapids: Revell, 1997.

chapter 22

- Fudge, Edward William, and Robert A. Peterson. *Two Views of Hell: A Biblical and Theological Dialogue.* Downers Grove, IL: InterVarsity 2000.
- Hamilton, James. "The Glory of God in Salvation Through Judgment: The Centre of Biblical Theology?" *Tyndale Bulletin 57.* 1 (2006): 57-84.
- Lewis, C. S. *The Problem of Pain.* San Francisco: HarperSanFrancisco, 2002.
- Morgan, Christopher W., and Robert A. Peterson. *Hell Under Fire: Modern Scholarship Reinvents Eternal Punishment.* Grand Rapids: Zondervan, 2004.

chapter 23

- Arnold, Clinton E. *3 Crucial Questions about Spiritual Warfare.* GrandRapids: Baker, 1997.
- Kraft, Charles H. *Defeating Dark Angels: Breaking Demonic Oppression in the Believer's Life.* Ann Arbor, MI: Servant Publications, 1992.
- Lewis, C. S. *The Complete C. S. Lewis Signature Classics.* San Francisco: HarperSanFrancisco, 2002.

chapter 24

- Bright, John. *The Kingdom of God: The Biblical Concept and Its Meaning for the Church.* Nashville: Abingdon, 1981.
- Colson, Charles, with Ellen Santilli Vaughn. *God and Government: An Insider's View on the Boundaries Between Faith and Politics.* Grand Rapids: Zondervan, 2007.
- Frame, John M. *The Doctrine of the Christian Life: A Theology of Lordship.* Phillipsburg, NJ: P&R, 2008.

- Ladd, George E. "Kingdom of God(Heaven)." In Walter A. Elwell, ed. *Baker Encyclopedia of the Bible.* 2 vols. Grand Rapids: Baker, 1988.
- Olson, Ted. "Are Christians Overemphasizing Cultural Renewal?" *Christianity Today.* May 6, 2009. http://blog.christianitytoday.com/ctliveblog/archives/2009/05/are_christians.html.

chapter 25

- Alcorn, Randy. *Heaven.* Wheaton: Tyndale, 2004.
- Keller, Timothy. *The Reason for God: Belief in an Age of Skepticism.* New York and Toronto: Dutton, 2008.
- Wright, N T. *Surprised by Hope: Rethinking Heave, the Resurrection, and the Mission of the Church.* San Francisco: HarperOne, 2008.

chapter 26

- Colson, Charles W. *Born Again.* Grand Rapids: Chosen, 2008.
- Keller, Timothy. *The Prodigal God: Recovering the Heart of the Christian Faith.* New York and Toronto: Dutton, 2008.
- Lewis, C. S. *Surprised by Joy: The Shape of My Early Life.* Rev.ed. New York: Houghton Mifflin Harcourt, 1995.

미주

서문

1) Gene Weingarten, "Pearls Before Breakfast," *Washington Post,* April 8, 2007. 이 예화를 알려준 내 친구 크리스 카스탈도(Chris Castaldo)에게 감사를 전한다.

2) Stephen Prothero, *Religious Literacy: What Every American Needs to Know — and Doesn't* (San Francisco: HarperSanFrancisco, 2007), p. 192.

3) Mark Galli, *Jesus Mean and Wild: The Unexpected Love of an Untamable God*(Grand Rapids: Baker, 2006), p. 19.

4) 이것은 예수님이 300개의 질문을 하셨다는 의미가 아니다. 왜냐하면 공관복음서들이 종종 예수님의 생애에 있었던 같은 사건들을 —그분의 질문들을 포함해 — 다른 각도에서 다루기 때문이다.

5) Marcus Borg, *Jesus: Uncovering the Life, Teaching, and Relevance of a Religious Revolutionary* (San Francisco: HarperSanFrancisco, 2006), pp. 150-157.

6) Mary Schaller, 저자와의 개인적인 인터뷰, May 13, 2009.

7) 그 정도를 줄이기 위해, 우리는 또한 누구보다 예수님의 질문들을 문맥상 잘 해석할 수 있는 몇몇 제자들의 말을 인용할 것이다.

8) John Piper, *What Jesus Demands from the World* (Wheaton: Crossway, 2006), p. 33.

9) Michael Weisskopf, "Energized by Pulpit or Passion, the Public Is Calling," *Washington Post,* February 1, 1993.

chapter 1

1) 마 3:5

2) 삿 13:7

3) Matthew Henry, *Matthew to John* vol. 5 of *Commentary on the Whole Bible* (McLean, VA: MacDonald Publishing Company, 1985), pp. 149-150.

4) 이것은 딱딱하고 기계적인 복음 제시를 주장하는 것이 아니다. 거기서 우리는 사람들에게 해답을 제시하기 전에 먼저 그들의 죄성을 깨닫게 해야 한다. 사람들에게 그들의 죄와 그리스도의 필요성을 깨닫게 하는 것은 성령의 일이다(요 16:8 참고). 우리는 복음을 전할 때 문화적 추세와 개인의 마음에 둘 다 민감해야 한다. 몇 가지 정보를 억지로 사람들에게 주입시킬 순 없다. 예수님은 사람들에게 그를 따르라고 권하셨고, 그 다음에 그 과정에서 더 많은 정보를 나누셨다. 포스트모더니즘 환경에서 많은 사람들이 우리 공동체의 초대에 좀 더 선뜻 반응한다. 거기서 그들은 믿음이 삶으로 나타나는 것을 본다. 그들의 악함을 알게 되는 것은 나중에 될 일이다. 그리고 그와 함께 철저한 회심이 이루어질 것이다. 하지만 요점은 우리가 좋은 소식을 전하려 하는 동안이라도 나쁜 소식들에 인색할 수는 없다는 것이다.

5) Christian Smith with Melinda Lundquist Denton, *Soul Searching: The Religious and Spiritual Lives of American Teenagers* (Oxford: Oxford University Press, 2005).

6) Mark D. Regnerus, *Forbidden Fruit: Sex and Religion in the Lives of American Teenagers* (Oxford: Oxford Unversity Press, 2007), pp. 205-206.

7) Stan Guthrie, "The Evangelical Scandal," *Christianity Today,* April 2005, http://www.ctlibrary.com/ct/2005/April/32.70.html.

8) Charles Colson, "What Would Wilberforce Do?" *Christianity Today,* March 2007, http://www.christianitytoday.com/ct/2007/march/11.28.html.

9) Stan Guthrie, *Missions in the Third Millennium: 21 Key Trends for the 21st Century,* 2nd ed. (Waynesboro, GA: Paternoster, 2005), p. 42.

10) Rob Moll, "The New Monasticism," *Christianity Today,* September 2005, http://www.ctlibrary.com/ct/2005/September/16.38.html.

11) Mother Teresa, *My Life for the Poor* (San Francisco: HarperSanFrancisco, 2005), pp. 211-216.

12) Gezim Alpion, *Mother Teresa: Saint or Celebrity?*(London: Routledge, 2007), p. 182.

13) Mother Teresa, "National Prayer Breakfast Speech Against Abortion—1994," OrthodoxyToday.org, January 22, 2004.

14) 마 14:1-12

chapter 2

1) 마 2:1-8, 13-18

2) N. T. Wright, *Jesus and the Victory of God* (Minneapolis: Fortress, 1996), pp. 150-151.

3) Jaroslav Pelikan, *The Illustrated Jesus through the Centuries* (New Haven, CT: Yale University Press, 1997), pp. 9-23 참고.

4) Norman Cousins, "Some Jewish Views of Jesus"에서 인용, *Jews for Jesus*, January 1, 2005, http://www.jewsforjesus.org/answers/jesus/jewssay.

5) Wright, *Jesus and the Victory of God*, p. 98.

6) Jim Croce, "Bad, Bad Leroy Brown," *Life and Times* (New York: ABC Records, 1973).

7) Adrian Curtis, *Oxford Bible Atlas*, 4th ed. (Oxford and New York: Oxford University Press, 2007), p. 153.

8) Rabbi Arthur Blecher, *The New American Judaism: The Way Forward on Challenging Issues from Interarriage to Jewish Identity* (New York and Houndmills: Palgrave Macmillan, 2007), p. 140.

9) Walter A. Elwell, ed., *Baker Encyclopedia of the Bible* (Gran Rapids: Baker, 1988), 2:1914.

10) Ibid., pp. 1880-1881.

11) 이 통찰을 준 J. I. Packer에게 감사드린다.

12) A. B. Bruce, *The Training of the Twelve*, 4th ed. (New Canaan, CT: Keats, 1979), p. 14.

13) Ibid., p. 37.

14) Robert E. Coleman, *The Master Plan of Evangelism* (Old Tappan, NJ: Spire Books/Revel 1964), p. 40.

15) Ibid., p. 33.

16) Ibid., p. 18.

17) Borg, *Jesus*, pp. 152-153.

18) Ibid., p. 151.

19) 예를 들면 마태복음 5장 22절을 참고하라.

20) Borg, *Jesus*, p. 150.

21) 문맥과 건전한 해석이 다른 원칙들에 대한 탁월한 논의를 원한다면 다음을 참고하라.
J. Robertson McQuilkin, *Understanding and Applying the Bible: An Introduction to Hermeneutics* (Chicago: Moody, 1983).

22) Wright, *Jesus and the Victory of God,* pp. 171-172.

23) 요 20:30-31

24) Henry Parry Liddon, *Liddon's Brompton Lectures 1866* (London: Rivingstons, 1869), Ravi Zacharias, *Jesus among Other Gods* (Nashville: W. Publishing Group, 2000), p. 148에서 인용.

25) Debra Nails, "Socrates," *Stanford Encyclopedia of Philosophy,* November 7, 2009, http://plato.stanford.edu/entries/socrates.

26) The Paper Chase, DVD (1973; Los Angeles: 20th Century Fox, 2003).

chapter 3

1) R. E. K. Mchami, "Demon Possession and Exorcism in Mark 1:21-28," *Africa Theological Journal 24,* no.1(2001), p. 31. Philip Jenkins, *The New Faces of Christianity: Believing the Bible in the Global South* (New York: Oxford University Press, 2006), p. 107에서 인용.

2) Ibid., p. 105.

3) Ibid., p. 100.

4) Brog, *Jesus*, p. 150.

5) Clinton E. Arnold, *3 Crucial Questions about Spiritual Warfare* (GrandRapids: Baker, 1997), p. 20.

6) Borg, *Jesus,* p. 146.

7) 행 19:13-16

8) Abraham Lincoln, "House Divided," delivered in Springfield, Illinois, June 16, 1858. 'House Divided' Speech," The History Place, http://www.historyplace.com/lincoln/divided.htm에 전체 인용.

9) Water A. Elwell, ed., *Evangelical Commentary on the Bible* (Grand Rapids: Baker, 1987), p. 821.

10) Jenkins, *The New Faces of Christianity,* p. 5.

11) 창 3:18-19

12) 고후 12:7

13) Stan Guthrie, "Stumbling After Jesus," *Christianity Today*, July 2007, p. 52 참고.

14) Tony Snow, "Cancer's Unexpected Blessings," *Christianity Today*, July 2007, p. 32.

15) 요 9:1-3

16) Jenkins, *The New Faces of Christianity*, p. 113.

17) Ibid., p. 114.

18) Gregory Fung and Christopher Fung, "What Do Prayer Studies Prove?" *Christianity Today*, May 2009, http://www.christianitytoday.com/ct/2009/may/27.43.html 참고.

19) Jenkins, *The New Faces of Christianity*, p. 99.

20) Borg, *Jesus*, p. 149.

21) Jenkins, *The New Faces of Christianity*, p. 118.

22) Ibid., pp. 118-122.

23) Ibid., p. 123.

24) Martin Ssebuyira and Zurah Naabugo, "Pastor Arrested with 'Miracle' Machine," *Daily Monitor*, October 3, 2007, http://www.monitor.co.ug/News/National/-/688334/791328/-/w19yvt/-/index.html.

25) Michael Cuneo, *American Exorcism: Expelling Demons in the Land of Plenty* (New York: Doubleday, 2001).

26) Borg, *Jesus*, p. 146.

27) 예를 들면, 다음을 참고하라. Fred Heeren, *Show Me God: What the Message from Space Is Telling Us About God* (Wheeling, IL: Searchlight Publications, 1995).

28) J. P. Moreland, *Kingdom Triangle: Recover the Christian Mind, Renovate the Soul, Restore the Spirit's Power* (Grand Rapids: Zondervan, 2007), p. 172.

29) Ibid., pp. 177-178.

30) 마 28:18-20

31) 요 14:12

32) 고후 12:9

33) Moreland, *Kingdom Triangle,* pp. 182-186.

34) C. S. Lewis, *The Screwtape Letters,* in *The Complete C. S. Lewis Signature Classics* (San Francisco: HarperSanFrancisco, 2002), p. 125.

chapter 4

1) 막 15:16-22

2) 막 15:18

3) Stephen J. Nichols, *For Us and for Our Salvation: The Doctrine of Christ in the Early Church* (Wheaton: Crossway, 2007), p. 23.

4) Gary M. Burge, "Assessing the Apocryphal Gospels," *Christianity Today,* June 2006, p. 28.

5) 다양한 학문적 "탐색"에 대한 훌륭한 개요를 보고 싶다면, Wright, *Jesus and the Victory of God,* pp. 3-144를 참고하라.

6) Anne Rice, *Christ the Lord: Out of Egypt—A Novel* (New York and Toronto: Alfred A. Knopf, 2005), p. 5.

7) Nichols, *For Us and for Our Salvation,* p. 26.

8) C. S. Lewis, *Mere Christianity,* in *The Complete C. S. Lewis Signature Classics,* p. 39.

9) 예언을 보려면 사 53:3-4을 참고하라. 성취를 보려면 마 27:46; 눅 19:41-42, 22:44; 요 7:1-9, 11:35; 히 2:18, 5:8을 참고하라.

10) Nichols, *For Us and for Our Salvation,* p. 26.

11) 예를 들면 다음 구절들을 참고하라. 마 9:4; 막 2:8; 눅 5:22; 요 6:64, 70-71

12) 막 10:36

13) 눅 6:12-16

14) 예를 들면 마 17:22-23을 참고하라.

15) 성령이 어떻게 예수님을 이끄셨는지에 대한 훌륭한 논의를 보려면 다음을 참고하라. Graham A. Cole, *He Who Gives Life: The Doctrine of the Holy Spirit* (Wheaton: Crossway, 2007), pp. 59-91.

16) 막 8:1-10; 6:30-44

17) 롬 8장

18) Brian Kolodiejchuk, *Mother Teresa: Come Be My Light—The Private Writings*

of the "Saint of Calcutta"(New York: Doubleday, 2007), p. 210.

chapter 5

1) Brian D. McLaren, *The Secret Message of Jesus: Uncovering the Truth That Could Change Everything* (Nashville: Thomas Nelson, 2006), pp. 90-91.

2) Ibid., p. 14.

3) Ibid., p. 33.

4) 왜 예수님의 질문들에 관한 책에서 제자들과 사도들의 가르침을 언급할까? 우리 모두가 말하는 것처럼 예수님이 비할 데 없는 교사라면 우리는 그분의 학생들이 그분의 가르침을 충실히 전달했을 거라고 믿을 수 있어야 한다. 만약 그렇지 않다면 우리는 갈릴리에서 온 그 사람이 교육학의 실패자였다고 결론내려야 한다. 이 결론이 거의 사실일 가능성이 없는 합당한 이유들을 보려면 2장을 참고하라.

5) Elwell, *Evangelical Commentary on the Bible,* p. 849.

6) 요 2:1-11

7) Walter A. Elwell, ed., *Evangelical Dictionary of Theology,* 2nd ed. (Grand Rapids: Baker, 2001), p. 1201.

8) Henry, *Matthew to John,* p. 872.

9) 사 25:6; 욜 3:18

10) 사 9:6

11) Elwell, *Evangelical Dictionary of Theology,* p. 1201.

12) 마 9:13; 막 2:17; 마 5:17; 마 10:34; 요 9:39(요 3:17도 참고하라); 눅 19:10; 요 18:37

13) 요 10:31

14) Henry, *Matthew to John,* p. 521.

15) 실제 사건이 일어나기 몇 세기 전에 그리스도의 죽음을 지적하는 구약성경의 많은 본문 중 두 군데는 시편 22편과 이사야서 53장이다. 예수님에 관한 성경의 예언들을 자세히 살펴보려면 다음을 참고하라. McDowell, *Evidence That Demands a Verdict* (San Bernardino, CA: Here's Life, 1979), pp. 141-178.

16) 요 1:29

17) John Stott, *Basic Christianity* (Downers Grove, IL: InterVarsity, 2006), p. 103.

18) 행 9:1-30

1) David Hilborn, "The Da Vinci Code-Teabing"; http://www.eauk.org/theology/filmreviews/the-da-vinci-code-teabing.cfm 참조.

2) Robert M. Bowman and J. Ed Komoszewski, *Putting Jesus in His Place: The Case for the Divinity of Christ* (Grand Rapids: Kregel, 2007), p. 18.

3) 그리스도인의 관점에서 나온 반박들이 수없이 많다. 예를 들면 Darrell L. Bock and Daniel B. Wallace, *Dethroning Jesus: Exposing Popular Culture's Quest to Unseat the Biblical Christ* (Nashville: Thomas Nelson, 2007)를 보라.

4) Larry W. Hurtado, *Lord Jesus Christ: Devotion to Jesus in Earliest Christianity* (Grand Rapids: Eerdmans, 2003), p. 135, Bowman and Komoszewski, *Putting Jesus in His Place*, p. 30에서 인용.

5) Bowman and Komoszewski, *Putting Jesus in His Place*, p. 18.

6) Josephus, *Jewish Antiquities*, p. 18, Borg, Jesus, p. 30에서 인용.

7) 마 16:13-15; 막 8:27-29; 눅 9:18-20 참고.

8) Borg, *Jesus*, p. 9. 그리스도 가현설에 대한 이전 논의를 보려면 4장을 참고하라.

9) Millard J. Erickson, *Christian Theology* (Grand Rapids: Baker, 1985), p. 683.

10) 행 14:11-18

11) 예를 들면, 요 10:37-38을 보라.

12) 막 6:30-44와 8:1-9

13) Lewis, *Mere Christianity*, p. 36.

14) Bowman and Komoszewski, *Putting Jesus in His Place*, p. 23.

15) 요 8:31-46

16) 요일 1:5

17) 벧전 2:22

18) 눅 18:18-30; 마 19:16-30; 막 10:17-30

19) 마 5:8

20) Bowman and Komoszewski, *Putting Jesus in His Place*, p. 74.

21) 호 11:1. 애굽에서 불러낸 하나님의 아들에 관한 이 구절의 궁극적인 성취는 물론 예수님이다.

22) 시 2:7, 12 참고. 하나님의 아들인 왕의 궁극적 성취는 물론 예수님이다.

23) 마귀의 '군대'에 대한 논의를 보려면 23장을 참고하라.

24) Stephen Charnock, *The Existence and Attributes of God* (Grand Rapids: Baker, 1996), 1:563.

25) 행 9:1-9

chapter 7

1) Miller McPherson, Lynn Smith-Lovin, and Matthew E. Brashears, "Social Isolation in America," *American Sociological Review* 71(2006), pp. 353-375.

2) 또한 "Look at All the Lonely People," *Christianity Today,* November 2006, p. 31를 참고하라.

3) 예를 들면, 고린도후서 13:14에 나오는 삼위일체 송영을 보라.

4) 창 2:18

5) James F. Lewis, "Hindu, Hinduism," in *Evangelical Dictionary of World Missions* (Grand Rapids: Baker, 2000), pp. 434-437.

6) J. Isamu Yahamoto, "Buddhism and Christianity," in Sinclair B. Ferguson, David F. Wright, and J. I. Pacer, eds., *New Dictionary of Theology* (Downers Grove, IL: InterVarsity, 1988), p. 112.

7) Terry C. Muck, "Buddhist, Buddhism," in *Evangelical Dictionary of World Missions,* pp. 149-150.

8) Warren Larson, "Who Is God for Muslims and Christians?" unpublished paper, Columbia International University, Columbia, South Carolina, 2007.

9) John Stott, *Why I Am a Christian* (Downers Grove, IL: InterVarsity, 2003), p. 95.

10) 요 9장 참고.

11) Joni Eareckson Tada, "Fear Not the Disabled," *Christianity Today,* November 2005, p. 28.

12) "Siloam, Pool of," in Elwell, *Baker Encyclopedia of the Bible,* 2:1964.

13) '인자'는 예수 그리스도의 메시아적 호칭이다. 단 7:13-14 참고.

14) 눅 18:35-43

15) 6장에서 이 호칭에 대한 논의를 보라.

16) 마 12:46-50; 또한 막 3:31-35 참고.

17) 요 5:1-17

18) 제자들이 누가 가장 큰 자인지에 대해 언쟁하고 있을 때 예수님은 한 질문으로 가르침을 시작하셨다. "너희가 길에서 서로 토론한 것이 무엇이냐?" 마가복음 9장 33-37절의 문맥이 보여주듯이, 예수님은 이미 답을 알고 계셨으나 그분은 정보가 아니라 반응을 기다리고 계셨다.

chapter 8

1) 예를 들면 로마서 3:20-26을 보라.

2) Stan Guthrie, "Answering the Atheists," *Christianity Today,* November 2007, p. 74.

3) Edward W. Goodrick and John R. Kohlenbergr III, *The NIV Exhaustive Concordance* (Grand Rapids: Zondervan, 1990), pp. 1776-1777.

4) 요 9:35; 7장 참고.

5) 요 11:25-26; 4장 참고.

6) 요 11:40

7) 요 16:25-33 참고.

8) Stott, *Basic Christianity,* p. 160.

9) 마 9:27-31

10) 마 17:20

11) 마 6:27; 눅 12:25

12) 막 8:22-26

13) 그러나 또 다른 눈 먼 자의 점진적인 치유를 보려면 요한복음 9장을 참고하라.

14) 막 2:1-12

15) 마 7:8

16) 막 14:6-7; 또한 마 26:10

17) 요 1:47-50

18) 눅 21:1-4

19) 마 15:32-39; 막 6:40-44; 막 8:1-10을 참고하라. 또 요한복음 6:1-14에 나오는 관련 질문을 보라. "우리가 어디서 떡을 사서 이 사람들을 먹이겠느냐?"

20) 마 16:5-12

21) 마 13:33; 24장 참고.

22) 마 22:37

23) 고전 3:2

24) 마 26:36-46; 막 14:32-42; 눅 22:39-46

25) 히 3:7-4:13

26) 롬 13:11

27) Bill Curry, "Mike and Mike in the Morning"의 인터뷰, ESPN Radio, December 12, 2007.

chapter 9

1) G. Leibholz, "Memoir," in Dietrich Bonhoeffer, *The Cost of Discipleship* (New York: Macmillan, 1963), pp. 11-35.

2) Bonhoeffer, *The Cost of Disicpleship*, p. 99.

3) 막 10:35-45; 마 20:20-28 참고.

4) 예를 들면, 마 16:24-26과 딤후 3:12을 보라.

5) 사 53:3

6) 롬 3:28

7) 막 10:17-22

8) 마 13:1-9, 18-23

9) 히 12:1-2

10) Goodrick and Kohlenberger, *The NIV Exhaustive Concordance*, p. 1674.

11) Elisabeth Elliot, *Through Gates of Splendor* (Wheaton: Tyndale, 2005), p. 172 참고.

12) empty tomb, inc., "U.S. per Capita Inflation Adjusted Income/Per Member Giving as Percentage of Income," http://www.emptytomb.org/fig1_07.html.

13) Guthrie, *Missions in the Third Millenium*, pp. 22-24를 참고하라.

14) 골 3:5

15) 이것은 로마서 1장 25절을 내가 살짝 바꿔서 풀어 쓴 것이다. 나는 그것을 문학적 암시로 사용하고 있다.

16) 눅 22:35. 그러나 이것은 제자의 삶에 아무 어려움이 없을 거라고 보증해주는 것이 아니다. 다만 반대가 있든 없든 간에 그 삶이 하나님의 지배하에 있게 될 거라는 뜻이다.

17) 이 구절에 대한 좋은 논의를 보려면 Bonhoeffer, *The Cost of Discipleship*, p. 201를 참고하라.

18) 롬 12:1

19) Bonhoeffer, *The Cost of Discipleship*, p. 51.

20) 요 1:40-42

21) 7장에서 이 구절에 대한 유사한 논의를 보라.

22) 행 4:19-20

23) 히 12:1-2; 엡 2:10

chapter 10

1) 요 13:23

2) Piper, *What Jesus Demands from the World*, p. 23.

3) John M. Frame, *The Doctrine of God: A Theology of Lordship* (Phillipsburg, NJ: P&R, 2002), 24n 10.

4) Ibid., p. 22.

5) http://www.vincelombardi.com 참고.

6) 요 13:36-38

7) Michelle Beardon, "Hillsborough Judge Resigns to Become Missionary," *The Tampa Tribune*, February 1, 2008, www2.tbo.com/content/2008/feb/01/hillsborough-judge-resigns-become-missionary/news-breaking/.

8) Tim Stafford, *Surprised by Jesus: His Agenda for Changing Everything in A. D. 30 and Today* (Downers Grove, IL: InterVarsity, 2006), p. 113.

9) 눅 20:19-26; 마 22:15-22; 막 12:13-17 참고.

10) 창 1:27

11) 마 12:1-8

12) Henry, *Matthew to John*, p. 163.

13) Elwell, *Evangelical Commentary on the Bible*, p. 744.

14) 마 17:24-27

15) 마 12:46-50

16) 마 8:23-27

17) Stan Guthrie, "A Hole in Our Holism: Why Evangelicals Might Be Shy About Sharing Their Faith," *Christianity Today*, January 2008, p. 56.

18) 아마도 그는 장애가 죄의 결과라는 흔한 편견을 간접적으로 다루고 있었을 것이다.

7장의 논의를 참고하라.

19) 마 9:1-9, 눅 5:17-26 참고. 이 사건에 대한 유사한 논의가 6장에 나와 있다.

20) 예를 들면, 다음을 보라. Tim Stafford, "The Joy of Suffering in Sri Lanka," *Christianity Today*, October 2003, http://www.christianitytoday.com/ct/2003/october/5.54.html.

21) Stafford, *Surprised by Jesus*, p. 97.

22) 눅 12:35-48

23) 엡 2:8

24) Bonhoeffer, *The Cost of Discipleship*, p. 69.

25) Augustine, *Confessions*, trans. R.S. Pine-Coffin (New York: Penguin 1961), p. 40.

26) Bonhoeffer, *The Cost of Discipleship*, p. 47.

27) R. Kent Hughes, *Disciplines of a Godly Man* (Wheaton: Crossway, 1991), p. 17.

chapter 11

1) Karen Breslau, "Overplanned Parenthood: Ceausescu's Cruel Law," Newsweek, January 22, 1990, p. 35, reprinted at www.Ceausescu.org, http://www.Ceausescu.org/Ceausescus_texts/overplanned_parenthood.htm.

2) Patrick Johnstone and Jason Mandryk, *Operation World: 21st Century Edition*(Carlisle and Waynesboro, GA: Paternoster, 2001), p. 536.

3) "On This Day: 25 December 1989: Romania's 'First Couple's Eecuted," BBC News, http://news.bbc.co.uk/onthisday/hi/dates/stories/December/25/newsid_2542000/2542623.stm.

4) The Open Doors World Watch List 2010, compiled by Open Doors USA, Santa Ana, California을 참고하라. 또한 The Open Doors February 11, 2008 press release, "North Korea Top List of Persecutors"를 참고하라.

5) Elwell, *Evangelical Commentary on the Bible*, p. 830.

6) Sandi Dolbee, "Discrepancies in Bible Turn Scholar into Agnostic," *San Diego Union-Tribune*, February 16, 2008을 참고하라.

7) Henry, *Matthew to John*, p. 774.

8) Tim Stafford, "How Tim Keller Found Manhattan," *Christianity Today*, June 2009, 25.

9) J. I. Packer, *Knowing God* (Downers Grove, IL:InterVarsity, 1973), p. 125.

10) Steven J. Keillor, *God's Judgment: Interpreting History and the Christian Faith* (Downers Grove, IL:InterVarsity, 2007), p. 71.

11) Keillor, *God's Judgments*, p. 79.

12) 마 24:34

13) 롬 2:4

14) 22장에서 그것을 좀 더 다룬다.

15) Henry, *Matthew to John*, p. 692.

16) 산상설교에 소개된 좀 더 긴 버전을 원한다면 마 6:9-13을 보라.

17) C. S. Lewis, *A Grief Observed*, in *The Complete C. S. Lewis Signature Classics*, p. 444.

18) Augustine, *The Confessions*, trans. Sister Maria Boulding (Hyde Park, NY: New City Press, 1997), p. 307.

19) D. G. Gloesch, "Prayer," in Elwell, ed., *Evangelical Dictionary of Theology*, p. 847.

20) Henry, *Matthew to John*, p. 695.

chapter 12

1) Chris Duhon과의 인터뷰, WMVP AM 1000 in Chicago, March 10, 2008.

2) 창 1:27

3) 시 139:14

4) 고전 3:9

5) 고전 6:3

6) 9장의 논의를 참고하라.

7) 마 16:13-28; 막 8:29-9:1; 눅 9:18-27

8) 복음서의 기사들을 서로 조화시키는 것은 검증된 전통성을 갖고 있지만, 일반적으로 나는 각 복음서를 단독으로 읽는 것이 가장 좋다고 믿는다. 각 저자가 어떤 사건과 말씀을 포함시키고, 강조하고, 또는 제외시킨 데는 중요한 이유가 있었다. 우리는 이 책들을 독립적으로 읽음으로써 가장 잘 이해할 수 있다. 공관복음서들이 논의 중인 이야기를 다

루는 방식에 중요한 차이점들이 있지만, 여기서는 이 차이점들을 가볍게만 다루고 예수님의 질문들에 집중할 것이다.

9) 행 5:35-39

10) 요 21:15-17 참조. 또한 9장에서 관련된 논의를 보라.

11) Alan. M. Dershowitz, "Worshippers of Death," *The Wall Street Journal*, March 3, 2008.

12) 갈 3:13, 신 21:23을 인용.

13) Tony Snow, "Cancer's Unexpected Blessings," *Christianity Today*, July 2007, http://www.christianitytoday.com/ct/2007/july/25.30.html?start=2.

14) H. D. McDonald, "Life," in Elwell, *Evangelical Dictionary of Theology*, p. 692.

15) 9장을 참고하라.

16) McDonald "Life," in Elwell, *Evangelical Dictionary of Theology*, p. 692.

17) Randy Alcorn, *The Treasure Principle: Discovering the Secret of Joyful Giving* (Sisters, OR: Multnoham, 2001), p. 17.

18) 눅 16:19-31

19) Tim Stafford, "The Joy of Suffering in Sri Lanka."

20) 이 이야기는 2008년 3월 5일 Warren Larson과 개인적으로 주고받은 이메일 내용에서 가져온 것이다. 그는 Zwemer Institute for Musli Studies, Columbia International University, Columbia, South Carolina에 속해 있다.

21) 빌 3:1-11

chapter 13

1) Mark A. Noll, *The Scandal of the Evangelical Mind* (Grand Rapids: Eerdmans, 1994), p. 3.

2) 마 22:37

3) Rodney Stark, *The Victory of Reason: How Christianity Led to Freedom, Capitalism, and Western Success* (New York: Random House, 2005), xi.

4) Ibid., p. 7.

5) Ibid., xiii.

6) Ibid., p. 5.

7) Ibid.

8) 눅 10:27

9) 마 18:12-14

10) 눅 11:11-13

11) 하나님의 심판에 대해 더 알고 싶으면 22장을 참고하라.

12) 눅 23:28-31

13) 마 21:33-46과 막 12:1-12을 보라.

14) 22장과 23장의 주제

15) 욥 1:7-12

16) 3장과 24장을 보라.

17) 눅 11:14-23; 마 12:22-32, 막 3:22-27 참고.

18) 눅 11:18

19) 마 12:27; 또한 눅 11:19 참고.

20) 막 3:23

21) 마 12:29

22) N. L. Geisler, "Analogy," in Elwell, *Evangelical Dictionary of Theology*, p. 57.

23) 막 4:21-23

24) 5장에 나오는 성경의 시간 개념에 대한 논의를 참고하라.

25) William Lane Craig, "God Is Not Dead Yet," *Christianity Today*, July 2008, p. 22; 또한 Alvin Plantinga, *God and Other Minds: A Study of the Rational Justification of Belief in God* (Ithaca, NY: Cornell University Press, 1967)과 "Is God Dead?" *Time*, April 8, 1966을 참고하라.

26) 예를 들면, Dallas Willard, *Knowing Christ Today: Why We Can Trust Spiritual Knowledge* (San Francisco: HarperOne, 2009)를 보라.

27) 우리가 하나님을 선택하는 과정에서 하나님의 성령이 반드시 필요하며, 믿음의 선택은 절대적으로 이성적이고 순전한 인간의 결정이 아니다. "믿음이 없이는 하나님을 기쁘시게 하지 못하나니"(히 11:6); "이것(믿음)은 너희에게서 난 것이 아니요 하나님의 선물이라"(엡 2:8); "사람이 거듭나지 아니하면 하나님의 나라를 볼 수 없느니라"(요 3:3). 우리는 16장에서 이 불가결한 진리를 살펴볼 것이다.

28) Craig Detweiler, "The Godspel and the Cinematic Imagination: A Journey

into the Dark," Evangelism Roundtable V, "Imagination and the Gospel: Harnessing the Imagination to Engage Contemporary Culture and Communicate the Life-changing Gospel," Billy Graham Center, Wheaton College, Wheaton, Illinois, April 24, 2008.

29) 눅 10:29-37

30) Craig, "God Is Not Dead Yet," p. 27.

chapter 14

1) David Kinnaman and Gabe Lyons, *unChristian: What a New Generation Really Thinks about Christianity... and Why it Matters* (Grand Rapids: Baker, 2007), p. 29.

2) Ron Sider, *The Scandal of the Evangelical Conscience: Why Are Christians Living Like the Rest of the World?* (Grand Rapids: Baker, 2005).

3) Collin hanse and Tony Jones, "Emergent's New Christians and the Young, Restless Reformed—Day 4," *Christianity Today,* May 7, 2008, http://www.christianitytodaycom/ct/2008/mayweb-only/119-32.0.html.

4) C. J. Mahaney, *Humility: True Greatness*(Sisters, OR: Multnomah, 2005), 22. 이 인용문에 주목하게 된 건 Collin Hansen 덕이다.

5) 막 12:15; 마 22:18은 그 질문을 간단하게 "외식하는 자들아 어찌하여 나를 시험하느냐?"라고 인용한다.

6) 마 11:28

7) George Orwell, "In Front of Your Nose," *Tribune,* March 22, 1946.

8) 막 8:11-12

9) 눅 22:48

10) 요 18:4, 7

11) 눅 22:52; 또한 막 14:48 참고.

12) Frank Morrison, *Who Moved the Stone? A Journalist's Classic Investigation into the Truthfulness of Christ's Resurrection* (Grand Rapids: Zondervan, 1971), p. 16.

13) 요 18:19-23 참조. 또한 공관복음서의 기사들을 참조하라(마 26:59-68; 막 14:55-65; 눅 22:66-71).

14) Morrison, *Who Moved the Stone?,* p. 16.

15) Ibid., pp. 17-25.

16) 행 9:4

17) 마 5:21-48 참고.

18) 눅 7:1-10

19) 눅 7:11-17

20) Elwell, *Evangelical Commentary on the Bible*, p. 751.

21) Ibid., p. 751.

22) Larry Crabb, *Inside Out* (Colorado Springs: NavPress, 1988), p. 33.

23) 고전 12:7

24) 고전 15:10

25) Crabb, *Inside Out*, pp. 15-16.

26) 눅 12:56.

27) 눅 12:57-59, 또한 Elwell, *Evangelical Commentary on the Bible*, p. 824를 참고하라.

28) 눅 7:36-50

29) 요 10:25-33

30) 마 20:17-28

31) John Piper, *God is the Gospel: Meditations on God's Love as the Gift of Himself* (Wheaton: Crossway, 2005).

32) 딤전 6:5

33) 행 9:1-9; 22:1-11; 26:1-18

34) 빌 3:1-11

35) John Calvin, *Institutes of the Christian Religion*, trans. Henry Beveridge (Grand Rapids: Eerdmans, 1990), p. 38.

chapter 15

1) Bob Phillips, *Overcoming Anxiety and Depression: Practical Tools to Help You Deal with Negative Emotions* (Eugene, OR: Harvest House, 2007), p. 8.

2) "Anwiety," *The American Heritage Dictionary, Second College Edition* (Boston: Houghton Mifflin Company, 1985), p. 117.

3) "Generalized Anxiety Disorder(GAD)," National Institute of Mental Health,

http://www.nimh.nih.gov/health/topics/generalized-anxiety-disorder-gad/index.shtml.

4) 2008년 6월 3일 저자 검색.

5) 마 6:34

6) 물론 어떤 정신 상태는 잘못된, 혹은 비생산적인 생각보다 더 많은 것과 관련되어 있다. 조현병이나 조울증 같은 것들이 그렇다. 그런 것들은 뇌의 화학적 불균형으로 인한 결과이며, 의학적으로 다루어야 한다. 이런 경우에 당신이 할 수 있는 최악의 일은 문제를 부인하는 것이다. 때로는 의학적으로든 심리학적으로든, 아니면 둘 다 외적인 도움을 받아야 한다. 우리는 스스로 그것을 해결할 수 없다. 우리는 악하고 온전치 못한 존재들이다. 그리스도의 은혜로 회복중이긴 하지만, 아직은 온전하지 않다. 우리가 다른 사람들과 하나님께 의존하는 것은 그리스도인의 삶의 피할 수 없는 현실이다.

7) Mark Galli, "A Refugee's Quiet Dignity," *Christianity Today*, June 2008, http://www.christianitytoday.com/ct/2008/juneweb-only/123-11.0.html.

8) Goodrick and Kohlenberger, *The NIV Exhaustive Concordance*, p. 1804.

9) John Keith, "How Firm a Foundation," in Tom Fettke, ed., *The Hymnal for Worship and Celebration* (Waco, TX: Word Music, 1986), hymn275, verse 2.

10) 마태복음 10:29의 유사한 구절에서 예수님은 참새 두 마리가 한 앗사리온에 팔린다고 말씀하신다. 따라서 좀더 여유가 있는 사람들은 대량으로 구매하고 참새 한 마리를 추가로 더 받았다!

11) *ESV Classic Reference Bible* (Wheaton: Crossway, 2001), 1049n2.

12) Stephanie O. Hubach, *Same Lake, Different Boat: Coming Alongside People Touched by Disability* (Phillipsburg, NJ: P&R, 2006), p. 29.

13) 또는 잠언 30:8, 9에서 말하듯이, "나를 가난하게도 마옵시고 부하게도 마옵시고 … 혹 내가 배불러서 하나님을 모른다 여호와가 누구냐 할까 하오며 혹 내가 가난하여 도둑질하고 내 하나님의 이름을 욕되게 할까 두려워함이니이다."

14) J. I. Pacer and Carolyn Nystrom, *Guard Us, Guide Us: Divine Leading in Life's Decisions* (Grand Rapids: Baker, 2008), p. 238.

15) 왕상 17:6

16) Jeannien Aversa, "Stress Taking Toll on Health," *USA Today*, June 29, 2008.

17) Phillips, *Overcoming Anxiety and Depression*, p. 11.

18) 또한 마 6:28-30 참고.

chapter 16

1) Stan Guthrie, "Answering the Atheists."

2) 요 11:1-12:9에 나오는 목격자의 이야기를 읽어보라.

3) G. K. Chesterton, *Orthodoxy*(New York: Doubleday, 1908), pp. 158-159.

4) 눅 12:10

5) 요 1:11, 최고로 절제된 표현이다.

6) 마 28:11-15

7) 행 3-4:22

8) Goodrick and Kohlenberger, *The NIV Exhaustive Concordance*, pp. 127-128, 1776-1777.

9) 그 사건과 그로 인한 여파는 요한복음 5장에 나와 있다. 그 만남에 관한 또 다른 논의를 보려면 7장을 참고하라.

10) 창 1:27, 2:18

11) Dietrich Bonhoeffer, *Life Together: The Classic Exploration of Faith in Community*(San Francisco: HarperSanFrnacisco, 1978).

12) 막 10:14

13) 눅 8:11-12

14) 눅 9:37-43; 마 17:14-21; 막 9:14-29

15) R. C. Sproul, *Willing to Believe: The Controversy Over Free Will* (Grand Rapids: Baker 1997), p. 63.

16) 예를 들면, 마 20:20-28을 보라.

17) 벧전 1:20-21

18) 고후 13:5

chapter 17

1) 그것에 대해 더 알려면 25장을 참고하라.

2) "Compassion," *The American Heritage Dictionary, Second College Edition* (Boston Houghton Miflin, 1985), p. 300.

3) 막 5:25-34

4) 요 9장

5) 약 1:2-4

6) 욥기와 고후 12:7은 하나님이 우리 안에 그의 선한 목적들을 이루시기 위해 때로 사탄을 이용하신다는 것을 보여준다.

7) 눅 13:12-13

8) 행 3:8

9) 삼하 12:7

10) 약 1:27; 암 5장

11) Elwell, *Evangelical Commentary on the Bible*, p. 824.

12) Ibid.

13) Ibid., p. 736.

14) 마 12:9-14(인용); 막 3:1-6; 눅 6:6-11 참고.

15) 행 20:7; 고전 16:2; 계 1:10 참고("주일"은 한 주의 첫날인 일요일이다.)

16) R. Kent Hughes, *Genesis: Begining and Blessing* (Wheaton: Crossway, 2004), pp. 41-47.

17) Elwell, *Evangelical Commentary on the Bible*, 825.

18) 이 계명은 레 19:18; 마 19:19, 22:39; 막 12:33; 눅 10:27; 롬 13:9; 갈 5:14; 약 2:8에서 논의된다.

19) Key Warren, "Joining the Resistance," *Christianity Today*, August 2008, p. 48.

chapter 18

1) Peter J. Gomes, Robert Emmons, *Thanks! Houw the New Science of Gratitude Can Make You Happier* (Boston and New York: Houghton Mifflin, 2007), p. 16에 인용.

2) Ibid.

3) Henry, *Matthew to John*, p. 766.

4) Elwell, *Baker Encyclopedia of the Bible*, 2:1886.

5) 요 8:48

6) 눅 9:51-55

7) Elwell, *Baker Encyclopedia of the Bible*, 2:1887.

8) 요 4:20-22

9) 10명의 나병환자에 관한 나머지 본문은 이 장 전체에 걸쳐 인용되고 논의된다.

10) Elwell, *Baker Encyclopedia of the Bible*, 2:1323.

11) Ibid., pp. 1324-1325.

12) Henry, *Matthew to John*, p. 767.

13) 레 13장 참고.

14) 왕하 5장

15) Henry, *Matthew to John*, p. 767.

16) 막 6:5,6

17) Emmons, *Thanks!*, p. 95.

18) Ibid., p. 97.

19) Ibid., p. 98.

20) Ibid., p. 6.

21) Chesterton, *Orthodoxy*, p. 46.

22) Emmons, *Thanks!*, p. 6.

23) C. S. Lewis, *Reflections on the Psalms* (New York: Harcourt, 1958), pp. 93-95.

24) John Piper, *Desiring God: Meditations of a Christian Hedonist* (Portland, OR: Multnomah, 1986), p. 37.

25) 눅 19:38-40

26) Emmons, *Thanks!*, p. 54.

27) Henry, *Matthew to John*, p. 767.

28) 마 23:12

chapter 19

1) Paul Johnson, *Intellectuals*(New York: Harper & Row, 1988), pp. 10-11.

2) 고전 13:13

3) 갈 5:22-23

4) 마 19:16-22

5) 십계명은 출애굽기 20장에 나온다. "네 이웃 사랑하기를 네 자신과 같이 사랑하라"는 계명은 레위기 19:18에 나온다.

6) 또는 바울이 말한 것처럼 "온 율법은 네 이웃 사랑하기를 네 자신 같이 하라 하신 한 말씀에서 이루어졌나니"(갈 5:14).

7) 마 22:34-40; 막 12:28-34

8) 복음은 좋은 소식이며(고전 15:3-8), 그리스도를 믿는 자들은 자신이 구원받는다는 것을 알 수 있다(요일 5:13).

9) 이 진술은 결코 구원 신앙의 필요성과 충분성을 부인하지 않는다. 다만 실제 세상에서 그 믿음이 어떤 모습으로 나타나는지를 묘사한다. 사랑은 팔과 다리를 가지고 있으며, 그것이 없는 믿음은 당신을 지옥으로밖에 데려가지 않을 것이다. "네가 하나님은 한 분이신 줄을 믿느냐 잘하는도다 귀신들도 믿고 떠느니라"(약 2:19)라고 야고보는 말했다.

10) 13장에 나오는 관련된 논의를 참고하라.

11) 마 5:43. 이 장의 남은 부분에서는 마태복음 5:44-48을 논하고 인용할 것이다.

12) Henry, *Matthew to John*, p. 66.

13) Stan Guthrie, "The Sacndal of Forgiveness," *Christianity Today,* January 2007, http://www.christianitytoday.com/ct/2007/january/15.58.html.

14) Miroslav Volf, "To Embrace the Enemy," interview with Tony Carens, *Christianity Today,* September 2001, http://www.christianitytoday.com/ct/2001/septemberwebonly/9-17-53.0.html.

15) 롬 12:21

16) Mark Twain, "Mark Twain Quotes," Thinkexist.com, http://thinkexist.com/quotation/it_ani-t_those_parts_of_the_bible_that_i_can-t/262060.html.

17) "Turkey: Widow of Slain Christian: 'A Cross for Me Every Day,'" *Compass Direct News,* October 1, 2007, http://www.compassdirect.org. 이 예시를 말해준 Tim Morgan에게 감사드린다.

18) 이 장의 남은 부분에서 하나님을 의로운 재판관으로 묘사하지만, 그것은 22장의 주제이다.

19) 마 5:46-48

20) 마 6:19-21

21) Alcorn, *The Treasure Principle,* p. 12.

22) Henry, *Matthew to John,* p. 67.

23) 눅 6:27-36; Elwell, *Evangelical Commentary on the Bible,* p. 1813 참고.

24) Piper, *God Is the Gospel,* p. 11.

chapter 20

1) 그 논란에 대한 설명과 링크를 보려면 December 2008 archives of http://www.

stanguthrie.com을 참고하라.

2) 예를 들면 롬 1:26-27; 고전 6:9; 딤전 1:10을 보라.

3) Frank Newport, "One-Third of Americans Believe the Bible Is Literally True," *Gallup News Service,* May 25, 2007, http://www.gallup.com/poll/27682/onethird-americans-believe-bible-literally-true.aspx.

4) "성경은 하나님의 말씀이다"라는 문구의 의미에 관한 유익한 설명을 보려면 Packer와 Nystrom의 Guard Us, Guide Us, pp. 91-92를 보라.

5) 예를 들면, 시 119:18과 딤후 3:16을 보라.

6) Packer and Nystrom, *Guard Us, Guide Us,* p. 92.

7) 신 8:3

8) *The NIV Study Bible* (Grand Rapids: Zondervan, 1985), p. 1464, 마태복음 15:2에 대한 주석.

9) "Tradition," in Elwell, *Baker Encyclopedia of the Bible,* 2:2093.

10) 간단한 설명을 보려면, *NLT Study Bible* (Wheaton, Tyndale, 2008), 1662, 마태복음 7:2-4에 대한 주석을 보라.

11) McQuilkin, *Understanding and Applying the Bible,* p. 255.

12) "Dietary Laws," in Elwell, *Baker Encyclopedia of the Bible,* 1:626-28 참고.

13) 마 9:17

14) J. I. Packer, *God Has Spoken: Revelation and the Bible* (Grand Rapids: Baker, 1988), p. 84.

15) William Larkin. McQuilkin, *Understanding and Applying the Bible,* p. 50에 인용.

16) 요 7:53-8:11; 이 구절의 진위에 대한 짧은 변호문을 보려면 Elwell, *Evangelical Commentary on the Bible* p. 858을 참고하라.

17) 요 1:14

18) 막 12:18-27. 천국과 관련하여 이 구절을 논하려면 25장을 보라.

19) 예를 들면 욥 19:26과 시 16:11을 보라.

20) 고전 15:20

21) 시 19:1-6; 롬 1:19-20

22) 시 19:7-11

23) 이 책에 인용된 많은 참고문헌들이 성경공부를 위한 훌륭한 도구다.

24) 막 10:3. 이 주제에 대해 더 많이 알고 싶으면 21장을 보라.

25) 막 15:34; 그가 실제로 하신 말씀은 아람어로 "Eloi, Eloi, lama sabachthani?"였다.

26) 막 9:2-8

27) 빌 3:5

28) 롬 9:2

29) Rabbi Yehiel E. Poupko and Stan Guthruie, "Christian Evangelism and Judaism," *Christianity Today,* April 2008, http://www.christianitytoday.com/ct/2008/aprilwebonly/114-33.-html.

30) 마 5:17

31) 사 53장

32) 미 5:2

33) 마 2:13-15

34) 요 8:29

35) 시 22편

36) 사 53:5-7, 12

37) 신 18:18, 히 3:3; 4:14; 요 18:36-37

38) 마 26:53-54

39) Packer, *God Has Spoken,* p. 50.

chapter 21

1) Jennifer Lee, "A Rush Into Marriage on the Last Day of the Year," *The New York Times,* December 31, 2008, http://www.nytimes.com/2009/01/01/nyregion/01marriage.html.

2) 그러나 사회학자 Bradford W. Wilcox는 교회에 꼬박꼬박 출석하는 그리스도인들은 이런 암울한 평균치가 나타내는 것보다 훨씬 더 잘하고 있다고 말한다. Stan Guthrie, "What Married Women Want," *Christianity Today,* October 2006, http://www.christianitytoday.com/ct/2006/october/53.122.html. 에서 그의 생각들을 볼 수 있다.

3) Stan Guthrie, "The Evangelical Scandal."

4) R. Albert Mohler Jr. *Desire and Deceit: The Real Cost of the New Sexual Tolerance* (Colorado Springs: Multnomah, 2008), p. 47.

5) Glenn T. Stanton and Bill Maier, *Marriage on Trial: The Case Against Same-*

Sex Marriage and Parenting (Downers Grove, IL: InterVarsity, 2004), p. 22.

6) Hughes, *Genesis*, p. 62.

7) Ibid.

8) 마 26:59-60 참고.

9) 마 19:1-12; 막 10:1-12.

10) 예를 들면, David Instone-Brewer, "What God Has Joined," *Christianity Today*, October 2007, http://www.christianitytoday.com/ct/2007/october/20.26/html을 보라.

11) Instone-Brewer, "What God Has Joined."

12) 창 1:27; 2:24.

13) Hughes, *Genesis*, p. 57.

14) Ibid.

15) Steve Tracy, "Good Question," *Christianity Today*, January 2002, http://www.christianitytoday.com/ct/2002/january7/37.63/html.

16) 남녀가 만나 즉석으로 성관계를 즐기는 것

17) Donna Freitas, *Sex and the Soul: Juggling Sexuality, Spirituality, Romance, and Religion on America's College Campuses* (New York: Oxford University Press, 2007).

18) Tracy, "Good Question."

19) Lauren F. Winner, *Real Sex: The Naked Truth about Chastity* (Grand Rapids: Brazos, 2005), pp. 33-34.

20) Hughes, *Genesis*, p. 63.

21) 바울은 고린도전서 7:15에서 이혼에 대한 다른 예외를 제시하는 것 같다. 즉 믿지 않는 배우자가 떠나는 것이다.

22) Mohler, *Desire and Deceit*, p. 6.

23) Ibid.

24) Lewis, *Mere Christianity*, pp. 63-64.

25) Chesterton, *Orthodoxy*, p. 49.

chapter 22

1) C. S. Lewis, *The Problem of Pain*, in *The Compete C. S. Lewis Signature*

Classics, p. 420.

2) Erickson, *Christian Theology,* p. 1168.

3) R. Albert Mohler Jr., "Modern Theology: The Disappearance of Hell," in *Hell Under Fire: Modern Scholarship Reinvents Eternal Punishment,* ed. Christopher W. Morgan and Robert A. Peterson (Grand Rapids: Zondervan, 2004), p. 16.

4) Charles Honey, "Belief in Hell Dips, but Some Say They've Already Been There," *Religion News Service,* August 14, 2008, http://pewforum.org/news/display.php?NewsID=16260.

5) Mohler, "Modern Theology: The Disappearance of Hell," p. 40.

6) Ibid., p. 17.

7) Ibid.

8) Dante Alighieri, *Inferno,* trans. Robert Hollander and Jean Hollander (New Yor: Doubleday, 2000), p. 43.

9) Mohler, "Modern Theology: The Disappearance of Hell," p. 18.

10) Morgan and Peterson, Hell Under Fire, p. 11.

11) Mohler, "Modern Theology: The Disappearance of Hell," p. 40.

12) Edward William Fudge and Robert A. Peterson, *Two Views of Hell: A Biblical and Theological Dialogue* (Downers Grove, IL: InterVarsity, 2000), p. 20 참고.

13) 2장을 참고하라.

14) Wright, *Jesus and the Victory of God,* p. 329.

15) Douglas J. Moo, "Paul on Hell," in Morgan and Peterson, *Hell Under Fire,* p. 94.

16) Harold S. Kushner, *When Bad Things Happen to Good People* (New York: Anchor, 2004).

17) Bart D. Ehrman, *God's Problem: How the Bile Fails to Answer Our Most Important Question-Why We Suffer* (San Francisco:HarperOne, 2008).

18) 창 3:1-5

19) Lewis, *Mere Christianity,* p. 13.

20) 창 18:22-33

21) 롬 2:1-3

22) 요 16:8과 고전 2:6-16

23) Thomas Asbridge, *The First Crusade: A New History* (New York: Oxford University Press, 2004), p. 87.

24) 마 5:21-26

25) Elwell, *Baker Encyclopedia of the Bible,* 1:430-31.

26) Ibid.

27) Elwell, *Baker Encyclopedia of the Bible,* 1:415.

28) 소돔이 멸망한 이야기는 창세기 19:1-28에 나온다.

29) David Barrett and Todd M. Johnson, "Status of Global Mission, 2010, in the Context of 20th and 21st Centuries," Gorden-Conwell Theological Seminary, http://ww.gcts.edu/sites/default/files/IBMR2010.pdf 참고.

30) 예를 들면, Guthrie, *Missions in the Third Millennium,* pp. 199-211을 보라.

31) 예를 들면, 마 25:31-46; 롬 2:6-11; 고전 3:11-15; 빌 2:12를 보라.

32) 약 2:14-26과 19장에 나오는 관련 논의를 참고하라.

33) 요 3:16-18

chapter 23

1) "Salem Witch Trials," *Grolier Encyclopedia of Knowledge* (Danbury, CT: Grolier, 1991), 16:255-56.

2) Lewis, *The Screwtape Letters,* p. 125. 3장 끝부분에 나오는 이 인용문에 대한 논의를 참고하라.

3) 레 17:7; 신 32:17; 시 106:37

4) David M. Kiely and Christina McKenna, *The Dark Sacrament: True Stories of Modern-Day Demon Posession and Exorcism* (San Francisco: HarperOne, 2007), xvi.

5) Jenkins, *The New Faces of Christianity,* pp. 125-126.

6) Lewis, *The Screwtape Letters,* p. 139.

7) 요일 2:13-16

8) Elwell, *Evangelical Commentary on the Bible,* p. 1181.

9) Erickson, *Christian Theology,* p. 644.

10) 고후 4:4

11) Elwell, *Evangelical Commentary on the Bible,* p. 1032.

12) 롬 3:20

13) 사탄과 그의 속성들에 관한 성경구절 목록을 보려면 Religious Tolerance 웹사이트를 참고하라. http://www.religioustolerance.org/chr_sat3.htm.

14) 사 14:12-20; 겔 28:13-17; 계 12:7

15) 행 16:16-18

16) Wright, *Jesus and the Victory of God,* p. 195.

17) 눅 8:26-39; 또한 막 5:1-20과 마 8:28-34를 참고하라.

18) "Names, Significance of," in Elwell, ed., *Evangelical Commentary on the Bible,* p. 1522-1524.

19) Elwell, *Evangelical Commentary on the Bible,* pp. 1322-1323.

20) Lewis, *Mere Christianity,* p. 42.

21) Jenkins, *The New Faces of Christianity,* pp. 91-92, 107-109, 116.

22) 골 2:15

23) 행 8:9-24; 19:11-20

24) Jenkins, *The New Faces of Christianity,* p. 103.

25) Ibid., p. 99.

26) Ibid., p. 122.

27) 엡 4:27

28) Charles H. Kraft, *Defeating Dark Angels: Breaking Demonic Oppression in the Believer's Life* (Ann Arbor, MI: Servant Publications, 1992), pp. 34-58.

29) Kraft, *Defeating Dark Angels,* p. 9.

chapter 24

1) Scot McKnight, "McLaren Emerging," *Christianity Today,* September 2008에 인용, http://www.christianitytoday.com/ct/2008/september/38.59.html.

2) Mark Galli, "The Giant Story," *Christianity Today,* April 2009, p. 36.

3) 눅 10:9; 17:21

4) 요 18:36

5) 행 1:6-7

6) 계 11:15

7) 2009년 3월 18일 Charles Colson으로부터 받은 개인적인 이메일.

8) Stan Guthrie, "When Red Is Red," http://www.stanguthrie.com/2009/04/when-red-is-red.html 참고.

9) John Bright, *The Kingdom of God: The Biblical Concept and Its Meaning for the Church* (Nashville: Abingdon, 1981), p. 7.

10) 시 29:10; 103:19

11) 삼하 7:13

12) George E. Ladd, "Kingdom of God(Heaven)," in Elwell, *Baker Encyclopedia of the Bible*, 2:1271.

13) Bright, *The Kingdom of God*, p. 18.

14) Ladd, "Kingdom of God(Heaven)," 2:1272.

15) Kushner, *When Bad Things Happen to Good People*.

16) Ladd, "Kingdom of God(Heaven)," 2:1272.

17) 1장을 참고하라.

18) 눅 4:16-21

19) Ladd, "Kingdom of God(Heaven)," 2:1275.

20) Ibid., p. 1272.

21) 시 47:8

22) Theodor Seuss Geisel, *Horton Hears a Who* (New York: Random House, 1954), n.p.

23) William P. Cheshire Jr., "Human Embryo Research after the Genome," The Center for Bioethics and Human Dignity, November 14, 2002, http://www.cbhd.org/resources/genetics/cheshire_2002-11-14.htm.

24) Dinesh D'Souza, *What's So Great About Christianity* (Wheaton: Tyndale, 2008), p. 143에서 인용.

25) Ibid., p. 120.

26) 주기도문 전체를 보려면 마 6:9-14을 보라.

27) 마 10:42와 막 9:41

28) 눅 4:18-19 참고.

29) Stan Guthrie, "A Hole in Our Holism."

30) Frame, *The Doctrine of God*, p. 950.

31) Ladd, "Kingdom of God(Heaven)," 2:1273-1277.

32) Ibid.

33) McKnight, "McLaren Emerging."

34) Colson, 개인 이메일.

chapter 25

1) N. T. Wright, *Surprised by Hope: Rethinking Heaven, the Resurrection, and the Mission of the Church* (San Francisco: HarperOne, 2008), pp. 250-251.

2) 마 5:11-12, 16, 44-45, 48; 6:26, 32-33; 7:11.

3) Mark Galli, "Man Up, Christians," *Christianity Today,* http://www.christianitytoday.com/ct/2009/marchweb-only/112-41.0.html.

4) Ibid.

5) Rob Moll, "More on Faith and End-of-Life Care," *Christianity Today,* March 2009, http://blog.christianitytoday.com/ctliveblog/archives/death_and_dying.

6) "Mortality Data," Centers for Disease Control and Prevention, January 25, 2010, http://www.cdc.gov/nchs/deaths.htm.

7) Galli, "Man Up, Christians."

8) 히 2:15

9) 2장에 나오는 사두개인에 대한 논의를 참고하라.

10) Stan Guthrie, "Does the God of Christianity Exist, and What Difference Does It Make?" *Christianity Today,* April 2009, http://www.blogchristianitytoday.com/ctliveblog/archives/2009/04/does_the_god_of.html.

11) 예를 들면, 민 16:30; 삼상 2:6; 욥 7:9을 보라.

12) 창 1:31

13) 마 22:23-28

14) 마 22:29-33; 또한 막 12:18-27 참고.

15) 창 1:28

16) Lewis, The Problem of Pain, p. 428.

17) 출 3:6,14

18) 행 17:25

19) 요 20:25

20) Charles Taylor, *A Secular Age* (Cambridge, MA: Harvard University Press, 2007), p. 11. 이 자료는 Dinesh D'Souza 덕분에 참고하게 되었다.

21) 의심에 대해 더 생각해보려면 8장을 보라.

22) Samuel Medley, "I Know That My Redeemer Lives," 1775, http://www.ccel.org/a/anonymous/luth_hymnal/tlh200.htm.

23) *ESV Study Bible* (Wheaton: Crossway, 2008), 요 14:2-3에 관한 주석, p. 2052.

24) 6장을 참고하라.

25) 1장을 참고하라.

26) 눅 22:8-9; Goodrick and Kohlenberger, *The NIV Exhaustive Concordance*, pp. 901-902, 1725.

27) *ESV Study Bible*, 눅 22:7-13에 대한 주석, pp. 2004-2005.

28) Goodrick and Kohlenberger, *The NIV Exhaustive Concordance*, pp. 885, 1798.

29) 저자 Sam Storms의 설명을 참고하라. http://blog.christianitytoday.com/ctliveblog/archives/2009/04/a_guided_tour_o.html.

30) Lewis, *The Problem of Pain*, p. 428.

chapter 26

1) 이 패널토의를 위한 팟캐스트는 여기서 찾아볼 수 있다. http://blog.christianitytoday.com/podcasts/upload/Does%20the%20God%20of%20Christianity.mp3. 비디오는 http://blog.christianitytoday.com/ctliveblog/archives/2009/04/does_the_god_of.html에서 볼 수 있다. 히친스에 대한 나의 질문은 약 30분 지점에서 시작된다. 명료성과 간결성을 위해 이 장에서는 인용문들을 짧게 편집했으나, 말고 글의 차이는 그렇게 크지 않다.

2) Lewis, *The Screwtape Letters*, p. 163.

3) Michael Novak, *No One Sees God: The Dark Night of Atheists and Believers* (New York: Doubleday, 2008), pp. 47-48.

4) Novak, *No One Sees God*, p. 47.

5) 롬 5:8

6) Jonathan Edwards, "Sinners in the Hands of an Angry God," Enfield, Connecticut, July 8, 1741, Christian Classis Ethereal Library, http://www.ccel.

org/ccel/edwards/sermons.sinners.html.

7) George M. Marsden, *A Short Life of Jonathan Edwards*(Grand Rapids: Eerdmans, 2008), p. 137.

8) "The Life Span of Animals," *Nature Bulletin* 486-A, March 24, 1973, Forest Preserve District of Cook County, http://www.newton.dep.anl.gov/natbltn/400-499/nb486.htm.

9) 24장을 참고하라.

10) "Q: Approximately how many haris are on a human head?" WikiAnswers.com, http://wiki.answers.com/Q/Approximately_how_many_hairs_are_on_a_human_head.

11) 요 3:16; 요일 4:16

12) 요 3:20

13) 22장을 참고하라.

14) 롬 5:5

15) 11장을 참고하라.

16) 11장을 참고하라.

17) 또한 11장과 13장에서 다루는 눅 11:11-12을 참고하라.

18) 행 20:35

19) 22장을 참고하라.

예수님의 모든 질문

초판 1쇄 발행	2018년 8월 13일
지은이	스탠 거쓰리
옮긴이	유정희

펴낸이 　　　 여진구
책임편집 　　 이영주, 김윤향
편집 　　　　 김아진, 안수경, 최현수
책임디자인 　 마영애, 노지현 | 조아라

기획 · 홍보	김영하	해외저작권	기은혜
마케팅	김상순, 강성민, 허병용	마케팅지원	최영배, 정나영
제작	조영석, 정도봉	경영지원	김혜경, 김정희

이슬비전도학교　최경식　　　　　　　　303비전성경암송학교　박정숙
303비전장학회 & 303비전꿈나무장학회　여운학

펴낸곳 　　　 규장

주소　06770 서울시 서초구 매헌로 16길 20(양재2동) 규장선교센터
전화　02)578-0003　　팩스　02)578-7332
이메일　kyujang0691@gmail.com　　홈페이지　www.kyujang.com
페이스북　facebook.com/kyujangbook　　인스타그램　instagram.com/kyujang_com
카카오스토리　story.kakao.com/kyujangbook
등록일　1978.8.14. 제1-22

책값　뒤표지에 있습니다.
ISBN　978-89-6097-544-6 03230

규 | 장 | 수 | 칙

1. 기도로 기획하고 기도로 제작한다.
2. 오직 그리스도의 성품을 사모하는 독자가 원하고 필요로 하는 책만을 출판한다.
3. 한 활자 한 문장에 온 정성을 쏟는다.
4. 성실과 정확을 생명으로 삼고 일한다.
5. 긍정적이며 적극적인 신앙과 신행일치에의 안내자의 사명을 다한다.
6. 충고와 조언을 항상 감사로 경청한다.
7. 지상목표는 문서선교에 있다.

하나님을 사랑하는 자 곧 그의 뜻대로 부르심을 입은 자들에게는 모든 것이 合力하여 善을 이루느니라(롬 8:28)

Member of the
Evangelical Christian
Publishers Association